KURT GROBECKER

Hafen Hamburg
Sechs Jahrzehnte Erfolgsgeschichte

Mit Beiträgen von:

Franz Kalischer
Senator a. D. Helmuth Kern
Adolf Kummernuß
Hafenbaudirektor Dr.-Ing. Hans Laucht
Erich Lüth
Professor Dr. Karl Schiller
Werner Schröder
Professor Dr. Rolf Stödter

KURT GROBECKER

Hafen Hamburg
Sechs Jahrzehnte Erfolgsgeschichte

2., überarbeitete und erweiterte Auflage

Koehlers Verlagsgesellschaft mbH
Hamburg

Titelbild: In den Hamburger Hafen einlaufendes Containerschiff YANG MING PLUM
Quelle: Hafen Hamburg Marketing/Hettchen

Bildnachweis:
AIRBUS: 162 / Andres, Erich: 10, 19, 54 / Axel Springer Verlag, Bildarchiv: 51, 85 / Baubehörde, Hamburg: 15, 36, 70 / Bässler, Michael: 79, 89, 91, 92, 96, 98, 101, 102, 103, 104, 117, 134, 138, 153 / Bildarchiv Hamburg Berlin: 187, 188 / Bitterling, Karl: 66, 100, 108, 120 / Buss, Gerd: 24, 126, 161, 164, 179 / Camajo, Jose: 127 / CCH: 111 / Cuxport, Cuxhaven: 194, 195 / Delphin Cruises: 240 / Deutsche Bundesbahn: 90, 162 / Deutsche Luftbild: 87, 119 / dpa, Hamburg: 13, 14, 15, 19, 39, 84, 112, 121, 127, 133, 134, 135, 139, 147 / Eckelmann, Caesar: 77 / EUROGATE: Bremen/Hamburg, FZH: 191, 206, 207, 208, 219, 220 / EVERGREEN Deutschland GmbH: 165 / GHS Gesellschaft für Hafen- und Standortentwicklung, Hafencity – August Prien: 170, 171 / Haase, Eberhard W.: 137, 152 / Hafen Hamburg Marketing und H.J. Hettchen: Titelbild, 58, 60, 130, 141, 150, 157, 174, 175, 176, 182, 183, 184, 181, 193, 196, 199, 204, 205, 214, 215, 216, 223, 225 / Hamburg Kurier, Okis Verlag: 34 / Hamburg Süd: 168, 161 / Hampel, Thomas: 122, 146, 148, 158 / HANSA International Maritime Journal: 237 / Hanseatische Luftfotogesellschaft: 114, 127, 129 / Hapag Lloyd: 128 / HDW: 145 / HHLA: 24, 35, 55, 57, 67, 113, 142, 151, 154, 161, 180, 189, 194, 195, 209, 210, 211, 212, 213, 224, 222, 226, 233, 235, 239 / Hotel Hafen Hamburg: 163 / Internationaler Seegerichtshof: 162 / Keystone Pressedienst: 11, 27, 43, 52, 71, 72, 99 / Kühne, Siegfried: 185 / Lager und Speditionsgesellschaft: 16, 17 / Lüden, Walter: 40, 41, 42, 44, 47, 48, 51, 53, 62, 63, 64, 83 / MBB: 127 / J.F. Müller: 106 / Museum für Hamburgische Geschichte: 164, 167, 174 / Niedersächsische Häfen, JADEWESERPORT: 230, 231 / Oberfinanzdirektion: 25, 78, 173 / Pataki Tibor: 144, 155 / Schmidt-Luchs: 156 / Schulze-Alex, Manfred: 140, 159 / Staatliche Landesbildstelle Hamburg: 12 / Staatliche Pressestelle/Staatsarchiv: 33 / Strom- und Hafenbau: 18, 19, 20, 21, 24, 27, 49, 50, 59, 61, 65, 68, 75, 78, 81, 88, 94, 95, 105, 149, 169, 177, 178, 236, 237 / Werbeck, Gustav: 22, 23, 26, 28, 30, 31, 32, 45, 46, 56 / Zapf, Michael: 190 / Zitte, Friedrich: 93, 104, 109, 115, 118, 123, 124, 131, 132, 135, 137 / Zoch, Harald: 69, 73, 74, 76, 80, 82, 86, 97, 104, 107, 125

Nicht bei allen Fotos konnten die Bildrechte der Inhaber ermittelt werden.
Der Verlag bittet freundlich um Kontaktaufnahme:
Verlagsgruppe Koehler/Mittler, Striepenweg 31, 21147 Hamburg

Ein Gesamtverzeichnis der lieferbaren Titel der
Verlagsgruppe Koehler-Mittler schicken wir Ihnen gerne zu.
Sie finden uns auch im Internet: www.koehler-mittler.de

Bibliografische Information Der Deutschen Bibliothek
Die Deutsche Bibliothek verzeichnet diese Publikation
in der Deutschen Nationalbibliografie; detaillierte
bibliografische Daten sind im Internet über
http://dnb.ddb.de abrufbar.

ISBN 3-7822-0906-0
© 2., überarbeitete und erweiterte Auflage 2004
by Koehlers Verlagsgesellschaft mbH, Hamburg
Alle Rechte, insbesondere das der Übersetzung, vorbehalten
Layout und Produktion: Hans-Peter Herfs-George
Bildrecherche (Erweiterung): Klaus-Harro Lübcke
Druck und Bindung: Hans Kock Buch- und Offsetdruck GmbH, Bielefeld
Printed in Germany

Inhalt:

Vorwort zur überarbeiteten und erweiterten zweiten Auflage 9
Zur Einstimmung: Das Tor zur Welt war zugefallen 11

1945–1949
Konzertkarte gegen Kochkiste 14
„Auf Wiederaufbau stand Gefängnis" 16
Hochkonjunktur für Hamburgs Giganten 18
Falsche Prognose – richtige Konsequenzen 20
Technischer Wandel in kleinen Schritten 23
Hafenausweis – der Schlüssel zum Schlaraffenland 25
Ein wilder Streik gefährdet die Versorgung Hamburgs 26
Hafenarbeiter anno 1948 27
Wenn die „Stunde X" schlägt … 28
Verlorener Transit – verlorene Hoffnung? 30
„Der Senat ist die Port Authority!" 32
An der Schwelle zum fünften Jahrzent 33

1950–1954
Aufbruch ins Wunder 36
Die „Politik der Elbe" gewinnt Konturen 38
Die „Fünfziger": verhaltener Aufschwung 40
Die Hapag steigt wieder ein 42
Hafen Hamburg – eine deutsche Aufgabe 43
Kampfansage an die Sackkarre 45
150 Millionen Mark für den „dritten Aufbauplan" 47
Eine Idee in der Schublade: der „Seebahnhof" am Sandtorquai 50

1955–1959
Staatsanwälte spielen Moralapostel 52
Schicksalsjahre der deutschen Seeschifffahrt 53
Das schwierige Geschäft mit den östlichen Nachbarn 56
Tu felix Austria 58
„In der Zange zwischen Rostock und Rotterdam" 59
Hamburg entdeckt den Umweltschutz 60
Eine Überlebensfrage für Hamburg: die Elbvertiefung 61
Die HHLA als „Leitbetrieb": 10,31 Tonnen je Mann und Schicht 62
Kritik an Hamburgs Visitenkarte: „Eine Front von Hässlichkeit" 65
Technischer Fortschritt auf allen Ebenen 66

1960–1964
Licht für den „Michel" – aber nur am Wochenende 70
Ein Schock für Hamburg: die große Flut 71
„Einheitsladung" – Aufbruch in eine neue Hafenzukunft 73
Verjüngungskur für die Hafenschifffahrt 77
Hamburgs Zoll entdeckt die Elektronik 78
„Bauernaufstand" an der Elbe 79
Bananen für Deutschland – Autos für Amerika 82
Eine „Jahrhundertsturmflut" erschüttert Hamburg 84
Superparty zum 775. Hafengeburtstag 85
Eine phantastische Vision erfüllt sich nicht 86

1965–1969

„Mondoport" – Fantasie ohne Folgen	90
Herausforderung der sechziger Jahre: Industrialisierung des Verkehrs	91
Ein Speicher am seeschifftiefen Wasser	93
Europas Superschuppen: das Übersee-Zentrum	95
Bremer Konkurrenz trumpft auf	97
Hamburg hat die besseren Karten	100
Der Bauboom der späten sechziger Jahre	103
Gefahr für Hamburgs Freihafen	107
„Hafendirektion" statt Hafensenator	108
Geheimnis des sicheren Seetransports: die Verpackung	109
Der Hafen reduziert seine Arbeiter-Reserve	110

1970–1974

Hamburg – reichste Stadt der EG	112
Der Senat setzte auf Wettbewerb	113
Mehr Wettbewerb durch eine neue Hafenordnung	115
Des einen Streik ist des anderen Boom	117
„Rolls-Royce der Meere" an der Überseebrücke	119
Volksfest auf der „Little Golden Gate"	121
Abschied von einer Idylle: Altenwerder muss weichen	122
„COCS" – das Geheimnis kurzer Liegezeiten	123
Hamburgs Hafenwirtschaft rückt enger zusammen	124

1975–1979

Out: Hamburgs berittene Polizei. In: die Spielbank	128
Zunehmend wolkig …	129
Zwischen Traumjahr und Rekordwinter	131
Lasergesteuert durch den Elbhang	133
Hamburg erlebt die höchste Sturmflut aller Zeiten	135
Hafenentwicklungsplan bestimmt die Marschroute	137
Die Flutwelle vom „Heide-Suez"	139
Hansaport – Massengutumschlag mit modernster Technik	140
Hafenarbeiter machen mobil: Von der Schulbank auf Streikwache	142
Guter Rat – made in Hamburg	144

1980–1985

Eine Viermillionenspende für den „Michel"	146
Die AFRAN ZENITH lehrt Hamburg das Fürchten	147
Kapitulation: Howaldt Hamburg ohne Neubauaufträge	148
Umweltproblem: Wohin mit dem Baggerschlamm?	149
Dakosy – Hamburgs zukunftsweisende Gegenwart	150
Der Start ins Elektronik-Zeitalter	151
Container-Handling per Datenfunk	152
Die Heimkehr der RICKMER RICKMERS	153
Weltumspannender Containerverkehr via Hamburg	154
„Deckelmoker" sichert den alten Elbtunnel	156
Die achtziger Jahre: Gratwanderung zwischen Boom und Flaute	157

1986 bis zur Gegenwart

Gerüstet für das dritte Jahrtausend 162
Ende einer Sozialeinrichtung: Aus für die „Kaffeeklappen" 164
Protest der Hafenwirtschaft: „Grenzen des Machbaren erreicht!" 165
Hamburgs Verbeugung vor der Geschichte: Das museale Erbe im Strom 167
Kampf gegen Hochwasser: Ein Hafenbahnhof wird eingepoldert 169
Zukunftsperspektive oder „verscherbeltes Tafelsilber": Hafenrand auf dem Prüfstand .. 170
Freihafenstatus in Gefahr: Hamburg wehrt sich gegen die „Harmonisierung" 173
Hamburg feiert seinen „runden" Hafengeburtstag 174
Herausforderung des Jahrhunderts: Der Hafen als ökologisches Problem 177
Ideenreich ins neue Jahrzehnt: Hafenentwicklungsplan 1989 179
Hamburgs neue Schlüsselposition für Osteuropa 182
Die „Kartoffel-Posse" am Schuppen 69 185
„Hamburgs Zukunft liegt im Süden": Harburg im Aufwind 187
Schock aus Brüssel: Wirbel um die „Euro-Banane" 189
Neuer Denkansatz: Raumgewinn „nach innen" 191
„Es grünt so grün ...": Aufregende Flora und Fauna im Hafen 193
Cuxhavens „Amerikahafen" wechselt den Besitzer 194
„Bestenliste" der Welt-Containerhäfen: Hamburg ist die Nummer sieben 196
Der Hafen an der Schwelle zum 21. Jahrhundert 198
„Schlepperkrieg" mit harten Bandagen 200
Mit Röntgenstrahlen gegen Schmuggler 204
Eurogate hebelt die HHLA aus: Joint Venture mit der Bremer Lagerhaus-Gesellschaft .. 206
„Arbeitsschutzmanagement" im Hafen und auf Schiffen 209
Täglich bis zu 70.000 Tonnen am Hansaport 210
Hamburg Port Consulting: Hilfestellung rund um die Welt 212
„Schluss mit den Höflichkeiten": Protest gegen Wettbewerbsverzerrungen 214
Ostasien setzt auf Hamburg: Drehscheibe für China und Japan 216
Im Mittelpunkt der Mensch: Hafenarbeit ist nicht nur Männersache 219
Novum für Hamburg: Allianz mit einem starken Schifffahrtspartner 221
Ein Mythos feiert Geburtstag: 125 Jahre Traditionswerft Blohm + Voss 223
Visionen 2000: Annäherung an die Realität der Zukunft 225
„CTA" – Kürzel für Hamburgs Hafenzukunft 226
Viel High Tech – wenig „Handarbeit" 228
Hamburg sagt ab: Nervenkrieg um den Tiefwasserhafen 230
Hanse-Partnerschaft neu belebt: „Relaisterminal" in Lübeck 233
Mit der „Port Authority" schneller nach Europa 235
Prognosen erfüllt: Hamburg weiterhin auf Erfolgskurs 237
Einsichten und Aussichten: Ein Blick auf morgen 239

Vorwort *zur überarbeiteten und erweiterten zweiten Auflage*

Als die „Skizzenblätter der Nachkriegsgeschichte" 1985 auf Anregung des damaligen HHLA-Vorstandsvorsitzenden erschienen, war dies die erste ausführliche journalistisch gefasste Darstellung der Hafenentwicklung in den ersten 40 Jahren nach dem Zweiten Weltkrieg. Der damalige Wirtschaftssenator Volker Lange hatte in einem Vorwort zu dem Buch den Hafen als den nach wie vor bestimmenden Standortfaktor der Stadt bezeichnet und dabei die Grundsätze der Senatspolitik umrissen, die dem Hafen die Tragfähigkeit als Basis der Industrie, des Handels, der Verkehrswirtschaft und des Dienstleistungsgewerbes erhalten solle. Diese Prämissen waren „die kontinuierliche Umstrukturierung und Modernisierung veralteter Hafenanlagen und der bedarfsgerechte Ausbau sowie vorausschauende Flächenvorsorge, um stets flexibel auf die Notwendigkeit von Hafenerweiterungen reagieren zu können".
An diesen Zielen hat sich auch nach dem Übergang in das neue Jahrhundert nichts geändert! Im Jahr zuvor hatte Hamburg in einem Sofortprogramm zur Baggergutentsorgung eine Schlüsselentscheidung getroffen. Gleichzeitig wurde deutlich, dass die Lösung von Umweltproblemen zunehmend auch bedeuten würde, die Einzelinteressen betroffener Bürger im Zusammenhang mit den Gesamtinteressen der Stadt und ihres Hafens zu sehen. Von der Politik ist bei der „Güterabwägung" Augenmaß und Fingerspitzengefühl zu verlangen!
Der Wirtschaftssenator stellte damals auch fest: „Das Hamburger Modell – nämlich unternehmerischer Wettbewerb auf der Basis einer vom Staat gestellten Infrastruktur und im Rahmen des vom Staat gesetzten ordnungspolitischen Rahmens – hat sich bewährt."
Auch dieser Grundsatz hat im neuen Jahrhundert nichts von seiner Gültigkeit verloren. Grundlegend verändert haben sich hingegen die Rahmenbedingungen für den Hamburger Hafen in einem für den Elbehafen lebenswichtigen Punkt: Das durch die Teilung Deutschlands nach dem Krieg verlorene „Hinterland" wurde durch den Zusammenbruch des Ostblocks und den daran anschließenden politischen Wandlungsprozess überraschend zurückgewonnen. Hamburgs Chance, die Hafenzukunft zu meistern, hat sich dadurch nachhaltig verbessert: Die überzeugenden Leistungsdaten, mit denen der Elbehafen in das dritte Jahrtausend gegangen ist, belegen das eindrucksvoll.
So ist es an der Zeit, die „Skizzenblätter der Nachkriegsgeschichte" zwei Jahrzehnte nach der ersten Auflage auf den neuesten Stand zu bringen und um die wesentlichen Kapitel der jüngeren Hafenentwicklung zu ergänzen.
An der Struktur der alten „Skizzenblätter" wurde – abgesehen von einigen Kürzungen – nichts verändert. Es sind journalistisch gefasste, in sich geschlossene „Geschichten", die wichtige Ereignisse und Weichenstellungen im Hafengeschehen dokumentieren.
Zu danken ist Senator a. D. Helmuth Kern, der auch nach seinem Ausscheiden aus dem HHLA-Vorstand in vielfältigen Funktionen Anteil an der Hafenentwicklung genommen hat, für die Durchsicht der Manuskripte und vielerlei wertvolle Anregungen zu diesem Buch.

Hamburg, im September 2004

Kurt Grobecker

Im Krieg waren Kirchenglocken zu Kanonen umgeschmolzen worden. 1945 standen noch Hunderte von geraubten Glocken zum Abtransport im Hafen.

Zur Einstimmung: Das Tor zur Welt war zugefallen

Wer sich Hamburg von Süden her nähert, dem überreicht die Stadt zur Begrüßung eine Visitenkarte von überzeugender Aussagekraft: Auf der Höhe der Freihafen-Elbbrücke liegt dem Besucher ein Stück Freihafen-Panorama zu Füßen. Ein kleiner Ausschnitt nur aus dem über hundert Quadratkilometer großen Lebensnerv, aus dem die Hansestadt einen wesentlichen Teil ihrer Wirtschaftskraft schöpft.

Als am 3. Mai 1945 die Panzer der 7. Britischen Panzer-Division die Elbbrücke passierten, war dieser Lebensnerv Hafen tödlich getroffen. 3.000 Wracks lagen auf dem Grund der Hafenbecken und ragten als gespenstische Zeugen der Katastrophe aus dem Wasser. 90 Prozent der Kaischuppenfläche war zerstört. Zwei Drittel aller Speicher und Lagerhäuser waren ausgebrannt oder durch Sprengbomben beschädigt. Acht von zehn Kaikränen mussten verschrottet werden. Das Gleisnetz der Hafenbahn war zu fast 70 Prozent nicht mehr befahrbar. Annähernd jede zweite Brücke in dem weit verzweigten Netz von Hafenbecken war eingestürzt oder einsturzgefährdet. Jede dritte Kaimauer war zusammengebrochen. Genau genommen gab es nur noch einen einzigen brauchbaren Seeschiff-Liegeplatz. Elfhundert Jahre Arbeit, die Mühen vieler Generationen seefahrender Kaufleute und handelnder Seefahrer, waren in wenigen Bombennächten zunichte gemacht worden. Die Geschichte selbst hatte ein Stück Geschichte und deren vom Großen Brand hundert Jahre früher noch verschonten Zeugen endgültig ausradiert. Die Hamburger waren erschüttert, zutiefst getroffen in ihrem Willen zu sein, in eine Verzweiflung getrieben, in die nicht einmal die französische Besetzung zu Beginn des 19. Jahrhunderts die Menschen dieser Stadt hatte treiben können. Die Katastrophe sprengte die Schicksalskette, die Vergangenheit und Zukunft miteinander verbindet.

Für kurze Zeit mögen die Hamburger daran gezweifelt haben, ob es für sie jemals wieder so etwas wie Zukunft geben würde. Und wenn der Faden der Geschichte abgerissen war, wie wenig ließ sich dann aus den Werten der Vergangenheit leben, wie wenig sich mit ihnen ausrichten. Der Blick in die eigene orientierende Vergangenheit – lohnte er überhaupt? Tradition – wozu? Wie unerheblich mag es den Hamburgern in diesen Monaten der sinnlosen Zerstörung erschienen sein, ob nun Karl der Große eine Burg oder Ludwig der Fromme unter dem Namen „Hammaburg" ein befestigtes Kloster als erzbischöfliche Residenz errichten ließ.

Wie bedeutungslos die Erkenntnis, dass schon Jahrhunderte zuvor am unteren Alsterlauf Menschen wohnten, die nur Steingeräte sowie Werkzeuge aus Stein kannten

BESETZUNG HAMBURGS: AM 3. MAI PASSIERTEN DIE ERSTEN FAHRZEUGE DER 7. BRITISCHEN PANZER-DIVISION DIE ELBBRÜCKEN.

MEHR ALS 3.000 WRACKS BLOCKIERTEN DEN HAMBURGER HAFEN. DAMIT WAREN VIELE HAFENBECKEN NICHT MEHR ANZULAUFEN.

und zum eigenen Gebrauch produzierten, und die somit unsere legitimen, wenn auch nicht hanseatischen Ururgroßväter sind.

Wie müßig die Frage, ob der Freibrief, den der Schauenburger Adolf III. am 7. Mai 1189 seinem Kaiser Friedrich Barbarossa abluchste, nun „echt" ist oder ob bei dem im Staatsarchiv aufbewahrten Dokument geschickt nachgeholfen wurde. Wenn es um das Wohl ihrer Schifffahrts- und Handelsinteressen ging, ließen die Hamburger sich selbst manches durchgehen, das kleinlichen moralischen Erwägungen nicht immer standhielt. Und was bedeuteten die faszinierenden Leistungen der letzten hundert Jahre, die Hamburg in den Rang eines Welthafens erhoben hatten, jetzt noch, wo von all dem fast nichts mehr übrig geblieben war.

Wer dachte an das Werk des Wasserbaudirektors Johannes Dalmann, an seine planerische Leistung beim Ausbau dieses Hafens, vor allem aber an seine Hartnäckigkeit, mit der er für Hamburg das Prinzip eines offenen und damit jederzeit anzusteuernden Tidehafens durchsetzte.

Was bedeuten in dieser Stunde die Leistungen der großen Hamburger Reeder: Ferdinand Laeisz, der die Welt mit seinen Flying-P-Linern in Erstaunen versetzte, oder Albert Ballin, der in der Zeit der Dampfschifffahrt die Hapag zur bedeutendsten Reederei aufblühen ließ. Wer erinnerte sich, umgeben von Wracks und Trümmerfeldern, an den gegen Bismarck geführten Kampf um den Zollanschluss, der Hamburgs Freihandelsposition bedroht hatte und der der Hansestadt schließlich – nach langwierigen Verhandlungen und beiderseitigen Zugeständnissen – seinen Freihafen bescherte und damit Weichen für die Zukunft stellte.

Zukunft – war das ein Wort, das in der Bilanz der Stadt jetzt noch Gewicht haben konnte?

Schon mehrfach – so auch 1842 – hatte Hamburg am Rande seiner Existenz gestanden: Ein verheerender Brand, ausgelöst durch die Unachtsamkeit eines Handwerkers, hatte die Hälfte der Stadt in Schutt und Asche gelegt. Damals hatte sich Hamburg schnell wieder erholt. Wer aber wagte in dieser Stunde den Vergleich? Damals gab es vielfältige, sogar selbstlose Hilfe von draußen. Damals blieb der Hafen in seinen wesentlichen Teilen funktionsfähig, die weltweiten Handelsbeziehungen waren auch nach dem Feuersturm intakt. Durfte Hamburg aber nach dieser katastrophalen Niederlage auf das Wohlergehen seiner alten Partner rechnen? Wie unbedeutend war angesichts der Tragödie des Zweiten Weltkrieges die Umsiedlung von 20.000 Menschen, durch die Hamburg in den achtziger Jahren des vergangenen Jahrhunderts alte Wohngebiete hatte räumen lassen, um das Areal für seine Speicherstadt zu gewinnen. Fast tausend Bürgerhäuser waren damals ein Opfer der Spitzhacke geworden, reizvolle Barockfassaden mit ihren unvergleichlich schönen Giebeln und Portalen unwiederbringlich verloren. Man mag das bedauern, und viele Hamburger trauerten damals um ihr Brookviertel. Nicht nur diejenigen, die dort ihre Wohnungen verloren hatten. Aber es war ein Verlust, für den die Stadt entschädigt wurde mit einem der reizvollsten und in sich geschlossensten Speicherviertel der Welt. Es war kein sinnloses Opfer. Und wäre es das gewesen, so bliebe es doch weit hinter dem, das auch der Hafen in den Bombennächten von 1943 bis zur Kapitulation zu bringen hatte. War dies das Ende einer weit über tausendjährigen Entwicklung? Ein Schlag, von dem sich die Stadt nie erholen würde? War dies der Untergang?

Er war es nicht! Die Geschichte hielt für einen Augenblick ihren Atem an. Die Hamburger selbst gönnten sich nicht einmal diese bescheidene Atempause. Kaum war die von der britischen Besatzungsmacht verhängte Ausgangssperre aufgehoben, da versuchten sie ihr altes Tor zur Welt wenigstens einen Fußbreit aufzustoßen. Am 28. Mai 1945 berichtete das „Hamburger Nachrichtenblatt", das neben dem Rundfunk einzige Kommunikationsorgan der ersten Nachkriegswochen:

„Die Aufräumungsarbeiten im Hamburger Hafen sind so weit gediehen, dass der Hafen ab 1. Juni wieder in Betrieb genommen werden kann. Zunächst wird es sich dabei ausschließlich um Lieferungen an die alliierten Armeen handeln, die von Hamburg aufgenommen und weitergeleitet werden ... Die Eröffnung des Verkehrs im Hamburger Hafen ist von der britischen Flotte schon vor der Kapitulation Deutschlands durch die Säuberung der Nordsee und vor allem des Schifffahrtsweges nach Hamburg von Minen planmäßig vorbereitet worden."

Diejenigen, deren Auftrag es zwei Jahre zuvor gewesen war, der Industrie- und Hafenstadt Hamburg den Todesstoß zu versetzen, haben ihr die ersten Schritte in eine neue Zukunft ermöglicht.

1945–1949

Auch vor dem Hamburger Rathaus hatten die Räumkommandos reichlich Arbeit.

Konzertkarte gegen Kochkiste

Hamburg – eine besetzte Stadt! Seit 130 Jahren hatte es das nicht mehr gegeben. Aber diesmal war es eine Besetzung besonderer Art: nicht eine, die Schreckensherrschaft und Unterdrückung brachte, sondern tatsächlich eine „Befreiung". Das heißt nicht, dass die Hamburger über Nacht alle Freiheiten zurückgewonnen hätten. Polizeistunde, Einschränkungen der Freizügigkeit, beschlagnahmte Privatvillen, Ausweispflicht für bestimmte Stadtgebiete wie den Hafen und das Verbot, mit den Besatzungsangehörigen zu „fraternisieren" – worunter besonders die jungen Hamburgerinnen litten; denn es gab unmittelbar nach dem Krieg einen erheblichen Frauenüberschuss.

Als im Herbst 1946 das Verbot der „Mischehen" aufgehoben wurde, gingen bei der Militärverwaltung in wenigen Monaten fast 4.000 Anträge auf Eheschließungen zwischen „Tommies" und deutschen Frauen ein.

Im Zuge der Denazifizierungswelle überprüfte ein „Fachausschuss zur Ausschaltung von Nationalsozialisten in Hamburg" 1.500 höhere Beamte, über 20.000 mittlere Beamte und fast 23.000 Angestellte.

Die Universität registrierte 12.000 Bewerbungen für das erste Nachkriegssemester 1945/46, aber nur 3.600 Studenten konnten aufgenommen werden.

Im September 1946 trafen die ersten Care-Pakete aus den USA in Hamburg ein.

Die unteren Militärgerichte hatten Hochkonjunktur. „Curfew"-Übertretungen, also die Missachtung der Sperrstunde, waren das Hauptdelikt. Bis zu 30 Fälle wurden von jedem Gericht täglich verhandelt. Die Urteile lagen zwischen einer Verwarnung und 250 Reichsmark Geldstrafe.

„Kohlenklau" war „in". Im Schreckenswinter 1947 teilte Hamburgs Polizeichef mit, dass von hundert Kohlelieferungen nur etwas mehr als siebzig ihr Ziel erreichten. Tauschzentralen machten gute Geschäfte. Zwei Eintrittskarten für ein Konzert entsprachen dem Wert eines Eisentopfes in einer selbst gebastelten Kochkiste. Kleingärtner, die in der „Bizone" Tabak anbauten, freuten sich über ein interessantes Angebot von den Ölmühlen: Diese begannen 1947 mit der industriellen Ölgewinnung aus Tabaksamen. Abgelieferte Samen „bezahlten" sie mit nikotinfreiem Speiseöl, dessen Mandelgeschmack besonders gelobt wurde.

Hamburg wurde zum Hauptumschlagplatz für „Edelvaluta", für die man alles bekommen konnte. Die Polizei machte fast täglich Razzien auf Schwarzmarkthändler. Für Berufsschieber wurde ein Arbeitslager eingerichtet.

In Hamburger Geschäften wurde für 7,50 Reichsmark der auf Holz verewigte Wandspruch verkauft:

„Wer heut sein Leben liebt, der schiebt.
Wem Ehrlichkeit im Blute rauscht, der tauscht.
Wem beide Wege sind verbaut, der klaut."

HUNGER WAR FÜR DIE MEISTEN DAS HAUPTPROBLEM IN DEN ERSTEN NACHKRIEGSJAHREN.

Viele Hamburger wurden mit Methylalkoholvergiftung ins Hafenkrankenhaus eingeliefert. Im „Flora-Theater" staunte man darüber, wie der Zauberkünstler Kalanag Wasser in Cognac verwandelte.

Die ersten kulturellen Vergnügungen, die sich Hamburg nach dem Krieg wieder leisten konnte, waren zwei Sinfoniekonzerte und ein Zirkus auf der Moorweide. Zur gleichen Zeit erlaubte die Militärregierung, zehn Kinos für die Zivilbevölkerung wieder zu eröffnen. Angeboten wurden Unterhaltungsfilme.

Das EMNID-Institut ermittelte den einstigen „Reiter für Deutschland" Willy Birgel als den beliebtesten Hamburger Nachkriegsschauspieler.

Ernst Rowohlt begann, Romane auf Zeitungspapier im Zeitungsformat zu drucken. Die Auflage lag bei 100.000. Das Heft kostete 50 Reichspfennige.

Im November wurde – kurz nach dem Tod des Dichters – Wolfgang Borcherts „Draußen vor der Tür" in den Kammerspielen uraufgeführt.

1948 erlebte der Nordwestdeutsche Rundfunk seinen ersten „Tanzmusikkrieg". Der Versuch, den Hamburger Hörern moderne, jazzgefärbte Arrangements zu bieten, wurde mit Beschimpfungen wie „Negermusik" quittiert.

Schnelldenkerturniere waren ein beliebtes Gesellschaftsspiel auf Partys und im Rundfunk.

Die „Funklotterie" entwickelte sich zur meistgehörten Rundfunksendung. Der „Erfinder" Just Scheu wurde einer der populärsten Moderatoren.

TRÜMMERRÄUMEN: AUCH BÜRGERMEISTER PETERSEN PACKTE ZU.

GLÜCK IM UNGLÜCK: HAMBURGS WAHRZEICHEN BLIEB STEHEN.

DIE VERKEHRSMITTEL WAREN DEM ANSTURM NICHT GEWACHSEN.

„Auf Wiederaufbau stand Gefängnis"

Bericht des Zeitzeugen Franz Kalischer

Bis 1947 hatten die Briten die Hand auf dem Hamburger Hafen und behielten sich jede Entscheidung vor. Wir hatten damals einen Port Controller mit dem schönen Namen Colonel Haddock – auf Deutsch Schellfisch. Er gehörte zunächst zu den entschiedenen Gegnern jeglicher deutscher Betätigung im Hafen. Dann aber musste man in London erkennen, dass es so nicht ging, und es kam zu einer höchst originellen Anweisung: Die Deutschen konnten den Betrieb wieder aufnehmen, ohne jedoch die Anlage selbst wieder aufräumen zu dürfen. Nun war es aber so, dass kaum ein Hamburger Kaibetrieb ohne entsprechende Räumungsarbeiten und notdürftige Reparaturen als funktionstüchtig gelten konnte. Franz Kalischer erinnert sich: „Entweder waren die Kaimauern mit den dazu gehörenden Kränen eingestürzt oder die dahinter liegenden Kaischuppen ausgebrannt. Was sollten wir machen? Wir konnten schließlich nicht riskieren, ein Schiff auf die Trümmerreste vor dem Kai auflaufen zu lassen. Andererseits wollten wir den Betrieb ja unbedingt wieder aufnehmen. Da haben wir dann unsere eingeschränkte Genehmigung einfach in die Tasche gesteckt und erstmals auf eigene Rechnung und ohne die erforderliche Erlaubnis das Ufer aufgeräumt. Das fiel natürlich sehr bald auf und hatte zur Folge, dass mein damaliger Vor-

SO SAH ES ÜBERALL IM HAMBURGER HAFEN AUS. REPARATURARBEITEN WAREN VERBOTEN.

standskollege Dr. Ernst Sutor sechs Wochen Haft bekam, und ich wurde zu einer Geldstrafe verurteilt, die ich auch noch persönlich bezahlen sollte. Aber schließlich hat es dann doch die Firma übernommen. So kamen wir langsam wieder in Schwung.

Eines muss ich ausdrücklich betonen: Unsere Arbeiter haben unverzagt unter Einsatz ihrer Kräfte mit aufgeräumt. Sie haben lose Planken über die Trümmerberge gelegt und sind mit Handkarren rübergefahren – das war für uns alle lebensgefährlich. Heute würde die Gewerbeaufsicht so etwas gar nicht mehr durchgehen lassen."

1947 wurden die Beschränkungen weitgehend aufgehoben und die Deutschen bekamen freie Hand im Hafen. Franz Kalischer: „Woher sollten wir das Geld für den Wiederaufbau nehmen? Ich bin später – Anfang der sechziger Jahre – auf einen Gedanken gekommen, der nicht nur meiner Firma, sondern dem ganzen Hafen sehr nützlich gewesen ist. Wir haben die begrenzten privaten und staatlichen Mittel zusammengelegt. Das ging so weit, dass wir dem Staat den Wiederaufbau der Kaimauern vorfinanziert haben – sogar zinslos! Es musste uns ja darum gehen, möglichst schnell wieder Anschluss zu gewinnen, und da durften wir uns mit Finanzierungsfragen nicht allzu lange aufhalten …

Ein besonderes Problem waren gleich nach dem Krieg die Kontakte zu unseren alten Kunden. Alle Geschäftspapiere waren bei den Angriffen verbrannt. Wir hatten keine Ahnung, wie wir standen, wo wir Außenstände hatten und wem wir etwas schuldeten."

TROTZ DES VERBOTS WAREN VIELE SCHUPPEN – WIE HIER 69 – BALD WIEDER NOTDÜRFTIG HERGERICHTET.

DIE 70ER STRECKE: NACH DER FINANZIERUNG WURDE NICHT LANGE GEFRAGT. HAUPTSACHE MAN KONNTE BAUEN.

Hochkonjunktur für Hamburgs Giganten

„Die Ärmel hochkrempeln" ist eine anschauliche, aber wenig realistische Metapher für das, was gleich nach der Kapitulation im Hamburger Hafen geschah. Bereitwillig zupackende Hände allein konnten wenig ausrichten gegen eine Hafenblockade, die von versenkten See- und Küstenschiffen, von Hafenfahrzeugen und Brücken, von Pontons und zerstörten Schwimmdocks verursacht war. Das Chaos aus Stahl, Eisen und Beton versperrte nicht nur die Kaianlagen selbst, sondern auch Zufahrten zu den Hafenbecken. Soweit das Fahrwasser von Wracks verschont geblieben war, drohte es zu versanden.

Glücklicherweise gab es eine Reihe von Bergungs- und Taucherfirmen, die nicht nur ihren guten Namen, sondern auch einen Teil ihrer Spezialfahrzeuge und -geräte über den Krieg hinweggerettet hatten: Beckedorf Gebr., die Bugsier Reederei & Bergungs Aktiengesellschaft, M. A. Flint und Alwin Harmstorf, die auch schnell wieder gut ausgebildetes Personal zusammentrommelten. Arbeit gab es für sie alle mehr als genug. Besondere Aufmerksamkeit erregte damals die Bergung des 22.000-Tonnen-Passagierschiffes ROBERT LEY, das am Hachmannkai ausgebrannt und versunken war. Es gelang den Tauchern, das Wrack abzudichten und leer zu pumpen, um es dann mit Hilfe mehrerer Schwimmkräne zu heben. Unmittelbar daneben lag ein Dock auf Grund, das die alliierten Behörden der dänischen Regierung als Wiedergutmachungsleistung übergeben hatten.

Schwieriger war die Bergung des norwegischen Dampfers HAUKEFJELL. Der Frachter war durch Bombentreffer in der Nähe eines Getreidesilos versenkt worden und versperrte das Hafenbecken Rethe. Die Schäden am Rumpf des Schiffes machten das Abdichten und Heben des Wracks unmöglich. Man entschloss sich deshalb, einzelne Sektoren abzusperren. Das war eine mühevolle Kleinarbeit; denn der in der Nähe stehende Silo durfte nicht gefährdet werden.

Viel Kopfzerbrechen bereitete den Experten der Frachter DOCKENHUDEN, der am Schuppen 74 gesunken war. Der 8.000-Tonner war so unglücklich gekentert, dass der Schiffsboden gegen die Kaimauer lag. Ein Augenzeuge berichtete, wie die Bergungsmannschaften das Problem lösten:

NEBEN DEM HAMBURG-SÜD-SCHIFF BELGRANO WURDE EINE GESUNKENE FÄHRE GEHOBEN.

„Es mussten zuerst alle Luken, Niedergänge, Bullaugen, Masten und Deckswinden durch Schweißen unter Wasser abgetakelt werden. Dann stellte man am Vor- und Hinterschiff auf die Bordwand und auf das Deck große Blöcke, die durch um das Schiff gelegte starke Drahtseile gehalten wurden. Zwei große Schwimmkräne von je 200 Tonnen Tragfähigkeit befestigten ihre Haken an den äußeren Enden der an Deck aufgerichteten Blöcke und hievten, während das Wasser aus dem Schiffskörper gepumpt wurde. Diese Pumparbeiten begannen gegen 13 Uhr, und um Mitternacht des gleichen Tages war das Schiff bis auf 17 Grad Schlagseite aufgerichtet. Durch besondere Sauggeräte wurde der Schlamm, der sich im Zwischendeck und an der inneren Bordwand angesammelt hatte, entfernt, das Schiff lenzgepumpt und in ein anderes Hafenbecken geschleppt, wo es auf seine weitere Bestimmung wartete …"

Diese weitere Bestimmung hieß in den meisten Fällen: Abwrackwerft. Nur selten lohnte es sich, die stählernen Kriegsopfer wieder herzurichten.

Unsicher reagierten die Behörden, wenn jemand die Frage nach dem Eigentum an den Wracks stellte. Der Einfachheit halber hatte das britische Ministry of Supply verfügt, in seinem Auftrag geborgene Wracks seien nach einem englischen Hafen zu überführen und dort zu verschrotten. Es dauerte zwei Jahre, bis sich die deutschen Eigentümer trauten, dagegen zu protestieren. Prompt wurde klargestellt (und später widerrufen!), dass keine andere Nation und keine alliierte Behörde ohne den deutschen Eigentümer über die deutschen Wracks verfügen dürfte, die innerhalb der Dreimeilenzone lagen. Für Schiffe bis zu 1.500 BRT war dies eine interessante Entscheidung. Sofern sie wieder aufzubauen waren, durften sie in Fahrt gesetzt werden. Vorausgesetzt, ihre Maschine hielt eine Geschwindigkeit unter 12 Knoten. Auf diese Bedingungen hatte sich der Alliierte Kontrollrat in seiner „Directive 37" festgelegt.

Mehr als tausend Einsätze musste Hamburgs Schwimmkran-Armada fahren, bis der Hafen so weit aufgeräumt war, dass er von Frachtschiffen ohne allzu große Risiken angefahren werden konnte.

Aber das war nur die eine Seite der Räumung. Die andere betraf die während der letzten Kriegsjahre vernachlässigten Baggerarbeiten. Um die Sicherheit der Schifffahrt zu garantieren, wurde der Schlamm mit allen verfügbaren Kräften aus der Elbe geschaufelt. Verfügbar waren Mitte 1948 schon wieder zehn Eimer- und Greifbagger, 50 Schuten und ein paar Schlepper. Mit diesen Mitteln gelang es der Hafenbauverwaltung bis Ende des Jahres, 2,4 Millionen Kubikmeter Schlick und Sand aus den Hafenbecken zu holen. Bis auf wenige Nebenbecken war das Hafen-Fahrwasser damit wieder frei.

Das versenkte KdF-Schiff Robert Ley wurde 1946 gehoben.

Der Dalmannkai musste geräumt und neu aufgebaut werden.

Wracks wurden – soweit dies technisch möglich war – mit Pressluft gefüllt und dann zur Abwrackwerft geschleppt.

Die ausgebrannte und auf Grund liegende St. Louis diente nach dem Krieg als Hotelschiff.

Falsche Prognose – richtige Konsequenzen

Hamburg hatte vieles verloren, auch Lebenswichtiges. Nur eines hatte man der Hansestadt an der Elbe nicht nehmen können: ihr Selbstbewusstsein, die in Jahrhunderten erfolgreicher Handels- und Schifffahrtspolitik gewachsene Überzeugung, seine führende Rolle im Überseeverkehr zu Recht zu spielen.

Energisch versuchten die Hamburger, das für kurze Zeit zugefallene „Tor zur Welt" wenigstens eine Handbreit wieder aufzustoßen.

Kaum war das Hauptfahrwasser von Wracks freigeräumt, da sprach man schon wieder von der „Einschaltung Hamburgs in den Weltverkehr", und es gab sowohl bei den Kriegsfeinden als auch bei den traditionellen Konkurrenten erstaunlich wenig Widerstand gegen solche Ansprüche.

In der ersten Hälfte des Jahres 1946 kamen 1.270 Seeschiffe die Elbe herauf. Das war nur etwas mehr als ein Achtel dessen, was 1939, in den letzten sechs Wochen vor Kriegsausbruch, Kurs auf Hamburg genommen hatte. Aber hier schlug der Verlust der deutschen Handelsflotte zu Buch, die am Hamburger Seeschiffverkehr in „Normalzeiten" mit weit mehr als 50 Prozent des Aufkommens beteiligt gewesen war.

Jetzt machten britische Frachter das Rennen. Wobei das Wort Rennen vielleicht zu sehr an sportlichen Wettbewerb erinnert. Die britischen Reeder profitierten von dem Vorsprung einer Besatzungsmacht, die ihrer eigenen nationalen Flagge verständlicherweise nicht nur den eigenen Nachschub zuschanzte, sondern ihr auch den Transport der Versorgungsgüter für die Zivilbevölkerung überließ. Auf diese Weise fuhr eins von drei Seeschiffen, die Hamburg anliefen, unter dem Union Jack.

Erst zu Beginn 1946 waren die Planer von Strom- und Hafenbau unter der Leitung von Baudirektor Mühlradt so weit, über die Sorgen des Tages hinaus planmäßig aufzubauen.

Die Fragen, die sich die Hafenbauer stellen und beantworten mussten, zielten auf die möglichen Wandlungen des Hafengeschehens. Würde sich die Struktur der Seehäfen verändern oder würde der Hamburger Hafen sein Gesicht im Wesentlichen behalten?

Hatten sich die betrieblichen Verhältnisse nach dem Krieg so grundlegend verändert, dass man darauf beim

ALS EINE DER ERSTEN ANLAGEN WAR SCHUPPEN 75 WIEDER VOLL FUNKTIONSFÄHIG.

Wiederaufbau der Anlagen Rücksicht nehmen musste? Schließlich waren Prioritäten für den Wiederaufbau festzulegen. Dies bedeutete eine Konzentration der nur begrenzt verfügbaren Baustoffe und Arbeitskräfte auf die jeweils vordringlichen Aufgaben.

In einem Punkt haben sich die Hamburger Hafenplaner damals gründlich verrechnet: Sie setzten zunächst auf das Massengut als Zugpferd einer künftigen Hafenwirtschaft.

An eine ganz neue, den Stückgutverkehr revolutionierende Transportform, die unter dem Stichwort „die große Kiste" Verwirrung stiften und Hoffnungen beflügeln sollte, konnte unmittelbar nach dem Krieg kaum ein Hafen-Fachmann denken.

Wie aus der – wie wir heute wissen – falschen Prognose damals die richtigen Konsequenzen gezogen werden konnten, bleibt das Geheimnis der Planer. Es beweist, dass es in diesem Geschäft vor allem auf die Intuition ankommt. Jedenfalls krempelten die Hamburger die Ärmel hoch und setzten den Wiederaufbau der für das Stückgut bestimmten Kaimauern, Kaischuppen und Speicheranlagen an die Spitze ihrer Prioritätenliste.

Soweit die Kaischuppen und Speicher den Feuersturm und das Bombardement überstanden hatten, entsprachen sie in technischer und betrieblicher Hinsicht nicht mehr den Anforderungen des sich modernisierenden Seeverkehrs.

Wie wichtig leistungsfähige Umschlaganlagen für die betriebswirtschaftliche Kalkulation der Schifffahrtsunternehmen waren, zeigt das Rechenbeispiel eines britischen Reeders: Der Anteil der Hafenausgaben an den Gesamtkosten seines Unternehmens, so seine Analyse, lag vor dem Krieg bei 38 Prozent. 1948 war der Hafenanteil auf 51 Prozent angestiegen. Die Beschleunigung des Umschlags war deshalb für die Häfen das Gebot der Stunde, wenn sie sich im schärfer werdenden Wind der internationalen Konkurrenz behaupten wollten.

Ein auffälliges, äußerlich erkennbares Zeichen des Wandels in der Seeschifffahrt war die Zunahme der Schiffsgrößen. Von den Frachtern, die Hamburg in jedem Monat anliefen, hatten etwa 50 eine Größe von 8.000 bis 12.000 Bruttoregistertonnen. Sie benötigten eine Wassertiefe bis zu zehn Metern bei Niedrigwasser, rund zwei Meter mehr als die Überseeschiffe älterer Bauart. Für den Hafen hatte dies Konsequenzen. Zunächst einmal mussten höhere Kaimauern gebaut werden. Auch damals war das ein Kostenfaktor, der mit 7.000 Reichsmark für jeden Meter erheblich zu Buch schlug.

Der Wiederaufbau von Kaischuppen und Speichern ging zunächst langsamer voran, als es den Bedürfnissen entsprochen hätte. Wie an fast allem Mangel herrschte, so war es auch noch fast drei Jahre nach Kriegsende fast unmöglich, Baustoffe zu bekommen. Es musste mit dem Material improvisiert werden, das jeweils gerade

AM DIESTELKAI HERRSCHTE NACH DEN LUFTANGRIFFEN EIN TOTALES CHAOS.

verfügbar war. Für den Freihafen bedeutete dies, dass er sein bis dahin gewahrtes einheitliches Aussehen aufgeben musste: Wo einst Holzschuppen ein Bild der Geschlossenheit und baulichen Homogenität boten, entstanden jetzt im zufälligen Wechsel – je nach der Verfügbarkeit von Baustoffen – Kaischuppen aus Eisenbeton, Stahlbau- und Holzkonstruktionen. Dass sich die Hafenplaner trotz allem bemühten, nach damaligen Maßstäben „nicht hässlich" zu bauen, mag der Ehrenrettung der Hamburger dienen, denen man so gern nachsagt, sie würden ästhetische Prinzipien mit großer Leidenschaft wirtschaftlichen Erfordernissen opfern.

Der Neubau oder die Instandsetzung der Umschlaganlagen war nur ein Teil der Wiederaufbauleistung, mit der Hamburg in den Jahren 1947 und 1948 signalisierte, dass es wieder Tritt gefasst hatte.

Der andere Teil, nicht weniger wichtig für die Leistungsfähigkeit des Hafens, waren die Straßen, Eisenbahnen, Brücken, Versorgungsleitungen, Schleusen und das Gleisnetz der Hafenbahn. Alles in allem entsprach die Gleislänge der Hafenbahn dem der Hamburger Straßenbahn: rund 450 Kilometer, von denen der größte Teil erneuert werden musste.

Zwei parallele Pläne lieferten die Orientierungsdaten für die Aufbauarbeiten: Der „Hafenwiederaufbauplan" entsprach den kurzfristigen Bedürfnissen. Er hatte sich den betrieblichen Anforderungen anzupassen und im Rahmen der verfügbaren Baustoffe und Arbeitskräfte Ausbaurichtlinien festzulegen. Er hielt sich im Rahmen unmittelbar überschaubarer Wirtschafts- und Verkehrsverhältnisse. Als „Richtzahl" waren ihm 70 Prozent der Umschlagmenge von 1936 vorgegeben. 140 Millionen Reichsmark hatte Hamburg für die erste Hilfe bereitgestellt.

Der „Generalplan" war dagegen ein Teil des Generalbebauungsplans der Hansestadt. Seine Aufgabe war es, den für die Zukunft erforderlichen Hafenraum – Optimisten dachten bis in das Jahr 2000 – zu sichern und aufzuteilen: Hafenbetrieb, Hafenindustrie, Wohnzwecke und landwirtschaftliche Nutzung bildeten das Grundmuster der Aufteilung. Für die Hafenanlagen im engeren Sinn wurden die Nutzungsschwerpunkte wie Stück- und Massengutumschlag, Abfertigung von Küsten- und Binnenschiffen sowie der Fischereiflotten festgelegt, ohne auch schon die technischen Details des Ausbaus festzulegen. Damit hatten die Planer ein hohes Maß an Flexibilität über Generationen hinweg gesichert.

In einem Punkt taten sich die Väter des Generalplans schwer: Der Versuch, das Gegeneinander der ursprünglich selbstständigen Häfen Hamburgs, Altonas und Harburgs zu einer Einheit zu verschmelzen, konnte nicht mehr vollständig gelingen. Der Hafenbaudirektor selbst formulierte im Mai 1948 im „Hamburger Echo": „Es muss leider festgestellt werden, dass sich viele Grundfehler heute kaum mehr abstellen lassen. Die Vereinigung der Häfen kam 1937 schon zu spät …"

AUCH AMERIKANISCHE FRACHTER BETEILIGTEN SICH AN DER VERSORGUNG HAMBURGS MIT LEBENSWICHTIGEN GÜTERN.

Technischer Wandel in kleinen Schritten

Der erste Schritt in eine auf die Zukunft gerichtete Ausbauplanung bezog sich auf das Schiff des LIBERTY-Typs. Mit seiner Ladefähigkeit von 8.000 Tonnen sollte es richtungweisend sein für das künftige Regelfrachtschiff des Weltverkehrs. Für dieses Schiff, das einen Tiefgang von 20 bis 28 Fuß hatte, waren nur die Kaischuppen 80 bis 84 am Oderhafen und Roßhafen geeignet. Mit provisorischen Mitteln hatte man sie instand gesetzt. Aber es zeichnete sich ab, dass sie für den Bedarf nicht ausreichen würden. So entschlossen sich die Planer, die Kaizunge zwischen Kaiser-Wilhelm-Hafen (Kronprinzenkai) und Ellerholzhafen (Mönckebergkai) für künftige Anforderungen mit zehn bzw. elf Metern Wassertiefe ausbauen zu lassen. Die Kaischuppen erhielten die Bezeichnungen 74 bis 77, entsprechend der schon früher dort vorhandenen Hapag-Schuppen. 1947 war dies die modernste Umschlaganlage des Hamburger Hafens, die außerdem den Vorteil hatte, für die binnenländischen Zubringer gut erreichbar zu sein.

Typisch für diese neuen Umschlaganlagen war die charakteristische „Hamburger Kaiaufteilung": eine strikte Trennung zwischen Eisenbahn- und Lastkraftwagenverkehr. Die Eisenbahn wurde an der Wasserseite abgefertigt, der Lkw ausschließlich an der Landseite.

Die drei wasserseitigen Gleise ermöglichten den unmittelbaren Umschlag zwischen Seeschiff und Bahn. Es gab teilweise auch landseits ein zusätzliches Eisenbahngleis, um Stoßzeiten auffangen zu können. Dieses Gleis war jedoch eingepflastert, um den Lkw-Verkehr nicht zu behindern. Auch bei der Kranausstattung der Umschlaganlagen setzte sich nach und nach ein neues Konzept durch: Die bis dahin üblichen Halbportale, die einerseits auf der Kaimauer, andererseits auf einer Kranschiene an der Traufe des Schuppens liefen, wurden durch Vollportale über dem ersten wasserseitigen Gleis ersetzt.

Im Oktober 1949 wurden am Kaiser-Wilhelm-Hafen (Kronprinzenkai) der Schuppen 75 A und am Südwesthafen (Windhukkai) der Schuppen 59 in Betrieb genommen. Hamburg verfügte damit wieder über etwas mehr als 300.000 Quadratmeter Lagerfläche. Das Besondere aber war, dass hier das Zeitalter der neuen Eisenbeton-Schalenbauweise eingeläutet wurde. Dieses Verfahren war zum ersten Mal schon bei dem alten, im Krieg zerstörten Schuppen 59 erprobt worden und hatte sich bewährt. Auch die damals eingeführte zweckmäßige Anordnung der Büros und Sozialräume in der Mitte der Schuppenanlage wurde beibehalten. Die Schuppen waren in mehrere Lagerhallen unterteilt. Die einzelnen Hallen wurden durch Brandmauern abgeteilt, aber

DAS LIBERTY-SCHIFF SOLLTE MIT 8.000 TDW DAS REGELFRACHTSCHIFF DES WELTVERKEHRS WERDEN. 2.850 EINHEITEN WURDEN GEBAUT.

durch feuersichere stählerne Schiebetüren verbunden. Hohe Fenster brachten besonders günstige Lichtverhältnisse. Mit Dachstützen wurde so sparsam umgegangen, dass für die bereits im Einsatz befindlichen Elektrokarren reichlich hindernisfreier Rangierraum zur Verfügung stand. Allerdings waren zu beiden Seiten breite Laderampen für sperrige Frachtstücke angeordnet. Wasserseitig war die Rampe am Schuppen 75 A so breit angelegt, dass sogar Lastwagen darauf fahren konnten. Das „Rampenkonzept" wurde mit dem zunehmenden Einsatz von Gabelstaplern und anderen Flurförderzeugen aufgegeben.

SCHUPPEN 74 WAR EINE DER ERSTEN ANLAGEN MIT LKW-RAMPEN.

ROLL-ON-ROLL-OFF-VERKEHR 1949 (TRANSPORT FERRY SERVICE).

SCHUPPEN 59 – BAULICHES VORBILD VIELER UMSCHLAGANLAGEN.

ENDE 1949 WURDE – WIE HIER AM SÜDWESTHAFEN – DAS ZEITALTER DER EISENBETON-SCHALENBAUWEISE EINGELÄUTET.

Hafenausweis – der Schlüssel zum Schlaraffenland

Die Sicherheit des Freihafens war noch Anfang 1948 ein viel diskutiertes Thema. In einer Zeit, in der Nahrungsmitteldiebstahl zu den elementaren Regeln des Überlebens zählte und nur formal aber keineswegs im moralischen Sinn als kriminelles Delikt bewertet wurde, war der Freihafen als Hauptversorgungsbasis für die Britische Zone ein wahres Dorado der Verlockungen, eine Art Schlaraffenland! Man nahm, was man bekommen konnte. Und wer etwas erwischte, für das er selbst keine Verwendung hatte, der verstand sich bald auf die Kunst des „Kompensierens": Es gab nichts Nützliches, das sich am Schwarzen Markt nicht gegen Nützlicheres eintauschen ließ.

Schon wenige Tage nach der Kapitulation hatte die Besatzungsmacht den Freihafen einschließlich Kohlenschiffhafen zum militärischen Sperrgebiet erklärt. Zollgrenzschutz, deutsche Polizei und britische Militärpolizei teilten sich die Aufsicht. Ein Hafenausweis war das „Sesam-öffne-Dich" in das Sperrgebiet, und die gründliche Kontrolle der Hafenarbeiter auf mitgeführte Waren wurde zu einem Ritual, das die betroffenen geduldig über sich ergehen ließen.

Daran änderte sich auch nichts, als deutsche Behörden nach und nach die Sicherung des Hafengebietes übernahmen. Im Gegenteil: Sie waren gezwungen, im Januar 1948 verschärfte Vorschriften für das Betreten des Hamburger Freihafens zu erlassen. Das Gebiet konnte nur mit Erlaubnis betreten werden. Wer sich nicht ausreichend legitimieren und die „berufliche Notwendigkeit" nachweisen konnte, durfte die Freihafengrenze nicht passieren. Die Hafenausweise galten jeweils für einen Tag, für zwei Monate oder für ein halbes Jahr. Für das Betreten der Schiffe musste ein „Hamburg Ports and Shipping Control Team" einen zusätzlichen Ausweis ausstellen. Darüber hinaus waren Schuppen und Kaistrecken, an denen begehrte Güter wie Zucker, Kaffee und Trockenfrüchte lagerten, besonders abgesperrt und von der Polizei bewacht.

DER DOCK-PASS WAR DAMALS GOLD WERT.

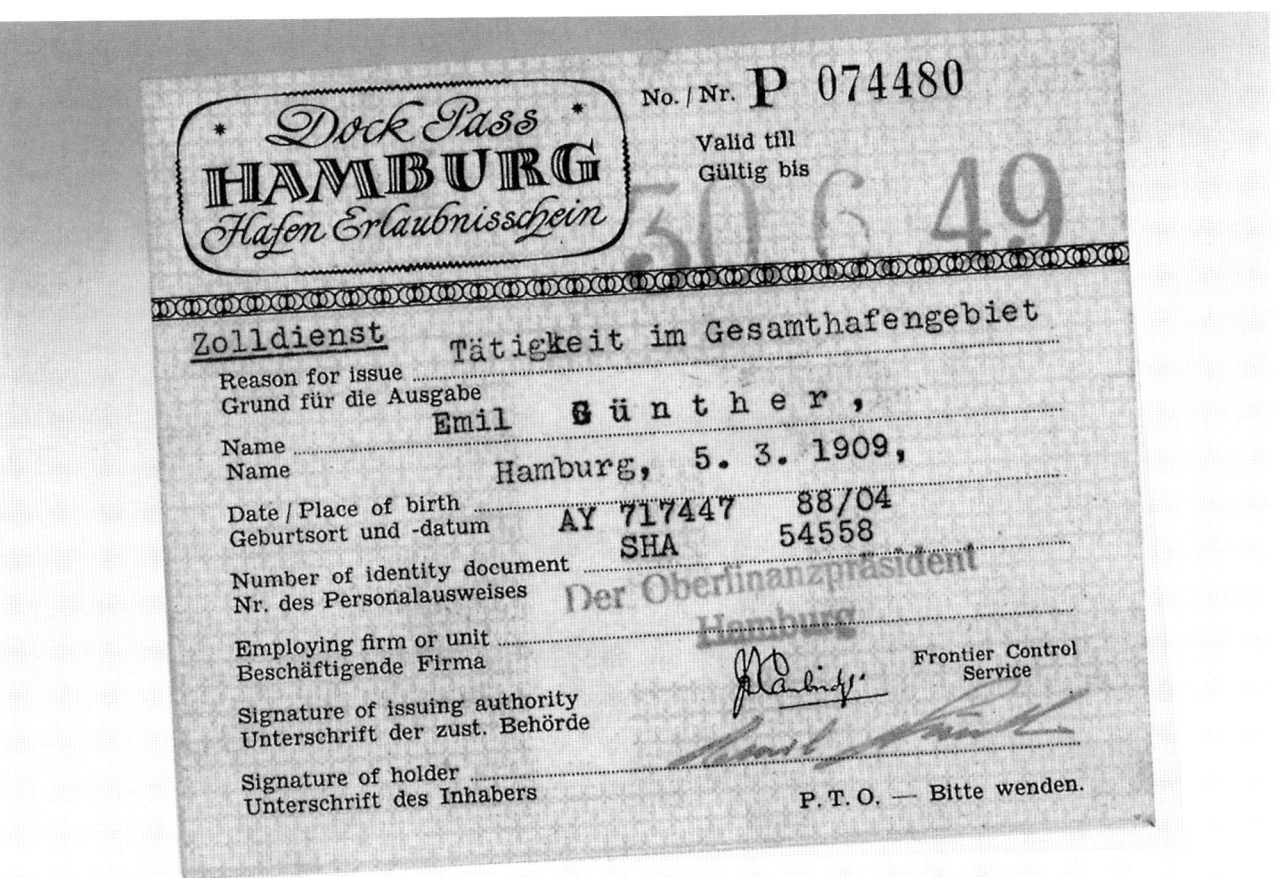

Ein wilder Streik gefährdet die Versorgung Hamburgs

BANANENUMSCHLAG AM SCHUPPEN 35 – NOCH IM »HANDBETRIEB«.

An den kalten Tagen der ersten Januarwoche 1948 ging es an den Kaianlagen des Hamburger Hafens heiß her. Den heftigen Diskussionen, die – nicht nur, aber auch – von den Kommunisten kräftig geschürt wurden, folgte ein Streik, an dem sich zwischen 3.500 (Schätzung der Militärregierung) und 5.000 Hafenarbeiter (Schätzung der Hafenverwaltung) beteiligten.

Anlass für diesen ersten Ausstand nach dem Krieg war die Unzufriedenheit der nichtständigen Hafenarbeiter, die sozial am schlechtesten gestellt waren. Ihre Unzufriedenheit hatte gute Gründe: Sie erhielten einen Tageslohn von 7,60 Reichsmark, der 1929 festgelegt worden war. Während des Krieges war der Lohn unverändert geblieben, weil die Hafenarbeit als nicht kriegswichtig galt. Aber während des Krieges war für nicht gearbeitete Stunden wenigstens Arbeitslosenunterstützung gezahlt worden. Nach 1945 mussten die „Unständigen" zwar Prämien für die Arbeitslosenversicherung bezahlen, im Übrigen aber lautete die Devise „Keine Arbeit – kein Geld!". Dies war nur ein Punkt, der die Arbeiter streikwillig machte. Sie forderten einen Garantielohn für fünf Tage. Der niedrige Tageslohn war ein anderer Grund. Die Arbeiter verlangten eine Lohnerhöhung von 30 Prozent. Und schließlich galt der Streik dem Protest gegen die schlechte Versorgungslage. Die Arbeiter wollten ihre Schwerarbeiterkarten beliefert haben – was mangels ausreichender Nahrungsmittelzufuhren oft gar nicht möglich war – und sie riefen nach bevorzugter Ausgabe von Kleidern und Schuhen.

Als die Hauptforderung des garantierten Wochenlohns schon so gut wie erfüllt war und die Gewerkschaft Öffentliche Dienste, Transport und Verkehr unter ihrem Chef Adolf Kummernuß auch die Forderung nach einer Lohnerhöhung zu ihrer Sache gemacht hatte, erklärten die Arbeiter plötzlich, sie seien am Ende ihrer physischen Kräfte und legten die Arbeit nieder.

Die Gewerkschaft erklärte den Streik für illegal.

Der Senatsbeauftragte für den Hamburger Hafen, Direktor Ernst Plate, war verärgert. Er hatte sich von Anfang an dafür eingesetzt und er hatte es auch durchgesetzt, dass alle Umsätze im Hafen mit zusätzlichen zwei Prozent belastet wurden, um die Forderung der unständigen Arbeiter erfüllen zu können. Als er merkte, dass einige Unruhestifter ihre Kollegen fest im Griff hatten und sie trotz der weitgehenden Zugeständnisse zur Arbeitsniederlegung anstifteten, schlug er zurück: Die Polizei bekam Anweisung, den gesamten Hafen für unständig Beschäftigte zu sperren und im Hafengebiet verstärkte Kontrollen durchzuführen. Außerdem ließ er ihnen das zusätzliche Mittagessen streichen. Dies war wohl die härteste Maßnahme, mit der man den Arbeitern damals entgegentreten konnte. Aber es gab Gründe für diese Härte: „Wer jetzt wilde Streiks inszeniert", warnte der paritätisch aus Arbeitgebern und Arbeitnehmern zusammengesetzte ‚Arbeitsausschuss für den Hamburger Hafen', „setzt die deutsche Bevölkerung erhöhter Hungersgefahr aus."

Solche Warnungen waren nicht aus der Luft gegriffen. Die Reserven an Lebensmitteln, insbesondere Brotgetreide, waren so gering, dass Hamburg auf ständige Zufuhren angewiesen war. Zwar waren nur jeweils vier von zehn Arbeitnehmern in den Streik getreten, aber die Militärregierung und ausländischen Reedereien reagierten sofort: Sie dirigierten ihre Schiffe in andere Häfen. Eine für Hamburg bestimmte Zuckerladung, ein Dampfer mit Kokosöl für die Margarineproduktion, eine Schiffsladung Schmalz, eine Getreideladung und einige tausend Tonnen Kartoffeln konnten schon am ersten Streiktag nicht umgeschlagen werden. Die Kohleversorgung drohte zusammenzubrechen. Die Elektrizitätswerke kündigten die Verschärfung ihrer Stromsperren an, Großküchen mussten stillgelegt werden.

Das hatten Hamburgs Hafenarbeiter natürlich nicht gewollt. Nach vier Tagen kamen sie zur Vernunft und setzten dem Spuk ein Ende.

Hafenarbeiter anno 1948

von Adolf Kummernuß, ÖTV-Vorsitzender bis 1964

Es beginnt schon morgens in aller Frühe, wenn der Hafenarbeiter sich im Hause fertig macht, um zu seiner Vermittlungsstelle zu gehen. Wohnten früher die Hafenarbeiter in Altona, St. Pauli, Rothenburgsort oder in Hammerbrook und auf der Veddel, so wohnen sie heute zum größten Teil in den Randgebieten des gesamten Stadtbildes. Bei der geringen Zuteilung von Feuerung und Bekleidung ist es schon schwierig, in den Wintermonaten morgens die Wohnung zu verlassen, ohne einen Schluck warmen Trinkens. Hinzu kommt, dass an manchem Morgen der einzige Anzug, den der Hafenarbeiter besitzt, vom vorigen Tage noch nicht wieder trocken ist. Hat er Glück, wird er vermittelt und kommt zu seiner Arbeitsstelle, hat er kein Glück, wird er zum Nachmittag wieder bestellt, unter Umständen wieder vergebens. So hat er sich zweimal zur Verfügung gestellt, und es hat schon Zeiten gegeben, wo sich der Hafenarbeiter dreimal zur Verfügung stellen musste. Da hat er also für seine Bemühungen in keiner Form irgendeine Entschädigung erhalten.

Nicht nur seine Gesundheit setzt der Hafenarbeiter ein. Die Frage der Arbeitsbekleidung ist heute für ihn von größter Bedeutung. Früher kaufte er sich für 3,50 RM eine ausgezeichnete Pilothose, die ein oder zwei Jahre aushielt. Heute trägt er bei seiner Arbeit baumwollene und abgetragene Hosen und steht täglich vor der Frage, wie kann ich das heute zerrissene Arbeitszeug für morgen wieder heil machen? Hinzu kommt, dass er Arbeit bei jeder Witterung machen muss, ob es schneit, regnet oder stürmt. Der Schauermann klettert in den Schacht, der Kaiarbeiter schiebt seinen Brustklemmer und wird nicht gefragt, ob er dabei nass wird oder ob er sich gegen diese Witterung ausreichend schützen kann.

AUSGEMERGELT UND OHNE ZWECKMÄSSIGE ARBEITSBEKLEIDUNG KAMEN DIE HAFENARBEITER ZUR SCHICHT.

Wenn die „Stunde X" schlägt ...

Die alte, praktisch wertlose Reichsmark war wie Sand im Hafengetriebe. Jeder wartete auf die Währungsreform, aber niemand wusste, wann die „Stunde X" schlagen würde.

Nichts ging mehr im Hafen. Das sichtbare Zeichen fast täglich zunehmender Unsicherheit waren überfüllte Kaischuppen, Arbeitermangel verzögerte notwendige Sortierarbeiten, der Mangel an Eisenbahnwaggons brachte zusätzliche Probleme, und die „Abdisponierungen" in das Binnenland erfolgten so schleppend, dass die Lagerkapazitäten aus allen Nähten platzten. An den verstopften Kaischuppen konnten die Schiffe ihre Ladungen oft nicht loswerden, und gerade das konnte sich ein Hafen nicht leisten, der seine alten Verbindungen wieder aufzubauen trachtete.

Die HHLA griff scharf durch und teilte den Empfängern von Importgut unmissverständlich mit, sie werde die Schuppen zwangsräumen, wenn die Kaischuppen weiterhin „zweckentfremdet" würden und dadurch Verzögerungen beim Löschen der Schiffe zu befürchten seien.

Die Wirtschaft verlangte nach geordneten Verhältnissen. Eine Währungsreform lag in der Luft. Jeder rechnete damit. Aber als sie dann endlich verkündet wurde, waren die meisten überrascht. Besonders die Modalitäten stießen auf die Kritik der Hafenwirtschaft. Ihr Geldvermögen schrumpfte erheblich zusammen, gleichgültig, wie und wann es entstanden war. Und so las man denn enttäuschte Sätze wie diesen: „Das in schwerer Hafenarbeit sauer verdiente Geld wurde genauso behandelt wie das mühelos erworbene."

Auch große Firmen glaubten, sie würden den Verlust nicht wieder einholen können.

Wie unübersichtlich die Lage damals war, verrät allein

NACH DER WÄHRUNGSREFORM GING MAN WIEDER MIT VIEL OPTIMISMUS AN DIE ARBEIT.

die Verzögerung, mit der die Hamburger Hafen- und Lagerhaus-Aktiengesellschaft ihren Geschäftsbericht für das Jahr der Währungsreform vorlegte: Erst im Mai 1952 wurde eine Hauptversammlung einberufen, die auf einen Streich die Jahre 1948 bis 1950 „abhakte". Firmen, deren Organisationsform sie verpflichtete, der Öffentlichkeit Rechenschaft über den Verlauf ihrer Geschäfte zu geben, mussten im Jahr der Währungsreform drei Bilanzen schreiben: Die Reichsmark-Schlussbilanz, die D-Mark-Eröffnungsbilanz und die D-Mark-Bilanz für den Jahresabschluss 1948.

Hinzu kamen die Unsicherheiten der Umstellung für das Alltagsgeschäft. Nach dem Währungsgesetz wurden Schulden, die vor dem 20. Juni entstanden waren, im Verhältnis 1:10 abgewertet. Im Dienstleistungsgeschäft – zum Beispiel bei unteilbaren Werkverträgen – ergaben sich erhebliche Probleme, wenn sich die Leistung über den Tag „X" hinaus erstreckte. Niemand wusste, wie ein Eisenbahn-Frachtvertrag zu behandeln war, der am 17. Juni begonnen hatte und am 22. Juni abgeschlossen wurde.

Hinzu kam außerdem ein spürbarer Liquiditätsengpass. Die HHLA sah sich veranlasst, der Zahlungsmoral des Importhandels auf die Sprünge zu helfen, indem sie mitteilte, dass die für Umschlagleistungen anfallenden Rechnungen prompt zu zahlen seien.

Zu diesem Zeitpunkt hatten 50 ausländische Reedereien mit regelmäßigen Liniendiensten Hamburg als Anlaufhafen in ihr Liniennetz einbezogen. Außerdem gab es 29 Reedereien im Nord- und Ostseeverkehr, darunter drei deutsche, die ihre Fühler von Hamburg aus nach den Nachbarländern ausstreckten. 94 ausländische Reedereien waren durch Schiffsmakler in Hamburg vertreten.

Seit sich mit Beginn des Jahres 1948 deutsche Schiffsmakler wieder am Geschäft beteiligen durften, wurde das Hamburger Ladungsangebot für die Reeder immer interessanter.

Knapp die Hälfte der vor dem Krieg vorhandenen Kailänge und mit 60 Liegeplätzen an den Pfählen etwa neun Zehntel der ursprünglichen Kapazität standen wieder zur Verfügung – mehr als einstweilen genutzt werden konnte.

Wer geglaubt hatte, mit der neuen Währung würde der Aufschwung kommen, wurde einstweilen enttäuscht. Gleich nach dem „Stichtag" wurden mehr als 2.000 Hafenarbeiter entlassen. Weiteren 750 stand das Kündigungsschreiben der Gesamthafenbetriebsgesellschaft ins Haus. Vor dem Rathaus versammelten sich mehrere hundert Hafenarbeiter und verlangten, der Senat solle die Entlassungen verhindern und zugleich den Arbeitseinsatz besser regeln. Durch Ausweicharbeiten beim Strom- und Hafenbau, so meinten die protestierenden Arbeiter, müsse sich ihr Arbeitsplatz retten lassen. Tatsächlich ließ die Arbeitslage im Hafen zu wünschen übrig, nicht nur wegen der Sommerflaute. Bei der täglichen Arbeitsvermittlung meldeten sich nach der Währungsreform auch noch 500 Mann mehr als vorher. Außerdem hatte sich die Leistungsfähigkeit der Hafenarbeiter mit der Währungsreform auf wunderbare Art gesteigert, so dass dies als einer der Gründe für die Entlassungen angegeben wurde.

Auf verhängnisvolle Art geschrumpft war dagegen der Fonds für die Lohngarantie der unständig Beschäftigten. Am 31. Mai waren noch 350.000 Reichsmark in der Kasse gewesen, so dass weitere Einzahlungen gestoppt wurden. Am 20. Juni war der zur Verfügung stehende Betrag deshalb auf 260.000 Mark zusammengeschmolzen. Einen Tag später wurde der Wert auf 13.000 Mark „berichtigt". Vier Wochen nach dem Stichtag meldete der Fonds ein Defizit von 350.000 D-Mark.

Wer über Waren verfügte, saß in dieser Zeit am längeren Hebel. Er durfte damit rechnen, schnell zu Geld zu kommen. Der Hafen aber lebt von Dienstleistungen. Er musste sich jede Mark erst einmal verdienen. Hinzu kam, dass die Väter der Währungsreform, wenn sie denn jemals von einem stabilen Preisniveau nach dem „Tage X" geträumt hatten, schon bald nach dem 21. Juni eine für viele überraschende Lektion in Sachen Währungspolitik bekamen. Bis Ende 1948 kletterten die Preise in Höhen, die man vor dem Krieg für Schwindel erregend gehalten hätte.

Die Hafenwirtschaft litt nach wie vor unter Liquiditätsschwierigkeiten. Die Währungsreform hatte ihre flüssigen Mittel gestrichen, und die bald einsetzende Depression engte sie in ihrer finanziellen Bewegungsfreiheit weiter ein.

Hafenbetriebe einschließlich der Schiffsmakler und Spediteure starteten mit Bank- und Wechselkrediten in die D-Mark-Zeit, um wenigstens über die ersten Gehaltstermine hinwegzukommen. Die Unternehmen hofften, ihre Konten durch ein lebhaftes Herbstgeschäft aufzufüllen. Diese Hoffnungen aber erfüllten sich für viele nicht. Die meisten Firmen standen gegen Ende des Jahres dort, wo sie schon am Tag der Währungsreform gestanden hatten. Der Überweisungsverkehr zwischen den Betrieben untereinander und mit der HHLA geriet in Unordnung. Täglich gingen telefonische und schriftliche Mahnungen heraus, aber die Zahlungsmoral verbesserte sich nur zögernd.

Zudem standen die Firmen unter Druck der Erkenntnis, dass – bei einstweilen nur einem Viertel des Vorkriegsumschlags – eine Leistungsauslese in den folgenden Jahren unvermeidlich sein würde.

Verlorener Transit – verlorene Hoffnung?

Die Verbindungen über See sind nur die eine Hälfte dessen, was die Bedeutung und den Erfolg eines Hafens ausmacht. Seine Hinterlandsverbindungen sind die notwendigen Ergänzungen. Beide zusammen bestimmen die Lebensfähigkeit des Hafens. Hamburg war am Ende des Krieges beides genommen. Während sich aber die überseeischen Kontakte auf der Basis des vor der Katastrophe aufgebauten gegenseitigen Vertrauens schnell wieder herstellen ließen, war Deutschlands größter Seehafen von seinem traditionellen Hinterland durch einen scheinbar unüberwindlichen Eisernen Vorhang abgeschnitten.

Die damalige Ostzone rechnete sich eine gute Chance aus, ihre eigenen Ostseehäfen Rostock, Stralsund und Wismar ins Geschäft bringen zu können. Stettin wurde modernisiert und zog einen Teil der früher über Hamburg geleiteten Ladungsströme auf sich – entgegen aller wirtschaftlichen Vernunft.

Eine Rechnung, die Hamburgs Wirtschaftsexperten Ende 1948 aufmachten, spricht für sich: Einkommend verlor Hamburg monatlich 20.000 Tonnen Phosphat, 15.000 Tonnen Stückgut und 30.000 Tonnen im Berlin-Verkehr an Stettin.

Ausgehend ging es um rund 85.000 Tonnen Kali, Holz und Stückgut, davon 30.000 Tonnen als CSSR-Transit. Der Verkehr von und nach den Ländern des Donauraums schien so gut wie verloren. Aber die Elbe, die direkt in das tschechoslowakische Industriegebiet führte, gewann für den Verkehr mit der CSSR nach und nach wieder an Bedeutung. Die Tschechen erkannten sehr schnell, dass Hamburg dank seiner weit in das Binnenland gezogenen geografischen Lage ihr „natürlicher"

TSCHECHOSLOWAKISCHE BINNENSCHIFFE BEFÖRDERTEN SCHON DAMALS GROSSE MENGEN VON TRANSITGÜTERN ELBAUFWÄRTS.

Seehafen ist. Da aber mehr als wirtschaftliche Überlegungen im Spiel waren, orientierte sich Prag sehr stark nach den Beneluxhäfen. Als Favorit der tschechoslowakischen Außenhandelswirtschaft galt damals Antwerpen. Auch die österreichischen Verlader fuhren zu dieser Zeit noch um die deutschen Seehäfen herum. Abgesehen von gelegentlichen Transporten über südliche Häfen und vereinzelten Zügen durch die Bizone, nutzte Österreich die Schweizer Strecke, um ihre Güter von dort über französische und belgische Stationen nach Antwerpen zu transportieren. Die ungarischen Verlader fuhren mit ihren Westtransporten in der Spur der Österreicher. Außerdem hegten sie immer noch eine alte Liebe zu den Adriahäfen, und auch Gdingen (Danzig) versuchte mit ihnen ins Geschäft zu kommen. Solange Zeit und technische Zuverlässigkeit in der Rechnung des Hinterlandes keine relevanten Größen waren, hatte Hamburg es schwer, sich zu behaupten. Die Hansestadt hatte unter einigen entscheidenden Nachteilen zu leiden. Das Eisenbahnliniennetz war zu schwach ausgebaut, wett-

SKODA-PERSONENWAGEN WURDEN IN BEACHTLICHEN STÜCKZAHLEN VIA HAMBURG EXPORTIERT.

bewerbsfähige Anschlusstarife fehlten, es gab auch keine zwischenstaatlichen Zahlungs- und Verrechnungsmöglichkeiten, und die Transitfrachtzahlung in Dollar war ein weiteres, unüberwindliches Hindernis. Rumänien, Jugoslawien und Bulgarien spielten als Außenhandelsländer keine Rolle, so blieb nur die Schweiz. Sie aber hatte sich von Hamburg „entfremdet". Das gegenüber der Vorkriegszeit bescheidene Liniennetz und der Verlust spezieller Fazilitäten ließen sich Schweizer Verlader auf Genua und Antwerpen beziehungsweise Rotterdam ausrichten. Die billigen außerdeutschen Strecken und ihr Anschluss an die kostengünstige Rheinschifffahrt erleichterten ihr die Entscheidung.

Auf das traditionelle Hinterland durfte Hamburg also einstweilen nicht rechnen. Ernst Plate war der erste, der in aller Deutlichkeit aussprach, was viele Hafenleute dachten: Der undurchlässige „Eiserne Vorhang" war natürlich ein Hindernis für den Wiederanschluss Hamburgs an sein Hinterland. Aber schwerer wog die zunehmende Verflechtung dieser Gebiete mit der Ostblockwirtschaft und ihr teilweiser Rückzug aus dem Handelsgeschäft mit dem Westen. Von der einst Export intensiven Berliner, mitteldeutschen und sächsischen Industrie war nicht viel übrig geblieben. Plate warnte Hamburg deshalb vor unrealistischen Hoffnungen, aber er scheute sich nicht, als erster westdeutscher Hafenfachmann nach Leipzig zu reisen, um für Hamburg zu werben. Er war es, der Barrieren überwand und die Freie und Hansestadt Hamburg zu einer Art „Botschafter im Ostblock" machte – lange, bevor es offizielle Kontakte zwischen Deutschland und Deutschland gab.

Selbst wenn es der „Ostzone" gelungen wäre, die Zahlungsmodalitäten für die Dienstleistungen des Hamburger Hafens befriedigend zu lösen, wäre das Im- und Exportvolumen nur ein Bruchteil dessen, was vor dem Krieg aus diesen Gebieten in Hamburg umgeschlagen worden war. Der Transitverkehr mit der Tschechoslowakei, der 1948 so gut angelaufen war, ging ein Jahr später wieder zurück. Nicht, weil die CSSR ihre Verkehrsströme umgeleitet hätte, sondern weil sie ihre Seetransporte reduzierte. Ernst Plate ahnte, dass die wirtschaftliche Spaltung der Welt kein Dauerzustand sein konnte, aber er wusste auch, dass es seine Zeit dauern und dass es ein hartes Stück Arbeit für Hamburg sein würde.

Welcher Ausweg blieb Hamburg? Eigentlich nur einer, und der wurde genutzt: auf der Grundlage des eigenen bizonalen Auslandsverkehrs die Linienabfahrten bis zu einer Verkehrsdichte zu steigern, die auch verwöhnte ausländische Ablader in den Elbehafen locken konnte. Bessere technische, bauliche und organisatorische Voraussetzungen bis hin zu leistungsfähigen Seehafen-Speditionen galten als Selbstverständlichkeit und konnten aus eigener Kraft entwickelt werden. Daneben waren politische Probleme zu lösen: der Anschluss Westdeutschlands an die internationalen Verbandstarife und die Möglichkeit, verkehrsfördernde Wettbewerbstarife gegen benachbarte Strecken zu schaffen. Die Dollarklausel war ein sicheres Mittel, jeden Transitverkehr abzuschrecken. Hamburgs Hafenwirtschaft sprach von „prohibitiven Frachtzahlungsbedingungen", und es gab für sie nur einen Weg, sich aus ihrem Dilemma zu lösen: Nach der politischen Befreiung von der nationalsozialistischen Schreckensherrschaft war es an der Zeit, Hamburg von jenen Zwängen zu befreien, die als wohlmeinende Orientierungshilfe für eine zerstörte Wirtschaft begonnen hatten und die nach und nach zu einem Instrument der anderen geworden waren, sich unliebsame Konkurrenz vom Hals zu halten.

„Der Senat ist die Port Authority!"

Es gibt Themen, die immer wieder verbissen diskutiert werden, obwohl keine neuen Tatsachen auf den Tisch kommen, die eine Korrektur alter Positionen nahe legen. Ein solcher „Dauerbrenner" war der Streit über die Verwaltung des Hamburger Hafens.

Wie vieles in der Hansestadt, so waren auch die Institutionen, die sich um die vielfältigen Aktivitäten des Hafens zu sorgen hatten, historisch gewachsen und in verschiedenen Verwaltungsbereichen angesiedelt. Neben dem Amt für Hafen und Schifffahrt, in dem die wesentlichsten für den Hafen zuständigen Behörden zusammengefasst waren, vertrat die Kämmerei den Hamburger Staat als Eigentümer des Hafens. Darüber hinaus ragte mehr oder weniger jeder Zweig der hamburgischen Verwaltung in den Hafen hinein: die Polizei, die Gesundheitsbehörde, die Arbeitsverwaltung. Eine besondere Form staatlicher Einwirkung ermöglichte die staatseigene Hamburger Hafen- und Lagerhaus-Aktiengesellschaft (HHLA), die auf der Basis eines Pacht- und Überlassungsvertrages die Pächterin staatlicher Kaianlagen war.

Im Sommer 1949 wurde eine Hafen-Betriebsdirektion eingerichtet, die sowohl für den Hafenumschlag als auch für die Hafenversorgung und Werbemaßnahmen zuständig sein sollte. Die Hafen-Betriebsdirektion gehörte zwar zum Amt für Hafen und Schifffahrt, wurde jedoch vom HHLA-Vorstandsvorsitzenden in Personalunion geleitet.

Der Privatwirtschaft, die einen erheblichen Anteil am Wiederaufbau des Hafens hatte, war dies ein Dorn im Auge. Aber auch aus der staatlichen Verwaltung kam immer wieder die Forderung nach einer zentralen „Port Authority" nach Londoner oder New Yorker Vorbild. Alle Behörden- und Wirtschaftsfunktionen des Hafens – so die wiederholten Vorschläge – sollten zu einer solchen Institution zusammengefasst werden.

Der für den Hafen zuständige Wirtschaftssenator – damals Professor Karl Schiller – setzte Ende 1949 fürs erste einen Schlusspunkt unter die Querelen. Der Ruf nach einem Koordinierungsinstrument hatte den Senator offenbar getroffen. Kategorisch erklärte er, das außerordentlich aktive und effektive Koordinierungsorgan für den Hafen sei der Senat selbst. Schiller erinnerte an die Tradition des Kollegialprinzips, das sicherstellte, dass jedes Senatsmitglied für das Ganze einzustehen habe, und das sei die beste Methode der Koordination aller Geschäftsbereiche.

Die oft als unzureichend bemängelte Abstimmung zwischen Behörden und Wirtschaft sah Schiller durch die Kommerz- und Hafendeputation bestens gewährleistet. Diese Deputationen, so sein Argument, leisteten mehr als nur „politische Assistenz" für den Hafensenator.

Karl Schiller gebrauchte tatsächlich das Wort „Hafensenator". Und er machte zugleich deutlich, dass seine „Port Authority" der Senat bleiben solle.

»HAMBURG – THE QUICK PORT« – WERBUNG ANNO 1949.

An der Schwelle zum fünften Jahrzehnt

Es ging langsam voran, aber es gab wenigstens Fortschritte. Mit rund 100 regelmäßigen Liniendiensten hatten die Reeder der Hansestadt einen ersten noch bescheidenen Beweis ihres Vertrauens entgegengebracht. Ungefähr 10.000 Schiffe hatten 1949 im Hamburger Hafen festgemacht, 1.400 mehr als noch 1948. Ihre Hauptaufgabe war immer noch die „Versorgungsfunktion", also ein recht einseitiges Geschäft. Abgesehen von Demontagegütern, etwas Holz- und Schrott-Transit aus Ostasien nach Übersee und einem bescheidenen Fertigwaren-Export war in Hamburg einstweilen nicht viel zu holen. Dennoch nahm das Umschlagvolumen zu: 9,5 Millionen Tonnen – das waren gut 20 Prozent mehr als im Jahr zuvor. Allerdings hatte Hamburg damit erst ein Drittel seiner Vorkriegsleistung erreicht. Dies traf Hamburgs Hafenwirtschaft um so schwerer, als die Konkurrenten Antwerpen, Rotterdam und Bremen es schon weitergebracht hatten. Bremen meldete schon über 90 Prozent seines allerdings wesentlich geringeren Vorkriegsverkehrs. Bei den Hamburger Hafeneinzelbetrieben waren 7.200 „feste" Arbeiter beschäftigt. Hinzu kamen 3.200 „Unständige" der Gesamthafenbetriebs G.m.b.H. Der Wiederaufbau hatte sich auf die Kaianlagen am Kaiser-Wilhelm-Hafen, am Südwesthafen und auf die beheizbaren Südfruchtschuppen am Segelschiffhafen konzentriert. Hamburg verfügte damit wieder über knapp die Hälfte seiner Vorkriegsschuppenfläche. Der Bau der Rampen und der Ausbau der Hafenstraßen entsprach der steigenden Bedeutung des Lkw-Verkehrs. Im Hamburger Hafenteil war die Shell-Raffinerie das wichtigste wieder aufgebaute Industriewerk. Ihre Kapazität zog monatlich drei zusätzliche 12.000-Tonnen-Tanker nach Hamburg. Im Fischereihafen Altona waren Ende 1949 alle Kriegszerstörungen beseitigt. Die Anlage war modernisiert worden und hatte zusätzlich einen Ausrüstungskai für Fischdampfer erhalten.

Cuxhaven hatte sich als Hamburgs Passagier-„Bahnhof" für den Auswandererverkehr bewährt. Die United States Lines waren die häufigsten Gäste am Steubenhöft. Mit der Eröffnung des staatlichen Auswandererheims auf Finkenwerder wurde die Organisation des Auswandererbetriebs wesentlich verbessert.

Die Berlin-Blockade hatte – trotz des später geschlossenen Handelsabkommens mit der Ostzone – zu einem erheblichen Umschlagrückgang geführt. Die Elbeschifffahrt erlitt existenzgefährdende Einbußen.

Ein Lichtblick, der Hamburgs Hafenwirtschaft für das kommende Jahrzehnt mit berechtigten Hoffnungen erfüllen konnte, war das Washingtoner Abkommen vom April 1949. Danach durfte Deutschland wieder Dampfer bis zu einer Größe von 1.500 BRT bauen. Innerhalb weniger Monate hatte die Hansestadt 48 Millionen Mark in den Schiffbau investiert. Manch einer hielt das für zu viel.

Am Ende des Jahrzehnts stand schon eine gewisse

EINE KLEINE STADT IN DER STADT: DIE AUSWANDERANLAGEN IN HAMBURG-VEDDEL.

Angst vor Überkapazitäten, nicht nur im Schiffbau.
In einem Schreiben der Militärregierung, das sich auf Beschlüsse der am Marshall-Plan beteiligten westeuropäischen Staaten auf der Pariser Konferenz vom Herbst 1948 bezieht, wurde lapidar festgestellt: „Es ist nicht beabsichtigt, Seehäfen in der Bizone in größerem Umfange wieder aufzubauen oder zu entwickeln, als zur Sicherstellung der wirksamsten und schnellsten Abfertigung des tatsächlich diese Häfen benutzenden Verkehrs erforderlich ist. Ein Teil des jetzt in Hamburg und Bremen abgewickelten Verkehrs ist unnatürlich und unwirtschaftlich geleitet, und es muss angenommen werden, dass wirtschaftliche Überlegungen in Kürze diesen Verkehr zwingen werden, seinem natürlichen Wege über Benelux-Häfen und dem Rhein nach seinen Bestimmungsorten an der Ruhr und in Süddeutschland zu folgen …"
Für Hamburg, prophezeite die Militärregierung, sei es unrealistisch, eine „Rückkehr zu seinem Vorkriegsstand zu erwarten". 20 Prozent mehr als Anfang 1949 – mehr trauten die Besatzungsmächte Hamburg und Bremen nicht zu. Und deshalb, so folgerten sie, seien auch größere Devisenausgaben für Ersatz- und Neubauten im Hamburger Hafen nicht erforderlich.
Eine solche Prognose konnte in Hamburg als Absichtserklärung aufgefasst werden: denn Handelsvertragsverhandlungen lagen (Ende 1948) immer noch im Zuständigkeitsbereich der Militärregierung. Aber der Hauptabteilung V der VfW (Verwaltung für Wirtschaft) gelang es zunehmend, die Entscheidungen durch Sachverständige aus Handel und Industrie zu beeinflussen.
Auch Ende 1948, als in Paris zwischen 20 Staaten, überwiegend Marshall-Plan-Ländern, ein Handelsabkommen abgeschlossen worden war, hatte Hamburg seine Interessen durchzusetzen vermocht. Der Grundsatz einer weitmöglichen Streuung des deutschen Außenhandels

IN DEN ERSTEN NACHKRIEGSJAHREN SPIELTE DER LKW IM ZU- UND ABLAUF-VERKEHR EINE WICHTIGE ROLLE.

war das für Hamburg wichtigste Ergebnis.
Die Warenlisten der über Hamburg hereinkommenden Güter enthielten immer mehr nicht nur lebenswichtige Waren, sondern auch das, was man damals für „Luxus" hielt: Porzellan, Lederwaren und Wein zum Beispiel.
Für den Start in die Wirtschaftswunderjahre war das sicher ein gutes Omen.

BREITE KAIFLÄCHEN WAREN EINE WICHTIGE VORAUSSETZUNG FÜR DEN REIBUNGSLOSEN LKW-VERKEHR IM HAFEN.

Glück für Hamburgs Hafen: Die alte Speicherstadt war grösstenteils erhalten geblieben.

1950–1954

Aufbruch ins Wunder

Die „Entnazifizierung" war 1950 beendet. Man glaubte, damit sei die Vergangenheit bewältigt und machte sich an die Arbeit. Das Wort „Wirtschaftswunder" war noch nicht erfunden. Aber manch einer begann zu ahnen, dass das fünfte Jahrzehnt wenn schon kein Wunder, so doch einen kalkulierbaren Wirtschaftsaufschwung bringen würde. Zunächst aber ging es nur zögernd voran.

1950 zählte das Hamburger Arbeitsamt rund 85.000 Arbeitslose. Die Arbeitslosenquote schwankte von Monat zu Monat.

Hamburg galt als die „Hauptstadt der Vertriebenen". Sozialsenatorin Dr. Kiep-Altenloh zog Ende 1954 eine erschütternde Bilanz: 275.000 Vertriebene lebten in Hamburg, und 26.000 hilfsbedürftige „Butenhamburger" warteten noch auf die Heimkehr.

Andere hatten andere Sorgen. Eine Umfrage in Hamburg ergab, dass man das Auto als erstrebenswerte Belohnung für wirtschaftswunderliche Anstrengungen betrachtete. Für die meisten war es einstweilen ein unerfüllbarer Traum. Die aus vier Personen bestehende „Normalfamilie" hatte 1951 ein Monatseinkommen von 375 Mark. Mehr als die Hälfte davon musste sie für Lebensmittel und den täglichen Bedarf ausgeben.

Der Industrie ging es nach und nach besser. Ihre Umsätze von 1951 erreichten mit 5,5 Milliarden Mark ein Plus von 62 Prozent gegenüber 1949. Bei den 25 Jahre alten Tempo-Werken lief im selben Jahr der 100.000. Wagen vom Band. Ein Viertel aller in der Bundesrepublik produzierten Körperpflegemittel kam aus Hamburg; 40 Prozent der Mineralölwirtschaft waren damals in der Hansestadt lokalisiert. Aufbaustimmung beflügelte die Hamburger. Das Industrie- und Gewerbegebiet Hammerbrook wurde neu gestaltet. Der Gemüsegroßmarkt am Deichtor erhielt die größte Halle Europas.

In der Caffamacherreihe wurden 600 Wohnungen und 120 Gewerbebetriebe „wegsaniert", um Raum für das Unilever-Hochhaus zu gewinnen. An der Esplanade wütete die Spitzhacke. Zum ersten Mal nach dem Krieg regte sich Kritik gegen die Abbruchmentalität zugunsten nüchterner Neubauten. Professor May plante Neu-Altona, ein für damalige Verhältnisse gigantisches Wohngebiet für 42.000 Menschen.

Jeder zweite Hamburger hielt es für erstrebenswert, in einem Hochhaus zu wohnen. Hamburgs Prestige-Objek-

DIE GRINDELHOCHHÄUSER WAREN HAMBURGS ERSTE »WOLKENKRATZER«.

te waren die Grindelhochhäuser. Aber der Höhenrausch dauerte nicht lange. 1955 kam eine Expertengruppe zu dem Schluss: „Ein zweites Hochhausviertel werden wir in Hamburg nicht bauen!"

Die Wohnansprüche blieben einstweilen bescheiden. Auf der Ausstellung „Schöner wohnen" lernten die Hamburger Klappbetten und andere Raumsparmöbel kennen. 1953 wurde das im Hafen liegende Jugendherbergsschiff HEIN GODENWIND verschrottet. Auf dem Stintfang eröffnete die Hansestadt die schönste Jugendherberge Europas. In den ersten drei Monaten übernachteten 25.000 Jugendliche in der Herberge oberhalb der Landungsbrücken. In der ersten Hälfte der fünfziger Jahre wurden die Hamburgische Staatsoper, das Volksparkstadion und die heutige Kennedybrücke eingeweiht, die einen der lästigsten Verkehrsengpässe fürs erste beseitigte. Zu diesem Zeitpunkt liefen die Planungen für die Ost-West-Straße schon auf Hochtouren.

Nicht alle Pläne ließen sich realisieren. Die Untertunnelung der Außenalster von der Uhlenhorst nach Harvestehude blieb auf der Strecke. Die kuriose Idee, die Außenalster trockenzulegen, um Parkraum zu gewinnen, stieß auf Widerstand und wurde ad acta gelegt.

Statt dessen entdeckte Hamburg die Lust am Leben. Nyltesthemden, Petticoats, Nylonstrümpfe und Schuhe mit Kreppsohlen waren die Marktrenner.

In der Ernst-Merck-Halle brachten Louis Armstrong und Lionel Hampton ihr jugendliches Publikum in Ekstase. 1954 veranstaltete Hamburg die ersten Bebop-Meisterschaften. Kurz zuvor war in Planten un Blomen als Attraktion der Internationalen Gartenbauausstellung die „Wasser-Licht-Orgel" eingeweiht worden.

St. Pauli gab sich dezent schlüpfrig: Taxigirls boten ihre Dienste als Tanzpartnerinnen mit Option auf mehr an, „Wäscheschauen" und Damen-Schlammringkämpfe befriedigten Ansprüche der gehobenen Erotik. Wer mehr sehen wollte, reiste verschämt nach Sylt, wo sonnenhungrige Urlauber in „Abessinien" ihre Hüllen abwarfen.

Das zweifellos nachhaltigste Ereignis wurde am Weihnachtsabend 1952 vollzogen: Nach zweijährigem Versuchsbetrieb begann das Deutsche Fernsehen mit der Ausstrahlung seines regelmäßigen Programms. Das „Dampfradio" trat der neuen Konkurrenz mit der „Welle der Freude" auf UKW entgegen. „Das ideale Brautpaar" hieß die beliebteste Rundfunksendung, als die nach dem Krieg so erfolgreichen Schnelldenkerturniere das Publikum zu langweilen begannen. Der Rundfunk importierte auch einen neuen Berufsstand aus England und Amerika: den Discjockey. Christopher Howland war der beliebteste und erfolgreichste seiner Zunft.

DIE OST-WEST-STRASSE WURDE EINE DER WICHTIGSTEN VERKEHRSVERBINDUNGEN.

Die „Politik der Elbe" gewinnt Konturen

PROFESSOR KARL SCHILLER.

Mit den frühen fünfziger Jahren war auch für den Hamburger Hafen der Übergang aus der Marshall-Plan-Ära in die neue Phase des deutschen Wirtschaftswunders verbunden. Aber in jener Zeit waren die Kriegsschäden und die Kriegsverluste, mit denen Hamburg bei Kriegsende geschlagen war, immer noch fühlbar. 1945 hatte Hamburg über die Hälfte seines Wohnraums verloren, der größte Teil seiner Hafenanlagen war zerstört, z.B. war die verfügbare Kaischuppenfläche auf 9,8 Prozent abgesunken. Auf Grund kräftiger Investitionen gerade in diesem Bereich konnte Hamburg im Jahre 1951 über 50 Prozent der Friedenskapazität des Hafens erreichen!

Professor Karl Schiller schrieb damals: „Hamburg war durch den Kriegsausgang und durch die Teilung unseres Landes in eine äußerst periphere Lage gerückt worden. In meiner ‚Denkschrift zur künftigen wirtschaftlichen Entwicklung Hamburgs' aus dem Jahre 1947 konnte ich auf die Binnenverkehrsstatistik der Vorkriegszeit verweisen. Ich kam zu dem Ergebnis, dass die knappe Hälfte des hamburgischen Verkehrsapparates auf die Ostzone eingestellt war, die gute Hälfte (53 Prozent) auf die gesamte Westzone. Solange kein Freihandel innerhalb der deutschen Volkswirtschaft herrscht, ist also Hamburg seines verkehrsmäßig deutschen Hinterlandes um fast die Hälfte beraubt. Ein für jede Planung fundamentaler Tatbestand." So war und blieb es grundsätzlich.

Eine Möglichkeit, mit dieser ganz neuen und dazu strukturellen Behinderung des Verkehrs über Hamburg fertig zu werden, war die Neuregelung der Seehafentarife. Verlader und Empfänger in Hamburg sollten von der Bundesbahn wettbewerbsfähige Tarife bekommen. Hamburg hatte schon gleich nach dem Kriege zu erklären versucht, welches System und welche Gestaltung der Tarife infolge der durch den Kriegsausgang eingetretenen neuen politischen und wirtschaftlich-geografischen Lage notwendig geworden waren. Bei diesen Überlegungen hatte auch die künftige Funktion der deutschen Seehäfen in einem geeinten Europa eine Rolle gespielt. Die so genannte „tarifliche Seehafengleichstellung" sollte Hamburgs Konkurrenzfähigkeit sichern. Hamburg hatte ursprünglich beantragt, die Frachtgleichstellung aller nordkontinentalen Häfen einzuführen. Ein solches „Briefmarkensystem" war natürlich nicht durchsetzbar; so wurden zunächst Tarife erarbeitet, die den Frachtvorsprung von Bremen gegenüber Hamburg wenigstens zu einem Teil reduzierten. Manches Treffen zwischen bremischen und hamburgischen Verantwortlichen an einem Transportkostenminimalpunkt zwischen beiden Hansestädten war da nötig. Diese Begegnungen in der Heide blieben unvergessen. Natürlich gab es viele Vorbehalte gegenüber tarifarischen Maßnahmen, die die Position Hamburg gegenüber seinem westlichen Konkurrenten verbessern sollten. Aber unsere benachteiligte Position schlug sich in den Seehafenstatistiken nur zu deutlich nieder. Während die Benelux-Häfen 1950 bereits über 90 Prozent ihres Vorkriegsumschlags erreicht hatten und Bremen annähernd 90 Prozent meldete, brachte es Hamburg damals auf ganze 50 Prozent.

Ein weiterer Weg, mit diesen durch die neue Randlage bedingten Schwierigkeiten fertig zu werden, bestand naturgemäß auch in den Versuchen, den Eisernen Vorhang wirtschaftlich durchlässiger zu machen und den Austausch zwischen dem westlichen und dem östlichen Teil Deutschlands und Europas zu entwickeln. Eine hamburgische „Politik der Elbe" gewann daher im Laufe der fünfziger Jahre mehr und mehr an Bedeutung.

Aber eine solche Politik der Elbe bedurfte der Fundamentierung durch eine intensive Verstärkung der Anschlüsse Hamburgs an das westdeutsche Verkehrssystem. So hieß es im Wirtschaftsbericht der Behörde für Wirtschaft und Verkehr für 1952: „Im Vordergrund steht dabei eine Gleichstellung Hamburgs mit den west- und süddeutschen Gebieten beim Ausbau des Bundesautobahnnetzes durch die seit langem notwendige Fertigstellung der Autobahnstrecke Hamburg–Hannover. Ergänzt werden muss diese erste Maßnahme durch die längerfristig einzuplanenden Vorhaben des Baues eines Nord-Süd-Kanals und der Elektrifizierung der Bahnstrecken von Hamburg nach West- und Süddeutschland." Schließlich hieß es dort bei der Erwähnung der hamburgischen Anliegen zur Verkehrspolitik: „Der erzielte Aufschwung und dessen Fortsetzung erfordern weiteren Ausbau des Flughafens. Darüber hinaus ist es angesichts der Standortvorzüge des Flughafens möglich, dass die zukünftige deutsche Luftverkehrsgesellschaft ihre ‚Technische Basis' hier errichten wird." Wenn wir diese sehr konkreten verkehrspolitischen Wünsche Hamburgs aus den frühen fünfziger Jahren heute betrachten, so kommen wir zu dem Ergebnis, sie wurden alle erfüllt. In jenen frühen fünfziger Jahren wurden in der Tat die Grundlagen für die weitere wirtschaftliche Entwicklung Hamburgs geschaffen. Die damals mit großer Verve verfolgten Ziele und Pläne waren nicht utopisch. Sie waren aus der neuen Situation geboren, sie waren realistisch. Alle Beteiligten waren davon überzeugt, dass sie über kürzere oder längere Zeit erreicht würden.

Der weitere Verlauf der Geschichte hat gezeigt, dass diese Einstellung und Haltungen gerechtfertigt waren.

Ein wehmütiger Blick bei der Sprengung des Trockendocks »Elbe 17«.

Die „Fünfziger": verhaltener Aufschwung

Für den Start in das fünfte Jahrzehnt konnte Hamburg einige Trumpfkarten auf den Tisch des internationalen Seeverkehrs legen. Eine, die immer gestochen hatte und auf die der Hamburger Hafen auch in Zukunft setzte, war das dichte Netz seiner Linienverbindungen.

Von Ende 1948 bis Dezember 1949 hatte sich die Zahl der im Laufe eines Monats von Hamburg ausgehenden direkten und regelmäßigen Abfahrten von 121 auf 258 verdoppelt. Diese Leistung war um so beachtlicher, als sie keineswegs die allgemeine Verkehrsentwicklung im Hamburger Hafen widerspiegelte. Der westdeutsche Außenhandel war noch einseitig kontinentaleuropäisch orientiert, die Ausfuhr nach Übersee kam erst gegen Ende 1949 wieder besser in Schwung. Die „Ostzone" mied Hamburg. Auch die Verkehrsströme der südosteuropäischen Länder gingen an Hamburg vorbei – abgesehen von einigen tschechoslowakischen Transporten –, und der Transit für skandinavische Länder und Ostseestaaten war erst bescheiden angelaufen.

Dass die internationale Handelsschifffahrt Hamburg dennoch den überzeugenden Vertrauensbeweis einer sprunghaft wachsenden Zahl von Linienabfahrten erbrachte, gab Anlass zum Optimismus und schuf ein günstiges Investitionsklima.

Wenig Lichtblicke gab es einstweilen für die Hamburger Reeder. Die Hoffnungen, die sie an das Washingtoner Abkommen geknüpft hatten, erfüllten sich nicht, und auch das Petersberger Abkommen war für Hamburgs Schifffahrtsunternehmen in vielen Punkten eine Enttäuschung. Zwar waren die Fahrbegrenzungen aufgehoben worden, aber dies war für die meisten nur eine theoretische Erleichterung, solange sie nicht über geeignete Schiffe verfügten. Acht von zehn deutschen Reedern waren „totalgeschädigt" und konnten ihre Firmen nur aufrechterhalten, weil sie sich als Agenten oder Makler betätigten.

Die großen traditionsreichen Reedereien hatte es am schwersten getroffen. Die Hamburg-Amerika-Linie hatte alle Schiffe bis auf den kleinen Frachter LAUTING und das Passagierschiff VORWÄRTS verloren. Sie beschränkte sich auf die Agenturtätigkeit nach Indien, Niederländisch-Indien und New York.

Die Hamburg-Süd unterhielt noch einen Schlepper- und Leichterbetrieb und lebte im Übrigen von der Generalvertretung für die Dodero-Linie, den Königlich-Holländischen Lloyd und die Société Transatlantique.

Die Deutsche Afrika-Linien GmbH besaß ebenfalls keine Flotte mehr und arbeitete als Generalagent in den Fahrt-

HAMBURGS SCHLEPPERFLOTTE UNTER DAMPF. IM HINTERGRUND DAS HOTELSCHIFF SEUTE DEERN.

gebieten, die sie vor dem Krieg mit eigenen Schiffen bedient hatte. Ähnlich versuchte sich die Reederei Rob. M. Sloman jr. wirtschaftlich über Wasser zu halten.
Von der Laeisz-Flotte und der afrikanischen Frucht Compagnie AG war außer zwei Kuttern nichts übrig geblieben. Da aber das Petersberger Abkommen den Bau einiger Fruchtschiffe zuließ, dachte man hier zuerst an einen Wiederaufbau der Flotte und versuchte sich Klarheit über Finanzierungsfragen zu verschaffen. Der erste deutsche Reeder, der wieder regelmäßig nach der Levante verkehrte, war die Deutsche Orient Linie. Im August 1949 hatte sie ihren monatlichen Dienst mit Charterschiffen eröffnet. Anfang 1950 hatte sie bereits sechs Dampfer mit je 3.500 tdw in Bau, drei bei der Deutschen Werft in Hamburg und drei bei Howaldt in Kiel. Mitte des Jahres eröffnete die Deutsche Orient Linie mit ihren modernen Neubauten einen Dienst mit zehntägigen Abfahrten.
In europäischen Fahrtgebieten sah es etwas besser aus für die Hamburger Reeder. Sowohl H. M. Gehrckens als auch Ernst Russ, A. Kirsten, die Matthies Reederei K.G. und die Seereederei Frigga hatten bereits kleinere Schiffe in Fahrt.
Viel hatten die Hamburger davon nicht zu profitieren. Ihr „Standbein", die in Hamburg ansässigen Schifffahrtsunternehmen, war empfindlich „angeknackst", wie es eine Hamburger Tageszeitung in einem ihrer Kommentare formulierte.
Im Umschlaggeschäft schrieb der Hamburger Hafen, trotz des Vertrauens ausländischer Linienreedereien, einstweilen düstere Zahlen. Im Januar 1950 rutschte der Hafenverkehr um 20 Prozent unter das Vormonatsniveau, das durch die Trocken- und Südfruchtsaison nach oben gedrückt worden war. Als Trost empfanden es die Hamburger Hafenfirmen, dass sich der Gesamtumschlag nach der Umschaltung von der gelenkten Einfuhr auf die Individualeinfuhr wenigstens stabilisiert hatte und dass die ankommenden Linienschiffe gleichmäßig ausgelastet waren: Weniger unregelmäßige Großpartien kamen in Hamburg an, dafür mehr berechenbare kleine Teilladungen. Insgesamt war der Gesamtumschlag 1949 nur knapp unter 10 Millionen Tonnen geblieben.

SCHON ANFANG DER FÜNFZIGER JAHRE GAB ES FÜR DIE FESTMACHER WIEDER REICHLICH ARBEIT.

Die Hapag steigt wieder ein

Ein Ereignis, das der Hafenwirtschaft Auftrieb gab, war die Entscheidung der Hamburg-Amerika-Linie, trotz widriger Umstände mit dem Wiederaufbau des Unternehmens zu beginnen. Eine hundertjährige Geschichte hatte die Hapag zur größten Reederei der Welt gemacht. Dann aber – innerhalb einer Generation – ist das Werk Albert Ballins zweimal an den Rand seiner Existenz geführt worden. Mit der bei Howaldt gebauten HAMBURG begann die Hapag am 8. Dezember 1950 zum dritten Mal von vorn. Die HAMBURG war ein bescheidenes Schiff von 2.300 Bruttoregistertonnen – das war ein Zehntel der Größe, die das vorangegangene Schiff dieses Namens gehabt hatte. Die neue, für den Westindiendienst bestimmte HAMBURG lief zwölf Knoten – mehr ließen die Petersberger Richtlinien nicht zu. Aber darin konnten deutsche Reeder natürlich keine Zukunftsperspektive sehen. Auch die Schiffbauer – an der Spitze Howaldt-Chef Theodor Schecker – suchten nach einem Ausweg. Zu viel wertvolle Zeit war schon vergangen. Für 1951 war deshalb vereinbart worden, den deutschen Reedern eine Anzahl von Schiffen zu liefern, aber es bedurfte immer noch alliierter Zustimmung.

Außerdem belastete Werften wie Reeder immer noch die ungeklärte Finanzierung von Schiffsneubauten. Kreditrestriktionen hemmten insbesondere die Investitionsindustrien, und Reedereien waren keine Ausnahme.

Das Engagement der Hapag führte zum beschleunigten Wiederaufbau ihres „Stammsitzes" am Kaiser-Wilhelm-Hafen. Im Sommer 1954 war die Anlage fertig. Die Schuppen 74 und 75 am Kronprinzenkai waren mit einer Länge von 440 Metern die damals größten Lagerhallen des Hamburger Hafens. Elektrische Halbportalkräne signalisierten die neue Ära der technischen Ausrüstung. Die Seeschifftiefe von elf Metern an den Kaimauern deutete an, mit welchen Schiffsgrößen in Zukunft zu rechnen sein würde.

DAS HAPAG-SCHIFF ODENWALD NACH DER RÜCKKEHR VON SEINER ERSTEN REISE.

Hafen Hamburg – eine deutsche Aufgabe

Wie Hamburg seine künftige Rolle als Hafen sehen wollte, umriss Bürgermeister Max Brauer in einer Erklärung vor der Bürgerschaft am 3. März 1950: Hamburg sollte ein „europäischer" Hafen werden, der zentrale Umschlagplatz einer in ein neues Europa eingebauten Bundesrepublik Deutschland. Auch der neue deutsche Bundesstaat, forderte Brauer, dürfe keinen engstirnigen Wirtschafts-Nationalismus treiben. Hamburg wolle in einer großzügigen politisch-ökonomischen Konzeption vorangehen. Gleichzeitig machte der Bürgermeister deutlich, was die Hafenwirtschaft von der Bundesregierung erwartete: finanzielle Hilfe als Entschädigung für den Finanzausgleich, der Hamburg benachteiligte und in der Modernisierung seines Hafens behinderte. „Wir erwarten die Hilfe der Bundesregierung zur Beseitigung der Restriktionen, die auf dem Petersberg noch gegen unseren Schiffbau verhängt worden sind. Wir erwarten eine Hilfe für die Vorfinanzierung der Bauaufträge, die unseren Werften erteilt worden sind, und wir erwarten die Ermöglichung von Investitionskrediten für unsere Hafenwirtschaft ... Wir glauben, dass es uns möglich sein wird, durch eine zielbewusste finanzielle Förderung der Hafenwirtschaft 15.000 männliche Arbeitskräfte wieder in Lohn und Brot zu bringen."
Angesichts der rund 100.000 Erwerbslosen in der Hansestadt war das sicher ein erstrebenswertes Ziel.
Ein paar Tage, nachdem Max Brauer den optimistischen Ausblick gewagt hatte, präsentierte sich Hamburg im festlichen Flaggenschmuck. Der Übersee-Club veranstaltete den ersten Überseetag, der als Erinnerung an den Gründungstag des Hamburger Hafens zur Tradition werden sollte. Zu dieser ersten Veranstaltung kamen als auswärtige Redner der französische Hohe Kommissar François-Poncet und Vizekanzler Franz Blücher. Beide Politiker beschworen die Einigung Westeuropas. Der Franzose auf der Basis der deutsch-französischen Aussöhnung, Blücher mehr auf der Grundlage wirtschaftlicher Abkommen, wobei er die freie Konvertierbarkeit der europäischen Währungen für eine Grundvoraussetzung hielt. Vor dem Hintergrund solcher Äußerungen war es mehr als eine Geste, wenn der Hohe britische Kommissar Sir Brian Robertson die Sprengungen am Trockendock „Elbe 17" einstellen ließ. Er glaubte zwar nicht, dass die von den Hamburgern behauptete Gefährdung des Elbtunnels durch

DER FRANZÖSISCHE HOHE KOMMISSAR ANDRÉ FRANÇOIS-PONCET BEI DER ERÖFFNUNG DES ERSTEN ÜBERSEETAGES. RECHTS VIZEKANZLER BLÜCHER, BÜRGERSCHAFTSPRÄSIDENT SCHÖNFELDER UND BÜRGERMEISTER MAX BRAUER.

die Sprengungen tatsächlich gegeben sei, aber er wollte doch kein Risiko eingehen. Dahinter stand sicher auch die Erkenntnis, dass die weitere Zerstörung von „Anlagen der Kriegswirtschaft" Hamburgs Wirtschaftskraft für die Zukunft erheblich schwächen würde. Wenigstens eine Chance wollten die Alliierten der jungen Bundesrepublik Deutschland wieder geben. Auch für die Seeleute. Ab sofort durften sie wieder auf ausländischen Schiffen anheuern. Sie benötigten dafür nur die Genehmigung der alliierten Auswanderungs- und Hafenbehörden.
Für die Seeleute war es wenigstens ein erster Lichtblick; denn die wenigen Schiffe unter deutscher Flagge hatten ihnen nicht viel zu bieten. Besonders deutlich zeigt sich das am Beispiel der hamburgischen Handelsflotte: Während 1938 rund 23.000 Kapitäne, Offiziere und Mannschaften auf Hamburger Schiffen gefahren waren, zählte die Statistik 1950 ganze 2.250, also nicht einmal zehn Prozent.
Dass der Hamburger Hafen nicht allein von der eigenen Hafenwirtschaft als eine deutsche Aufgabe gesehen wurde, sondern auch von den Führern jenseits der deutsch-deutschen Grenze, nahm man 1950 mit Erleichterung zur Kenntnis. Der stellvertretende Ministerpräsident der DDR (damals Walter Ulbricht) kündigte an, sein Land werde vom Ausbau eigener großer Seehäfen absehen, da man Hamburg und Lübeck für den eigenen Ausfuhrverkehr nutzen wolle. Zwei Jahre später schlossen seine Dienststellen das von der HHLA unterhaltene Ostberliner Schiffsfrachtenkontor, das sich um Ladungen für Hamburger Schifffahrtslinien bemühte, und bewies damit die Unberechenbarkeit des Partners jenseits des „Eisernen Vorhangs".
Zu dieser Zeit bestand allerdings schon eine Reihe privater und offizieller Kontakte zu Verladern im traditionellen Hamburger Hinterland Sachsen, Thüringen und Brandenburg. So richtig aber wollte die Sache nicht in Schwung kommen; denn es war nicht klar, wie die DDR die Kosten für die Hamburger Hafendienstleistungen

aufbringen wollte. Devisen waren auch damals Mangelware, und auf die Angebote, industrielle Güter zu liefern, wollte niemand so recht eingehen. Man brauche weder Christbaumschmuck noch Glaswaren und Klaviere, war die stereotype Antwort. Selbst dann wollte man im Westen nicht, wenn die wirtschaftliche Vernunft dafür gesprochen hätte. Als für Uferbauten an der Elbe Steine benötigt wurden, die von alters her aus sächsischen Steinbrüchen auf dem billigen Elbweg nach Hamburg transportiert worden waren, wurde das Geschäft abgelehnt. Begründung: Die Steine seien nicht „essential", man könne sie sich auch aus der Eifel oder dem Taunus holen.

„So geht es nicht!", schimpfte die Presse in Hamburg. „Die Herren in Bonn werden sich darauf einrichten müssen, hier wirtschaftlich zu denken und damit die Dienstleistungen des Hamburger Hafens etwas höher zu aktivieren, als das bisher geschieht." Senator Ernst Plate war der erste, der im Dezember 1953 das Wort vom „gerechten Verkehrsaufkommen" prägte. Nicht „Tonnen-Akrobatik" sei die Lösung, sondern eine den politischen Gegebenheiten und der europäischen Wirtschaft angemessene Beteiligung Hamburgs am europäischen Umschlagsgeschehen.

»TONNEN-FETISCHISMUS« WAR NICHT GEFRAGT. ABER HAMBURGS TONNEN-AKROBATEN ERREGTEN AUFSEHEN.

Kampfansage an die Sackkarre

Als sich die Hafenplaner gleich nach der Kapitulation ans Aufräumen machten, setzten sie ihre Prioritäten nach der schlichten Formel des größten Nutzens mit dem geringsten Aufwand. Da es kaum eine Kaistrecke gab, an der keine Kriegszerstörungen zu beseitigen waren, schien dies angesichts begrenzter finanzieller Mittel und streng bewirtschafteten Baumaterials die vernünftigste Lösung.

Ein paar Jahre später konnten die Planer gezielter und damit zukunftsorientierter vorgehen. Als die fünfziger Jahre anbrachen, hatte das Improvisieren längst ein Ende gefunden. Kurz vor der „Halbzeit" des Jahrhunderts hatte sich der Wiederaufbau auf einige für die nahe Zukunft wichtige Schwerpunkte konzentriert: auf die Schuppen 74 und 75 am Kaiser-Wilhelm-Hafen, auf Schuppen 59 am Südwesthafen und auf die am Segelschiffhafen liegenden Schuppen 34, 35, 36 und 48, die als heizbare Fruchtschuppen Hamburgs alte Bedeutung als europäischer Umschlagplatz für Südfrüchte wiederherstellen sollten.

Hamburg verfügte damit wieder über 353.000 Quadratmeter Kaischuppenfläche – etwas weniger als die Hälfte dessen, was die Hansestadt vor dem Krieg anzubieten gehabt hatte. Im Spätsommer 1950 kamen noch einmal 6.000 Quadratmeter dazu. Dank der privaten Initiative der Firma Kühne & Nagel wurde am Südwesthafenbecken ein Lagerschuppen mit Verbindung zum seeschifftiefen Wasser eingeweiht und mit großem Erfolg betrieben.

DIE SACKKARRE 1952: HILFSMITTEL OHNE ZUKUNFT.

Bald aber begannen die Hafenplaner zu ahnen, dass es nicht damit getan sein würde, die Anlagen einfach wieder aufzubauen. „Transportmechanisierung" war das importierte Stichwort, das die Europäer hellhörig machte. Staunend lasen die Hamburger, dass die Amerikaner einen Fork-lift-truck entwickelt hatten, also ein Gabel-Hebe-Fahrzeug, das mit äußerst geringen Abmessungen und fantastischer Wendigkeit lose Güter bis zu einer Höhe von mehr als fünf Metern stapeln konnte. Anfang 1950 kündigte die Firma Clark Equipment Co. an, sie werde ihre Gabelstapler gegen D-Mark auch nach Deutschland liefern. Es war eine Kampfansage an die gute alte Sackkarre, die den Hafenarbeitern seit mehr als hundert Jahren den schweren Job ein wenig erleichtert hatte.

Ahnten die Hamburger bereits, was auf sie zukommen würde? Sie hatten manches nachzuholen, und auch Kleinigkeiten sind da manchmal von großer Bedeutung, weil sie das Image eines Hafens prägen. Zu den „kleinen Hafensorgen" rechnete man damals die schlechten Verkehrsverbindungen im weit verzweigten Freihafen, die den Seeleuten einen Stadtbesuch zu einem teuren Vergnügen werden ließen.

Verärgert waren oft auch die Kapitäne wegen der schlechten Telefonverbindungen innerhalb des Hafens. Während sie im Konkurrenzhafen Antwerpen zehn Minuten nach dem Festmachen ihres Schiffes von der Brücke aus mit ihrem Reeder sprechen konnten, mussten sie in Hamburg erst Hunderte von Metern laufen, um in irgendeinem Schuppenkontor eine Telefonerlaubnis zu erbitten. Auch Fernsprechverbindungen an den Duckdalben, die damals schon in einigen Häfen gang und gäbe waren, kannte Hamburg noch nicht. Es sollte noch Jahre dauern, bis die Voraussetzungen für diese selbstverständliche Kommunikationsmöglichkeit geschaffen war. Der Grund für das Zögern war oft nicht ein Mangel an Fantasie. Es war auch die angespannte Finanzlage der Hansestadt. Ende 1950 kam es sogar zu einschneidenden Beschränkungen der für die Hafenwirtschaft bereitgestellten Mittel. Aus dem Hafenhaushalt mussten rund 10 Millionen Mark für Schulbauten abgezweigt werden. Der Finanzsenator sah sich außerstande, die sechs Monate zuvor von der Bürgerschaft bewilligten elf Millionen Mark für die private Hafenwirtschaft in der vorgesehenen Form zur Verfügung zu stellen.

GABELSTAPLER – ERSTE SCHRITTE IN RICHTUNG AUF DIE EINHEITSLADUNG.

150 Millionen Mark für den „dritten Aufbauplan"

Trotz der immer wieder spürbaren finanziellen Schwierigkeiten war der weitere Ausbau des Hafens nie ernsthaft gefährdet. Dies wäre einer Selbstaufgabe Hamburgs gleichgekommen.
Anfang 1953 steckte der Senat seine Ziele für den dritten Aufbauplan seit 1945 ab. Bis dahin waren rund 218 Millionen Mark investiert worden. Für den daran anschließenden Dreijahresplan – dem die Erwartung einer bescheidenen Umschlagsteigerung von 500.000 Tonnen zugrunde lag – wurde ein Investitionsbedarf von weiteren 150 Millionen Mark angesetzt, fast zwei Drittel davon für Stückgutanlagen.
Die wichtigsten Baumaßnahmen dieses Dreijahresplans waren:
– Die Neugestaltung des Australia-Kais. Die Kaimauern der im Krieg schwer beschädigten Anlage wurden um zwölf Meter in das Hafenbecken hinein geschoben, um an den Schuppen 52 und 53 Raum für das neue, bewährte Konzept zu gewinnen: Eisenbahnabfertigung an der Wasserseite, Lkw-Abfertigung an der Landseite.
– Die Erschließung von Industriegelände. Südlich von Waltershof waren das Köhlfleet und Teile der Dradenau aufgespült worden. An den dadurch entstandenen sturmflutfreien Flächen zeigte die BP ihr Interesse für die Erweiterung ihrer Tankanlagen.
– Der Bau einer „wettersicheren" Salzumschlaganlage am Diestelkai. Bis dahin wurde das Salz immer noch nach der alten Methode in Klappkübel geschaufelt, durch einen Kran in die Schiffsluke befördert und dort ausgekippt. Bei feuchtem Wetter musste die Arbeit unterbrochen werden. Mit der witterungsunabhängigen Salzumschlaganlage (der ersten in Nordeuropa) wollte

DIE KAIANLAGE SCHUPPEN 52/53 WURDE UM ZWÖLF METER IN DAS HAFENBECKEN »HINEINGESCHOBEN«.

Die Italia – Stammgast an Hamburgs Passagieranlage Steubenhöft in Cuxhaven.

Hamburg die Konkurrenz ausschalten und im wahrsten Sinne des Wortes „im Regen stehen lassen".

Schließlich sollten aus den Mitteln des dritten Aufbauplans die Arbeiten an den Landungsbrücken fortgesetzt werden, die schon zu Beginn der fünfziger Jahre ein neues Gesicht bekommen hatten. Und endlich wurde das Steubenhöft in Cuxhaven, Hamburgs Seebahnhof, in einer letzten Bauphase modernisiert. Hamburg glaubte damals immer noch an die Zukunft eines intensiven Passagierverkehrs über den Nordatlantik.

Über den Ausbau des Hafens verlor Hamburg nie seine lebenswichtigen Verbindungen zum Hinterland aus den Augen.

Verkehrstechnisch war die Hansestadt vom Zentrum internationaler Verkehrsströme durch die Ereignisse des Krieges in eine Randlage gedrängt worden. Als die Bundesbahn ihre Strecken im Westen und Süden zu elektrifizieren begann, wusste man in Hamburg sogleich, was dies bedeuten würde: eine Beschleunigung des Güterverkehrs vom süddeutschen Raum nach den Rheinmündungshäfen. Auch der Ausbau des Dortmund-Ems-Kanals, die Mainkanalisierung und die Erweiterung des Küstenkanals Unterweser-Ems waren eine Gefahr für Hamburgs Konkurrenzfähigkeit.

Die verkehrswirtschaftlichen Planungen, mit denen die Hansestadt zum Gegenangriff überging, hatten drei Schwerpunkte:

Erstens: Fortsetzung des Autobahnbaus Hamburg–Hannover und der Bau einer Elbbrücke, die eine Verbindung der Autobahn Hamburg–Lübeck und Bremen–Hamburg ermöglichte.

Zweitens: Bau eines Nord-Süd-Kanals, der die Hansestadt mit dem Mittellandkanal und dem Industriegebiet um Braunschweig verbinden sollte. Die Planer hatten dafür Kosten von rund 225 Millionen Mark veranschlagt. Strom- und Hafenbau hatte bereits erste Verhandlungen mit dem Nachbarland Niedersachsen geführt.

Drittens: Elektrifizierung der Bundesbahnstrecken von Hamburg über Bremen ins Ruhrgebiet und eine Nord-Süd-Strecke über Hannover nach Frankfurt.

Umstritten waren diese Ausbaumaßnahmen nie. Aber manch einem Außenstehenden, der keine eigenen Interessen im Spiel hatte, erschien der Forderungskatalog doch zu kompakt. Tatsächlich war er kurzfristig auch gar nicht zu realisieren. Um den Bau eines Nord-Süd-Kanals musste noch viele Jahre lang gekämpft werden.

HAMBURGS HINTERLANDVERBINDUNGEN SICHERN DIE STANDORTQUALITÄT DES HAFENS.

Eine Idee in der Schublade: der „Seebahnhof" am Sandtorquai

Wenn es technische Hilfen gab, die die Arbeit im Hafen erleichtern konnten, hat Hamburg nie gezögert, diese auch zu nutzen. Mitte der fünfziger Jahre wurde der UKW-Sprechfunkbetrieb eingeführt, der die Kommunikation zwischen ortsfesten Teilnehmern und Schiffen wesentlich verbesserte.

Noch wichtiger war der Beginn der ersten praktischen Betriebsversuche mit Radar. Am 7. Dezember 1954 übernahm das Oberhafenamt die erste Radarstation auf Waltershof. Es war der Grundstein für eine Radarkette, die den Schifffahrtsweg Elbe sichern sollte. Nebel würde die Schifffahrt in Zukunft nicht mehr behindern. Für die Lotsen auf ihrer Waltershofer Station bedeutete das Radar eine grundlegende Veränderung ihrer Arbeitsweise, mit der sie erstaunlich schnell „klarkamen".

Auch in einem anderen Zusammenhang war Waltershof in diesen Jahren viel im Gespräch. Es zeichnete sich ab, dass Waltershof – wie schon vor dem Krieg geplant – in das Freihafengebiet einbezogen werden würde. Bei den 350 Familien, die dort nach dem Krieg eingerichtete Notunterkünfte in idyllischen Gärten bewohnten, löste dies immer wieder Unruhe aus.

Auf der anderen Seite der Elbe wurden Veränderungen gelassener zur Kenntnis genommen. Hamburgs bekannteste Kaispitze, die Kehrwiederspitze, war keine Insel mehr. Die „Zollumfahrt Kehrwiederspitze" wurde durch eine landfeste Verbindung geschlossen. Und schon waren die Planer ihrer Zeit weit voraus. Gleich nebenan, am Sandtorquai, schwebte ihnen ein „Manhattan-Projekt" vor: Als Ergänzung zum hamburgeigenen Steubenhöft in Cuxhaven wollten sie dort einen Seebahnhof für den Übersee-Passagierverkehr errichten. Zum Glück wurden die dafür veranschlagten 18 Millionen Mark nie investiert, denn der Passagierverkehr war schon damals mit den abflauenden Auswandererströmen auf dem Rückzug. Die folgenden Jahre sollten diese Entwicklung noch verstärken. Für Hamburg war es vernünftiger, auf den Güterverkehr zu setzen. Dass Hamburgs Kapazitäten großzügig genug ausgelegt waren, um kurzfristige Spitzen zu bewältigen, zeigte sich im Herbst 1954. Ein Streik in London zwang die Reeder, ihre Schiffe nach Rotterdam, Antwerpen und Hamburg umzuleiten. Das bedeutete in wenigen Tagen zusätzlich 50.000 Tonnen zum Teil leicht verderbliche Waren wie Gefrierfleisch und Südfrüchte. Bis zu 150 Frachter lagen zu Spitzenzeiten an den Lösch- und Ladeeinrichtungen. Zum ersten Mal nach dem Krieg hatte Hamburg Gelegenheit, seine Leistungsfähigkeit auch unter Ausnahmebedingungen zu demonstrieren.

SO SOLLTE DER »SEEBAHNHOF« AM SANDTORQUAI AUSSEHEN. WEIL DER PASSAGIERVERKEHR RÜCKLÄUFIG WAR, WURDE NICHTS DARAUS.

Bill Haley als umjubelter Rockstar in der Ernst-Merck-Halle.

Mit einer Anti-Nepp-Aktion sollte die »sündigste Meile« attraktiver werden. »Bordsteinschwalbe«

1955–1959

Staatsanwälte spielen Moralapostel

In der zweiten Hälfte des fünften Jahrzehnts formierte sich auch in Hamburg die erste Protestbewegung gegen Atombewaffnung. Die Hafenarbeiter unterbrachen ihre Arbeit im März 1958 für eine halbe Stunde, Studenten zogen in einem Schweigemarsch durch die Stadt, auf dem Rathausmarkt versammelten sich 100.000 Menschen, 45 Minuten ruhte der Verkehr. Das Hauptargument der protestierenden Menschen: Die Atombewaffnung verhindert die deutsche Wiedervereinigung. Im Übrigen aber ging man zur Tagesordnung über und kümmerte sich um den wachsenden Wohlstand. Das Kreditgewerbe erhöhte den Kreditrahmen für Arbeiter und Angestellte auf 2.000 Mark.
Kühlschrank und Waschmaschine waren der Wunschtraum jeder Hausfrau, nachdem sie Nierentischchen, Schalensessel und Tütenlampe als Symbol einer neuen Zeit vorzeigen konnte. Männer fieberten nach wie vor der anrollenden Motorisierungswelle entgegen. 1955 gab es in jedem 15. Hamburger Haushalt ein Auto. Der VW Käfer kostete 3.940 Mark. Gegen Ende des Jahrzehnts ermittelten Statistiker in der Hansestadt 223.000 Kraftfahrzeuge. Fast zur gleichen Zeit fanden sie heraus, dass einer von drei Hamburgern kein einziges Buch besitzt ...
Am schwersten aber wog die Wohnungsnot. Ende 1959 hatte Hamburg bei über 1,8 Millionen Einwohnern ein Wohnungsdefizit von 24 Prozent. Die Flüchtlingslager waren bis auf den letzten Platz belegt, und die Zahl der „Zonenflüchtlinge" nahm ständig zu. Von den 2,5 Millionen Menschen, die ihrem Arbeiter- und Bauernstaat den Rücken kehrten, lebten 170.000 in Hamburg.
Experimente wurden gewagt. In Hamburgs Schulen wurde probeweise die Fünf-Tage-Woche eingeführt. Die Schüler verbrachten ihre Ferien in Tageskolonien wie Moorwerder und Warwisch.
1957 überschritt die Studentenzahl die 10.000er-Grenze. In demselben Jahr wurde der Grundstein für das Auditorium Maximum gelegt. Wer nicht studierte, gab sich redlich Mühe, am Wirtschaftswunder – das alles andere als ein Wunder war – teilzuhaben. Die Managerkrankheit kam in Mode und wurde schließlich zum Statussymbol. „Persönlichkeitsentfaltung" war ein beliebtes Gesellschaftsspiel. Rednerschulen boten Kurse zur Förderung der Selbstsicherheit.

DEMONSTRATION GEGEN DIE ATOMBEWAFFNUNG IM APRIL 1958.

1959 landete das erste Düsenflugzeug der „Pan American Airways" in Fuhlsbüttel. Die Hansestadt, die ihren Flughafen damals noch stolz „Luftkreuz des Nordens" nennen konnte, gewann Anschluss an eine neue Ära des Luftverkehrs. Wer sich amüsieren wollte, fand im Sog des Wirtschaftswunders reichlich Gelegenheit. Für Anspruchsvolle war 1955 das neue Haus der Hamburgischen Staatsoper eingeweiht worden. Weniger Anspruchsvolle entdeckten das Catch-as-catch-can als neue Art der Volksbelustigung. Aktualitätenkinos, die rund um die Uhr nonstop Wochenschauen und Kurzfilme spielten, wurden das Kinogeschäft der fünfziger Jahre.
Peter Frankenfeld startete mit der Sendung „1:0 für Sie" seine Fernsehkarriere. Und Sensationsdarsteller Armin Dahl hätte seine Karriere um ein Haar beendet, als er am Hochhaus des Deutschen Rings herumturnte und eine Fahne, an der er gerade hing, bis zur Hälfte einriss. Auf St. Pauli setzten die Moralapostel der Staatsanwaltschaft zum Bildersturm an. 1956 beschlagnahmten sie alle Schaukastenbilder, die unverhüllte Damen zeigten. Gegen den Nepp auf St. Pauli fiel ihnen allerdings nichts ein. Dem versuchten die Gastwirte selbst beizukommen mit einer groß angelegten Aktion unter dem Motto: „St. Pauli ist für alle da".
Die jungen Leute zog es allerdings in eine andere Richtung. Der Rock-'n'-Roll-König Bill Haley war ihr Idol. Seinetwegen veranstalteten sie Saalschlachten. Und auch um die Ernst-Merck-Halle herum ging manches zu Bruch. Zum ersten Mal in der Geschichte musste die Polizei den Dammtorbahnhof mit Tränengas räumen. Es hagelte Proteste!

Schicksalsjahre der deutschen Seeschifffahrt

Das Jahr 1955 spielt in der Geschichte des Wiederaufbaus der deutschen Handelsflotte eine besondere Rolle. Die erste Phase dieses Wiederaufbaus wurde von Bundesfinanzminister Fritz Schäffer (gegen den Widerspruch von Bundesverkehrsminister Hans-Christoph Seebohm) als abgeschlossen bezeichnet. Darum wurden die Gewährung von Wiederaufbaudarlehen eingestellt und die Finanzierung mit Darlehen auf der Grundlage von § 7 d EStG aufgehoben und damit zwei Entscheidungen von größter Tragweite getroffen. Die Wiederaufbaufinanzierung beruhte bis zum Jahre 1955 im Wesentlichen auf den Wiederaufbaudarlehen und den § 7 d-Mitteln sowie den eigenen Mitteln der Reeder. Daneben gab es noch ERP-Mittel. Die Wiederaufbaudarlehen und die § 7 d-Mittel machten zwei Drittel der Gesamtfinanzierung, die sich Ende 1955 auf etwa 3,15 Mio. DM belief, aus.

Damals schrieb Professor Dr. Rolf Stödter, der beste Kenner der Schifffahrt in der Wiederaufbauphase: „Es verdient angemerkt zu werden, dass die Erklärung von

DIE EMPRESS OF SCOTLAND WURDE 1958 ZUR HANSEATIC UMGEBAUT.

Bundesfinanzminister Schäffer, dass die erste Wiederaufbaustufe der deutschen Seeschifffahrt abgeschlossen sei, in einer Hamburger Zeitung am Übersee-Tag 1954 veröffentlicht wurde." Zu gleicher Zeit hielt Bundeskanzler Adenauer auf eben diesem Übersee-Tag eine Rede, in der er die Notwendigkeit des weiteren Wiederaufbaus nachdrücklich betonte: „Die deutsche Handelsflotte ist noch viel zu klein." Er deutete darüber hinaus an, dass weitere Finanzierungsmaßnahmen zugunsten der deutschen Reeder wohl bald getroffen würden. Meinungsverschiedenheiten innerhalb der Bundesregierung hat es bei uns also auch schon vor Jahrzehnten gegeben. Trotz der negativen Einstellung von Bundesminister Schäffer wurde der Wiederaufbau der deutschen Handelsflotte zügig fortgesetzt. Von 95.000 BRT im Jahre 1946 war sie auf 2.650.000 BRT am Jahresende 1955 angestiegen. Ende 1960 belief sie sich bereits auf 4,4 Mio. BRT, und das trotz der geschilderten Erschwerung ihrer Finanzierung. Die Erklärung ist einfach: Es gab im Jahre 1956 die Suez-Krise und in ihrem Verfolg einen außerordentlichen Boom auf allen Seefrachtmärkten, der die Jahre 1957 und 1958 bestimmte. Dadurch wurden die Reeder in die Lage versetzt, in vermehrtem Maße Eigenmittel für die Bestellung weiterer Neubauten bereitzustellen. Allerdings setzte im Jahre 1959 wieder eine Rezession ein, die bis weit in die sechziger Jahre andauerte. Schon für das Jahr 1959 ergab eine Repräsentativerhebung der Deutschen Revisions- und Treuhand-AG (Treuarbeit), dass etwa die Hälfte der deutschen Reeder über Eigenmittel nur in Höhe von zehn Prozent ihres Anlagevermögens verfügten, und für dasselbe Jahr 1959 stellte das Statistische Bundesamt fest,

KONRAD ADENAUER 1954: »DIE DEUTSCHE HANDELSFLOTTE IST NOCH VIEL ZU KLEIN.«

dass bei dem größten Teil der deutschen Reeder die Ausgaben etwa 100 bis 120 Prozent der Einnahmen ausmachten. Wieder einmal stiegen dunkle Wolken am Horizont auf. Das freilich waren die deutschen Reeder gewohnt, und immer wieder haben sie es verstanden, mit allen Schwierigkeiten fertig zu werden. Nicht zuletzt haben sie damit dem Wohl der gesamten Volkswirtschaft gedient.

AM WIEDERAUFBAU DER DEUTSCHEN HANDELSFLOTTE HATTEN HAMBURGS WERFTEN EINEN WESENTLICHEN ANTEIL.

Das schwierige Geschäft mit den östlichen Nachbarn

Genau zehn Jahre nach dem Zusammenbruch – am 23. Mai 1955 – wagte Hamburg seinen ersten „Hafentag". 700 Verlader aus Deutschland, Österreich, der Tschechoslowakei, Ungarn, Dänemark, Schweden, Finnland, der Schweiz und den USA kamen ins Rathaus, um von Bürgermeister Dr. Kurt Sieveking zu hören, was Hamburg in Zukunft sein wollte: ein „Makler zwischen Ost und West". Diejenigen, auf die es bei dieser Rolle am meisten ankam, die Verlader aus dem mitteldeutschen Raum, waren zu Hause geblieben.
Es hätte dieses Signals nicht bedurft, um den Hamburgern zu zeigen, was von dem anderen Deutschland zu erwarten sein würde. Den Abschluss der Pariser Verträge nahm die Regierung in Pankow zum Anlass, ihren Finnland- und Levante-Verkehr nur noch über Wismar und Rostock zu leiten. Mit der Modernisierung dieser beiden Häfen zog die DDR auch einen Teil des CSSR- und Polentransits von Hamburg ab. Viele Hamburger waren trotz ihrer viel gerühmten hanseatischen Nüchternheit nicht bereit, in dieser Entwicklung mehr als ein vorübergehendes Problem zu sehen. Für den Fall der Wiedervereinigung träumten sie schon von einem tausend Meter langen Binnenschiffhafen, in Rothenburgsort. Unmittelbar vor der Norderelbbrücke sollte der dann sprunghaft ansteigende Verkehr von der Oberelbe und den mitteldeutschen Kanälen abgefertigt werden.
Hafensenator Ernst Plate sah allerdings bei aller Bereitschaft zu beharrlichen Gesprächen nur wenig Chancen für eine Klimaverbesserung. Eher setzte er auf die Sowjetunion. Der Kanzlerbesuch in Moskau stand bevor, und in Hamburg erinnerte man sich, wie es vor dem Krieg gewesen war: Damals unterhielt die UdSSR in Hamburg eine Handelsvertretung und die Transportorganisation DERUTRA. Sie benutzte ein 100.000 Quadratmeter großes Umschlags- und Lagergelände und hatte jährlich eine halbe Million Tonnen Güter via Hamburg im- und exportiert. Die politische Teilung Europas hatte das wirtschaftlich Vernünftige hinter ideologisch gefärbte Autarkiebestrebungen zurückgedrängt. Hamburg aber war auf Ostkontakte angewiesen. Das galt um so mehr, als sich 1957 ein Konjunktureinbruch abzeichnete, der Hamburg einen Umschlagsverlust von einer Million Tonnen brachte, während die westlichen Konkurrenzhäfen zulegten. Die Verkehre mit dem östlichen Hinterland schlugen dabei erheblich zu Buch: „Mitteldeutschland" blieb um 21 Prozent hinter seinen Vorjahresergebnissen zurück, was in absoluten Werten rund 230.000 Tonnen ausmachte – und das außerdeutsche östliche Hinterland brachte 320.000 Tonnen weniger.
Die Elbhanseaten waren immer nüchterne Kaufleute gewesen und leugneten nie, dass sie durchaus auch ihre wirtschaftlichen Vorteile im Auge hatten, wenn sie die „Politik der Elbe" beschworen. Mehr als einmal äußerten die führenden Männer der Stadt – an der Spitze Hafensenator Ernst Plate – eigene Ansichten zur Ostpoli-

DIE CSSR HATTE SCHON IN DEN FÜNFZIGER JAHREN EIN EIGENES »KULTURSCHIFF« IM HAMBURGER HAFEN.

tik, und mehr als einmal stellten sie sich damit gegen die offizielle Bonner Linie, die ohnehin den Seehafen irgendwo hoch im Norden kaum auf der Rechnung hatte. Erst ab 1958 signalisierte Bundesverkehrsminister Seebohm etwas mehr Verständnis für die Wünsche Hamburgs. Zumindest glaubte der Hafensenator Ansätze zu erkennen, dass Bonn die Hansestadt sowohl beim Bau des „Nordsüdkanals" als auch bei der Elektrifizierung der Bundesbahnstrecke nach Süden nicht mehr im Stich lassen würde. Gerade die Elektrifizierung der Bahn, so hatten Fachleute berechnet, werde eine Kosteneinsparung von 33 Prozent bringen und den Konkurrenzhäfen das Argument nehmen, Hamburg erhalte Vorzugstarife für seine Frachten.

Solche Verbesserungen der Leistungs-Kosten-Relation, so wusste man in Hamburg, würden neben dem technischen Ausbau der Hafenanlagen letztlich auch im Ostgeschäft zugute kommen. Besonders die Tschechoslowakei erkannte zunehmend die Vorzüge ihres „natürlichen" Hafens, den sie mit eigenen Schiffen auf dem Elbweg relativ schnell und ohne Divisenausgaben erreichen konnte. Insofern konnte die CSSR den DDR-Bemühungen bei dem Ausbau ihrer Ostseehäfen, dem Bau des Elbe-Rostock-Kanals und dem forcierten Aufbau einer eigenen Handelsflotte gelassen entgegensehen, brachte es ihr doch den Vorteil, in Zukunft aus einer Palette unterschiedlicher Verschiffungsmöglichkeiten die günstigste auszuwählen zu können.

Es spricht für Hamburg, dass sich das Gewicht der CSSR nach auffälligen Rückgängen 1957 und 1958 nach und nach wieder der traditionellen Verbindung mit Hamburg zuneigte. Auch für die Tschechen zählten offenbar neben der technischen Leistungsfähigkeit des Hamburger Hafens und seinem weltweiten Liniennetz nach 1.100 Häfen historisch gewachsene Werte. Besonders den Binnenschiffern aus dem Prager Industriegebiet bewahrte Hamburg immer ein Stück Heimat. Der äußere Ausdruck dieser Verbundenheit war ein „Kulturschiff", das die tschechoslowakische Elbe-Schifffahrts-AG an der Veddel festgemacht hatte, ein umgebauter 1.000-Tonnen-Frachtkahn, der seinen Besuchern ein attraktives „Programm" bot: Fernsehen, Film, Mini-Bibliothek, ein Klavier, Sommergarten an Bord, Trimm-dich-Geräte, Spielzimmer für die Familie und eine kleine Küche mit tschechischer Speisekarte.

Wichtig war, dass Hamburg das Gespräch mit seinen östlichen Nachbarn nie abreißen ließ und jede Gelegenheit zu persönlichen Kontakten nutzte. Manches, was die Politik erschwert hatte, ließ sich auf diese Weise ausbügeln. Ähnliches galt auch für Polen, das einen Teil seines Im- und Exports über Hamburg leitete, und es galt besonders für die ungarischen Partner, die nicht über eigene Seehäfen verfügten.

Auf der Frühjahrsmesse in Leipzig, auf der Hamburg auch in den fünfziger Jahren mit einem viel beachteten Stand vertreten war und regelmäßig zum „Hafen-Empfang" lud, umriss Ernst Plate am 6. März 1958 noch einmal Hamburgs Vorstellungen von einer sachlichen und von beiderseitigen Interessen geprägten Zusammenarbeit: Notwendig sei es, so schnell wie möglich ein Elbe-Statut zu schaffen, das allen Anliegern jederzeit eine ungehinderte Schifffahrt auf dem Strom garantierte. „Die Hansestadt verfolgt seit Jahren eine im besten Sinne gesamtdeutsche und gesamteuropäische Politik des wirtschaftlichen Miteinander. Dies wird jetzt offensichtlich auch von den Regierungen aufgegriffen …"

INFORMATIONSSTAND DES HAMBURGER HAFENS AUF DER FRÜHJAHRSMESSE 1958 IN LEIPZIG.

Tu felix Austria ...

Österreich, dem in der Geschichte so oft empfohlen worden war, sich zu seinem Vorteil zu verheiraten, wurde zum heißest umworbenen Partner Hamburgs. Die enge Anlehnung an seinen „natürlichen" Hafen, so suggerierten die Hamburger Hafenmanager nicht zu Unrecht, sei mit respektablen Vorteilen für die österreichische Wirtschaft verbunden. Ernst Plate war nach einem Ausflug in die politische Verantwortung als Hafensenator (den es als eigenständiges Senatsamt einmal gab und nicht wieder) 1958 als Vorstandschef in die Hamburger Hafen- und Lagerhaus-Aktiengesellschaft dorthin zurückgekehrt, wo seine Karriere auch begonnen hatte. Er fand als amüsanter Plauderer mit einem ausgeprägten Talent fürs Anekdotisch-Historische genau den Ton, der den Österreichern gefiel.

Die „Hafentage", mit denen Hamburg an der Donau auf sich aufmerksam machte, waren repräsentative gesellschaftliche Ereignisse im Palais Auersperg. 1958 trafen 80 Vertreter der Hafenwirtschaft rund 450 Gäste aus der österreichischen Verladerschaft, außerdem politische Prominenz, darunter der Außenminister, der Handelsminister und der Wiener Bürgermeister.

Ernst Plate nutzte die Gelegenheit, seine Vision vom Ausgleich zwischen Ost und West – wobei sich Hamburg als „ehrlicher Makler" andiente – mit Nachdruck zu vertreten. Im Donauraum sah Plate einen geeigneten Ausgangspunkt für diese für Hamburg profitable Politik. Hamburg habe geradezu die Pflicht, Österreich in seinen Bemühungen beizustehen, die Nachteile seiner geografischen Lage am Rand der Freihandelszone und des fehlenden Zugangs zum Meer zu überwinden. Gemeinsame Wirtschafts- und Verkehrsinteressen, so der Ex-Senator, solle man auch gemeinsam vertreten. Wörtlich: „Ich meine, dass sich die Seehäfen im Norden und Süden Europas zusammen mit Eisenbahn, Binnenschifffahrt und Seeschifffahrt die Aufgabe stellen sollten, durch größtmögliche Leistungsfähigkeit der Industrie und dem Handel Österreichs alle Möglichkeiten zu bieten, damit auf diese Weise die gesamte Wettbewerbslage ihres Landes gegenüber geografisch bevorzugter gelegener Wirtschaftsgebieten Europas und der Welt nicht ‚verfälscht' werde ..." Er hätte diesen Satz auch 25 Jahre später sagen können!

Die „Entente Cordiale", die sich nach dem Krieg zwischen Hamburg und Österreich entwickelt hatte, fand ihren Niederschlag in nüchternen Fakten: Seit die VÖEST 1956 zum ersten Mal Bleche aus Linz über Hamburg verfrachtet hatte, war das Ladungsaufkommen insgesamt kontinuierlich gestiegen. 1958 war der Strom österreichischer Transitgüter auf 800.000 Tonnen angewachsen, das war viermal so viel wie 1936 und das Zehnfache des bescheidenen Anfangs von 1950.

DIE FREUNDSCHAFT MIT ÖSTERREICH WURDE TRADITION: ERNST PLATE (MITTE) MIT BUNDESKANZLER DR. JOSEF KLAUS. RECHTS: WERNER SCHRÖDER (HHLA)

„In der Zange zwischen Rostock und Rotterdam"

Der viel beschworene Verlust des östlichen Hinterlands war nur ein Teil der Hamburger Sorgen. Die aggressive Hafenpolitik der Konkurrenten im Westen war der andere. Und das für diese Lage nicht sehr ausgeprägte Verständnis in Bonn (60 Millionen Mark für die Ausbaggerung der Unterelbe galten als äußerstes Zugeständnis) war das i-Tüpfelchen auf diesem Sorgenkatalog.

Bundesverkehrsminister Seebohm hatte in der zweiten Hälfte der fünfziger Jahre für seinen Verkehrs-Etat einen Vier-Jahres-Plan aufgestellt, aber dieser war nach Meinung Hamburgs allzu stark westorientiert. Nach diesem Plan sollte bis 1961 etwa die Hälfte aller Etatmittel, die für Binnenwasserstraßen bestimmt waren, den deutschen Nordseehäfen zugute kommen. Nach 1961 waren es dann nur noch 16 Prozent. Die übrigen 84 Prozent der Mittel sollten für den Ausbau der Flüsse und Kanäle nach dem Westen verwandt werden. Es war klar, wer davon profitieren würde: die Benelux-Häfen. Schon damals war Rotterdam, der Rheinmündungshafen mit den „schnellen" Kanälen zu Maas und Schelde, der größte Hafen Europas und wirkte wie ein Magnet. Selbst Hamburger Handelsfirmen riskierten einen interessierten Blick. Für die Schwerindustrien an Rhein und Ruhr war Rotterdam ohnehin ein günstiger Umschlagplatz. Krupp und Mannesmann planten dort sogar eigene Anlagen. Die Idee, bei Rotterdam einen „Europort" zu errichten, war naheliegend. Was die Hamburger aber auf die Barrikaden brachte, war die Idee von der Arbeitsteilung innerhalb der gemeinsamen europäischen Wirtschaftsplanung, die Rotterdam als eine Art Dogma festschreiben wollte. Ganz emsige „Europäer" wollten Rotterdams gewaltige Hafenbauprojekte nicht aus eigenen Mitteln, sondern aus den Kassen der Europäischen Gemeinschaft bezahlen. Genauer gesagt: Die anderen europäischen Häfen sollten ihre Konkurrenz auch noch finanzieren.

Zwar zeichnete es sich bald ab, dass derartige holländische Wünsche nicht durchsetzbar sein würden, aber sie kosteten Hamburgs Hafenplaner doch einige Nerven, und die politische Abwehrschlacht war zeitaufwändig und kräftezehrend, zumal die Selbstbehauptung gegenüber dem Osten auch mehr ein politisches als ein wirtschaftliches Problem war.

Das Wort von der „Zange zwischen Rotterdam und Rostock" machte die Runde, und das Bild war sicher nicht schlecht gewählt.

DER KATTWYKHAFEN WURDE FÜR TANKSCHIFFE BIS ZU 40.000 TONNEN TRAGFÄHIGKEIT AUSGEBAUT.

Hamburg entdeckt den Umweltschutz

Aufräumen war die oberste Maxime gewesen, als Hamburg nach dem Krieg daran denken musste, seinen Hafen wieder ins internationale Geschäft zu bringen. Zehn Jahre später wurde wiederum aufgeräumt, diesmal im Dschungel der Paragraphen. Am 1. Januar 1955 trat ein neues hamburgisches Hafengesetz in Kraft, das Ordnung in das Gewirr der seit fast 20 Jahren immer wieder geänderten und ergänzten Verordnungen bringen sollte. Kernpunkt des neuen Gesetzes war das Hafenverkehrsrecht, das die Benutzung des Hafens durch die Schifffahrt regelt. Hamburg legte es fortan in das Ermessen des Kapitäns, ob er innerhalb des Hafengebietes einen Lotsen zur Beratung nehmen wollte. Der im Krieg wegen der Sabotagegefahr verordnete Lotsenzwang war damit einstweilen aufgehoben.

Die für die Zukunft wichtigste Bestimmung aber bezog sich auf ein Problem, das Hamburg als einer der ersten Häfen der Welt in seiner vollen Tragweite erkannte und zu lösen versuchte: „Besorgniserregend", so hieß es in der Erläuterung zu dem neuen Gesetz, „bleibt die Verschmutzung des Hafens durch die Schifffahrt". Zusätzlich zu den bereits bestehenden Bestimmungen wurde ein Verbot erlassen, das Elbwasser mit Öl, Ölrückständen, Bilgenwässern, Asche, Schlacken, Abfällen und anderen Stoffen zu verunreinigen. Die Vergehen waren bis dahin mit 150 Mark geahndet worden – was viele Kapitäne zu der nüchternen Rechnung veranlasst hatte, lieber die Strafe zu bezahlen als eine wesentlich teurere Ölschute zu bestellen. Ab 1955 konnte das Vergehen, auch aus Fahrlässigkeit begangen oder nur versucht, mit 10.000 Mark bestraft werden.

EIN SELTENES BILD IM HAMBURGER HAFEN. DIE PASSAT VOR DEM SILO DER FIRMA P. KRUSE.

Eine Überlebensfrage für Hamburg: die Elbvertiefung

Im März 1957 legte die Behörde für Wirtschaft und Verkehr eine Erläuterungsschrift zur Fahrwasservertiefung der Außen- und Unterelbe vor. Darin wurde eine Zunahme an Massenguteinfuhren mit immer größeren Schiffen festgestellt. Während noch vor dem Krieg Massengutfrachter mit neun Metern Tiefgang zu den Ausnahmen gezählt hatten, wurde bei jüngeren Neubauten ein Tiefgang von zwölf Metern bereits überschritten. Nur auf der Elbe sei im Gegensatz zu anderen deutschen Seewasserstraßen – so hieß es in der Schrift – auf Grund ihrer Wasserführung und natürlicher Räumkraft die Herstellung und Erhaltung eines ausreichend tiefen Fahrwassers möglich. Vorläufiges Ziel müsse eine Sohlentiefe von zwölf Metern bei mittleren Tideniedrigwasser sein. Als Kosten wurden rund 81 Millionen Mark errechnet, davon seien 21 Millionen für das Gebiet der Hafenelbe von Hamburg zu tragen, 60 Millionen Mark müsse der Bund dazugeben.

Es ging um insgesamt 27,7 Millionen Kubikmeter Boden, der aus der Elbe gebaggert werden musste. Im August 1958 sahen Spaziergänger bei Blankenese sechs kleine Schiffe quer über den Strom verankert. Sie sollten der Elbe „den Puls messen", nämlich mit Spezialgeräten ermitteln, wie viel Wasser bei Flut elbaufwärts und bei Ebbe elbabwärts fließt und wie schnell das geschieht. Über die Wassermengen, die während der Gezeiten hin- und herfließen, macht sich der Laie meistens falsche Vorstellungen. Ein anschaulicher Vergleich mag das verdeutlichen: Während der sechsstündigen Flutzeit könnte man mit dem eindringenden Wasser zweitausendmal die Binnenalster füllen. Oder anders gesagt: Alle zwölf Sekunden könnte die Binnenalster einmal voll laufen.

In der ersten Etappe des Projekts – bis Herbst 1960 – stand eine Elf-Meter-Tiefe zwischen der Elbmündung und dem Tankerhafen Kattwyk auf dem Programm. Das bedeutete: Tanker von 40.000 Tonnen Tragfähigkeit würden dann jederzeit mit der Flut ohne Zwischenaufenthalt elbaufwärts kommen können. Danach war die Fortsetzung der Arbeit auf zwölf Meter Tiefe eingeplant, und Strom- und Hafenbau gab schon einen neuen Bagger in Auftrag, der die beiden altersschwachen, aber den Hamburgern in acht Jahrzehnten ans Herz gewachsenen WOTAN und ODIN ablösen sollte. Mit den beiden Eimerbaggern wurde Hamburg um zwei reizvolle Hamburgensien ärmer.

Schon zu diesem Zeitpunkt konnten Tanker auf der Südseite der Elbe ohne Schwierigkeiten bis zum Kattwykhafen kommen. Für die Süderelbe reichten die vorhandenen zehn Meter einstweilen aus. Sie waren vor allem notwendig für die nach Hamburg gehenden Kohlenfrachter. Großtanker brauchten hier nicht mehr zu fahren, weil die Hamburger Raffinerien vom Bubendeyufer über eine Pipeline und von Kattwyk aus direkt mit Rohöl versorgt wurden.

WENN DAS FAHRWASSER DER ELBE VERTIEFT WURDE, WAR DER EIMERBAGGER WOTAN ZUR STELLE.

Die HHLA als „Leitbetrieb": 10,31 Tonnen je Mann und Schicht

Als die „Halbzeit" des fünften Jahrzehnts eingeleitet wurde und Hamburgs Hafenstatistiker Bilanz zogen, wollte keine rechte Jubelstimmung aufkommen. Mit 20,6 Millionen Tonnen Güterumschlag lag die Hansestadt immer noch weit hinter ihrer Vorkriegsleistung – genau genommen hatte der Elbehafen gerade eben seinen Stand von 1906 erreicht.

Fünf Jahre später sah die Rechnung besser aus. Abgesehen von einem deprimierenden „Zwischentief" im Jahr 1957 war es kontinuierlich, teilweise sogar sprunghaft aufwärts gegangen. 1959 stand Hamburg an der Schwelle zur 30-Millionen-Tonnen-Grenze (ein gutes Drittel davon Stückgut), und es war abzusehen, dass der Umschlag weiter zunehmen würde.

Zum ersten Mal wurden in einem Jahr rund 20.000 Schiffsankünfte registriert. Die Zahl der Linien erreichte stolze 230, und man wusste in Hamburg aus Erfahrung, welchen Sog Linienverbindungen auf die Warenströme des Exports ausübten.

Die Rationalisierung des Umschlagbetriebs führte zu immer besseren Durchschnittsleistungen bezogen auf die Mitarbeiter. Die Hamburger Hafen- und Lagerhaus-Aktiengesellschaft meldete im Zeitraum 1955 bis 1959 Leistungssteigerungen von 8,94 auf 11,31 Tonnen je Mann und Schicht. Sie lag damit zum Teil erheblich über den Durchschnittsleistungen der Pachtkaibetriebe, die allerdings zunächst auch wesentlich weniger Gabelstapler und andere mechanische Flurfördermittel eingesetzt hatten als das Staatsunternehmen HHLA.

Auch die Hafenbahn hat mit den Leistungssteigerungen der Umschlagbetriebe stets Schritt gehalten. Der alte Bezirksbahnhof Roß wurde 1958 zu einer modernen Hafenbahnanlage umgestaltet. Das Drucktastenstellwerk entsprach dem neuesten Stand der Rangiertechnik. Damit war die Versorgung der Schuppen 80 bis 85, des Tollerort sowie der Howaldtswerft und des MAN-Werks wesentlich verbessert. Wo bis dahin 500 Waggons ausrangiert worden waren, konnten jetzt täglich bis zu 1.000 Ei-

AM DIESTELKAI BAUTE HAMBURG DIE ERSTE WETTERSICHERE SALZUMSCHLAGANLAGE.

senbahnwagen auf die verschiedenen Anlagen verteilt werden. Der Erfolg ermutigte den für die Anlagen zuständigen Strom- und Hafenbau, den geplanten Rangierbahnhof auf der Hohen Schaar und den Haupthafenbahnhof Hamburg Süd mit den gleichen Stellwerken auszustatten.

Auch an anderen Stellen des Hafens herrschte rege Bautätigkeit: Am O'Swaldkai entstanden die drei Jahre später fertig gestellten Schuppen 43 und 44 als warmluftgeheizte und vollisolierte Fruchtschuppen. Auf der gegenüberliegenden Seite am Segelschiffhafen wurde

200-TONNEN-SCHWIMMKRAN »HHLA IV« IM EINSATZ.

ein Bezirksbahnhof gebaut. Ein Zehn-Millionen-Projekt war der Ausbau des Grevenhofener Ufers mit dem Neubau von Schuppen 69 am zehn Meter tiefen Wasser. Hier zog die Lager- und Speditionsgesellschaft ein, die den von der Hapag dringend benötigten Schuppen 73 freimachte. Am Bremer Kai wurden die Schuppen 50 und 51 fertiggestellt, die ausschließlich mit neuartigen Drei-Tonnen-Vollportalkränen ausgestattet waren.
Nicht weit vom neuen Fruchtzentrum Hansahafen entfernt, nämlich am Saalehafen, wurde der Speicher F als Tabakspeicher wieder aufgebaut.
Obwohl bald darauf auch die Schuppen 60 und 61 am Kamerunkai zur Verfügung standen, gab es in den westlichen Häfen zu Spitzenzeiten immer wieder Engpässe. Der Wiederaufbau der Stückgutschuppen 76 und 77 am Mönckebergkai konnte diesen Kapazitätsengpass für einige Zeit beseitigen.
Westlich des Altonaer Fischereihafens entstanden vor Schuppen D 360 Meter neue Kaimauern, und am Fischereihafen selbst wurde die Fischhalle 1 nach Osten hin erweitert. Bei Blohm + Voss wurde der Ausrüstungskai am Steinwerder Ufer instand gesetzt.
Dem Landverkehr dienten zwei große Bauvorhaben: der Neubau der Neuhofer Drehbrücke mit verbesserten Straßenanschlüssen außerhalb des Freihafens und die Errichtung des Autobahnzollamts Veddel. Für den Köhlbrand wurde eine neue Autofähre in Auftrag gegeben.
Am Diestelkai ging die bereits im Vorjahr begonnene wettersichere Salzumschlaganlage in Betrieb.
Westlich der Landungsbrücken wurden fünf neue Pontons verankert, an denen künftig 27 Hafenschlepper ihren Liegeplatz hatten.

1958 wurden noch einmal kräftig die Ärmel hochgekrempelt. Die Jahresbilanz verzeichnete als wichtigste vollendete Baumaßnahmen:
– Den gut 11.000 Quadratmeter großen Doppelschuppen 60/61 mit zwei Acht-Meter-Liegeplätzen,
– über 1.100 Meter Kaimauer für Seeschiffe,
– 33 Dalben für Strom-Liegeplätze im Strandhafen, in Waltershof und am Athabaska-Höft,
– die Mineralölhäfen auf Kattwyk für zunächst zwei Großtanker,
– Lagerraum für 700.000 Kubikmeter Öl und 38.000 Tonnen Getreide,
– 9.500 Quadratmeter Speicherfläche im Kaffeespeicher R
– und schließlich wurde ein 200-Tonnen-Schwimmkran in Betrieb genommen.
Eine gute Nachricht kam kurz darauf von der Schlieker-Werft: Zehn Jahre nach dem Beginn der Demontage lag im Trockendock „Elbe 17" wieder ein Schiff auf dem Kielpallen. „Das ist ein Erfolg", bekannte Max Brauer, „den wir damals, als das Dock uns wahrhaft schlaflose Nächte bereitete, nicht im Traum zu erhoffen gewagt hätten." „Elbe 17" war damals eines der größten Trockendocks der Welt. Es war für die deutsche Kriegsmarine von 1938 bis 1941 gebaut worden und hatte deshalb auf der Demontageliste der Alliierten gestanden. Als sich dann aber nach den ersten Sprengversuchen Schäden am Elbtunnel zeigten, verzichteten die Briten auf die Zerstörung. Jetzt stand das 320 Meter lange Dock wieder Schiffen bis zu 100.000 tdw zur Verfügung und signalisierte der internationalen Schifffahrt, dass Hamburg als Dienstleistungszentrum und Schiffbauplatz wieder ein Wort mitzureden gedachte.

Neue Liegeplätze für Hafenschlepper westlich der Landungsbrücken.

Kritik an Hamburgs Visitenkarte: „Eine Front von Hässlichkeit"

Neben erfreulichen Meldungen gab es gelegentlich Hafen-Schlagzeilen, die den Hamburgern wenig Spaß bereiteten. „Eine Front der Hässlichkeit empfängt Hamburgs Gäste" lautete einer der häufigsten Vorwürfe. Gemeint waren die Überseebrücke und die Vorsetzen. Es gab damals eine ganze Reihe attraktiver Touristenschiffe wie die britische ARCADIA, die norwegische BERGENSFJORD, die schwedische GRIPSHOLM oder die deutsche ARIADNE, die Hamburg regelmäßig anliefen. Der Empfang aber war alles andere als freundlich: eine Breitseite grauer Fronten, armseliger Baracken, windschiefer Behelfsbauten. Wurstbuden und staubige Ruinengrundstücke an den Vorsetzen waren sicher eine unwürdige Visitenkarte der Hansestadt. Seit langem galt die Wasserfront als Bausperrgebiet, weil die Planer von einem neuen Elbtunnel träumten, dessen Einfahrt etwa beim Stubbenhuk liegen sollte. Es dauerte noch Jahre, bis man sich die Sache anders überlegte und das Gelände hinter der Überseebrücke ansehnlich bebaute. Für Schlagzeilen sorgte auch die erste „Preiserhöhung" im Hamburger Hafen nach dem Krieg. Im April 1957 wurde das Hafengeld in Hamburg und Cuxhaven um 20 Prozent erhöht. Es war die erste Angleichung der Kai-Umschlaggebühren seit 1930. Aber die Fachpresse kritisierte Hamburg sogleich als teuren Hafen, obwohl das Hafengeld beispielsweise von Rotterdam doppelt so hoch war.

Hintergrund für die Gebührenerhöhung waren die ungewöhnlich hohen Lohnzugeständnisse, die die ÖTV ihrem Tarifpartner abgerungen hatte. Am 1. Februar 1955 war eine Lohnheraufsetzung um 6,5 Prozent wirksam geworden, schon am 1. November desselben Jahres wurden die Löhne noch einmal um 7,38 Prozent erhöht. Dann stiegen die Lohnkosten infolge der Arbeitszeitverkürzung von 48 auf 45 Stunden um 6,7 Prozent, und am 1. März 1957 kamen 7,1 Prozent dazu. Das war der Preis, den Hamburg für die „Erhaltung des Arbeitsfriedens" zahlte.

Tatsächlich gibt es keinen Hafen der Welt, in dem weniger gestreikt wurde als in Hamburg.

DIE ARCADIA GEHÖRTE ENDE DER FÜNFZIGER JAHRE ZU DEN REGELMÄSSIGEN GÄSTEN IN HAMBURG.

Technischer Fortschritt auf allen Ebenen

Bis 1958 waren seit dem Kriegsende rund 400 Millionen Mark für den Wiederaufbau des Hamburger Hafens ausgegeben worden. Nach und nach setzte sich die Erkenntnis durch, dass es nicht damit getan sein würde, den Ausbaustand von 1939 zu erreichen. Die Anforderungen an einen Hafen hatten sich in mancherlei Hinsicht geändert. Es war an der Zeit, neue Konzepte zu entwickeln, aber es dauerte seine Zeit, bis diese Erkenntnis konsequent in die Tat umgesetzt wurde.
Der „technische Fortschritt" vollzog sich oft in kleinen, für den Laien kaum erkennbaren Schritten. Das Beispiel des Schuppen 77 mag das verdeutlichen: Die Firma Kampnagel, die bis dahin schon Hunderte von Stückgutkränen für den Hamburger Hafen gebaut hatte, entwickelte zusammen mit dem Amt für Strom- und Hafenbau einen neuen Krantyp, der die Bezeichnung HKL („Hamburger Kurven-Lenker") trug, und lieferte davon zunächst 25 Exemplare. Die Vorzüge der neuen Krangeneration wurden so beschrieben: „Die Kräne können, wie üblich, bei einer

DIE UMSCHLAGANLAGE SCHUPPEN 76/77 WURDE ALS ERSTE MIT EINER NEUEN »KRANGENERATION« AUSGESTATTET.

Ausladung bis zu 25 Metern eine Last von drei Tonnen heben. Die Spannweite ihres Portals (unter dem auf einem darunter liegenden Eisenbahngleis Waggons passieren können) ist so gering, dass man mit drei Kränen zugleich eine Luke bearbeiten kann.

Das Merkmal dieser neuen Kräne, bei denen alle Triebwerke wettergeschützt im Innern des Kranhauses untergebracht sind: Der Ausleger, der die Form eines Waagebalkens hat, trägt an seinem kurzen Schenkel ein Gegengewicht, mit dem das Eigengewicht der Auslegerkonstruktion in jeder Stellung ausgeglichen wird. So sind beim Wippen mit dem Ausleger jeweils nur die Reibungskräfte zu überwinden. Und die Last beschreibt beim Ein- und Auswippen (unter gleichzeitigem Schwenken) einen nur horizontalen Weg."

Noch deutlicher als am Beispiel eines neuen Krantyps offenbart sich der durch besondere Bedürfnisse initiierte technische Wandel beim Bau von Kaimauern.

Früher hatte man Kaimauern aus Holz und Ziegeln gebaut. Die älteste Mauer dieser Art feierte am Sandtorkai 1956 ihren sehr respektablen 90. Geburtstag.

Davor wurden die Schiffe entweder im Strom gelöscht oder an den hölzernen Anlegebrücken, den Vorsetzen. Seit 1866 aber konnten Fahrzeuge und Waggons direkt ans Schiff heranfahren, konnten auch Kräne eingesetzt werden. Der Umschlag wurde enorm beschleunigt.

Aber die Kosten stiegen gewaltig. Die senkrechte Kaimauer musste nicht nur die oberen Lasten wie Kräne und Fahrzeuge tragen können, sie musste auch dem Druck und Zug der Schiffe standhalten. Und sie hatte zu Anfang auch dem Seitendruck der Erdmassen zu widerstehen. Dieser Seitendruck – das war die Kalamität der Hafenbauer – erhöht sich mit dem Quadrat der Tiefe. Das bedeutet: Muss eine Mauer von einem Meter Tiefe einen Druck von 0,25 Tonnen aufnehmen, sind es bei zehn Metern schon 25 Tonnen.

Man half sich, indem man diesem Druck einfach genügend Gewicht entgegensetzte. Man rammte einen Wald von senkrechten und schräg stehenden Kiefernstämmen in den Grund, sägte sie 70 Zentimeter über dem Niedrigwasser ab und errichtete darüber die breite Mauer aus Ziegeln. Damit das Wasser nicht das dahinter liegende Erdreich unterspülte, schloss man das Bauwerk an der Rückseite mit einer hölzernen Spundwand.

Je größer nun die Wassertiefe, desto schwerer und dicker musste wegen des seitlichen Erddrucks die Mauer werden. So hatte die stärkste Kaimauer Hamburgs, die des Burchardkais, für elf Meter tiefgehende Schiffe immerhin die stattliche untere Breite von 12,50 Meter. Auch die Höhe ist beachtlich. Das Bauwerk maß von der unteren Spitze der Pfähle bis zur Oberkante etwa 28 Meter – das ist die Höhe eines zehnstöckigen Hauses.

Seit 1945 jedoch wird diese „Schwergewichtsmauer auf Pfahlrost" nicht mehr gebaut. Die hölzerne Spundwand, die so leicht morsch wurde, der Wald von Pfählen und die mühselig unter Ausnutzung der wenigen Niedrig-

Experiment beim Kaimauerbau mit vorgefertigten Sektionen.

wasser-Stunden aufgesetzte Mauer sind dem Stahl und dem Stahlbeton gewichen.

Natürlich ging es auch bei der neuen Bauweise nicht ohne Pfahlgründung. Doch die neuen Pfähle, für eine neun Meter hohe Mauer etwa 23 Meter lang, bestehen aus Stahlbeton, bei sehr schlechtem Untergrund auch aus teurem Stahl.

Die Kaimauer, wie sie nach dem Krieg gebaut wurde, ist eine acht bis zwölf Meter breite Platte aus Stahlbeton, die mit einem Pfahlsystem fest verbunden ist. Vorn liegt sie auf einer Stahlspundwand, hinten auf einer so genannten Pfahlbockreihe, die aus schräg nach vorn und hinten gerammten Pfählen besteht. Die Hafenbauer sprechen von Zug- und Druckpfählen. Das Entscheidende ist jedoch die Spundwand. Sie besteht aus fest ineinander gefügten Stahlspundbohlen, ist nach vorn gedrückt und dient zugleich als Träger. Außerdem hält sie, im Zusammenwirken mit den hinteren Pfählen, dem Erddruck stand.

Das neue Verfahren hat eine Reihe von Vorteilen: Zunächst sind die Kaimauern heute widerstandsfähiger als die alten, weil man inzwischen gelernt hat, die Erddruckkräfte präziser zu berechnen. Vor allem aber würde eine Ziegelmauer heute wesentlich teurer werden, weil ihr Bau überwiegend menschliche Arbeitskraft verlangt, während bei Stahlbetonarbeiten Maschinen eingesetzt werden können. Hinzu kommt, dass die Arbeit nicht bei jeder Tide unterbrochen werden muss; rammen und betonieren können die Arbeiter auch bei Hochwasser. Würde man nach dem Krieg Kaimauern nach alter Art gebaut haben – in den ersten zehn Jahren waren das immerhin über sechs Kilometer oder 40 Schiffsliegeplätze –, wären die Hafenbauer kaum mit ihren Etats ausgekommen. Denn sogar schon vor dem Ersten Weltkrieg mussten unsere Großväter für einen Meter Kaimauer rund 10.000 Goldmark auf den Tisch legen. Die Stahlbetonbauweise, die zwischen den Kriegen zunächst sehr zögernd versucht worden war, sich aber nach 1945 voll durchsetzte, war mit 10.000 D-Mark für jeden Meter um ein Vielfaches billiger.

DAMPFRAMME BEI DER PFAHLGRÜNDUNG.

Mit dem Zeitballturm am Kaiserhöft wurde eine von vielen geliebte Hamburgensie gesprengt.

1960–1964

Licht für den „Michel" – aber nur am Wochenende

Hamburgs Zollbeamte probten 1960 zum ersten Mal „passive Resistenz", um Lohnforderungen durchzusetzen. Mit ihrem Dienst nach Vorschrift brachten sie den Freihafenverkehr vorübergehend zum Erliegen. Die Hamburger nannten das „stur" und straften ihre Zöllner mit Missachtung ...
Eine jahrhundertealte Hamburgensie blieb einstweilen erhalten: Die mittelalterlichen Sturmflutböller sollten weiterhin vor Gefahr warnen, obwohl es Vorschläge für zeitgemäßere Warnsysteme gab.
Auch eine andere Hamburgensie wollte man (vergeblich) retten. Der 70 Jahre alte Zeitballturm am Kaiserhöft – von vielen Hamburgern fälschlich als Kehrwiederspitze bezeichnet – sollte mit einem modernen Kaispeicher-Neubau kombiniert werden. Später stellte sich heraus, dass die Fantasie der Architekten für eine solche „Marriage" dann doch nicht ausreichte.
Ein Harburger Amtsgerichtsrat vertrieb die beiden letzten Pankoken-Kapellen aus der Stadt, weil man sich angesichts des zunehmenden Autoverkehrs keine „Romantik" mehr leisten könne.
Hamburg beschloss, die Elbchaussee zu einer parkartigen Fußgängerpromenade auszubauen. Die Anlieger sollten ihre Vorgärten verkleinern und protestierten mit Erfolg.
Auf der Camping-Messe in Planten un Blomen wurden die ersten Fernsehgeräte für Zelte vorgestellt.
Im Frühjahr 1961 wurde erstmals nach dem Krieg die Wiedereinrichtung eines Hamburger Bürgerhauses diskutiert. Im Gespräch waren die Reimerstwiete und die Deichstraße.
Die City Nord am Stadtpark wurde geplant.
Das 1961 fertig gestellte Polizei-Hochhaus war mit 27 Stockwerken das höchste Gebäude Hamburgs.
Die Hansestadt erlebte ihren ersten großen Umweltskandal: Eine Betriebspanne im Gaswerk Kattwyk überzog die Häuser auf Altenwerder mit einer schwarzen Ölschicht. Um die von „Hein Gas" angebotenen Entschädigungssummen gab es Krach.
St.-Pauli-Wirten wurde die Konzession entzogen, weil sie minderjährige Mädchen aus der DDR als Animierdamen beschäftigten.
Die Wasserwerke beschlossen den 3,15-prozentigen Elbwasseranteil im Trinkwasser weiter zu reduzieren.
Hamburg entschloss sich, das Wahrzeichen der Stadt, den „Michel", abends anzustrahlen. Allerdings aus Kostengründen nur am Wochenende.
Eduard Brinkama renovierte Pöseldorf.
Die CDU-Opposition gründete eine „Studiengruppe Innenstadt", die unsere City nach Feierabend beleben wollte.
Der Wilhelmsplatz auf St. Pauli wurde nach dem Volksschauspieler Hans Albers umbenannt. Im September 1964 wurde der Jürgen-Roland-Film „Polizeirevier Davidwache" uraufgeführt.
Die Behörde für Inneres schrieb einen Wettbewerb für einen werbewirksamen Hamburg-Schlager aus. Der erste Preis war mit 5.000 Mark dotiert. Helmut Schmidt war oberster Preisrichter. Ein bleibendes Werk kam bei dem Wettbewerb nicht heraus.

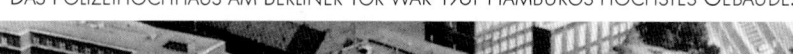

DAS POLIZEIHOCHHAUS AM BERLINER TOR WAR 1961 HAMBURGS HÖCHSTES GEBÄUDE.

Ein Schock für Hamburg: die große Flut

von Erich Lüth

Das Jahrfünft von 1960–1964 brachte neben den bereits fest geplanten und mit Selbstaufopferung erkämpften Fortschritten im Wohnungsbau Hamburgs zwei außergewöhnliche Herausforderungen an die unbeirrbaren Bürger dieser Stadt. Die erste dieser Herausforderungen grenzte an eine Auflehnung der Legislative gegen die Exekutive des Stadtstaates. Zu Deutsch: Im Januar 1962 erhoben sich in der Hamburger Bürgerschaft nach einer überwiegend kommunalpolitisch orientierten Haushaltsrede des Ersten Bürgermeisters Dr. Paul Nevermann ein Hauptredner des Plenums nach dem anderen. An ihrer Spitze der Vorsitzende der SPD-Fraktion, Gerhard Brandes. Ihm folgten die CDU-Abgeordneten Dr. Wilhelm Witten und Wilhelm Imhoff sowie die Sozialdemokraten Oswald Paulig und Helmuth Kern. In Nevermanns Haushaltsrede überwog die Darstellung der Aktivitäten des Senats im vergangenen Haushaltsjahr, schließend mit einigen Absichtserklärungen. Auch

DIE FLUTKATASTROPHE VON 1962 WAR FÜR HAMBURG EINE HERAUSFORDERUNG.

ein kurzer, fast konventioneller Hinweis auf die gute Nachbarschaft zu den Ländern Schleswig-Holstein und Niedersachsen fehlte nicht. Doch was vermisst wurde, war ein konkretes Zukunftsprogramm, geeignet, um die ganze norddeutsche Region erheblich zu aktivieren. Dieses Programm hätte, bevor es der Plenarsitzung unterbreitet wurde, in der regulären Fraktionssitzung erörtert und beschlossen werden können. Merkwürdigerweise geschah dies nicht. Der Bürgermeister unternahm einen Alleingang, und so erhoben sich in der Bürgerschaft die eigenen Parteifreunde, um vor aller Öffentlichkeit hinzuzufügen, was ihr Bürgermeister zu sagen unterlassen hatte. Dem schloss sich die oppositionelle CDU an. Sie alle forderten eine effektivere wirtschaftliche Zusammenarbeit über die Landesgrenzen hinweg.

Dieser Vorgang war in der Geschichte der Hamburger Bürgerschaft neu. Wohl gab es für Hamburg, Kiel und Hannover Ausschüsse zur Abstimmung der Landesplanungen, doch keine Gremien zur gemeinsamen Wirtschaftsplanung als Instrumente der Parlamente. Sie sind auch nie voll arbeitsfähig geworden, und dennoch war die Initiative der Brandes, Paulig und Kern ein Signal, das ein Auseinanderleben von Exekutive und Legislative verhindern sollte.

Die zweite sehr schwere Herausforderung an die Hamburger war die Flutkatastrophe von 1962. Ihre Zwangsfolge war die Errichtung neuer oder zumindest umfassend ergänzter und erhöhter Hochwasserschutzanlagen gigantischen Ausmaßes.

Gewiss war die Woche um den 16. Februar stürmisch. Doch die Hamburger sind an Witterungskrisen gewöhnt, selbst wenn der Wind in Orkanstärke bläst. Sie hörten auch jetzt die Warnsignale. Überschwemmungen am Hafen hielt man für möglich. Kaum einer von ihnen fühlte sich jedoch persönlich betroffen.

Als sich dann herausstellte, dass 315 Mitbürger, darunter fünf Helfer, ertrunken waren, dass sich unzählige Deichbrüche ereignet hatten und Schäden in einer Höhe von mindestens 873 Millionen DM hingenommen werden mussten, fehlte es keineswegs an harter Kritik.

Es waren die Bedrohten und in vielen Fällen auch die Todesopfer selber, die keine der Warnsignale ernst nahmen und rechtzeitig ihre Betten verließen. Über weite hafennahe Strecken hatten sich aufgewühlte Wassermengen ergossen. Telefon und Licht fielen aus. Todesfälle konnten erst mit großer Verspätung gemeldet werden. Über 100.000 Bewohner des Überschwemmungsgebietes lebten plötzlich auf kleinen Inseln.

Ich selber dachte zu Beginn dieses Wochenendes nur an Schlechtwetter und keineswegs an den nassen Tod, bis mir dpa am Sonnabend früh meldete, das Wasser

Trotz aufopfernder Rettungsarbeiten starben 315 Hamburger.

laufe von oben in den Elbtunnel und dringe über die Fleete bis zum Rathausmarkt vor. Mit einem Schlage erkannte ich in meiner Wohnung nahe dem Hotel Atlantic, dass größte Gefahr im Verzuge war. Eine Viertelstunde später watete ich über den überschwemmten Rathausmarkt, öffnete die große eiserne Tür und befand mich im dichten Nebel der Diele, die ebenfalls von Wasser bedeckt war. Der Nebel quoll aus den halb abgesoffenen Heizöfen.

Auch die Zimmer der Staatlichen Pressestelle waren dicht vernebelt, das Telefon war bis auf einen einzigen Anschluss ausgefallen. Über diese eine Verbindung bekam ich Anschluss an den Rundfunk und teilte mit, der Senat möge sich doch im Rathaus treffen, ohne den verreisten Bürgermeister Dr. Nevermann. An seiner Stelle setzte der amtierende Innensenator Helmut Schmidt sofort einen Krisenstab ein, dem Polizei, Bundesgrenzschutz, Rotes Kreuz und Technische Nothilfe angehörten. Die Presse hatte zu allen Sitzungen des Krisenstabes freien Zutritt. Wichtigster Helfer wurde der Rundfunk. So konnten alle Hörer informiert und dirigiert werden, sofern ihre Lautsprecher noch unter Strom standen. Ohne Frage, diese Flutkatastrophe ist wohl mit keinem anderen Ereignis der Geschichte Hamburgs zu vergleichen. Deshalb sei daran erinnert.

Die Deiche sind inzwischen auf 7,20 bis 9,00 Meter erhöht worden. Aber es gibt Kritiker, die den Deichschutz allein nicht für ausreichend halten.

„Einheitsladung" – Aufbruch in eine neue Hafenzukunft

Die erste Hälfte des sechsten Jahrzehnts stand im Zeichen einiger bemerkenswerter technischer und organisatorischer Überlegungen und Entwicklungen, die den Umschlagsexperten und mehr noch den Investoren im Hafen Kopfzerbrechen bereiten sollten: Transportrationalisierung hieß das viel beschworene Zauberwort, das den Aufbruch in eine neue Hafenzukunft signalisierte. Denn eines war klar, auch wenn es in Hamburg noch nicht von allen, die am Umschlagsgeschäft interessiert waren, sofort begriffen wurde: Wenn die sich abzeichnenden Rationalisierungsversuche der Verkehrswirtschaft, insbesondere der Reeder, Erfolg haben würden, könnten nur die Häfen ihre Ladungsanteile halten, die ihre Fazilitäten ohne Zögern an die neuen Bedürfnisse anpassen würden.

Im September 1964 demonstrierte eine skandinavische Reederei, wie man sich die erste Etappe auf dem Weg zur „Einheitsladung" vorstellte: Die Meyer-Line aus Oslo hatte ihren erst zwei Jahre alten Frachter HAVTJELD umrüsten lassen für den Transport von Paletten, kleinen Plattformen aus Holz und Metall, unter die sich die

NEUE TRANSPORTTECHNIKEN WIE DER TRUCK-TO-TRUCK-VERKEHR BESTIMMTEN IN DEN SECHZIGER JAHREN DAS BILD IM HAFEN.

Hebearme von Gabelstaplern schieben konnten. Die norwegische Reederei zeigte den staunenden Hamburgern, wie sich Kisten, Kartons und Säcke durch Bandeisen sichern und schnell in den Schiffsladeraum hineinfahren und verstauen ließen. Das Schiff war im Rumpf mit Sideboards versehen worden, Spezialtüren für Gabelstapler.

Etwa 35 bis 70 Prozent des gesamten Stückgutaufkommens, so rechneten die Norweger vor, könnten auf diese Weise umgeschlagen werden. Die Hamburger nickten beifällig und griffen zum Rechenstift – eine seit den Zeiten der Hanse mit großem Eifer gepflegte Spezialität. Eine Holzpalette kostete damals 50 Mark und eine Metallpalette war noch einmal 35 Mark teurer. Bei 40.000 Paletten je Schiff – das war die Investition der Meyer-Line – war einiges vorzulegen. Ganz zu schweigen von den „Flurförderzeugen" (auf dieses Wort hatten sich die Ingenieure mittlerweile als Oberbegriff für die Familie der beweglichen Umschlagsgeräte festgelegt) und ganz zu schweigen von den Problemen, die ein offener Tidehafen für das direkte Umschlagsverfahren bedeutete: Je nach dem Wasserstand standen die Sideboards mal unterhalb und ein anderes Mal oberhalb der Kaikante.

Das Beispiel der HAVTJELD war überzeugend. Bei den Umschlagtests dauerte das direkte Beladen eines 20-Tonnen-Lkw eine knappe Stunde. Im herkömmlichen Verfahren rechneten die Experten das Dreieinhalbfache. Der gesamte Rationalisierungsvorteil aber, so prophezeiten sie, lasse sich erst durch eine „Palettenkette" realisieren, die vom Hersteller der Ware über den Spediteur und den Reeder ohne Unterbrechung bis zum Empfänger reiche. Es war dasselbe Prinzip, das ein paar Jahre später als optimale Nutzung des Containers gelten sollte.

Die Hamburger Hafenplaner richteten sich darauf ein, dass der Stückgutumschlag herkömmlichen Stils – das heißt mit Hilfe von Kaikränen über die Bordkante – nur eine von vielen Möglichkeiten sein würde. Es galt, sich auf neue Dimensionen des Umschlaggeschäfts einzustellen, ohne die bewährten herkömmlichen Methoden zu vernachlässigen.

Die Ausstattung der Kaianlagen mit Gabelstaplern und Elektrokarren gehörte im Hamburger Hafen zu diesem

IM SOMMER 1961 ERÖFFNETE HAMBURG MIT DEM SCHUPPEN 11 DEN 34. SCHUPPENNEUBAU NACH DEM KRIEG.

Zeitpunkt bereits zu den Selbstverständlichkeiten. Am 1. Juli 1961 hatte Hamburg den 34. Schuppenneubau nach dem Krieg gemeldet: Es war der fast 8.000 Quadratmeter große Schuppen II auf der Kaizunge Dalmannstraße an Hamburgs ältestem Hafenbecken. Die Anlage war für mittelgroße Schiffe der Europafahrt bestimmt. Kurz darauf wurden drei weitere Schuppen am Sandtorhafen und Grasbrookhafen fertig gestellt, die vor allem die für tiefer gehende Überseefrachter bestimmten Anlagen entlasten sollten.

Die zunehmende Schiffsgröße hatte auch eine andere Baumaßnahme erforderlich gemacht: Das Amerikahöft, die Spitze des Amerika- und O'Swald-Kais zwischen Segelschiffhafen und Hansahafen, war zum Verkehrshindernis geworden. Schiffe, die in einem der Hafenbecken hinter dem Reiherstieg festmachen sollten, mussten auf der Elbe bei Altona gedreht werden, weil der Hafengruppe ein eigenes Wendebecken fehlte. Das Manöver behinderte nicht nur die Einfahrt in die Kuhwerder-Häfen, sondern den gesamten Verkehr auf der Norderelbe. Mehrmals täglich ging der Schifffahrt in diesem Teil des Hafens mindestens eine halbe Stunde verloren. Um Hamburgs Ruf als schnellem Hafen gerecht zu werden, wurde die Spitze des Amerikahöfts abgetragen zugunsten eines Wendebeckens, dessen Durchmesser von 350 Metern auch für die Großfrachter der 60er Jahre ausreichte.

In diese Zeit fielen auch der großzügige Ausbau und die Modernisierung des Haupthafenbahnhofs Süd am Vedeler Damm. Dieser Bahnhof war und ist auch heute noch das Herzstück des Schienenverkehrs zwischen der Eisenbahnlinie Hamburg-Harburg und dem Köhlbrand. 40 Prozent des gesamten Eisenbahnverkehrs im Hafen liefen damals über „Hamburg Süd" – manchmal waren das 2.100 Waggons täglich. Der Bahnhof war damit überfordert, und es fehlte nicht an Beschwerden der Verlader. Als sich dann auch noch eine Zunahme des Direktumschlags zwischen Schiff und Bahn abzuzeichnen begann, entschlossen sich die Planer, 17,6 Millionen Mark für die Erweiterung der Anlage auszugeben. Auch in diesem Fall war – wie bei vielen anderen Erweiterungsmaßnahmen im Hafengebiet – das „klassische" Problem der Nachkriegszeit zu lösen: Behelfsheime mussten geräumt werden, und für die Menschen, die dort nach den Bombenangriffen von 1943 Unterkunft gefunden hatten, waren Wohnungen zu finden.

In technischer Hinsicht gab es zwischen 1960 und 1964 eine Reihe von Verbesserungen, die Hamburgs Wettbewerbssituation weiter festigten. Der Schiffsmeldedienst eröffnete den UKW-Sprechfunk-Dienst auf der Elbe. Zweck des neuen Dienstes, dem bereits zwölf Staaten angehörten, war die Übermittlung nautischer Nachrichten zwischen Schiff und Landsignalstelle, also etwa Mitteilungen über die Sicherheit von Schiff und Personen, den Tiefgang, Liegeplätze und Ankermöglichkeiten, sowie Angaben über den Kurs. Gegenüber dem alten Kommunikationsverfahren mit Blinkzeichen war dies ein

RADARSTATION AUF DER ELBINSEL NESSSAND.

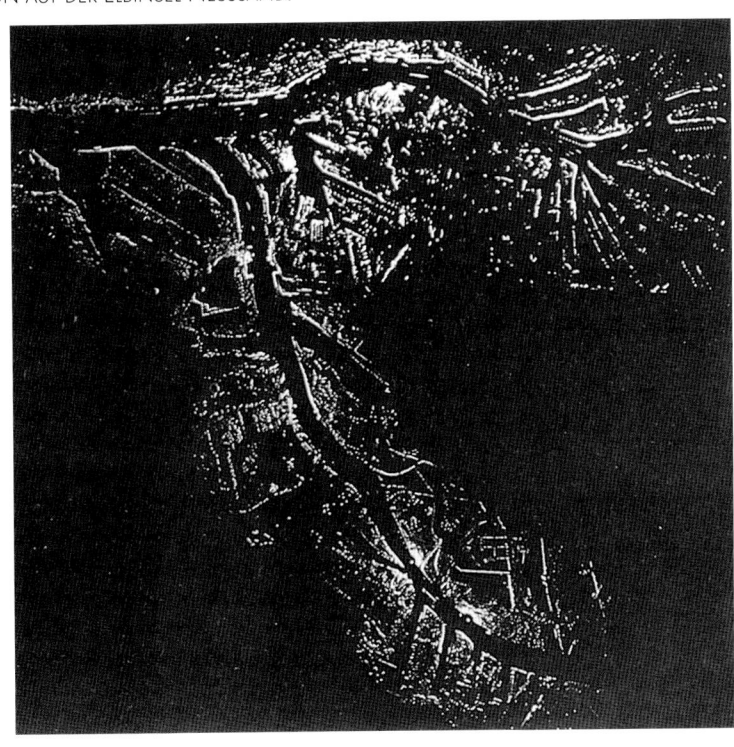

Fortschritt in Richtung auf eine schnellere und qualitativ bessere Abfertigung der Hamburg anlaufenden Schiffe. Ende August 1962 wurden auch die Radarzentrale auf dem Lotsenhöft und die vier Außenstationen ihrer Bestimmung übergeben. Zwei Jahre später war die Station Neßsand einsatzbereit. Damit war die Radarüberwachung des Hamburger Hafens lückenlos. Hamburg war der erste Hafen der Welt, der eine Radarkette mit nur einer bemannten Zentrale eingerichtet hatte. Was damals als technisches Wagnis empfunden wurde, erwies sich im Zuge der sich weiterentwickelnden Elektronik und der durch sie ermöglichten Rationalisierungschancen als vernünftig.

Auch auf einem anderen Gebiet war der Hamburger Hafen Wegbereiter und Vorbild, das Experten aus aller Welt anlockte. „Rund um die Uhr", also auch nachts zu arbeiten, war für die Hafenarbeiter an der Elbe von jeher eine Selbstverständlichkeit gewesen. Dass dies unter optimalen Bedingungen geschah, bestätigten die Mitglieder der Deutschen Lichttechnischen Gesellschaft ihnen immer wieder aufs Neue: Es komme nämlich nicht nur darauf an, auf den Kaianlagen Licht zu machen, sondern man müsse sie „beleuchten", und diesen grundlegenden Unterschied habe man in Hamburg begriffen.

In der Praxis sah das so aus: Die Scheinwerfer an den Kränen waren auf den Haken gerichtet, an dem die Ladegüter hingen. Die Kais waren genügend hell, aber trotzdem blendfrei beleuchtet. Und in den Lagerschuppen gab es keine dunklen Winkel, sie waren – von wenigen Ausnahmen abgesehen – gleichmäßig ausgeleuchtet.

Man mag solche technischen Details heute für belächelnswert selbstverständlich halten. Zu Beginn der sechziger Jahre zogen sie ganze Kongresse für Beleuchtungsfachleute nach Hamburg, und die Hafenverwaltungen, auch die der Konkurrenz, orientierten sich an den Erfahrungen unseres Hafens.

Natürlich waren mit solchen Einrichtungen, die ganz entscheidend zur Leistungssteigerung beitrugen, kaum Schlagzeilen zu machen. Dafür sorgten andere mehr spektakuläre Ereignisse. Zum Beispiel der Einzug von „Magnus dem Mächtigen", des größten Schwimmkrans der Welt, der im Januar 1964 die winterliche Elbe heraufgeschleppt wurde. Die Bergungsfirma Harms hatte den 400 Tonnen hebenden Giganten bei den Kieler Howaldtswerken bauen lassen. Schon bei seiner Reise nach der Hansestadt gab er einige Proben seines Könnens, hob ein in der Elbe gesunkenes Motorschiff und zog ein paar Pfähle, die irgendwo im Weg standen. Zwar war Magnus' Lebenswerk die Bergung von Schiffen, aber Hamburgs Hafenwirtschaft wusste, dass künftig keine Kiste und keine Deckslast für den Elbehafen zu schwer sein würde. Wenn es sein musste, würde „Magnus" vier ausgewachsene Lokomotiven gleichzeitig an den Haken nehmen. Allerdings ist das nie verlangt worden!

1964 KAM »MAGNUS DER MÄCHTIGE« NACH HAMBURG, DER GRÖSSTE SCHWIMMKRAN DER WELT MIT 400 TONNEN TRAGFÄHIGKEIT.

Verjüngungskur für die Hafenschifffahrt

Hamburgs Hafenschifffahrt bestand Ende 1963 aus etwas weniger als 2.700 Schuten, aus rund 250 Schleppern, 480 Barkassen und etwa 40 Festmacherbooten. Eine ansehnliche Armada von Hilfsfahrzeugen, sollte man meinen, mit einer unverzichtbaren Verkehrsleistung für den Hamburger Hafen. Aber Hamburgs Hafenschifffahrt hatte Sorgen. Ihr Anteil am Frachtverkehr war bei einem von 29,7 auf 31,2 Millionen Tonnen gestiegenen Gesamtumschlag um zwei Prozent auf 5,66 Millionen Tonnen zurückgegangen. Dabei zeigte das Ewerführereigewerbe einen deutlichen Ansatz zur Konzentration, ohne jedoch zunächst auch die Bereitschaft zu einer engeren Zusammenarbeit der Hafenschifffahrt erkennen zu lassen.

Zwei Probleme galt es vorrangig zu lösen: zum einen die Frage, wie die Hafenschifffahrt in den zunehmenden Palettenverkehr einbezogen werden könnte. Zum anderen ging es um die Entwicklung eines neuen Fahrzeugtyps, der den Erfordernissen eines geplanten neuen Verteilungszentrums nach einer besseren Rangierfähigkeit entsprechen sollte. Darüber hinaus gab es Sorgen, die nur mit staatlicher Hilfe zu bewältigen waren: Die Hamburger Hafenschifffahrt war hoffnungslos überaltert. Über zwei Drittel der 2.500 offenen und geschlossenen Schuten waren vor dem Jahr 1915 gebaut worden. Nur ein knappes Zehntel war jünger als 30 Jahre.

Die alten Fahrzeuge waren allein schon wegen des hohen Unterhaltungsaufwandes unwirtschaftlich. Aber die Hafenschifffahrtsunternehmen waren mit Neubauaufträgen mehr als zurückhaltend. Die Ursache dafür lag nicht nur im erheblichen Kapazitätsüberhang, sondern vor allem an der allzu dünnen Kapitaldecke der zumeist mittelständischen Unternehmen der Hafenschifffahrt.

Der Senat entschloss sich, den Firmen auf Antrag des Ewerführers Kurt Eckelmann mit einer Abwrack- und Rationalisierungsaktion unter die Arme zu greifen: 70 Mark je Eichtonne, wenn eine offene Schute abgewrackt und der Prämienbetrag dazu verwendet wurde, in anderen stückguttransportfähigen Schuten Holzböden durch eiserne Böden zu ersetzen, und sogar 80 Mark, wenn dafür mechanische Lukendecks in vorhandene Tonnage eingebaut wurden.

Die höchste Abwrackprämie bot der Senat aus dem großen Topf von 4,5 Millionen Mark, wenn dafür neue „Typschuten" gebaut wurden. Diese standardisierten Schuten waren bei gleichem Stauraum und größerer Sicherheit für die Ladung sowohl ihrer Tonnage als auch ihren Abmessungen nach kleiner als die herkömmlichen. Sie erforderten weniger Arbeitskräfte beim Schleppen und beim Auf- und Abdecken der Luken. Wegen der Möglichkeiten der Standardisierung waren sie billiger zu unterhalten als die alte Tonnage.

Etwa 50.000 Tonnen – jede siebte der vorhandenen Kapazität – landeten auf dem Schiffsfriedhof. Vorübergehend zog damit für die Ewerführereien ein Silberstreifen über der Elbe hoch. Aus ihrer Krise hat die staatliche Hilfsaktion die Hafenschifffahrt nicht herausholen können. Ihre Hoffnungen konzentrierten sich zunächst auf die geplante zentrale Verteilungsanlage für Stückgutsammelladungen, an deren Nützlichkeit für das nächste Vierteljahrhundert in Hamburg niemand zweifelte. Seit Anfang der sechziger Jahre wurde daran geplant und gebaut. Ende 1966 sollte das größte europäische Verteilungszentrum betriebsbereit sein.

LINKS DER HERKÖMMLICHE SCHUTENTYP, RECHTS DIE STANDARDISIERTE »TYPSCHUTE«.

Hamburgs Zoll entdeckt die Elektronik

Zu Beginn der sechziger Jahre wurden weit über die Hälfte des Hamburger Einfuhr-Stückguts über die Straße abgefahren – bei der Anfahrt des Importguts war es etwa ein Drittel. Den Rest teilten sich die Eisenbahn und das Binnenschiff.

Der Lkw hatte damit gegenüber seiner annähernden Bedeutungslosigkeit vor dem Krieg einen gewaltigen Sprung nach vorn gemacht. Das galt nicht nur für den direkten Im- und Export, sondern auch für die Bedienung der übrigen Hafengebiete wie Speicher, Lagerhäuser, Werften, Industriebetriebe und Baustellen. Der Ärger, den es regelmäßig bei der Zollabfertigung gab, war historisch bedingt: Die alten Straßenzollämter waren auf Pferdefuhrwerke zugeschnitten. Die Ämter Niederbaum und Veddel waren die ersten, die den Bedürfnissen des modernen Lkw-Verkehrs angepasst wurden. Die erste Neuplanung bezog sich auf den Brooktorkai. Die Hansestadt und die Bundeszollverwaltung ließen die Gleisanlagen auf dem Gelände beseitigen und einen Teil des Brooktorhafens zuschütten. Zusammen mit dem Zollhaus Kornhausbrücke erlaubte die neue Anlage eine wesentliche Verbesserung des Verkehrsflusses und eine ideale Anbindung an den (damals neuen) Verkehrsknoten Deichtorplatz und die Amsinckstraße. Der Stauraum an der Hafenseite bot Platz für 60 Lastwagen, und an den Doppelbühnen konnten 16 Lkw gleichzeitig abgefertigt werden – eine für damalige Verhältnisse ungewöhnlich große Zahl. Der Clou aber, der Hamburgs Ruf als schnellen Hafen auch in zolltechnischer Hinsicht alle Ehre machte, war eine „elektronische Rechenmaschine", ein erster Schritt in die Computer-Zukunft.

ELEKTRONENRECHNER DER ERSTEN GENERATION.

FÜR DEN LKW-VERKEHR EINGERICHTETES ZOLLAMT NIEDERBAUM.

PLANUNGSZEICHNUNG DES ZOLLAMTS BROOKTOR.

„Bauernaufstand" an der Elbe

Anfang der sechziger Jahre wurde Hamburgs historisch gewachsener Freihafen zu eng. Die letzten verfügbaren Flächen für den Stückgutumschlag waren verplant. Damit begann ein neuer Abschnitt in der Nachkriegsgeschichte des Hafen: Erstmals baute man Stückgutschuppen auf Flächen, die vor dem Krieg anderen Zwecken gedient hatten. Schuppen 63 am Südwesthafen und der Kaischuppen 19 am Vulkanhafen signalisierten so ziemlich das Ende der Ausbaumöglichkeiten. Die Tollerortzunge war praktisch die letzte freie Fläche im Freihafen, die zur Verfügung stand.

Auf seiner letzten Sitzung vor den Neuwahlen, im Oktober 1961, verabschiedete das hamburgische Landesparlament das „Hafenerweiterungsgesetz". Genau vier Wochen vorher hatte die Bürgerschaft das Projekt eines Tiefwasserhafens für Superschiffe im Wattenmeer zwischen Scharhörn und Neuwerk als Möglichkeit der Vorsorge gebilligt. Der „Hafen ohne Raum" hatte eine Zukunftsperspektive gewonnen, die weit in das Jahr 2000 hineinreichte.

Mit dem Hafenerweiterungsgesetz wurde festgeschrieben, was den Hafenplanern seit langem als Vision vorgeschwebt hatte: ein völlig neues Gesicht für das gesamte Gebiet beiderseits der alten Süderelbe zwischen dem Freihafen, Finkenwerder, Moorburg, Francop und Neuenfelde. Es ging dabei um rund 2.500 Hektar, die allerdings in ihrem „Urzustand" für die geplanten Zwecke nicht brauchbar wären. Für den Bau von Hafenbecken und die Ansiedlung von Industriebetrieben musste der größte Teil der Fläche aufgehöht werden.

Das aber war es nicht, was den Hamburgern Kopfzerbrechen bereitete. Die Probleme kamen von den Bauern, deren Höfe dem sich ausbreitenden Hafen weichen sollten. 400 Landwirte des Süderelbegebietes erklärten, das hamburgische Hafenerweiterungsgesetz verstoße gegen die Eigentumsgarantie des Grundgesetzes und zogen vor das Bundesverfassungsgericht in Karlsruhe.

Die Bauern hatten einen guten Grund, verärgert zu sein: Die Entschädigungsangebote der Hansestadt lagen bei vier Mark je Quadratmeter, und das, so argumentierten ihre Anwälte, sei nur ein Drittel des tatsächlichen Wertes für das ja nunmehr geadelte „Industrieerwartungsland". Eine ins Leben gerufene „Notgemeinschaft des Süderelbegebietes" vertrat die Auffassung, der Staat dürfe nur dann enteignen, wenn er alle anderen Möglichkeiten ausgeschöpft habe. Dies aber sei nicht der Fall. Denn man habe dem Senat andere Vorschläge für die Hafen-

BEGINN DER ERDARBEITEN IM HAFENERWEITERUNGSGEBIET.

erweiterung gemacht, und zwar westlich von Finkenwerder oder im Raum Moorburg.

Erst im April 1963 wurde der Weg für die erste Ausbaustufe im Hafenerweiterungsgebiet frei, nachdem sich der Bauernverband und die Hansestadt auf eine Pauschalzahlung von 21 Millionen Mark für 220 Hektar geeinigt hatten. Darin waren dann allerdings Entschädigungen für Gebäude, Obstbaumbestände und entstehende Wirtschaftserschwernisse enthalten. Am 2. Mai begannen die Männer vom Strom- und Hafenbau ihre Arbeit.

Im Interesse einer größtmöglichen Flexibilität wurde auf eine spezielle Hafenplanung verzichtet, denn die Erfordernisse der Aufschließung eines Erweiterungsgebietes können sich schnell ändern. Die Generalplanung beschränkte sich deshalb auf einige wenige Aufbauachsen wie eine Binnenwasserstraße im Zuge der Alten Süderelbe, deren westlicher Teil zu einem Hafenbecken erweitert werden, und mehrere Seeschiffbecken, die südlich an das Köhlfleet angelagert den Raum zwischen Finkenwerder und Altenwerder aufschließen sollten.

Bis 1970, so das Programm von Strom- und Hafenbau, sollte etwa ein Viertel der vorgesehenen 2.500 Hektar aufgehöht und damit für die Ansiedlung von Industriebetrieben verfügbar sein.

Die Geländesicherung nicht nur für Hafenanlagen, sondern auch für die Seehafenindustrie, war durchaus im Interesse von Hafen und Schifffahrt. Als das Hafenerweiterungsgesetz beschlossen wurde, entfielen fast 60 Prozent des Hafenumschlags auf Güter des eigenen Wirtschaftsraums. Ein Hafen, der sein Hinterland zu erheblichen Teilen verloren hatte, musste sich sinnvollerweise auf die Weiterentwicklung dieses Verkehrs stützen. Fragte man Wirtschaftssenator Edgar Engelhardt, welche Art von Industriebetrieben er sich in „seinem" Hafen wünsche, so gab er die lapidare Antwort: „Hafengebundene Industrien". Der Umweltschutz war damals noch kein Thema. Die typischen Seehafen-Industrien wie Mineralölraffinerien, Schiffswerften, Metallhütten, Kautschukfabriken, Öl- und Getreidemühlen, Zigarettenfabriken und Kaffeeröstereien bestritten Mitte der sechziger Jahre etwa die Hälfte der Hamburger Industrieumsätze.

Keine „hafengebundene" Branche im eigentlichen Sinn, wohl aber ein Wirtschaftszweig, von dem auch der Hafen in nicht unerheblichem Maß profitierte, war Hamburgs Druckindustrie.

Die Hansestadt hatte sich zur bundesdeutschen Medienhauptstadt entwickelt, und die Hafenwirtschaft trug dem Rechnung. Im August 1964 hatte Europas größter Papierschuppen am Petersen-Kai Premiere. Im Schuppen 26 konnten 20.000 Tonnen Druckpapier gestapelt werden, eine Vier-Wochen-Reserve für alle deutschen Zeitungs- und Illustrierten-Verleger.

1964 HATTE EUROPAS GRÖSSTER PAPIERSCHUPPEN AM PETERSENKAI PREMIERE.

Zu diesem Zeitpunkt waren die Möglichkeiten der Industrieansiedlung im alten Hafengebiet noch nicht ganz ausgereizt. Etwa 105 Hektar waren nach und nach noch verfügbar. Besonders die Mineralölindustrie war expansiv orientiert und griff zu. Am Lotsenhöft baute Hamburg einen dreizehn Meter tiefen Hafen für Großtanker, in dem Schiffe mit Tragfähigkeiten bis zu 65.000 Tonnen löschen konnten. Zwar hatten alle Prognosen übereinstimmend festgestellt, dass der Mineralölumschlag in Hamburg bis zur Mitte des Jahrzehnts kaum noch steigen würde, aber die Raffinerien hatten längerfristig nur eine Wettbewerbschance, wenn sie von den Riesentankern der zweiten Generation mit Rohöl versorgt werden würden. Diese Tankschiffe, so hatten die Reeder ausgerechnet, konnten das Öl pro Ladetonne um zehn Prozent billiger transportieren als ihre mittelgroßen Vorgänger, und bei den Betriebskosten ergaben sich Einsparungen von rund 40 Prozent.

Benötigt wurde der neue Hafen von den Raffinerien der BP und der Esso, denn selbst für die 42.000-tdw-Tanker, die BP nach Hamburg fahren lassen wollte, war der nur 10 Meter tiefe Petroleumhafen zu flach und zu eng. Bei der Esso sah es nicht besser aus: Der Seehafen IV in Harburg war den Anforderungen nicht mehr gewachsen, ganz zu schweigen von einem provisorischen Löschplatz am Bubendeyufer. Der neue Tankschiffhafen Waltershof war zunächst für drei Großtanker geplant, bot aber für den späteren Bedarf weitere Ausbaumöglichkeiten.

Die Rohöl-Einfuhr hatte sich in Hamburg innerhalb von zehn Jahren verdreifacht. Zwar stand das wenig lohnintensive Flüssiggut bei den Stückgut-Fetischisten nicht hoch im Kurs, aber auch sie konnten nicht darüber hinwegsehen, dass Mineralöl schon 1960 mit 31,6 Prozent die Güterarten-Statistik anführte.

1963 wurde die Anlage am Köhlfleethafen, die Hamburgs Segler auf die andere Elbseite nach Schulau „vertrieben" hatte, dem Betrieb übergeben. Zu dieser Zeit war bereits ein weiterer Tankhafen in Neuhof im Bau, der die Zahl der Liegeplätze für Großtanker auf insgesamt 32 erhöhen sollte.

Als sich absehen ließ, dass die Kapazitäten für die zweite Hälfte der sechziger Jahre bei jetzt schon 12,2 Millionen Tonnen Mineralölumschlag nicht ausreichen würden, griffen die Planer der Tankschiff-Häfen zum Korbmachersand und damit zum Hafenerweiterungsgebiet. Bis zu diesem Zeitpunkt hatte Hamburg für die Vertiefung der Hafenbecken auf Großtankerniveau, nämlich zwölf Meter bei Niedrigwasser, rund zwanzig Millionen Mark ausgegeben. Für die Vertiefung der Elbfahrrinne, die den Tankern überhaupt erst die Zufahrt nach Hamburg ermöglichte, hatte der für die Wasserstraßen zuständige Bund durch ein gerade eingeleitetes Planfeststellungsverfahren immerhin seinen guten Willen bekundet.

SCHON IN DEN SECHZIGER JAHREN KONNTEN TANKER MIT ZWÖLF METERN TIEFGANG IN HAMBURG EINLAUFEN.

Bananen für Deutschland – Autos für Amerika

Mit Superlativen musste Hamburgs Hafen nie sparsam umgehen. In vielen Bereich, insbesondere des Stückgutumschlags, war er seinen Konkurrenten oft mehr als eine Nasenlänge voraus.

Zwei grundverschiedene Stückgutarten, die an den Hafen höchst unterschiedliche Anforderungen stellten, machten immer wieder Schlagzeilen. Was beide miteinander verband, war oft ein und dasselbe Spezialschiff. Die weißen Frachter, die leicht verderbliche Bananen mit nach Hamburg brachten, nahmen auslaufend Autos mit auf die Reise über den Atlantik. Hamburg hatte sich Anfang der sechziger Jahre seinen Anteil am Exportboom der deutschen Autoindustrie gesichert. Die Hansestadt konnte dabei auf traditionelle Vorteile aufbauen: vor allem auf die Möglichkeit des direkten Umschlags von der Schiene auf das Seeschiff. Gemeinsam mit den Verladern hatten die Kaibetriebe Spezialanschlaggeräte entwickelt, mit deren Hilfe Autos reibungslos und damit schnell umgeschlagen werden konnten. Auf dem Burchardkai am Waltershofer Hafen waren Spezialanlagen entstanden, über die ausschließlich Personenwagen verladen wurden. Nicht selten waren die drei Schiffsliegeplätze voll ausgelastet. Die Umschlagsexperten vollbrachten mit 1.700 Fahrzeugen in 14 Stunden Rekordleistungen.

Für 1962 meldet die Statistik die Verladung von 200.310 Personenwagen, über 82.000 davon nach den Vereinigten Staaten. Und allein in den ersten vier Monaten des darauffolgenden Jahres betrug die Steigerungsrate 48 Prozent. Hamburg erwies sich als ein so attraktiver Standort für die Pkw-Verschiffung, dass das Volkswagenwerk sogar erwog, auf dem Gelände der ehemaligen Schliekerwerft ein Montagewerk zu errichten. Der (heute nicht mehr übliche) Autoexport via Hamburg ging in mehr als 30 Länder, hauptsächlich nach den

DER AUTOEXPORT VIA HAMBURG GING NACH MEHR ALS 30 LÄNDERN. VW EXPORTIERTE ÜBERWIEGEND IN DIE USA.

USA, Kanada, Finnland und Mexiko. Meistens wurden dafür Massengutfrachter benutzt, in die Zwischendecks eingezogen wurden.

Aber auch die bereits erwähnten Bananenschiffe leisteten gute Dienste, sobald sie ihre Fracht aus Mittelamerika abgeliefert hatten. Ihnen hatte die Hamburger Hafen- und Lagerhaus-Aktiengesellschaft einen neuen Umschlagplatz geschaffen, der Aufsehen erregte: Der Bananenschuppen am Segelschiffhafen setzte Maßstäbe, nicht nur in seiner technischen Konzeption, sondern auch als optisch reizvolle Anlage. Inmitten der langgestreckten roten Schuppenhallen war der zweigeschossige Bau ein Novum. Auffällig war die Glasfassade an der Wasserseite und vor allem die in bunten Pastelltönen getünchte Rückfront.

Hamburgs Bananenschuppen galt vor 20 Jahren als der modernste und zweckmäßigste der Welt. Mit Hilfe von fünf wettergeschützten Taschenelevatoren gelangten die Bananen ins Obergeschoss, ohne mit dem oft rauhen Hamburger Klima in Berührung zu kommen. Auf den Laufbändern wurden die minderen Qualitäten aussortiert, die guten Stauden liefen „nonstop" wieder ins Erdgeschoss, um in der beheizten Halle sofort auf Eisenbahnwaggons oder Lastwagen verladen zu werden. Hamburg garantierte auf diese Weise den schnellsten Bananentransport vom Schiff zum Verbraucher bis hin nach Österreich und in die Schweiz. Dass sich die Hamburger angeblich selbst oft mit den reichlich angereiften, nicht mehr transportfähigen Bananen zufrieden geben mussten, ist wohl der Preis für den guten Ruf ihres Hafens. Die Hamburger haben sich darüber auch niemals ernsthaft beschwert.

DIE TECHNISCHE KONZEPTION DES HHLA-BANANENSCHUPPENS AM SEGELSCHIFFHAFEN SETZTE MASSSTÄBE.

Eine „Jahrhundertsturmflut" erschüttert Hamburg

Die Hochwasserkatastrophe vom 16. und 17. Februar 1962 übertraf alle Sturmfluten, die jemals über Hamburg hereingebrochen waren. Am Pegel St. Pauli wurde mit 5,70 Metern über Normalnull der höchste Wasserstand seit Menschengedenken gemessen. Deiche wurden überspült und brachen: ein Sechstel des Staatsgebietes stand unter Wasser. 315 Menschen verloren ihr Leben. 20.000 wurden für längere Zeit obdachlos. Die Flut überschwemmte mehr als 15.000 Hektar Land. Hauptsächlich waren die Veddel, Wilhelmsburg, Georgswerder, Kirchdorf, Stillhorn und Moorwerder, Moorfleet, Allermöhe, Neuhof, Waltershof, Finkenwerder, Altenwerder, Moorburg, Francop, Neuenfelde und Cranz betroffen. Zum Teil waren es tiefer liegende Wohngebiete, darunter Gartenkolonien mit Behelfsheimen, die sich viele ausgebombte Hamburger nach dem Krieg dort gebaut hatten. Die Menschen waren sich der Gefahr, in der sie ständig schwebten, niemals so recht bewusst geworden. Viele ahnten wohl nicht einmal, dass ihre Gartenhäuser unter dem Elbwasserspiegel lagen. Weil ein Teil dieser Gebiete als Hafenreserveflächen langfristig verplant war – so zum Beispiel Waltershof, wo später der Container-Terminal Burchardkai gebaut wurde –, gab es keinen zuverlässigen Hochwasserschutz. Keine hohen Deiche, nur ein bescheidener kleiner Wall stand zwischen dem Elbestrom und den Wohnlauben. So ist es kein Zufall, dass die meisten der 315 Toten hier ums Leben kamen.

Auch die Sachschäden waren erheblich. Weniger bei den Umschlaganlagen im Hafen. Sie sollte es fast genau zehn Jahre später viel schwerer treffen. Aber in dem 1962 überschwemmten Gebiet hatten rund 2.500 Industrie-, Handwerks- und Handelsunternehmen ihren Sitz, außerdem landwirtschaftliche und Gartenbaubetriebe. Zwei Drittel des hamburgischen Viehbestandes ertranken in den Fluten.

Soweit es den Hafen selbst getroffen hatte, waren es in erster Linie Infrastrukturbauten, die ein Opfer der Sturmflut geworden waren. Die Funktionsfähigkeit des hamburgischen Lebensnervs war damit eingeschränkt. Als die Rechner vom Strom- und Hafenbau alle Schäden an öffentlichen Anlagen des Hafens aufgelistet hatten, kamen sie auf runde 11,5 Millionen Mark. Der Löwenanteil fiel auf Strom- und Uferbauten wie Böschungen, Stacks, Spülfelder und Entwässerungsgräben, Straßen und andere Landflächen. Es gab nichts – angefangen bei Leuchtfeuern, Pegeln und schwimmenden Fahrwasserzeichen bis hin zu Kränen und den Gleisen sowie technischen Einrichtungen der Hafenbahn –, was nicht zumindest zum Teil ein Opfer der Katastrophe geworden war.

Die Sturmflut von 1962 zwang die Planer, vor allem das System des Hochwasserschutzes neu zu überdenken. Die Gesamtlänge der dann entwickelten neuen Hochwasserschutzlinie wurde auf 96 Kilometer festgelegt – davon 74 Kilometer Deiche und 22 Kilometer Mauern. Im Zusammenhang mit diesen Anlagen waren sechs Sperrwerke, sechs Schifffahrtsschleusen, elf Schöpfwerke, 20 Deichsiele und ein Wehrbauwerk neu zu bauen oder umzubauen. Innerhalb des Jahrzehnts nach der „Jahrhundertflut" wurden dafür 641 Millionen Mark ausgegeben.

DIE »JAHRHUNDERTSTURMFLUT« VON 1962 ZWANG HAMBURG, EINE NEUE HOCHWASSERSCHUTZLINIE AUFZUBAUEN.

Superparty zum 775. Hafengeburtstag

Bei den Investitionen für seinen Hafen hat Hamburg 1964 noch einmal gewaltig zugelegt. 20 Prozent Zuwachs – das war so eine Art Geburtstagsgeschenk zum 775. Hafenjubiläum. Knapp die Hälfte der bereitgestellten 60 Millionen Mark waren für Investitionen im Stückgutbereich eingeplant. Hamburg unterstrich damit, welche Rolle es diesem Sektor beimaß. Für den Massengutumschlag waren 4,2 Prozent vorgesehen, hauptsächlich für den Bau eines neuen Hafenbeckens an der Hohen Schaar. Aber das war ja nur der „staatliche" Teil dessen, was für Hamburgs Hafen als finanzielle Vorleistung erbracht wurde. Die private Wirtschaft leistete auch einen nicht zu unterschätzenden Beitrag für Hamburgs wichtigsten Wirtschaftsfaktor. Alles in allem hatten der öffentliche und der private Bereich zusammen seit dem Kriegsende bis 1964 rund 1,5 Milliarden Mark investiert – durchschnittlich 300.000 Mark an jedem Tag. Nur noch etwa 16 Prozent der öffentlichen Investitionssumme entfielen 1964 auf die Beseitigung von Kriegsschäden, und das zeigt deutlich, dass der Hamburger Hafen die Phase des Wiederaufbaus hinter sich gelassen hatte. Grund genug, ein Freudenfest zu feiern! Der 775. Geburtstag des Hafens (genauer, die 775. Wiederkehr jenes Tages, an dem die Hamburger ihren Freibrief in Empfang genommen hatten) war ein guter Anlass, nachdem das „runde" Jubiläum 25 Jahre früher aus verständlichen Gründen kein Jubelfest geworden war. Die Hanseaten – im Festefeiern seit dem Mittelalter nicht ganz unerfahren – waren drei Tage lang aus dem Häuschen. Der traditionelle Überseetag, die alljährliche offizielle und sehr feine Geburtstagsparty, ging im Trubel eines vom „Festausschuss" unter Senator a. D. Ernst Plate geplanten Volksfestes geradezu unter. Zwischen Övelgönne und Blankenese, und natürlich im Hafen selbst, waren rund 100.000 Hamburger auf den Beinen, um ihrem Hafen beim Elbuferfest die Ehre zu geben. Die Bundeswehr hatte hundert Matrosen als Aushilfskellner abkommandiert, die Bundespost eine Sondermarke herausgegeben, der Senat spendierte Erbsensuppe für 7.000 Gäste und von elf Schuten stieg am Vorabend des Himmelfahrtstages das „größte Feuerwerk der Welt" in den Himmel.

Die Empfänge und Veranstaltungen für offizielle Gäste mit ökumenischem Gottesdienst, Rathausempfang und Opernbesuch („Die lustigen Weiber von Windsor") waren nur der Auftakt einer ganzen Serie von Einladungen, die sich vom Mai bis Ende des Jahres hinzogen. Gruppen von Wirtschaftlern und Hafenkunden, Verkehrsfachleuten und Verladern aus dem ganzen Bundesgebiet, den Nachbarstaaten sowie den Comecon-Ländern Sowjetunion, Ungarn und Tschechoslowakei reisten nach Hamburg. Die Hansestadt nutzte das Ereignis zu einer eindrucksvollen Werbeaktion, und kaum einer der offiziell Eingeladenen ließ sich entschuldigen. Kein Zweifel: Dem Hamburger Hafen war es gelungen, auch seine Freunde hinter dem „Eisernen Vorhang" zu mobilisieren. Das war nicht zuletzt ein Verdienst von Ernst Plate, der oft im Gegensatz zur Bonner Politik für Hamburg eine am gegenseitigen wirtschaftlichen Nutzen orientierte „Politik der Elbe" proklamiert hatte. Ein halbes Jahr vor dem großen Hafengeburtstag hatte Plate die WAPPEN VON HAMBURG für eine Aufsehen erregende Goodwill-Reise klarmachen lassen und war mit einer Wirtschaftsdelegation von 130 Mann 17 Tage lang durch die Ostsee geschippert. Helsinki, Leningrad, Stockholm, Gdingen, Göteborg, Oslo und Kopenhagen lagen auf der Route des Schiffes mit dem traditionsreichen Namen. 2.650 Seemeilen wurden „abgeritten", und Ernst Plate verkündete abgekämpft, aber stolz, die Mitglieder seiner Goodwill-Delegation hätten insgesamt 3.000 persönliche Gespräche geführt und damit Kontakte angeknüpft, die sich auf lange Sicht in klingender Münze für die Hafenwirtschaft niederschlagen würden.

DAS GRÖSSTE FEUERWERK DER WELT ZUM 775. HAFENGEBURTSTAG.

DIE POST BETEILIGTE SICH MIT SONDERMARKE UND SONDERSTEMPEL.

Eine fantastische Vision erfüllt sich nicht

Die Brandung der offenen See klatscht an kilometerlange Molen. Kleine Atomschlepper mit Fernsteuerung ziehen die unbemannten Containerschiffe in die tiefen Seebecken. Kein Mensch ist zu sehen, aber der Hafen ist voll in Betrieb.
In der Mitte der Kais stehen dünne Betonpfeiler mit Glashäuschen darauf. Dort sitzt ein Mann vor elektronischen Schalttafeln. Hafenarbeiter mit Hochschulstudium und magerem Bizeps. Lässig drücken sie die Knöpfe: Einige hundert Meter entfernt schwenkt eine Verladebrücke aus, automatisch beginnt ein Getreideheber die 100.000-Tonnen-Fracht aus dem Schiffsleib zu saugen, ein anderer Knopfdruck setzt die Pipeline für den nächsten Tanker in Gang ... („Die Zeit")

So stellte sich ein Utopist vor gut 20 Jahren den Hamburger Hafen der Zukunft vor. Wer sich diesen Hafen damals vorzustellen versuchte, dachte ihn sich 130 Kilometer vom „alten" Hafen entfernt im Wattenmeer der Außenelbe.

Ganz aus der Luft gegriffen war die Vision nicht, denn schon gab es die Keimzelle des Zukunftshafens, einen kleinen Wellenbrecher am Westufer Neuwerks, hinter dem die Forschungsschiffe bei schlechtem Wetter Schutz suchten.

Die Forschungsschiffe – das war in erster Linie die auf der Hamburger Werft Hein Garbers gebaute NIGE WARK, die im Wattengebiet bei Neuwerk und

ATOMGETRIEBENE SCHIFFE WIE DIE SAVANNAH WAREN IN DEN SECHZIGER JAHREN KEINE »FANTASTISCHE VISION« MEHR.

Scharhörn regelmäßige Peil- und Kontrollfahrten unternahm, um auf diese Weise Erkenntnisse über die Strömungsverhältnisse zu gewinnen. Das Forschungsprogramm war gewaltig: laufende Wasserstandsmessungen, Auswertung vorliegender und künftiger meteorologischer Beobachtungen. Messungen von Strömungen, Seegang, Brandung, Salzgehalt sowie Stickstoff und Sandwanderungen, ferner laufende morphologische Aufnahmen, um die Veränderungen des Watts, der Priele und der Küsten durch Wasser und Wind zu ermitteln; schließlich biologische Untersuchungen der Tier- und Pflanzenwelt, geologische und bodenmechanische Aufschlüsse durch Bohrungen.

Das Forschungsprogramm hatte einen sehr realen und sehr hamburgischen Hintergrund: Würde die technische und wirtschaftliche Entwicklung (und der Druck der Konkurrenzhäfen am offenen Meer) Hamburg eines Tages zwingen, einen Tiefwasserhafen für Riesenfrachter zu bauen, dann gab es nach damaliger Auffassung keinen günstigeren Standort als das Wattengebiet bei Neuwerk. Zwei Jahre vor der Jungfernfahrt der NIGE WARK hatte der Stadtstaat Hamburg von Niedersachsen das 90 Quadratkilometer große Wattenmeergebiet an der Elbmündung oberhalb Cuxhavens, einschließlich der Inseln Neuwerk und Scharhörn, erworben. Er hat dafür Grundeigentum in Cuxhaven abgegeben. Im Herrenzimmer des Neuwerker Leuchtturms, den Hamburg bereits 1310

DAS UNBERÜHRTE WATTENMEER UM NEUWERK UND SCHARHÖRN SOLLTE HAMBURGS TIEFWASSERHAFEN WERDEN.

zum Schutz der Außenelbe und als Seezeichen errichten ließ, wurde der Vertrag unterzeichnet.

Die Lage erschien den Hamburgern als denkbar günstig. Unmittelbar vor Scharhörn liegt 20 Meter tiefes, sicheres Fahrwasser der Außenelbe, wo Schiffe jeder Größe fahren können. Von dort gibt es gute Schiffsverbindungen zur ganzen Nordseeküste, zur Ostsee und über den damals erst geplanten Nordsüdkanal nach Mitteldeutschland. Der Untergrund wurde für gut befunden: reiner, schlickfreier Sandboden.

Die Euphorischen unter den Hafenplanern sahen vor der niedersächsischen Küste schon einen gigantischen Industriehafen für Massengüter wachsen, der Rotterdams „Europoort" aus dem Rennen werfen würde. Die Realisten wussten, dass es ein Gedankenspiel mit den Möglichkeiten der Zukunft war. Dr. Laucht, Erster Baudirektor beim Strom- und Hafenbau, formulierte es so:

„Wir sehen gar kein Bedürfnis, vorläufig jedenfalls, große Investitionen und Anstrengungen auf uns zu nehmen, um aus dem Hamburger Raum herauszugehen und an der offenen See zu bauen – es sei denn, dass Dinge geschehen, die heute nicht zu übersehen sind."

Diese Dinge geschahen nicht!

Aber es spricht für Hamburgs Hafenplaner und die politisch Verantwortlichen im Rathaus, dass sie das Unwahrscheinliche zu denken gewagt hatten.

Hamburg wusste: Man würde den Tiefseewasserhafen bauen können, wenn es erforderlich gewesen wäre, und durch die frühzeitigen Untersuchungen im Wattengebiet wurde verhindert, dass die Konkurrenz den Elbhanseaten hätte zuvorkommen können.

Die Vorsorgeplanung war auch in diesem Fall ein wichtiger Aspekt der hamburgischen Wirtschaftspolitik.

DAS 1975 ERSTELLTE PLANUNGSMODELL FÜR DEN TIEFWASSERHAFEN VERRÄT AUCH DEM LAIEN ETWAS VON DER KOMPLIZIERTHEIT DES PROJEKTES.

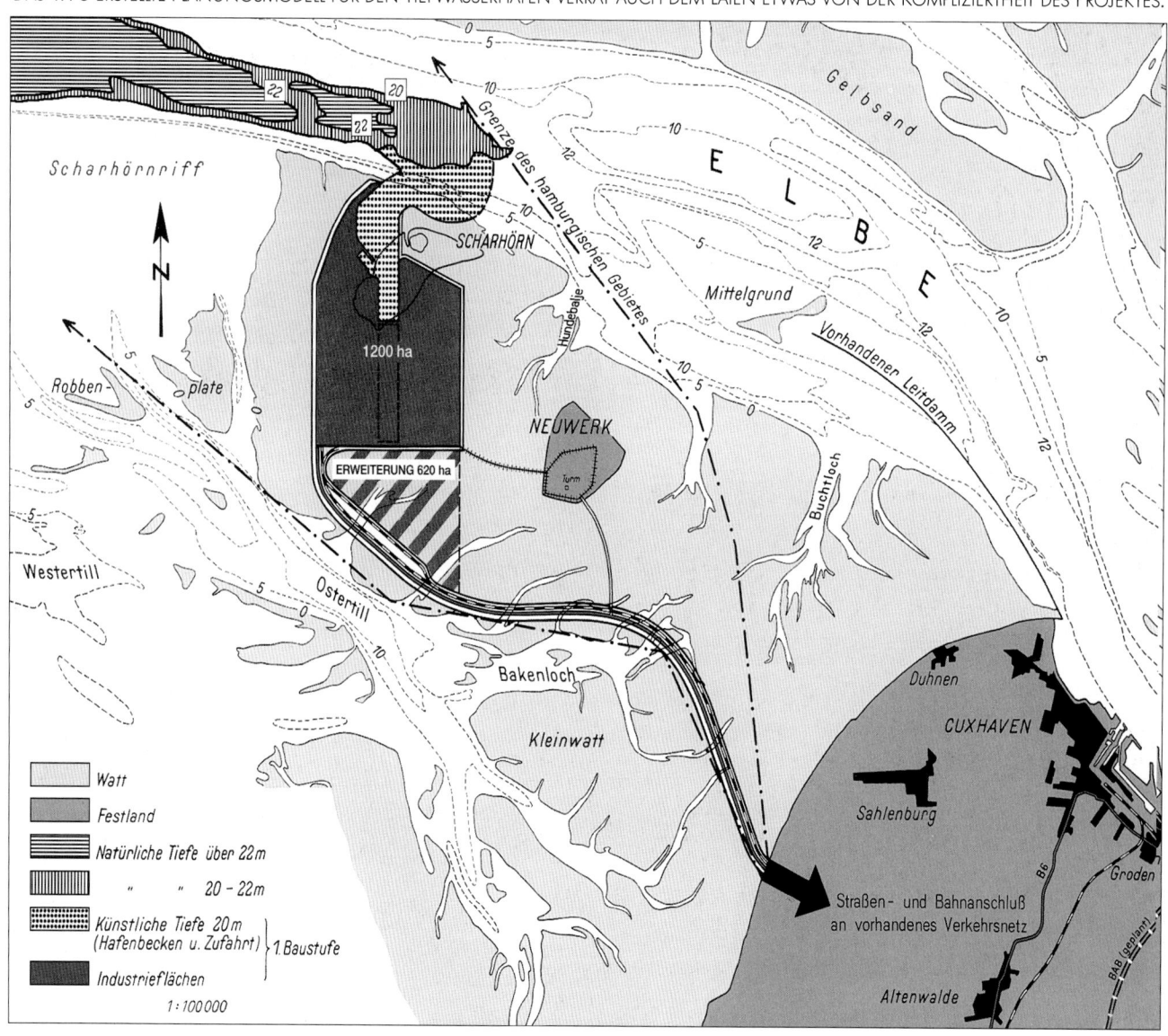

Hamburger Hafenarbeiter – auf ihn kann der Hafen trotz aller technischen Fortschritte nicht verzichten.

1965–1969

„Mondoport" – Fantasie ohne Folgen

Zwanzig Jahre nach dem Zusammenbruch gab es immer noch ein Problem, das die Hamburger mehr bedrückte als alle anderen Unzuträglichkeiten. Eine Meinungsumfrage zu Alltagsthemen ergab, dass 61 Prozent vom Senat größere Bauleistungen erwarteten. Kein Wunder: Ein Viertel derer, die so antworteten, wohnte in Häusern, die vor 1981 gebaut worden waren. Dafür wohnte man preiswert. 48 Prozent bezahlten damals weniger als 100 Mark Miete. Nur jeder Hundertste hatte eine Miete von mehr als 300 Mark zu bezahlen.
Der Wohntrend ging aufs Land. Zwei Fünftel aller Hamburger wünschten in Außenbezirke zu ziehen. Nur etwa jeder zehnte Hanseat hielt ein Leben in Stadtnähe für erstrebenswert.
Die Statistik des Jahres 1965 zählte bereits 109 Hochhäuser, und viele der „Stadtbegeisterten" hielten das Leben in den „Wolkenkratzern" für eine angenehme Sache.
Der zunehmende Autoverkehr begann vielen lästig zu werden. 1967 musste Hamburg den ersten großen Versuch starten, „verkehrskranke" Bäume zu retten. 85 Prozent der Hamburger wünschten sich verkehrsfreie Einkaufsstraßen. Und ein bisschen ansehnlicher hätten sie schon damals gern das Zentrum ihrer Stadt gehabt: Immer wieder verlangten sie in Leserbriefen die Umgestaltung des Rathausmarktes, der ja tatsächlich noch bis in unser Jahrzehnt hinein einen ziemlich traurigen Anblick bot. Einen Springbrunnen hielten viele Hamburger damals für eine angemessene Zierde.
Zunächst einmal wurde abgerissen, was vielen liebens- und erhaltenswert erschien. Zum Beispiel der runde Hapag-Lloyd-Pavillon am Jungfernstieg, der im Zuge des S-Bahn-Baus kurzerhand der Spitzhacke zum Opfer fiel.
Auf der Moorweide versuchte der Senat, eine Speaker's Corner nach Londoner Vorbild ins Leben zu rufen. Nach guter Resonanz in den ersten Wochen ließ das Interesse bald nach, und Hamburgs Hyde Park wurde wieder zur schlichten Moorweide.
Das Wirtschaftswunder lief auf Hochtouren, und die Werbung versuchte, dem Wunder kräftig nachzuhelfen. Die Geschäftsleute der Mönckebergstraße starteten 1967 schon im Oktober ihre „vorweihnachtlichen Lichter-

NOTWENDIGES ÄRGERNIS: RIESENBAUSTELLE FÜR DIE S-BAHN.

wochen". Zwar gab es verhaltene Proteste gegen die allzu frühe Weihnachtsaktion, aber das hektische Kassenklingeln zeigte bald, dass sich Hamburgs Konsumvolk nichts dabei dachte.
Man dachte sich auch nichts dabei, als der erste aktenkundige „Flitzer" nackt über den Jungfernstieg rannte. Er wollte damit gegen die „Bevorzugung der Frau in der Sexwelle" protestieren. Die Hamburger sahen verschämt weg oder amüsierten sich. Der erhoffte Aufsehen erregende Skandal blieb aus.
Über die Europäische Wirtschaftsgemeinschaft wurde in diesen Jahren viel geschrieben. Meistens über die Vorteile. Aber die Hamburger blieben misstrauisch. Nach der eingangs erwähnten Umfrage befürchteten 25 Prozent der Befragten Nachteile für Hamburgs Hafen und die Industrie.
Der Hafen war für die Hamburger von jeher ein Stück Herzenssache. Und als die Hanseaten im Oktober 1965 vom „Hamburger Abendblatt" eingeladen wurden, einen möglichst originellen, möglichst einmaligen und möglichst werbeträchtigen Namen für das Hafenerweiterungsgebiet zu finden, kamen einige tausend (nicht nur originelle) Vorschläge ins Gespräch, von denen allerdings keiner in die Hafengeschichte einging. Die Fantasie der Hanseaten reichte von „Hammaport" und „Hamport" über „Porto Hammonia" und „Gorch-Fock-Port" bis zu „Nordport", „Germania-Hafen" und „Mondoport" als schlichte Übersetzung für „Welthafen". Einen Einsender trieb die Fantasie sogar auf die Abkürzung „Ha-Ha-He", was – nicht ganz unzutreffend – „Hamburgs Hafen-Herz" heißen und gleichzeitig als eine Art Schlachtruf der Hafenarbeiter herhalten sollte.

Herausforderung der sechziger Jahre: Industrialisierung des Verkehrs

von Werner Schröder

Da ich seit 1946 in verschiedenen, meist zentralen Positionen im Hafen gearbeitet habe, konnte ich die einzelnen Etappen in der rund 20-jährigen eigentlichen Wiederaufbauperiode des Hamburger Hafens fast von Anfang an aus eigener Anschauung miterleben.
– Die anfänglich bange Frage des „Lohnt es sich denn überhaupt?", die sehr schnell von dem Zwang der improvisierten Abfertigung der ersten Versorgungsschiffe in dem zu 80 Prozent zerstörten Hafen abgelöst wurde.
– Den Beginn eines planmäßigen Wiederaufbaues, bei dem die Chance zur Anpassung der Kaianlagen an veränderte Verkehrserfordernisse voll genutzt und die anlaufende Mechanisierung (Gabelstapler) im Zuge einer expansiven Umschlagsentwicklung ohne soziale Spannungen integriert wurde.
– Die Wiederherstellung des weltumspannenden Netzes regelmäßiger Schifffahrtslinien und das zuerst politisch argwöhnisch beobachtete Bemühen um Kontaktaufnahme mit den traditionellen Partnern jenseits des anfänglich wirklich noch „Eisernen Vorhanges". Das alles waren wichtige und letztlich erfolgreiche Abschnitte in der nunmehr fast 800-jährigen Geschichte des Hamburger Hafens. Und dennoch scheint mir rückblickend die Phase danach, die zweite Hälfte der 60er Jahre, noch interessanter und vielleicht entscheidender gewesen zu sein. Interessanter, weil damals die „Industrialisierung des Verkehrs" mit einer Fülle neuartiger Herausforderungen auf die Häfen zukam. Die Schiffe wurden immer größer und verlangten tiefere Zufahrten, mehr Wasser am Kai

FAST LEER WIRKTE DER BURCHARDKAI IN DEN ANFANGSJAHREN DES CONTAINERVERKEHRS.

und weiterreichende Kräne. Die Vielzahl von Kisten, Ballen und Säcken früherer Zeiten wuchs zu größeren Ladungseinheiten zusammen, die nur noch mit stärkeren Kränen und motorgetriebenen Flurförder-Stapelgeräten zu bewegen waren. Die Binnenverkehrsträger praktizierten mit den Ro-ro- und Lash-Schiffen den „Huckepackverkehr zur See" und frühere Basispartien der Linienfahrt wie Eisen-Stahlwaren. Zellulose/Papier und Pkw wurden zu vollen Schiffsladungen konzentriert und mit neu entwickelten Spezial-Carriern über die Meere transportiert. Dies alles so frühzeitig zu erkennen, dass die erforderlichen neuen Anlagen und technischen Einrichtungen auch bei längeren Bau-Lieferzeiten nachfragegerecht zur Verfügung standen, erforderte eine intensive Beobachtung einschlägiger Entwicklungen überall in der Welt, eine kritische Wertung – nicht jede neue Idee war gut und zukunftsträchtig – und trotz alledem, den Mut zum Risiko. Wie gesagt, eine interessante Zeit!

Entscheidend aber wurde sie erst mit dem Container. Als standardisierte Riesenkiste für die Beförderung mit allen „nassen" und „trockenen" Transportmitteln geeignet, sollte er nach dem Willen seiner Protagonisten nicht nur das gesamte Verkehrswesen revolutionieren, sondern auch die Konstellation der Seehäfen tiefgreifend verändern. Wegen der hohen Kosten der Spezialschiffe und -terminals, und um die Möglichkeit kurzer Reisezeiten voll zu nutzen, sahen einige zukünftige nur noch einen Hauptanlaufhafen in Europa – Rotterdam –, während der Bremer Senator Dr. Borttscheller glaubte, die Chancen der deutschen Häfen nur wahren zu können, wenn sie sich auf eine zentrale Anlage, den „German Container Terminal" in Bremerhaven, einigen würden. Bei einem heutigen Containeranteil am Stück- und Sackgutverkehr von 45 Prozent im Hamburger Hafen und über 60 Prozent bei der HHLA wissen wir, dass uns die Realisierung beider Pläne auf die Position eines regionalen Umschlagsplatzes zurückgeworfen hätte, mit allen negativen Folgen für die stark überseeorientierte Hamburger Wirtschaft.

Hamburg musste also Containerhafen werden. Aber wie? Was hatten wir denn zu bieten? Zwar verfügten wir in Waltershof über zwei Seeschiffsliegeplätze mit einem entwicklungsfähigen „Hinterland" (Schrebergärten), die gerade durch den Bau eines neuen VW-Werks in Emden von dem hier früher durchgeführten Autoumschlag „entlastet" worden waren, aber ihre Binnenverkehrsanbindung war völlig unzureichend. Selbst für hafeninterne Umfuhren stellten die Köhlbrandfähren („Mississippi-Dampfer") ein nur schlecht und zeitraubend zu überwindendes Hindernis dar. Im Ladungsaufkommen fehlte uns der Nachschubverkehr der US-Streitkräfte in Europa, der als Basisladung den amerikanischen Container-Reedern die Entscheidung für Bremen/Bremerhaven so leicht gemacht hatte, aber – und das war (und ist) unser wesentlicher Aktivposten – wir konnten als östlichster Atlantikhafen ein Hinterlandsverkehrsaufkommen bieten, das über keinen der konkurrierenden „Möchte-gern-Containerhäfen" so günstig zu erreichen war wie über Hamburg. Das musste reichen!

Wohl ausgestattet mit einer noch etwas vagen „artist impression", wie unser Container-Terminal in Waltershof gestaltet, ausgerüstet und binnenverkehrsmäßig angeschlossen sein würde, aber mit sehr konkreten Statistiken über unser containerfähiges Ladungsaufkommen aus den einzelnen Hinterlandsbereichen (Hamburg loko, Bundesgebiet, Österreich/Schweiz, Osteuropa, Skandinavien) und Tabellen über die entsprechenden Beförderungszeiten/-kosten im Binnenverkehr, gingen wir also auf Reisen nach New York und in die Zentren der europäischen Reedereien, um Hamburg als kommenden Containerhafen zu „verkaufen". Die Entscheidungen wurden nicht gerade dadurch erleichtert, dass es bei den United States Lines in der entscheidenden Phase einen Präsidentenwechsel gab oder dass wir uns – auch das eine schon fast vergessene Reminiszenz – bei den Mitarbeitern der gerade fusionierten Hapag Lloyd AG immer misstrauisch fragten: „Kommt der vom Norddeutschen Lloyd (tendiert also nach Bremen) oder ist es ein „Bundesgenosse" von der ehemaligen Hamburg Amerika Linie?" Letztlich aber waren wir erfolgreich: Im Mai 1968 nahmen die USL und im Herbst desselben Jahres auch Hapag-Lloyd AG ihren Vollcontainerdienst nach Hamburg auf. Der Durchbruch war gelungen. Die Hansestadt konnte nach langen Kämpfen endlich aufatmen: Hamburgs Weg zum heute führenden Containerhafen in Deutschland und zum 10. Platz in der Weltrangliste hatte begonnen!

NACH DER UNITED STATES LINES ENTSCHEIDET SICH AUCH HAPAG-LLOYD FÜR HAMBURG ALS IHREN CONTAINERHAFEN.

Ein Speicher am seeschifftiefen Wasser

Das Wort „Speicher" verbindet sich für einen Hamburger mit der Vorstellung eines Warenlagers für exotische Importgüter. Speicher – das ist der Duft nach Kaffee, Tee, orientalischen Gewürzen und Tabak. Die Speicherstadt wurde einmal ein „Warenhaus des Welthandels" genannt. Güter aus fernen Ländern haben immer noch etwas Geheimnisvolles, auch wenn sie heute nicht mehr in Jutesäcken und nur noch selten in Ballen, Fantasie anregend beschrifteten Kisten und Fässern angeliefert werden, sondern in Containern, und wenn der sie begleitende Computer-Steckbrief sie ihres geheimnisvollen Zaubers zu berauben sucht.

Auch in den dickwandigen roten Backsteinspeichern des Freihafens der größten in sich geschlossenen Speicherstadt der Welt und der letzten ästhetisch überzeugenden Verkörperung der „Hafenromantik" hat die Rationalisierung manch einen Nostalgietraum jäh zerstört. Die Quartiersleute mussten wohl oder übel mit der Zeit gehen. Über die Böden rumpeln heute Flurfördergeräte und erleichtern den Männern die Arbeit. Wo immer es die Statik der Gebäude und die Tragfähigkeit der Böden nicht gefährdete, wurden große Flächen geschaffen, um das „Handling" der Lagergüter zu erleichtern. Außerhalb der Speicherstadt war Rationalisierung oft mit weniger Aufwand verbunden. 1967 pachtete die Firma Reemtsma die gerade gebauten Tabakspeicher E bis G, den größten geschlossenen Tabak-Komplex Europas. Das Besondere war eine im Hafen einmalige Kreisförderanlage für den Umschlag von Tabak aus Hafenschuten. Das System war mit einer Sortieranlage ausgestattet, über die in einer Schicht von sechsdreiviertel Stunden effektiver Arbeitszeit 6.000 Tabakballen entladen, verwogen, sortiert, geprüft und in Holzregalen gestapelt werden konnten. Die Einrichtung solcher Spezialgeräte ist im traditionellen Speicherbetrieb auf der Brookinsel nicht ohne weiteres möglich. Aber fragt man die Lagerhalter dort nach ihren Präferenzen, werden nur wenige bereit sein, die hundert Jahre alten, im Winter warmen und im Sommer kühlen roten Backsteinspeicher gegen moderne Lagerhallen irgendwo im Freihafen einzutauschen. Da mag auch eine gehörige Portion nostalgische Anhänglichkeit im Spiel sein, aber es gibt auch handfeste wirtschaftliche Gründe, dem Speicherviertel die Treue zu halten. Und wenn Architekten – wie es gelegentlich vorgeschlagen wurde – die Speicherstadt zu einem Wohnbezirk mit Appartements umfunktionieren möchten, dann stoßen sie damit auf den

AM KAISPEICHER A KÖNNEN SEESCHIFFE IHRE LADUNGEN DIREKT ANLIEFERN.

erbitterten Widerstand der Freihafenwirtschaft und ernten allenfalls mildes Lächeln. Auf das Herzstück des Freihafens kann Hamburg gar nicht verzichten. Im Gegenteil: Die Zeichen standen auch in der zweiten Hälfte der sechziger Jahre auf Erweiterung. Das Glanzstück dieses Konzepts war der Kaispeicher A am Kaiserhöft. Das gewaltige Gebäude mit seinen 6.000 Quadratmetern Grundfläche schiebt sich zwischen Sandtor- und Grasbrookhafen wie ein Schiffsbug in die Norderelbe hinein – für Hanseaten mit Fantasie ein Hauch von Chilehaus. Das Besondere am Kaispeicher A, das ihn in seinem „Gebrauchswert" vom übrigen Speicherangebot abhebt, ist seine Lage am seeschifftiefen Wasser. An der Südseite des Gebäudes können die Frachter festmachen und ihre Ladung direkt an das Lagerhaus abgeben. Der Sandtorhafen an der Nordseite ist Hafenschuten, Binnenschiffen und kleineren Frachtern vorbehalten. Ungewöhnlich und neu für einen Speicher waren damals die aufklappbaren Ladebühnen in Höhe der einzelnen Böden. Halbportalkräne von drei Tonnen Tragfähigkeit können die Güter auf diesen Ladeklappen absetzen.

Da die Wirtschaftlichkeit im Lagerbereich damals schon wesentlich vom Gabelstapler- und Paletteneinsatz mitbestimmt wurde, waren die Stockwerkshöhen mit über vier Metern wesentlich größer angelegt worden als bei herkömmlichen Speichern. Außerdem musste die Belastbarkeit der Böden mit 3.000 Kilogramm je Quadratmeter höher als üblich angesetzt werden.

Die Hamburger Hafen- und Lagerhaus-Aktiengesellschaft meldete schon im zweiten Jahr nach der Fertigstellung des Kaispeichers A 15 Prozent Zuwachs im Lagerbereich. Den neuen Rekord verdankte sie im Wesentlichen der Leistungsfähigkeit des Speichers am seeschifftiefen Wasser.

Dass nicht alle Hamburger glücklich waren, von Westen die Elbe heraufkommend an der Stelle des alten Gebäudes mit dem Zeitball einen schmucklosen und etwas klobigen Bau vor der Silhouette der historischen und doch noch so funktionsfähigen Speicherstadt zu erblicken – wer will ihnen diesen Anflug von Sehnsucht nach einer unwiederbringlichen Hafenromantik verübeln?

DAS NEUE KONZEPT DES KAISPEICHERS A (ARCHITEKTENZEICHNUNG) BRACHTE DER HHLA WESENTLICHE ZUWÄCHSE IM LAGERBEREICH.

Europas Superschuppen: das Übersee-Zentrum

„Mit der Inbetriebnahme dieser zentralen Anlage gibt Hamburg ein weiteres Zeichen, das auch von den Völkern gesehen werden kann, zu denen wir hoffentlich in nicht ferner Zukunft wieder ein Verhältnis haben werden, wie es sich für Nachbarn am ehesten geziemt."
Georg Leber, damals Bundesminister für Verkehr, beschwor mit diesen Worten Hamburgs nicht immer unproblematische Beziehungen zu seinen Partnern im Osten.
Es gab einen guten Anlass für ein offenes Wort: Der 14. Februar 1967 ist ein denkwürdiger Tag in der Hamburger Hafengeschichte, der außer etlichen tausend Schaulustigen und Honoratioren der Stadt den Bundesverkehrsminister an die Elbe lockte. Der Grund war eines der „Jahrhundertereignisse", die in Hamburg etwa alle zehn Jahre stattfinden. Die Hansestadt feierte die Einweihung des größten Verteilungsschuppens der Welt, der fortan unter dem Namen „Übersee-Zentrum" Aufsehen erregen sollte.
Drei Jahre war geplant und fünf Jahre gebaut worden, bis Hamburgs „Superschuppen" der Leistungsfähigkeit des Stückguthafens ein neues Glanzlicht aufsetzen konnte. Die Funktion des Übersee-Zentrums lässt sich nur in einer etwas umständlichen Umschreibung erfassen. Das „ÜZ" ist nämlich eine „Verteilungsanlage für Stückgutsammelladungen". Der Korrektheit halber muss man das Wörtchen „Export" hinzufügen.
Hamburg hatte sich als Deutschlands wichtigster Stückguthafen besonders nach dem Krieg auch um kleinste Exportsendungen bemüht, die manchmal nur wenige Kilo wogen, deren wertbezogene Frachttarife aber für die internationale Linienschifffahrt außerordentlich lohnend waren. Solche Exportsendungen, deren Gewicht auch durchaus zwei bis drei Tonnen betragen konnte, wurden von darauf spezialisierten Speditionen an verschiedenen Punkten des Binnenlandes „aufgepickt" und im Sammelladungsverkehr nach Hamburg gebracht. Hier aber war ein hartes Stück Arbeit zu bewältigen. Die vielen kleinen und kleinsten Partien mussten ihren Bestimmungsorten entsprechend auseinander sortiert und auf die Schiffe verteilt werden. Dies musste möglichst schnell geschehen, denn die Exporteure waren meistens daran interessiert, die nächste Linienverbindung nach Übersee zu nutzen. Bei einem geringen Ladungsaufkommen war das leicht zu machen. Aber bei 410.000 Tonnen, rund acht Prozent des ausgehenden Stückguts – so viel war es 1966 –, bedurfte es eines aufwändigen und perfekt durchorganisierten Verteilungssystems. Auf dieser Notwendigkeit basierte das Konzept des Übersee-Zentrums. Die 60.000 Quadratmeter große Halle war nach „Relationen", nach Fahrtgebieten, aufgeteilt, und die Kolli wurden dort entsprechend ihren Bestimmungshäfen in fünf Ebenen

MIT EINER 60.000 QUADRATMETER GROSSEN HALLE WAR DAS ÜBERSEE-ZENTRUM EUROPAS LEISTUNGSFÄHIGSTER VERTEILUNGSSCHUPPEN.

einsortiert. Ein für damalige Verhältnisse weiterentwickeltes Lochkartensystem garantierte, dass die jeweiligen Ladungen in kürzester Zeit abgerufen werden konnten. Für die Bundesbahn (110 Stellplätze) und den Lkw-Verkehr (Platz für 30 Lastzüge) gab es getrennte Anlieferbereiche. Diese Trennung machte es möglich, die Entladezeiten für beide Binnenverkehrsträger um die Hälfte zu reduzieren.

Vom „Auslieferungsverkehr", für den die wasserseitige Rampe des Übersee-Zentrums eingerichtet war, profitierte im erheblichen Umfang die Hafenschifffahrt. Der Wasserweg vom „ÜZ" zum jeweiligen Seeschiff erwies sich in vielen Fällen als der schnellste und billigste. Allerdings war die Hafenschifffahrt hoffnungslos in Mittel-, Klein- und Kleinstbetriebe zersplittert. Die Anforderungen des Übersee-Zentrums führten zu einem heilsamen Konzentrationsprozess, der zwei Jahre nach der Eröffnung der Verteilungsanlage (und vier Jahre nach der Gründung einer „Baasengesellschaft") seinen Höhepunkt erreichte: Das Spektrum der praktizierten Möglichkeiten reichte vom vertragslosen Betriebsmitteltausch über vertraglich abgesicherte Kooperationsgemeinschaften bis hin zur Fusion. Die Branche kam in Bewegung, und die Hafenschifffahrt brachte es sogar zu beachtenswerten technischen Neuerungen, beispielsweise einem „Wassertrecker", der sich mit der Schute zu einer starren Schubeinheit verbinden konnte und über eine optimale Manövrierfähigkeit verfügte.

Aber es war nur das kurze, energische Sich-Aufbäumen eines Wirtschaftszweiges mit begrenzten Zukunftschancen. Veränderungen der Verkehrsstrukturen haben die Hafenschifffahrt zunehmend ins wirtschaftliche Abseits gedrängt. Sie hat sich von ihren Niederlagen niemals wieder erholen können.

Auch das Übersee-Zentrum selbst, dieses 62-Millionen-Mark-Projekt mit der faszinierenden Konzeption, sollte schon fünfzehn Jahre später seine ursprüngliche Bedeutung weitgehend eingebüßt haben.

Als neue Nutzungsmöglichkeit bot sich eine enge Kooperation mit der Importwirtschaft an, die am Übersee-Zentrum ihre Import-Zentrallager errichtete und dazu gern das Know-how der erfahrenen HHLA-Mitarbeiter auch auf dem Lagereisektor in Anspruch nimmt. Vorreiter dieser neuen Form der Zusammenarbeit war Ende der siebziger Jahre der Otto-Versand. Bald darauf realisierte die Tretorn GmbH am Übersee-Zentrum ein neues erweiterungsfähiges Lagereikonzept.

Der auch weiterhin von der HHLA im Gesamthafeninteresse betriebene Sammelgut-Verteilungsverkehr wurde auf den Westteil der Anlage konzentriert. Für die Modernisierung investierte die HHLA im Jahr 1984 rund 5,6 Millionen Mark.

ZUERST WAR IM AUSLIEFER-VERKEHR DES ÜBERSEE-ZENTRUMS DIE HAFENSCHIFFFAHRT EIN WICHTIGER PARTNER.

Bremer Konkurrenz trumpft auf

Die „große Kiste", der Container als Rationalisierungsinstrument der Seeschifffahrt, stand schon in den frühen sechziger Jahren vieltausendfach an den Piers der amerikanischen Osthäfen und wartete darauf, Europa zu erobern.

Auf dieser Seite des Atlantiks kam so etwas wie Panikstimmung auf. Der auf Fehleinschätzung beruhenden Gelassenheit – wenn nicht Gleichgültigkeit – gegenüber „der Kiste" folgte die auf einer anderen Fehleinschätzung beruhende Unsicherheit. Sogar die Handelskammer Hamburg ließ sich durch die von cleveren Werbemanagern einiger Westhäfen ausgestreuten „Prognosen" ins Bockshorn jagen und zeichnete eine düstere Zukunft: Die Reeder, so analysierten die Kammer-Experten, erhofften sich vom Einsatz der Containerschiffe Rationalisierungsgewinne, indem sie größere Transportmengen in einem schnelleren Umlauf zu bewegen gedachten. Dieses Ziel zwinge sie aber, auf jeder Seite des Ozeans nur einen, höchstens zwei Häfen anzulaufen. Vorausgesetzt, die Ladungsströme würden eine solche Verlagerung mitmachen, könnte das alle übrigen Häfen in die Stellung einer Satellitenrolle drängen. Zwar wagte es hier niemand laut zu sagen, aber der Augenschein sprach dafür, dass weiter westlich gelegene Häfen bei einer Konzentration auf wenige große Containerumschlagplätze bessere Chancen haben würden als Hamburg. Dass die Hamburger in dieser zwar nicht aussichtslosen, aber kritischen Situation nicht in eine Art „Randlagenpessimismus" verfielen, sondern die Lage kritisch analysierten und das Beste daraus zu machen versuchten, entsprach ihrer Mentalität, die ihnen auch schon aus anderen bedrohlichen Lagen herausgeholfen hatte. Um beim Pokerspiel mit den Reedereien nicht von vornherein die schlechteren Karten zu haben, schuf sich Hamburg jene Trümpfe, die schon immer gestochen hatten. Leistungsfähige Anlagen für die Abfertigung von Vollcontainerschiffen und von „kombinierten" Einheiten, Schiffen also, die sowohl Großbehälter als auch konventionelles Stückgut transportieren konnten. Der Gedanke der räumlichen Zusammenfassung des Containerverkehrs auf Waltershof, wie ihn zunächst die HHLA fasste und damit auch auf diesem Gebiet eine Art „Leitfunktion" erfüllte, erwies sich angesichts des enormen Raumbedarfs für die neue Verkehrsform als richtig. Der Nachteil dieser Wahl lag auf der Hand und war kurzfristig nicht abzustellen: Die Verkehrsanbindung war bis zum Bau der westlichen Umgehung mit dem neuen Elbtunnel und einer besseren Unterquerung des Köhlbrand – die Planer dachten damals noch an einen Tunnel – mangelhaft. Für ein System, dessen Erfolg auf einer möglichst reibungslos laufenden „durchgehenden Transportkette" beruht, war das ein Handicap, das schnell beseitigt werden musste. Zunächst aber galt es, Bremens Vorsprung im Container-

KEIN DEUTSCHER HAFEN HATTE DER SCHIFFFAHRT VON ANFANG AN SO VIEL CONTAINERFÄHIGES STÜCKGUT ZU BIETEN WIE HAMBURG.

verkehr und, mehr noch, die aggressive Hafenpolitik der Bremer Konkurrenz zu verkraften.

Bremen, das etwa zur Hälfte vom Stückgutumschlag lebte, war fest entschlossen, eine Art Containermonopol in der Bundesrepublik zu beanspruchen. Beim Start in die neue Ära hatten die Weser-Hanseaten einige Pluspunkte für sich verbuchen können: Weil Bremen die „natürliche" Nachschubbasis für die US-Streitkräfte war, fiel den Bremern die „Kiste" gewissermaßen in den Schoß, ohne dass sie sich dafür besonders hatten anstrengen müssen. Im April 1966 war das erste Spezialschiff der Sea-Land Inc. die Weser heraufgekommen. Anderthalb Jahre später meldete Bremen den Umschlag seines 40.000. Großcontainers und damit einen zusätzlichen Gewinn von 100.000 Tonnen Stückgut. Zu diesem Zeitpunkt wurde Bremen bereits von drei Containerlinien angelaufen: außer der Sea-Land kamen die amerikanische Container Marine Lines und die Atlantic Container Line, ein Gemeinschaftsdienst europäischer Reedereien, der bald darauf vier Spezialschiffe im Umlauf hatte.

Angesichts des amerikanischen Drucks in Sachen Containerverkehr geschah bei den beiden größten deutschen Reedereien Erstaunliches: Die in vielen Jahren härtester und oft erbitterter Konkurrenz gewachsenen Reedereien Hapag in Hamburg und Norddeutscher Lloyd in Bremen beschlossen, im Containerdienst gemeinsame Sache zu machen. Es war der erste Schritt in Richtung auf eine später vollzogene Fusion der beiden zu einer deutschen Superreederei.

Das brachte den Bremer Hafensenator Borttscheller auf eine Idee, die an der Küste einigen Staub aufwirbelte. Ausgerechnet in der „Hamburger Morgenpost" ließ er am 21. Oktober 1967 seinen Versuchsballon steigen. Beflügelt von den viel diskutierten Vorstellungen einer Konzentration des Containerverkehrs auf einen oder zwei Kontinentalhäfen, formulierte er seine Wunschidee: Bremen und Hamburg sollten „ihr Schicksal zusammenlegen" und einen einzigen gemeinsamen Hafen als Bastion gegen das übermächtige Rotterdam bauen. Natürlich, so Dr. Borttscheller, könne dieser gemeinsame Hafen nur an der Außenweser entstehen: Ein Umschlagplatz am offenen Wasser – also außerhalb der Schleuse – an dem auch abgefertigt werden könne.

Um die misstrauischen Hamburger für seine große Vision zu begeistern, schlug der Bremer Hafensenator sogar vor, beide Städte sollten die gemeinsame Oberhoheit über den „Hansa-Hafen" ausüben – den Namen hatte er schon seit langem in der Schublade. Der Bremer formulierte sein scheinbar verlockendes Angebot so: „Ein Kondominium sollte eingerichtet werden von Hamburg und Bremen, in das ein Teil des bremischen Staatsgebietes einzubringen wäre."

Die Bremer verstiegen sich schließlich zu der These, keine Reederei werde bereit sein, ihre teuren und schnellen Containerschiffe die zeitraubende Revierfahrt flussaufwärts nach Bremen und gar erst recht nach Hamburg machen zu lassen ... So komme überhaupt nur Bremerhaven als Standort in Frage.

Für einen kurzen Augenblick leuchtete am Bremer Hafenhorizont so etwas wie ein Hoffnungsschimmer auf, es der Konkurrenz an der Elbe nach so vielen Jahren der Demütigung eines ewig Zweitgrößten endlich heimzuzahlen. Denn eines wussten auch die Bremer ganz

AUCH IM NICHT CONTAINERFÄHIGEN SCHWERGUTUMSCHLAG WAR HAMBURG SEINEN KONKURRENTEN ÜBERLEGEN.

HELMUTH KERN UND BUNDESBAHNPRÄSIDENT PROF. DR. OEFTERING SCHICKEN DEN ERSTEN CONTAINERZUG AUF DIE REISE.

genau: Ein Hafen, der seine Ansprüche, im Containergeschäft ein Wort mitzureden, leichtfertig aufgeben würde, müsste nach und nach auch in anderen Bereichen zurückstecken und am Ende sich selbst aufgeben. Borttschellers Gegenspieler in diesem Senatorenpoker, Wirtschaftssenator Helmuth Kern, ließ sich nicht überlisten. Nach einem ausgedehnten, aber fruchtlosen Argumente-Gerangel in den Medien schloss man einen Waffenstillstand, und beide Politiker umrissen im Rahmen einer gemeinsamen Pressekonferenz auf Hamburger Boden ihre Positionen: „Die Ladung haben wir", tönte der Gast aus Bremen, „es gilt nun, diese Ladung zu halten. Darum müssen wir modernste Umschlaganlagen anbieten. Zusammen haben Hamburg und Bremen mehr containerfähige Ladung als Rotterdam und Antwerpen."
Kern setzte dem lapidar entgegen: „Es darf keine Umverteilung der Ladung geben. Das Bremerhavener Projekt hat nur Sinn, wenn es zusätzlich Ladung bringt. Und das erscheint fraglich. Mit der gesamten Nachfrage in den Hansestädten können drei Terminals ausgelastet werden."
Das war eine eindeutige Absage an die Bremer Vorstellungen. Dass man eine gemeinsame Arbeitsgruppe aus sechs Fachleuten bildete, die über eine Kooperation im Containerverkehr nachdenken sollten, war wohl nur eine Formsache, die Hamburgs „Nein" als nicht allzu unfreundlichen Affront erscheinen lassen sollte.
Man muss sich die Argumente Hamburgs noch ein bisschen genauer ansehen, um zu verstehen, warum die Hansestadt an der Elbe gar nicht anders auf Bremens Einladung reagieren konnte und mit Gegenvorschlägen antwortete: die beiderseitigen Konditionen für den Containerumschlag anzugleichen, die diesbezüglichen Investitionen abzustimmen und gegebenenfalls eine gemeinsame Hamburg-Bremer Betriebsgesellschaft für den Containerumschlag in beiden Städten zu erwägen. Hinter solchen äußerstenfalls denkbaren Zugeständnissen standen Erkenntnisse, die Hamburg zu Recht auf der Habenseite seiner Argumente verbuchen konnte.

Erstens: Hamburg hatte für seine Containerverkehre einen anderen eigenständigen Einzugsbereich als Bremerhaven, und es war klar, dass sich die Verkehrsströme nicht ohne weiteres umlenken lassen würden.
Zweitens: Anders als in Bremen beteiligten sich in Hamburg am Güterumschlag neben der staatlichen HHLA auch private Unternehmen. Wie hätten sie gezwungen werden können, auf den Containerumschlag in Hamburg zu verzichten?
Drittens: Für die Verlader aus Mittel-, Ost- und Südeuropa wie auch für Hamburgs Partner in Skandinavien hätten sich nach Bremerhaven wesentlich ungünstigere Vorfrachtkosten ergeben. Die Folge wäre eine Abwanderung nach Konkurrenzhäfen wie Danzig, Rijeka, Triest und Genua.
Viertens: Hamburg als „östlichster" Nordseehafen bietet den Verladern die Möglichkeit, ihre Güter mit der unerreicht billigen Seefracht hundert Kilometer landeinwärts zu befördern.
Fünftens: Der Fahrzeitunterschied gegenüber Bremerhaven von zweimal viereinhalb Stunden wird durch die günstigeren Zu- und Ablaufbedingungen mehr als ausgeglichen.
Sechstens: Der Ertragsfaktor, die Sicherheit des zu erwartenden containerfähigen, hochwertigen Ladungsaufkommens, sprach eindeutig für Hamburg, denn der durch die Benelux-Konkurrenz gefährdete Anteil an containerfähigem Gut lag in Bremen doppelt so hoch wie in Hamburg. Der Elbehafen hatte also von jeher ein ungleich höheres „eigenständiges" Ladungsaufkommen, nicht zuletzt dank des hohen Loco-Anteils. Wollte man diese in Hamburg selbst aufkommende Ladung nach Bremerhaven bringen, so rechnete Helmuth Kern der Wirtschaft vor, würden zusätzliche Umfuhrkosten von 15 Mark je Tonne entstehen. Fazit: Sollten die Mehrkosten beim Reeder hängen bleiben, würde das die Attraktivität des zentralen Container-Terminals erheblich schmälern. Sollten die Zusatzkosten von einer gemeinsamen Betriebsgesellschaft aufgefangen werden, würde das deren ohnehin zweifelhafte Ertragslage drücken.
Hamburg ging also auf Gegenkurs zu der bis dahin verbreiteten Meinung, es werde eine vom Container ausgelöste Konzentration auf wenige Superhäfen geben. Weniger mit dem Mut der Verzweiflung, wie manch einer vermutete, sondern mit dem klaren, über die Unwägbarkeiten des Tages hinausreichenden Blick prognostizierte der Hamburger Wirtschaftssenator: „Bei steigender Versendung von Handelsgut in Großbehältern wird die Zahl der Häfen, über die sich der Containerverkehr lohnt, sehr wahrscheinlich zunehmen. Das entspräche dem von Hamburg stets als berechtigt angesehenen und in seiner Hafenpolitik auch berücksichtigten Interesse der Verlader an einer Konkurrenz statt eines Monopols im Containerumschlag in Deutschland."

Hamburg hat die besseren Karten

Hamburg sollte im Streit der Meinungen Recht behalten und hatte schließlich im Poker um die attraktivsten Containerlinien die besseren Karten auf dem Tisch. Nach einem nervenaufreibenden Verhandlungskrieg um Nordatlantik-Linien, den die Reeder auf der Suche nach Vorteilen und Zugeständnissen weidlich zu schüren wussten, gewann Hamburg zunehmend an Container-"Profil". Die United States Lines, die wichtigste der umworbenen US-Reedereien, entschied sich für Hamburg als Anlaufhafen und brach damit das Eis der Zurückhaltung bei den noch abwartenden Schifffahrtsunternehmen.

Bis zum Ende des Jahrzehnts hatte sich Hamburg zu Deutschlands Containerhafen Nummer eins vorgearbeitet. Am Burchardkai wurde Ende 1969 mit dem Bau des fünften Liegeplatzes für den Containerumschlag begonnen, und die Geländesicherung sah vor, dass im Bedarfsfall 18 bis 20 Schiffsliegeplätze an Kaistrecken von fast viereinhalb Kilometern Länge mit dazugehörenden Landflächen von eindreiviertel Millionen Quadratmetern gebaut werden konnten.

Bis zum Beginn der zweiten Ausbaustufe des Terminals hatte Hamburg aus öffentlichen Mitteln rund 35 Millionen Mark für Containerumschlaganlagen investiert, die private Hafenwirtschaft weitere 30 Millionen Mark. Die Hamburger Hafen- und Lagerhaus-Aktiengesellschaft war mit fast 23 Millionen Mark dabei. Überwiegend hatte man zunächst für US-Dienste investiert. Im Herbst 1969 wurden am Burchardkai wöchentlich vier bis fünf Containerschiffe abgefertigt, daneben gab es noch eine Reihe von so genannten Semi-Containerschiffen, die sowohl Großbehälter als auch konventionelles Stückgut transportieren. Die Finnlines hatten sogar einige ihrer Frachter „auseinander geschnitten" und 14,7 Meter lange Sektionen mit Container-Führungen eingefügt, in denen sie 84 Behälter des 40-Fuß-Typs transportieren konnten.

Die Entscheidung der im Australverkehr tätigen internationalen Reedereien, vom 1. Juni 1970 an den ein Jahr zuvor begonnenen Verkehr mit Vollcontainerschiffen zwischen Europa und Australien zu verstärken, brachte Hamburgs Hafenplaner zeitweise in Zeitnot. Was man von ihnen und der Hafenwirtschaft verlangte, waren „Vorleistungen", denn niemand wusste ja, ob Hamburg die Verkehre tatsächlich gewinnen würde.

Für die Australfahrt allein waren 14 Vollcontainerschiffe angekündigt, und dies war zugleich der Auftakt für Vollcontainerlinien von und nach Ostasien. Hamburg warf dabei seine starke Position im Japan-Geschäft in die Waagschale. Im Handel mit dem Land der aufgehenden Sonne betrugen die Verladungen über Hamburg das Fünffache dessen, was Bremen anzubieten hatte.

Die Leistungsfähigkeit der Containerumschlaganlagen war damals neben dem Ladungsangebot ein entschei-

Auch der Australverkehr erwartet kurze Liegezeiten: Drei Brücken arbeiten gleichzeitig an einem Schiff.

dendes Werbeargument des Hamburger Hafens. Was innerhalb weniger Jahre auf Waltershof entstanden war, erregte Bewunderung. Nicht nur die der Hafenfachleute, die immer wieder staunend beobachten konnten, wie Hamburg seinen durch amerikanische Militärtransporte über Bremen bedingten Rückstand selbstsicher aufgeholt und sich an die Spitze der deutschen Containerumschlagplätze gestellt hatte. Auch die interessierten Hafenlaien spürten, dass hier eine neue Epoche der Hafengeschichte angebrochen war. Bei

HÖCHSTE PRÄZISION BEI GRÖSSTMÖGLICHEM TEMPO IST DAS GEHEIMNIS DER CONTAINER-LADEBRÜCKEN.

aller Faszination, die sowohl von der räumlichen Größe als auch von völlig neuartigen technischen Lösungen ausging, mag manch einem Besucher des Container-Terminals – der bald auch eine Hauptattraktion der Hafenrundfahrten wurde – der Verlust der liebenswerten alten Hafenromantik bewusst geworden sein.

Die Atmosphäre auf dem Burchardkai, schrieb ein Hamburger Journalist in der „Welt", erinnere ihn an den Raketenbahnhof von Kap Kennedy. Riesige Eisengerüste wuchsen zu 65 Meter hohen Verladebrücken in die Höhe – mit zwei Millionen Mark Kosten waren das damals die aufwändigsten Umschlaggeräte. Diese Verladebrücken der ersten Generation hatten eine Brutto-Tragfähigkeit von 42 Tonnen. Acht Tonnen waren davon abzuziehen, denn so viel wog der „Spreader", der die Funktion eines Kranhakens erfüllt. Der Spreader senkt sich auf den Container herab, vier Bolzen, so genannte Twist-Locks, drehen sich automatisch in die Ecken der genormten Behälter ein und stellen so eine feste Verbindung her zwischen Ladung und Ladebrücke. Die Brücke hatte eine maximale Stundenleistung von 40 Großcontainern. In der Anfangsphase aber wurde diese Höchstleistung tatsächlich nur selten erreicht. Zu groß waren die technischen Unwägbarkeiten des neuen Systems. So gab es immer wieder Verzögerungen, wenn das am Kai vertäute Schiff „krängte", das heißt eine leichte Schlagseite hatte. In einem solchen Fall ließen sich die Container nicht mehr in die dafür vorgesehnen Ladeschächte hineinfahren. Immer wieder mussten die Arbeiten am Schiff unterbrochen werden.

Auch mit den für den Transport innerhalb des Terminalgeländes bestimmten Geräten gab es Anlaufschwierigkeiten, bis beispielsweise die Van-Carrier zur technischen Perfektion herangereift und bis geeignete Stapelgeräte entwickelt waren. Die Hersteller solcher Geräte, die sich in manch eine Fehlentwicklung verrannten, mussten ihre kostspieligen „Flurförderzeuge" immer wieder den praktischen Bedürfnissen im Hafen anpassen. Es dauerte einige Jahre, bis sich die Notwendigkeiten des Hafenbetriebs mit den technischen Möglichkeiten der Industrie im Gleichgewicht befanden.

Dass sich für Hamburg alle Anstrengungen lohnen sollten und der Elbehafen langfristig tatsächlich die besseren Karten hatte, bewies die Statistik. 1984 wurde Hamburg zum „Containermillionär". Insgesamt wurden 1.073.428 TEU (international übliche Umrechung auf 20-Fuß-Einheiten) im Gewicht von rund zehn Millionen Tonnen umgeschlagen.

Hamburg hat damit seine Position als deutsches Containerzentrum bestätigt und auch seinen sicheren Platz unter den zehn wichtigsten Containerhäfen der Welt gefestigt.

DAS »HANDLING« DER CONTAINER AN LAND ERFORDERTE NEUARTIGE GERÄTE. FEHLENTWICKLUNGEN WAREN UNVERMEIDLICH.

Der Bauboom der späten sechziger Jahre

Der Ausbau Hamburgs zum Containerhafen beherrschte die Schlagzeilen der Fachpresse in der zweiten Hälfte der sechziger Jahre. Aber Hamburg wäre schlecht beraten gewesen, hätte es sich bei der Modernisierung seines Hafens ausschließlich auf diese modernste Transportform konzentriert. Die Stellung der Hansestadt als Universalhafen verlangte Ausbauprogramme auf breitester Basis, und die Hamburger Hafenplaner trugen dem Rechnung. Eine „Momentaufnahme" der laufenden Großbauvorhaben vom Dezember 1967 mag die Bemühungen beleuchten. Es handelte sich um ein Bauvolumen von insgesamt gut 150 Millionen Mark:

– Am östlichen Ende des Sandtorhafens vor dem Kaischuppen 10 war eine Roll-on-/Roll-off-Anlage gebaut worden. Dort ließ die Argo/Washbay Linie ihre Schiffe nach dem englischen Hafen King's Lynn über Heckklappen rationell beladen.

– Für die Ansiedlung neuer Industrien wurden im Hafenerweiterungsgebiet weite Flächen mit dem Baggerschlamm aus der laufenden Elbvertiefung aufgehöht. Für die erste Baustufe wurden allein 100 Millionen Mark bereitgestellt. Diese Stufe umfasste den Bau von Straßen- und Gleisverbindungen, ein Hafenbecken für Massengutfrachter, einen Tankschiffhafen sowie die Aufbereitung des Geländes für neue Industrieansiedlungen.

– 13,5 Millionen Mark wurden für die Modernisierung der bis dahin für den Verteilungsverkehr von Sammelladungen benutzten Umschlaganlagen ausgegeben.

– Die Hafenbahn mit ihrem Gleisnetz von über 500 Kilometern erhielt einen von 1960 bis 1970 völlig umgestalteten Hafenbahnhof, Hamburg-Süd: Kostenpunkt 28 Millionen Mark. Der Hafenbahnhof Waltershof wurde den Bedürfnissen des beschleunigten Containerzu- und -ablaufs angepasst. Die Elektrifizierung der Hafenbahn wurde vorbereitet, nachdem die Verbindung über Hannover nach Süden mit Elektroloks betrieben wurde und die Umstellung des Verkehrs nach Bremen und ins Ruhrgebiet unmittelbar bevorstand.

– Für den Zoll wurde am Bau des neuen Zollamtes Brooktor gearbeitet. Das Ziel des 9-Millionen-Mark-Projektes war eine schnellere Abfertigung des Lkw-Verkehrs.

– Die Privatwirtschaft trug im erheblichen Maß dazu bei,

BREITE FLÄCHEN ZWISCHEN SCHIFF UND SCHUPPEN ERMÖGLICHEN DAS »VORSTAUEN« AN LAND.

durch ihre Investitionen Hamburgs Stellung als wichtigsten deutschen Hafen und Industriestandort zu festigen: Die Neuhof-Hafengesellschaft baute eine Getreide- und Ölsaaten-Umschlaganlage. Mackprang errichtete einen neuen Getreidesilo. Die Kali-Transport GmbH verlängerte und verstärkte ihre Kaimauer. Die British American Tobacco Company baute eine Umschlaganlage mit zwei Lagerhallen. Die Fendel Schifffahrts AG eröffnete neue Lager- und Düngemittelhallen. Die Hugo Stinnes AG erstellte neue Kaimauern und Verladebrücken. Die Svenska Cellulose AB eröffnete in Kooperation mit der HHLA eine Umschlaganlage für Zellulose, Papier und Holz. Über eine solche „Momentaufnahme" hinaus waren die folgenden Jahre von einer ungewöhnlichen Bautätigkeit geprägt. Die Modernisierung gar nicht einmal alter Schuppenanlagen stand dabei neben einem umfangreichen Neubauprogramm. Die Rampen an den Schuppen, ein Jahrzehnt zuvor noch als technische Errungenschaft gefeiert, wurden abgetragen. Gleisanlagen zwischen Schuppen und Kais wurden eingepflastert. Der Lastkraftwagen, einst vom Kai verbannt, fuhr wieder direkt ans Schiff. Der Stauvorgang wurde aus Gründen der Zeitersparnis zunehmend vom Schiff aufs Land verlegt. Das Gelände zwischen Schiff und Schuppen musste deshalb für die Arbeiten der Ladungsvorbereitung verbreitert werden. Mustergültig für dieses neue Konzept waren die Schuppen 55 und 56, bei denen die Kaimauern weit vorgezogen wurden. Die HHLA ging voran, die privaten Kaibetriebe zogen bald nach. Die HAPAG brachte die Schuppen 73 und 74 am Kaiser-Wilhelm-Hafen auf die neue Linie.

DIE SCA BAUTE IN KOOPERATION MIT DER HHLA EINE SPEZIALANLAGE FÜR DEN UMSCHLAG VON PAPIER UND ZELLULOSE.

AM ALLROUND-STÜCKGUT-TERMINAL DER EUROKAI WURDEN ZUNEHMEND AUCH CONTAINER UMGESCHLAGEN.

DIE LAGER- UND SPEDITIONS-GESELLSCHAFT INVESTIERTE MILLIONENSUMMEN IN IHRE STÜCKGUTANLAGEN.

FÜR DEN ROLL-ON-ROLL-OFF-VERKEHR BAUTE HAMBURG MEHRERE SPEZIALANLAGEN.

Dadurch war es möglich, an diesen Anlagen auch Semi-Containerschiffe abzufertigen.

Die Deutsche Afrika-Linien bauten sich zwischen Petersenkai und Kirchenpauerkai einen mustergültigen Afrika-Terminal und setzten damit eine 80 Jahre alte Anlage außer Betrieb. Einmalig im Hamburger Hafen war damals der 275 Meter lange Schuppen mit einer Nutzfläche von 19.000 Quadratmetern. Der „Vorkai", die Fläche zwischen Kaimauer und Schuppen, war mit einer Breite von 42 Metern auch für Hamburger Verhältnisse ungewöhnlich großzügig angelegt. Die Afrika-Linien waren dadurch in der Lage, ihre Umschlagsleistung zu verdoppeln: Sie brachten es auf über 900 Tonnen jährlich pro laufenden Meter Kai. Der Durchschnitt im Hamburger Hafen lag damals bei 350 bis 400 Tonnen.

Auch die Hamburg-Süd hatte zu diesem Zeitpunkt weitreichende Pläne angemeldet, die sich auf die Schuppen 50 bis 53 bezogen und von der Notwendigkeit eines größeren Flächenbedarfs ausgingen. Ähnliche Überlegungen führten bei der DDG-Hansa am Ellerholz-Kanal zu umfangreichen Investitionsprogrammen.

Neben den großen Reedereien hatten auch die privaten

HOCHBETRIEB AM NEUHÖFER-KAI.

Umschlagbetriebe die Zeichen der Zeit erkannt. Die zur Kühne & Nagel-Gruppe gehörende Jordaberg Hafenbetrieb GmbH modernisierte ihre Anlagen ebenso nach den neuen Erkenntnissen wie die Lager- und Speditions-Gesellschaft mbH und – im Hafenerweiterungsgebiet am Griesenwerder Höft – die Firma Holzmüller.

Die Walteshofer-Hafengruppe war gegen Ende 1969 zum leistungsfähigsten Container-Umschlagplatz geworden. Am Predöhlkai – gegenüber dem HHLA-Terminal als „Keimzelle" des Hamburger Containerhafens – eröffnete die Euro-Kai KG a. A. einen Terminal, der mit seinen vier Schiffsliegeplätzen in der ersten Ausbaustufe zu den bedeutendsten Engagements der Privatwirtschaft zählte. Er war ein als „Multi-Purpose"-Anlage konzipierter Umschlagbetrieb für Stückgut und Einheitsladungen, angefangen bei der Palette bis hin zu allen gängigen Containertypen.

Bei der Eröffnung der Anlage verglich Wirtschaftssenator Helmuth Kern diese neuen Gebiete des Hamburger Hafens mit dem „goldenen Westen" der USA: Auch im Hafenerweiterungsgebiet fänden tüchtige Pioniere ihren Wirkungsbereich.

DER HOLZMÜLLER-MASSENSTÜCKGUT-TERMINAL AUF WALTERSHOF – HIER EINE AUFNAHME VON 1967 – WAR EINE EINDRUCKSVOLLE ANLAGE.

Gefahr für Hamburgs Freihafen

Über 80 Jahre lang hatte Hamburgs Freihafen zum Wohl der Hansestadt und zum Vorteil seiner Transitpartner gute Dienste geleistet. Als sich aber die Europäische Wirtschaftsgemeinschaft um „Harmonisierung" der Zollbestimmungen bemühte, gerieten Hamburgs Freihafen-Privilegien unversehens in Gefahr.

Die Sache war etwas verzwickt, denn die Brüsseler Vorschläge gestanden den Freihafenbetrieben auch weiterhin das Recht zu, Waren ohne Genehmigung einzuführen, zu verarbeiten und wieder auszuführen. Aber in die angestrebte Harmonisierung passte nach Brüsseler Auffassung nicht die Besonderheit Hamburgs, nach der Industrie und Gewerbe innerhalb des Freihafens zollfrei weiterverarbeiten und veredeln können, um das Fertigprodukt dann wieder zu exportieren.

Auf Grund dieser seit dem Zollanschlussvertrag von 1888 gültigen Rechte hatten sich zahlreiche Schiffbaufirmen, Zulieferbetriebe und Schiffsausrüster im Freihafen angesiedelt, für die der zollfreie Bezug von Investitionsgütern, Rohstoffen und Einbauteilen einen wesentlichen Faktor ihrer internationalen Wettbewerbsfähigkeit darstellte. Diese Branchen sollten beim Import von Schiffbaumaterial aus Drittländern auch in Zukunft von Zöllen befreit bleiben. Bedroht aber waren die Privilegien aller übrigen Betriebe, die nicht für den Schiffbau, sondern für den inneren Markt produzierten. Nach den Brüsseler Empfehlungen sollten die besonderen Zollbedingungen nur aufrechterhalten bleiben, solange Umfang und Natur der Tätigkeit dieser Firmen nicht wesentlich geändert würden. Die Kommission hatte das Recht des „aktiven Veredelungsverkehrs" zwar im mündlichen Verhandlungsprotokoll, nicht aber in der Direktive ausdrücklich festgeschrieben. Hamburgs Freihafenstatus stand damit in einem wesentlichen Punkt auf wackeligen Beinen. Betroffen waren von dieser Unsicherheit 79 Industriebetriebe mit rund 23.000 Beschäftigten. Neun Monate lang wurde hart verhandelt, dann war es Hamburg gelungen, seine Interessen durchzusetzen: Die Veredelungstätigkeit im alten Freihafen wurde weiterhin gestattet, und zwar frei von Voraussetzungen wirtschaftlicher Art. Eingriffe der Gemeinschaftsorgane sollten nur dann möglich sein, wenn die Tätigkeiten im Freihafen die Wettbewerbsbedingungen in einem bestimmten Wirtschaftszweig in der Gemeinschaft beeinträchtigen.

Dies war eine Bedingung, auf die Hamburg sich getrost einlassen konnte, denn die Vergangenheit hatte gezeigt, dass die Sonderstellung der Freihafenindustrie nicht einmal die konkurrierenden Industrien in den anderen Teilen der Hansestadt beeinträchtigt hatte. Gestrichen wurde lediglich das Recht, im Freihafen unverzollte ausländische Waren für gewerbliche Zwecke zu gebrauchen oder zu verbrauchen. Diese Einschränkung war insofern zu verkraften, als von den vorher bestehenden Möglichkeiten ohnehin kaum Gebrauch gemacht worden war. Die Funktionsfähigkeit des Freihafens blieb auch im Hinblick auf die Freihafenindustrie erhalten. Jede andere Entscheidung wäre für Hamburg unannehmbar gewesen. Der Freihafen, der Hamburgs Aufstieg zum Welthafen erst ermöglichte, ist eine Bedingung, diese Rolle auch in Zukunft spielen zu können.

BÜRGERMEISTER HERBERT WEICHMANN (MITTE) HAT SICH VEHEMENT FÜR DIE ERHALTUNG DES FREIHAFEN-STATUS EINGESETZT.

„Hafendirektion" statt Hafensenator

Ein einziges Mal hatte es in der Geschichte des Hamburger Hafens einen Hafensenator gegeben. Das Amt war in der Zeit des aus CDU und FDP gebildeten Blocksenats ganz auf die Person von Ernst Plate „maßgeschneidert" worden. Wenn später der Ruf nach einem eigenständigen Senator für Hafenfragen laut wurde, gab es kaum noch eine ernsthafte Erwägung dieser Möglichkeit. Der Hafen, so hieß es, sei zwar ein wichtiger, aber eben nur ein Wirtschaftsfaktor in Hamburg und falle deshalb in das Ressort des Wirtschaftssenators. Es war allerdings keine Frage, dass es einer speziellen Behörde für Hafenfragen bedurfte, um die den Hafen betreffenden Entscheidungen zu konzentrieren und damit letztlich besser durchsetzen zu können. Ende Mai 1967 nahm die Hafendirektion in der Behörde für Wirtschaft und Verkehr ihre Arbeit auf. In ihr wurden alle Verwaltungsbefugnisse und hoheitlichen Funktionen der Hansestadt im Hafen zusammengefasst.

Die Aufgaben wurden fortan von vier Unterabteilungen wahrgenommen: Die Abteilung „Hafenentwicklung" erstellte Entwicklungsprogramme und Verkehrsanalysen, auch für die Wettbewerbshäfen, sie hat Betriebsansiedlungen im Hafengebiet zu fördern und ist für die Öffentlichkeitsarbeit zuständig.

Die Aufgabe der früheren Hafenbetriebsdirektion übernahm das „Betriebsamt". Zu diesen Aufgaben gehören unter anderem die Schiffserfassung, Gebühren- und Tarifprobleme, Betriebs- und Arbeitsorganisation sowie Fragen der Hafenschifffahrt.

Die Abteilung „Oberhafenamt", an deren Spitze der Hafenkapitän steht, blieb unverändert bestehen, und dasselbe galt für das „Freihafenamt".

Die gesamte technische Planung und Ausführung der Hafenbauten blieb beim Amt für Strom- und Hafenbau. Die Hafendirektion hat in den folgenden Jahren die Richtigkeit ihres Konzepts bestätigt. Sie hat die Hafenwirtschaft nach besten Kräften in den Bemühungen unterstützt, ihre Wettbewerbsfähigkeit zu stärken. Dass es die Hafendirektion nicht immer jedem recht machen konnte, liegt in der Natur ihrer Aufgabe. Besonders der Freihafenverband Hamburg e.V. bemängelte des Öfteren, die Direktion könne ihre Aufgaben nicht ausreichend wahrnehmen, da sie organisatorisch als „kleines Rädchen" in eine große Behörde eingebaut worden sei. Sie besitze deshalb zu wenig freie Hand.

Die Hafendirektion hat in den folgenden Jahren dann allerdings bewiesen, dass ihr Durchsetzungsvermögen sehr wohl ausreiche, um den Hafeninteressen zu nützen. Die Forderung nach einem Hafensenator war damit endgültig vom Tisch!

Angesichts der intensiven und zunehmenden Verflechtung von Wirtschafts- und Verkehrspolitik in einer Seehafenstadt, die gleichzeitig eine bedeutende Industriestadt ist, war es eine richtige Entscheidung: Die politische Verantwortung blieb in einer Hand! Die Hansestadt ist damit gut gefahren.

PLANUNG UND ARBEITSAUSFÜHRUNG IM HAFEN – BEIM STROM- UND HAFENBAU IN BESTEN HÄNDEN.

Geheimnis des sicheren Seetransports: die Verpackung

Schon um die Zeit des Zollanschlusses Hamburgs gab es in der Hansestadt einen Betrieb, der sich auf „seemäßige Verpackungen" spezialisiert hatte. Je intensiver der Güteraustausch zwischen den Industrienationen und je hochwertiger die für den Export bestimmten Industrieprodukte wurden, desto wichtiger wurde der Verpackungsservice, den der Seehafen anzubieten hatte. Zwar hatte der Container wesentliche Verpackungsprobleme gelöst, aber es gab Stückgüter, die wegen ihrer Größe entweder nicht „containerisierbar" waren oder bei denen sich der Großbehälter als wirtschaftlich nicht sinnvoll oder zum Schutz gegen die Beanspruchungen auf See als nicht ausreichend erwies.

Um die Mitte der 60er Jahre gab es im Hamburger Freihafen eine ganze Reihe von Spezialfirmen, die sich mit der Anfertigung von Verpackungen beschäftigten. Hersteller von Maschinen und Motoren, später auch von elektronischen Großgeräten, zählten zu den wichtigsten Kunden dieser Branche. Die beiden größten Betriebe hatten sich auf dem Gelände der ehemaligen Schlieker-Werft etabliert. Eine „Beratungs- und Forschungsstelle für seemäßige Verpackung e.V." sorgte für den intensiven Erfahrungsaustausch und zeigte zugleich, wie wichtig Hamburg diesen zusätzlichen Service neben Umschlags- und Lagerfazilitäten nahm (und auch heute noch nimmt). Es gibt kaum eine Verpackungsaufgabe, die von diesen Spezialunternehmen nicht zu lösen wäre. Schwergewichtige Maschinen, komplizierte Fabrikanlagen, Transformatoren bis zu fast 4,50 Metern Höhe, Kühlschränke oder Röntgenapparate – sie fanden hier die geeignete, auf die besonderen klimatischen Verhältnisse des Transportweges zugeschnittenen Verpackungslösungen. Besonders interessant waren und sind Aufträge zur Verpackung von Serienerzeugnissen gleicher Typenreihen. Dadurch ist es möglich, das Verpackungsmaterial vorzufertigen und dem Exporteur dann einen schnelleren Service anzubieten.

Im Laufe der Jahre ist es den Hamburger Verpackungsexperten gelungen, bei den Versendern hochwertiger Industriegüter das Bewusstsein für die Notwendigkeit besonderer Verpackungsarten zu wecken. Dabei lernten

SEEMÄSSIGE VERPACKUNG AUS DEM SCHRUMPFOFEN.

beide, dass die seemäßige Verpackung bezogen auf den Warenwert zwar teuer ist, dass aber andererseits die materialaufwändigste nicht immer die zweckmäßigste Verpackung sein muss. Auch auf diesem Sektor hat der Hamburger Hafen seinen Kunden geholfen, in erheblichem Umfang Kosten zu sparen.

Bei der Entscheidung über geeignete Verpackungen gab nicht nur die „Beratungsstelle" wichtige Hinweise, auch die enge Nachbarschaft zum Deutschen Hydrographischen Institut und dessen genaue Kenntnis klimatischer Bedingungen auf Transportwegen rund um die Welt machte sich bezahlt.

Neu und einmalig in einem Hafen war damals der „Schrumpfofen" für ein spezielles Verfahren der Tropenverpackung: Mit einem Exhaustor wurden die zu exportierenden Maschinen unter einer Polyäthylenhaube vakuumverpackt. Dabei legt sich die Kunststoffhülle dicht an den Maschinenkörper. Um nicht die Schutzhülle und damit das Vakuum zu zerstören, werden scharfe Kanten und spitze Ecken der Maschinen vorher mit Filzstreifen und Haarecken verkleidet.

In die Haube selbst wird Kieselgel eingegeben, ein grobkristallisches, stark hygroskopisches Mittel, das sich eventuell bildendes Schweißwasser, etwa beim Übergang von kühleren in tropische Gewässer, vollständig absorbiert. Die Haltbarkeit einer solchen Verpackung wurde schon damals bis zu drei Jahren garantiert. Später, gegen Ende der siebziger Jahre, wurden die Möglichkeiten der seemäßigen Verpackung auf der Grundlage neuerer Erkenntnisse wesentlich verfeinert. Die seemäßige Verpackung wurde zum Teil eines umfassenden Leistungspakets für Anlagenverschiffungen.

Der Hafen reduziert seine Arbeiter-Reserve

In den nächsten Wochen wird die Gesamthafenbetriebsgesellschaft mbH ihr Personal von rund 2.600 Hafenarbeitern stufenweise reduzieren … Das Stammpersonal soll um etwa 300 Hafenarbeiter verringert werden …
Solche Meldungen – veröffentlicht im Februar 1967 – alarmierten die Gewerkschaften. Mitten im schönsten Boom wurden Arbeiter entlassen. Der Hafen meldete steigende Umschlagpreise nach einem Vorjahresrekord von 37,7 Millionen Tonnen. Für die betroffenen Arbeiter war es schwer einzusehen, dass man sie nicht benötigte. Dabei sollte gerade die Gesamthafenbetriebsgesellschaft „stetige Arbeitsverhältnisse" schaffen. So hatte es ein Bundesgesetz von 1951 festgelegt. Seit Jahren gehörten etwa 2.600 Hafenarbeiter zur „GHB", denen durch ein Abkommen der Sozialpartner der Lohn für 5,9 Arbeitsschichten je Kalenderwoche garantiert wurde. Diese „Reserve" wurde immer dann eingesetzt, wenn bei größeren Arbeitsspitzen die rund 13.500 Arbeiter der 600 Hafeneinzelbetriebe nicht ausreichten. Je nach Arbeitsanfall forderten die Betriebe dann Arbeiter von der Gesamthafenbetriebsgesellschaft an, einer Art „Feuerwehr des Arbeitsmarktes". Das Garantielohn-Risiko der GHB wurde über einen Umlagefonds finanziert.
Das System hatte fast 20 Jahre lang gut funktioniert. Sobald die GHB-Reserve „ausverkauft" war, sprang das Arbeitsamt ein und ließ den zusätzlichen Bedarf an Arbeitskräften über den Rundfunk melden. Das aber war in den letzten Jahren immer seltener geschehen. Jetzt verloren also auch Arbeiter der „festen Reserve" ihren Job. Damit bestätigte sich die Prognose, nach der auf längere Sicht der Bedarf an manueller Arbeitskraft im Hafen stufenweise geringer werde. Im Zuge der Mechanisierung und Rationalisierung des Seeverkehrs reduzierte sich der Arbeitskräftebedarf und konnte – nicht zuletzt auch wegen wachsender Arbeitsproduktivitäten – zunehmend vom Stammpersonal der Hafeneinzelbetriebe befriedigt werden.
Der sich zu Beginn des Jahres abzeichnende Trend nahm im Laufe der folgenden Monate zu. Ende 1967 waren tausend Arbeitsplätze aufgegeben worden und weitere tausend galten als gefährdet. Innerhalb von zehn Jahren war damit die Zahl der Hafenarbeiter von 18.000 auf etwas über 12.000 gesunken.
Dieser Rückgang war ein Spiegel der zunehmenden Ra-

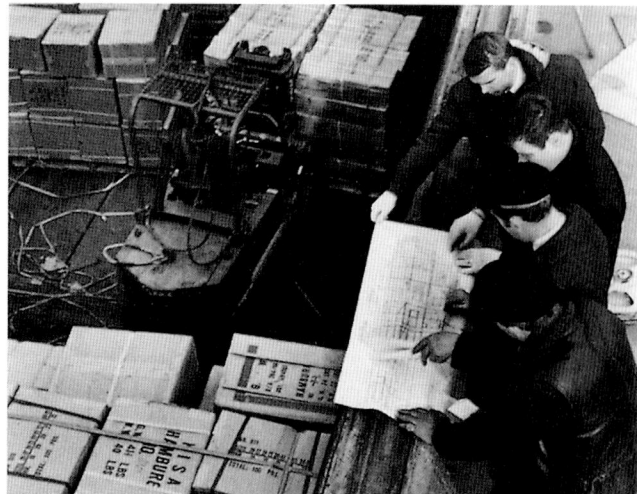

RATIONALISIERUNG DURCH »INTEGRIERTE SCHIFFSABFERTIGUNG«.

tionalisierungserfolge im Hafenumschlag, und es ist kein Wunder, dass Versuchen, den Hafen leistungsfähiger zu machen, mit Misstrauen begegnet wurde. Dies galt besonders immer dann, wenn die Hamburger Hafen- und Lagerhaus-Aktiengesellschaft nach Verbesserungen im Hafengeschäft suchte. Während man ihr sonst gern die „mangelnde Flexibilität eines Staatsbetriebs" vorwarf – ein Vorwurf, der in zurückliegenden Jahren durchaus zutreffend gewesen sein mag –, nahm man ihr jetzt Anpassungen an den Markt übel. Als aus der „Schaltzentrale" des Unternehmens, bei St. Annen, im Oktober 1967 mitgeteilt wurde, man werde künftig an den eigenen Anlagen auch die Stauereiarbeiten im Preispaket mit anbieten und habe bereits entsprechende Verträge mit Subkontrakten abgeschlossen, hagelte es sogleich Proteste des Vereins Hamburger Stauer.
Dabei war der Vorstand der HHLA von der einleuchtenden Tatsache ausgegangen, dass ein einziger großer Partner für die Schiffe bequemer und rationeller sei als mehrere kleine. Der Rationalisierungseffekt lag auf der Hand. Während früher die Stauer für die Ladearbeit auf dem Schiff verantwortlich waren und die Zuständigkeit der Kaibetriebsmitarbeiter an der Kaikante endete, war in Zukunft eine integrierte Schiffsabfertigung möglich. Der Wirtschaftssektor beruhigte den Verein mit dem Hinweis, die Stauereibetriebe würden als Subunternehmen verpflichtet, das Gewerbe bleibe also im Geschäft, wenn auch unter anderen Konditionen. Dies sei ein wesentlicher Schritt, die Wettbewerbsfähigkeit des Hamburger Hafens zu erhalten.
Die Gemüter hatten sich bald beruhigt. Aber die Stellung der HHLA als Wirtschaftsunternehmen einerseits und als Trägerin hoheitsähnlicher Funktionen und gemeinwirtschaftlicher Aufgaben andererseits war wieder einmal ins Gespräch gekommen. Es war nicht zu übersehen, dass sich eine Änderung dieser Situation abzeichnete.

Das Congress Centrum und das benachbarte Hotel Plaza haben Hamburgs Stadtsilhouette verändert.

1970–1974

Hamburg – reichste Stadt der EG

Nie hatte Hamburg mehr Einwohner – es waren über 1,8 Millionen – und nirgends in Deutschland war das Bruttosozialprodukt pro Kopf höher. Die Statistik für 1971 meldet über 406.000 zugelassene Kraftfahrzeuge und 553 Verkehrstote.
Unter der Binnenalster wird 1972 Europas größter U-Bahnhof eingeweiht. 554 „nichtselbstständige" Hamburger verdienen über 100.000 Mark im Jahr; 39 bringen es laut Steuererklärung auf über 300.000 Mark.
Am 2. November 1971 hat Hamburg „Jumbo-Premiere": Die erste Boing 747 startet nach USA. Kurz darauf schließen Hamburg, Schleswig-Holstein und der Bund ein Abkommen über den Bau eines Großflughafens Kaltenkirchen.
Am 6. September desselben Jahres stürzt eine BAC 1-11 bei Hasloh auf die Autobahn. 22 Menschen finden den Tod.
Das größte jemals in Hamburg gebaute Schiff, ein Frachter für Trockenladungen mit 145.000 Tonnen Tragfähigkeit, wird auf den Namen WIDAR getauft.
Im Dezember 1972 eröffnet Hamburg eine Fernost-Vertretung in Tokio. Zu diesem Zeitpunkt haben sich bereits 50 japanische Firmen in der Hansestadt etabliert.
Einen Monat später nehmen die Hamburger Abschied von ihrem großen Nachkriegsbürgermeister Max Brauer.
Im April 1973 wird das Congress Centrum Hamburg eröffnet. Prominentester Ehrengast ist der Vizebürgermeister von New York. Zur IGA 73 kommen 6 Millionen Besucher.
Die erste weltweite Energiekrise beschwert auch den Hamburgern „autofreie Sonntage".
Der Amerikaner John Neumeier wird Ballettdirektor der Hamburgischen Staatsoper und startet mit einem Welterfolg: Prokofieffs „Romeo und Julia".
Im Mai 1974 wird ein Barmbeker Bundeskanzler: Helmut Schmidt übernimmt das Amt des Regierungschefs in Bonn und holt einen anderen Barmbeker, Dr. Hans Apel, in sein Kabinett.
Hamburg feiert vier Monate später ein Volksfest besonderer Art: Die Köhlbrandbrücke, eine der schönsten Brücken der Welt, wird drei Tage lang als Fußgängerbrücke freigegeben. 600.000 Besucher beteiligen sich am Fußmarsch über den Köhlbrand.
Caspar David Friedrich ist das künstlerische Jahrzehntereignis: Die Kunsthalle präsentiert die bis dahin größte Ausstellung mit Arbeiten des Romantikers.
Das größte Problem der Nachkriegszeit wirft seine Schatten voraus. Der Präses der Handelskammer formuliert das am Jahresabschluss 1974 so: „Die Inflation hat sich als ein Tandem erwiesen, auf dem die Arbeitslosigkeit mitfährt …"

DIE KÖHLBRANDBRÜCKE KURZ VOR DER VOLLENDUNG.

Der Senat setzte auf Wettbewerb

von Senator a. D. Helmuth Kern

Die Abkehr von der fast 100 Jahre alten Hafenordnung mit einer staatlichen Kaiverwaltung als Steuerungs- und Umschlagszentrale, die nach der Fusion der Hamburger Freihafen-Lagerhaus-Gesellschaft mit der staatlichen Kaiverwaltung im Jahre 1935 von der HHLA wahrgenommen wurde, war für den Hafen ein einschneidender Vorgang. Die Grundlage des Senats, warum dieser Weg in eine marktwirtschaftliche Ordnung und einen entsprechend scharfen Wettbewerb der Hafenunternehmen untereinander eingeschlagen wurde, war dazu vergleichsweise simpel. Wir mussten nämlich erkennen, dass mit dem Start in das Container-Zeitalter der gerade und im Stil der Vorkriegszeit wieder aufgebaute Hafen vor einer enormen Strukturveränderung mit entsprechend hohem Investitionsaufwand stand: Der Hafen musste praktisch nach dem Kriege ein zweites Mal aufgebaut werden. Große Landflächen, neues Equipment, größere Wassertiefen, rampenlose Schuppen kosteten Milliarden. Gleichzeitig stand die Stadt wegen der notwendigen Verlagerung ihres Ausgabenschwerpunktes in den Bildungsbereich vor der bitteren Erkenntnis, die Hafenquote nicht mehr nennenswert vergrößern zu können. Ganz neue Ansprüche der Bürger an den Ausbau von Gymnasien, Hochschulen und Fachhochschulen sowie gewaltig wachsende Jahrgangsstär-

BEI ST. ANNEN – »SCHALTZENTRALE« DER HAMBURGER HAFEN- UND LAGERHAUS-AG.

ken der schulpflichtigen Kinder brachten eine völlige Neuorientierung in der Haushaltspolitik.

Was lag näher, als für die Suprastrukturinvestitionen im Hafen die Wirtschaft selbst sich engagieren zu lassen? Aber diese Entscheidung setzte auch die Befreiung der Unternehmen von jeder staatlichen Gängelei voraus. Wenn der Senat erwarten wollte, dass die Umschlagsbetriebe viele hundert Millionen selbst und auf eigenes Risiko aufbringen sollen und nicht mehr, wie überwiegend bisher, nur als Mieter von staatlichen Anlagen auftreten, mussten sie auf dem Markt der Hafendienstleistungen auch entsprechende Handlungsfreiheit finden.

Aber auch das größte Hafenunternehmen, die HHLA, musste den Staat entlasten und ihre Investitionen selbst vornehmen können, also mit entsprechendem Eigenkapital ausgestattet werden. Das alles sah die neue Hafenordnung vor, die der Senat der Bürgerschaft zur Genehmigung vorlegte. Ich freue mich noch heute darüber, dass diese von mir in die Bürgerschaft eingebrachte Senatsdrucksache mit Zustimmung aller Parteien im Parlament verabschiedet wurde: Bei einer für Hamburgs Zukunft so entscheidenden Frage war die Gemeinsamkeit der Hamburger eben stärker als parteipolitische Differenzen. Die 1970 eingeführte neue Hafenordnung brachte genau das vom Senat erwartete Resultat: Sie löste einen Investitionsboom ohnegleichen in der hamburgischen Geschichte aus. In weniger als 10 Jahren investierten Staat und Wirtschaft gemeinsam mit zwei bis dreifach höheren Jahresraten als vorher in die Hafenstruktur und veränderten in schnellem Tempo total das vertraute Hafenbild. Anstelle der langen schmalen Kaizungen mit den Rampenschuppen und 3,5-t-Kränen traten mehr und mehr moderne Container-, Multipurpose- und Roll-on-/Roll-off-Terminals mit großen Freiflächen, Schwergutkränen, Containerbrücken, schienengebundenen und mobilen Transtainern sowie mit Van-Carriern und Container-Trucks. Die von allen Hoheits- und Weisungsfunktionen entkleidete HHLA mauserte sich schnell zu einem modernen, handlungsfähigen Wettbewerbsunternehmen, dessen immer breitere Angebotspalette vom traditionellen Umschlag bis zur EDV-Software-Lieferung für ihre Kunden reicht. Ohne diesen Schritt in eine neue Ordnung wäre Hamburgs Hafen ohne Chance in der Revolution der Transporttechnologie geblieben, die ab Mitte der sechziger Jahre über die Universalhäfen der Welt hinwegfegte. Dass die Hamburger Hafenunternehmer schnell und entschlossen die Hand ergriffen, die ihnen der Senat bot, dass sie dabei hohe eigene Investitionen nicht scheuten, zeugt von dem gesunden Selbstvertrauen, das Hamburger Kaufleute immer schon ausgezeichnet hat. Und das Ergebnis gab ihnen Recht. Heute zählt Hamburg zu den zehn größten Containerhäfen der Welt und ist mit weitem Abstand auch hier der Spitzenreiter unter den deutschen Häfen. Und selbst im für die deutsche Wirtschaft so kritischen Jahr 1983, das im Massengutbereich starke Rückschläge brachte, zeigten sich Stückgut- und Containerverkehr noch mit Steigerungsraten: Es war eben schnell ausreichend und an richtiger Stelle investiert worden. Der Mut zu neuen Wegen von 1970 trägt heute seine Früchte.

DIE NEUE HAFENORDNUNG LÖSTE EINEN BEISPIELLOSEN INVESTITIONSBOOM AUS – NICHT NUR AM BURCHARDKAI.

Mehr Wettbewerb durch eine neue Hafenordnung

Wo eine neue Ordnung geschaffen wird, muss zuvor etwas in Unordnung geraten sein. Was in Hamburg nicht mehr stimmte, war die historisch gewachsene Wettbewerbsordnung: Eine mit hoheitlichen Funktionen ausgestattete und mit gemeinwirtschaftlichen Aufgaben belastete Hamburger Hafen- und Lagerhaus-Aktiengesellschaft (HHLA) auf der einen Seite, eine Reihe von privaten Hafenfirmen, die sich durch die Stellung der HHLA benachteiligt sahen, andererseits und dazwischen ein HHLA-Eigentümer, dessen stattliche Reglementierungen die freie Entfaltung der Marktkräfte einengte.

Hinzu kam ein weiteres Problem: Den nach dem Krieg wieder aufgebauten Hafen hatten die Planer nach dem herkömmlichen, vor dem Krieg üblichen Muster gestaltet. Als der Wiederaufbau gerade abgeschlossen war, begann weltweit der Rationalisierungsprozess des Seeverkehrs. Für die Häfen bedeutete dies praktisch einen völligen Um- und Neubau der Umschlaganlagen und der damit verbundenen Infrastruktur.

Die erforderlichen Milliarden-Investitionen waren aus Steuermitteln allein nicht mehr aufzubringen, und die aus der Verpackung von Kaianlagen anfallenden Einnahmen deckten den immensen Kapitalbedarf ohnehin nur zu einem geringen Teil.

Den Ausweg aus dieser Situation fand Hamburg in einer (aus heutiger Sicht) verblüffend einfachen Lösung: Die Hafenwirtschaft selbst sollte sich stärker am Ausbau der Hafenanlagen beteiligen und die Suprastrukturmaßnahmen aus eigenen Mitteln finanzieren. Dies bedeutete, dass man den Unternehmen parallel zu größeren Pflichten und Risiken auch mehr Rechte und damit einen größeren Handlungsspielraum am Markt zubilligen musste. Im Januar 1970 beschloss der Senat eine neue Hafenordnung, die das künftige Verhältnis zwischen dem Staat (mit seiner HHLA) und der privaten Hafenwirtschaft auf eine neue Basis stellte. Die Neuordnung traf Hamburgs Hafenwirtschaft nicht aus heiterem Himmel. Schon 1967 hatte Wirtschafts-

ANTWORT AUF DIE RATIONALISIERUNG IM SEEVERKEHR: MODERNE MEHRZWECKANLAGEN.

senator Kern in einem „Bericht über die Lage und Entwicklungsaussichten des Hamburger Hafens" (Hafenreport) die Grundzüge der angestrebten Neuordnung skizziert. Schon damals war klar geworden, dass die Vergrößerung des unternehmerischen Spielraums keineswegs zu einer geringeren hafenpolitischen Aktivität der Landesregierung führen werde. Im Gegenteil: Durch die Konzentration der verfügbaren Haushaltsmittel auf die Infrastruktur – also beispielsweise wasserseitige Zufahrten, Hafenbecken und Kaimauern – bot sich fortan die Chance, die politischen Vorgaben der Hafenplanung effektiver durchzusetzen.

Die Hamburger Hafen- und Lagerhaus-Aktiengesellschaft hatte im Konzept dieser Neuordnung eine Schlüsselposition. Ihr wurde, unter Verlust ihrer hoheitlichen und behördlichen Funktionen, ein höheres Maß an Freizügigkeit zugestanden, das heißt: Zum ersten Mal in ihrer 85-jährigen Geschichte musste sich die HHLA den scharfen Wind hafeninternen Wettbewerbs um die Nase wehen lassen. Es war keineswegs sicher – auch bei der HHLA selbst gab es Zweifler –, ob dem Unternehmen die neue Rolle bekommen würde.

Das alles liest sich glatt und selbstverständlich, weil es wirtschaftlicher Logik entspricht, jedenfalls für denjenigen, der in den Kategorien der Marktwirtschaft zu denken gelernt hatte. Tatsächlich aber wurde mit der neuen Hafenordnung ein neues Kapitel der Hafengeschichte aufgeschlagen. In der Praxis bedeutete der Neuanfang eine Fülle von Einzelmaßnahmen und Veränderungen im Detail, an die sich alle Beteiligten erst gewöhnen mussten.

– Alle Kaiumschlagbetriebe, auch die HHLA, wurden Mieter der Freien und Hansestadt Hamburg. Untermietverträge mit der HHLA waren damit aufgelöst.

– Alle Kaiumschlagbetriebe des Freihafens erhielten gleiche Abfertigungs-, Umschlags- und Lagerrechte. Die Sonderstellung der HHLA war aufgehoben.

– Der Kaitarif und die Kaibetriebsordnung wurden nicht mehr von der HHLA, sondern von der Hansestadt festgelegt. Der gewerblichen Organisation der Kaiumschlagunternehmen wurde ein Vorschlagsrecht eingeräumt.

– Die unternehmensneutrale Gesamthafenwerbung trug die HHLA gemeinsam mit allen anderen Hafenunternehmen. Bis dahin hatte das staatseigene Unternehmen alle Vollmachten für die Eigenwerbung und die PR- und Werbeaktionen des Gesamthafens, was die Presseabteilung in die missliche Situation gebracht hatte, Diener zweier Herren zu sein. Irgendjemand fand immer einen Grund, nicht zufrieden zu sein!

– Die Hansestadt zahlt der HHLA für eine (inzwischen abgelaufene) Übergangszeit Ausgleich für ihre gegenüber anderen Unternehmen der Hafenwirtschaft höheren Sozialleistungen. Diese Belastungen waren historisch bedingt. Bei der Übernahme der staatlichen Kaiverwaltung im Jahre 1935 hatte die HHLA auch deren Personal übernommen. Damit war sie die Verpflichtung eingegangen, die gleichen Sozialleistungen zu gewähren, wie sie beim Staat üblich sind. Aus Gründen der Gleichbehandlung aller Arbeitnehmer haben später eingestellte Mitarbeiter diese Vorteile „geerbt".

– Wenn die HHLA im Wettbewerb bestehen sollte, musste ihr eine ausreichende Basis zur Selbstfinanzierung geschaffen werden. Das Grundkapital von einer Million Mark reichte dazu nicht aus. Im Zuge der Neuordnung wurden ihr eine Kapitalerhöhung durch Barzuführung von 4,2 Millionen Mark und Sacheinlagen im Wert von 99 Millionen Mark gewährt. Die Sacheinlagen bestanden aus Übereignungen von Geräten und Ausstattungen, die sich im Besitz der HHLA befanden, und in einer 25-jährigen Übertragung von Nutzungsrechten an Gebäuden und Anlagen, die von der HHLA bewirtschaftet wurden. Die Barzuführung war für eine 49-prozentige Beteiligung an der neuen Massengutanlage „Hansaport" bestimmt.

– Alle Dienstleistungsunternehmen waren nicht mehr auf bestimmte Zweige oder Stufen der Schiffsabfertigung festgelegt. Kooperationen und vertikale Konzentrationen standen fortan in ihrem eigenen betriebswirtschaftlichen Ermessen.

– Die HHLA zahlte – wie alle anderen Firmen – künftig einen festen Mietzins für die von ihr benutzten staatlichen Grundstücke und Anlagen. Bis dahin waren ihre Zahlungen ertragsabhängig gewesen. Auch steuerlich wurde sie allen anderen Unternehmen gleichgestellt. Wo die HHLA im Interesse des Gesamtunternehmens Hafen Hamburg Leistungen erbringen muss, mit denen die Kosten nicht zu erwirtschaften sind, wurde ihr übergangsweise durch die neue Hafenordnung ein Ausgleich zugesichert. Dies galt im besonderen Maß für die Abfertigung des Export-Sammelguts am Übersee-Zentrum.

Es war klar, dass eine neue Hafenordnung, so durchdacht und wirtschaftlich vernünftig sie auch sein mochte, im Zuge ihrer Durchführung auf Schwierigkeiten stoßen würde. So gerecht sie auch konzipiert sein mochte, es gab eine Reihe von Privatfirmen, die sich übervorteilt fühlten. Andererseits ging der Senat davon aus, dass sich die Arbeits- und Sozialbedingungen zwischen HHLA und Privatfirmen angleichen würden. Das ist jedoch nicht eingetreten. Dass die neue Hafenordnung aber einen unvergleichlichen Investitionsboom auslöste und Hamburg damit die Chance gab, sich innerhalb eines Jahrzehnts zu entwickeln, beweist ihre Richtigkeit zu diesem Zeitpunkt. Ohne sie wäre der „zweite Wiederaufbau" des Hamburger Hafens nicht möglich gewesen.

Des einen Streik ist des anderen Boom

Zu umstrittenen Hafenentwicklungszahlen, mit denen die siebziger Jahre eingeläutet wurden, gehörte eine Prognose des Wirtschaftssenators. Helmuth Kern ging von den Berechnungen internationaler Wirtschaftsinstitute aus, nach denen sich das Welthandelsvolumen in den folgenden 15 Jahren um das Drei- bis Vierfache ausweiten werde, und kam zu dem Ergebnis, der Hafenumschlag – ohne Öl im Jahr 1969 etwas weniger als 24 Millionen Tonnen – werde sich bis Mitte der achtziger Jahre verdoppeln. Diese Prognose sollte sich als realistisch erweisen.

Eine andere, nicht weniger eindrucksvolle Zahl bezog sich auf die Leistungen der Vergangenheit: „Heute schlagen im Hafengebiet 13 Prozent weniger Hafenarbeiter 53 Prozent mehr Stückgut um als im Jahre 1957", hieß es im Geschäftsbericht der Hamburger Hafen- und Lagerhaus-Aktiengesellschaft.

Überzeugender ließen sich die Rationalisierungsfortschritte nicht ausdrücken, und der Wirtschaftssenator nahm diese Entwicklung zum Anlass, sich eindringlich für eine verbesserte Schulung von Hafenfacharbeitern einzusetzen. Nur der höher qualifizierte Mitarbeiter – diese Erkenntnis setzte sich zunehmend durch – würde im automatisierten Umschlagsbetrieb der Zukunft eine Chance haben.

Nicht alle Früchte, die Hamburgs Hafen in der ersten Hälfte der siebziger Jahre ernten konnte, waren auf dem Boden eigener Anstrengungen gereift. Manche fielen ihm in den Schoß: Eine Reihe von Docker-Streiks in Großbritannien zwangen die Reeder, ihre für die Britischen Inseln bestimmten Ladungen nach Kontinenthäfen umzuleiten. Dies bedeutete beachtliche Umschlagzuwächse, aber es brachte dem Hamburger Hafen auch Probleme. Werner Schröder, Vorstandsmitglied der HHLA, charakterisierte die Lage im Juli 1970 so: „Wir fühlen uns keineswegs als lachende Dritte im Streit der britischen Tarifpartner. Jeder zusätzliche Verkehr ist nur unter Schwierigkeiten zu bewältigen, denn wir haben augenblicklich mehr als gut zu tun. Unsere Kapazitäten sind natürlich irgendwo begrenzt. Und ganz sicher wird das nicht zu Lasten unserer traditionellen Kunden gehen. Wer schon immer über Hamburg verschifft hat, wird mit Vorrang bedient."

Zwei Jahre später, im August 1972, stand Hamburgs Hafenwirtschaft vor einer ähnlichen Situation wie zwei Jahre zuvor. Auch diesmal gab es Engpässe. Dr. Wilhelm Voss, Geschäftsführer des Unternehmensverbandes Hafen Hamburg, zählte am 2. August 1972: „Gestern fehlten rund 600 Hafenarbeiter, heute sind es schon tausend allein in der ersten Schicht. Dabei haben die Betriebe ihre Anforderungen schon zurückgeschraubt, weil sie wissen, dass nicht viel zu kriegen ist."

Im Hamburger Hafen drängten sich 140 Seeschiffe, um einen der frei werdenden Liegeplätze zu bekommen.

SPITZENZEITEN IM HAMBURGER HAFEN. 140 SEESCHIFFE HOFFEN AUF EINEN FREI WERDENDEN LIEGEPLATZ.

(Im normalen „Hochbetrieb" rechnete man mit hundert Schiffen.) Viele mussten auf der Elbe vor Anker gehen. Der britischen Konkurrenz war es verständlicherweise ein Dorn im Auge, dass Hamburg von der Streiklust ihrer Arbeiter profitierte. Überhaupt waren sie mit den Kontinentalhäfen, insbesondere Antwerpen und Hamburg, unzufrieden und starteten im Oktober 1974 eine Kampagne gegen angeblich unanständig hohe staatliche Subventionen in diesen beiden Häfen, verglichen mit London, Bristol und Southampton. Als Anhaltspunkt für die Höhe der Subventionen nannten sie in ihrer Untersuchung die Prozentzahl, um die ein Hafen seine Einnahmen steigern müsste, wenn alle Zuschüsse gestrichen würden. Bei Hamburg kamen sie auf 78, bei Antwerpen waren es nach dieser Rechnung immerhin noch 67.

Es war nicht der erste Angriff dieser Art, der von den britischen Häfen gegen Hamburg gerichtet wurde. Schon zehn Jahre zuvor waren ähnliche Vorwürfe erhoben worden, auf die die angegriffenen Kontinenthäfen einfach nicht reagiert hatten.

Die Hafendirektion parierte diesmal, hier werde versucht, Äpfel mit Birnen zu vergleichen. Es gebe nur eine verlässliche Vergleichsmöglichkeit: Man müsse die gesamten Kosten ermitteln, die einem bestimmten Schiff mit genau definierter Ladung in den verschiedenen Häfen entstünden. Ein direkter Vergleich der Hafenkosten sei praktisch nicht möglich, da jeder Hafen anders strukturiert sei.

So sei der Hafen von London in Form der Port of London Authority eine eigene Wirtschaftseinheit mit Gewinn- und Verlustrechnung. In Hamburg gebe es hingegen keine Wirtschaftseinheit Hafen.

Dieser organisatorische Unterschied wirkte sich entscheidend aus. Die PLA betreibe das gesamte Umschlagsgeschäft im Londoner Hafen und baue auch Straßen und andere Infrastruktureinrichtungen selbst. Sie erwirtschafte keine Überschüsse und zahle keine Steuern. Ganz anders in Hamburg. Hier finanziere zwar die öffentliche Hand viele Aufgaben im Hafengebiet, wie etwa den Straßenbau und den Bau neuer Hafenbecken, bekomme aber nur einen Teil des dafür aufgebrachten Geldes in Form der Hafengelder und der Pachtbeträge für Hafengrundstücke zurück. Dafür seien aber die indirekten Einnahmen aus dem Hafen, nämlich die verschiedenen Steuern der Hafenbetriebe, zwar nicht genau bezifferbar, aber von beträchtlicher Höhe.

ÜBERLEGENHEIT AUCH AUF DEM SCHWERGUTSEKTOR: »GEMEINSAME SACHE« IM TANDEMBETRIEB DER SCHWIMMKRÄNE.

„Rolls-Royce der Meere" an der Überseebrücke

Es gab Ereignisse, mit denen sich die Briten auf angenehmere Art in Szene setzten. 1972 schickten sie die schönste Botschafterin, die das United Kingdom anzubieten hatte: die QUEEN ELIZABETH 2, das größte Fahrgastschiff, das je an der Überseebrücke festgemacht hatte und nach der damaligen FRANCE das zweitgrößte Passagierschiff der Welt. Die QE 2, wie der Luxusliner von den Engländern liebevoll genannt wird, machte nach einer Nordlandfahrt einen Abstecher nach Hamburg, und es blieb nicht das einzige Mal, dass die Hanseaten die elegante Königin in ihrem Hafen bewundern durften.

Manch einer unter denen, die das Traumschiff bestaunten, mag nachdenklich geworden sein. Während in Hamburg nach mancherlei vergeblichen Anläufen immer wieder behauptet wurde, für die Passagierschifffahrt seien kaum noch zahlungskräftige Kunden zu gewinnen, war die QUEEN mit 1.700 Passagieren voll ausgebucht, und weit über 200 Buchungen waren von deutschen Reisebüros vermittelt worden.

Nicht nur die Schönen der Meere erregten Aufsehen. Auch die Giganten des Seeverkehrs lockten schaulustiges Publikum an des Elbufer. Im April 1974 lief mit der Mittagstide der größte Tanker ein, der jemals die Elbe heraufgekommen war. Der dänische 286.000 Tonnen große Tanker ROMØ MAERSK ging ins Trockendock Elbe 17. Ihm folgten noch vier weitere dieser Kolosse, die es auf eine Länge von rund 350 Metern brachten. Hamburgs Werften waren in diesen Jahren führende Reparaturbetriebe in Europa. Dass sie diese Spitzenposition im Laufe von zehn Jahren verloren, war sicher nicht allein ihre Schuld.

In der ersten Hälfte der siebziger Jahre veränderten die Werften das Bild des Hamburger Hafens entscheidend: 50 Meter hohe Helgengerüste, die so etwas wie Wahrzeichen des linken Elbufers waren, wurden demontiert. 1974, acht Jahre nach der Stilllegung der früheren Stülcken-Werft, fiel auch das Montagegerüst gegenüber den Landungsbrücken – das auffälligste Symbol einer großen Schiffbau-Epoche. Weit über 900 Schiffe – anfangs hölzerne Schoner, Leichter, Barkassen, Fähr- und Walfangboote, später Frachter, Tanker und Kriegsschiffe – waren hier in einer 125-jährigen Geschichte vom Stapel gelaufen. Jetzt kündete der Abriss der Stahl-

GROSSBRITANNIENS »BOTSCHAFTERIN« AN DER ÜBERSEEBRÜCKE.

gerüste mit den starken Laufkatzen eine neue Ära des Schiffbaus an. Blohm + Voss ließ das Helgengerüst nach der Fusion mit der Stülcken-Werft abreißen, weil die Anlage nicht mehr den betriebswirtschaftlichen Anforderungen entsprach. Eile war ohnehin geboten, denn die Schrottpreise sanken von Monat zu Monat, und die Verschrottung der rund 2.000 Tonnen Stahl und Eisen deckten nicht einmal die Abbruchkosten.

Viele Hamburger bedauerten, dass mit der Demontage der Helgen auf Steinwerder ein Kapitel Industriegeschichte abgeschlossen wurde. Und die „He lüchts" auf den Rundfahrtschiffen konnten ihrem Publikum nicht mehr diese typische Stahlkulisse vorführen, die das Hafenpanorama so unverwechselbar zum Hamburger Hafenpanorama gemacht hatte. Aus ihrer Sicht gab es ohnehin manch einen Schandfleck zu umschiffen, den man den Hafengästen lieber nicht zeigte. Noch dreißig Jahre nach dem Krieg las man im Hansa-Hafen, am Grasbrook, am Reiherstieg und anderswo mit weißer Farbe auf Kaimauerresten gepinselt: „Vorsicht, Einsturzgefahr! Hier nicht ankern." Während die Stadt für die bevorstehende IGA einer kosmetischen Operation unterzogen wurde, hatte man für Verschönerungsreparaturen im Hafen ganz bewusst nicht viel übrig. Der Leiter der Hafendirektion brachte es auf den illusionslosen Nenner: „Optik ist einfach zu wenig, das zahlt sich nicht aus. Wirtschaftlichkeit, Nutzungswert, Effektivität sind im Hafen Trumpf. Für die Schönheit bekommen wir keine Mark aus dem Etat ... Der laufende Meter Kaimauer kostet je nach Wassertiefe bis zu 60.000 Mark. Und das ist für reine Kosmetik zu viel."

Vom Geld war viel die Rede in diesen Jahren. Die in allen Bereichen der Wirtschaft ständig zunehmende Kostenexplosion traf auch den Hafen. Ein grobes Rechenbeispiel zeigt, mit welchen Belastungen die Schifffahrt in den großen Häfen der europäischen Industrieländer zu rechnen hatte: Ein Vollcontainerschiff der dritten Generation mit 51.000 BRT und 3.000 Containern an Bord liegt einige Stunden am Container-Terminal und schlägt insgesamt 10.000 Tonnen um. Die Rechnung, die ihm präsentiert wird, liest sich so: Lotsen 10.200 Mark, Hafengeld 10.250 Mark, vier Schlepper 24.000 Mark, Festmacher 2.500 Mark, Makler 8.000 Mark, Kaigeld 65.000 Mark. Insgesamt macht das etwas mehr als 120.000 Mark, und da sind noch nicht einmal die täglichen Betriebskosten des Schiffes mitgerechnet.

350 METER LANGER SUPERTANKER IM TROCKENDOCK VON BLOHM + VOSS.

Volksfest auf der „Little Golden Gate"

Für die Hafenwirtschaft war sie die lang ersehnte Verbindung zwischen dem westlichen und dem östlichen Freihafen, die endlich die uralte, an einen Mississippi-Dampfer erinnernde Köhlbrandfähre überflüssig machte. Für die Hafenplaner war sie die einzige Möglichkeit, den traditionellen Freihafen mit dem Erweiterungsgebiet zu verbinden.

Für die Ästheten war sie die schönste Brücke Europas, die an die Golden Gate Bridge in San Francisco erinnert. Nach der Brücke zwischen dem schwedischen Festland und der Insel Öland und der Innsbrucker Europabrücke war dies das drittgrößte Brückenbauwerk des Kontinents. Die Planer hatten der Brücke extra hohe Leitplanken und ein besonders kräftiges Stahlgeländer angepasst, um auch bei Windstärke 12 noch die erforderliche Verkehrssicherheit zu garantieren.

Die 520 Meter lange Brücke ist aus 32 Segmenten zusammengesetzt, davon hängen 325 Meter zwischen den beiden Pylonen an 88 armdicken Stahlseilen. Diese Seile sollten den Bauplanern noch Kopfzerbrechen bereiten. Kaum fünf Jahre nach der Eröffnung der Köhlbrandbrücke traten an den Stahlseilen Korrosionsschäden auf, die zu aufwändigen Reparaturarbeiten zwangen.

Für die Hamburger war der Neubau zunächst aber ein guter Grund für ein Volksfest. Drei Tage lang nahm die Bevölkerung im September 1974 ihre neue bautechnische Attraktion in Besitz. Zu Fuß marschierten 200.000 Menschen über die Köhlbrandbrücke, deren riesige Pylonen den Turm des Michel um vier Meter überragen. „Nu, dann latschen wir mal nüber", ermunterte Bundespräsident Walter Scheel das Hamburger Fußvolk, als er sich an die Spitze der „Völkerwanderung" stellte. An den Auffahrrampen waren Karussells, Eisläden, Würstchenbuden und Cola-Stände aufgebaut, um den spazierfreudigen Hanseaten den rechten Schwung und etwas Marschverpflegung mit auf den fast vier Kilometer langen Weg zu geben, der sie 60 Meter über den Elbestrom führte. Die „Fußgängeraktion" war so erfolgreich, dass sie noch heute von Zeit zu Zeit wiederholt wird und immer wieder reichlich „Mitläufer" findet.

Das neue Bauwerk hatte mit 31.000 Kraftfahrzeugen täglich einen überzeugenden Start als Verkehrsverbindung, die direkt an die Nord-Süd-Autobahn eingefädelt wurde, sobald der neue Elbtunnel zur Verfügung stand. Die Brücke hatte damit für die Zukunft auch überregional eine verkehrspolitische Schlüsselstellung. Der Ladungszulauf zu den seegehenden Schiffen wurde wesentlich verbessert. Ein anschaulicher Vergleich macht dies deutlich: Für die 930.000 Fahrzeuge, die schon gleich nach der Freigabe die Brücke in jedem Monat passierten, hätte die alte Fähre mit ihren vier Fahrzeugen bei pausenlosem Einsatz genau fünf Monate und eine Woche gebraucht.

BUNDESPRÄSIDENT WALTER SCHEEL UND BÜRGERMEISTER PETER SCHULZ ERÖFFNEN DIE »VÖLKERWANDERUNG« ÜBER DIE KÖHLBRANDBRÜCKE.

Abschied von einer Idylle: Altenwerder muss weichen

ALTENWERDER – EIN DORF WIRD ZUR HAFENBAUSTELLE.

Die Idylle in unmittelbarer Nachbarschaft des Welthafens hatte sich lange gehalten. Noch im Herbst 1973 spielten reetgedeckte Fachwerkhäuser hinter dem Deich von Altenwerder heile Welt. In den winkligen Straßen mit dem Kopfsteinpflaster schien die Zeit stehen geblieben zu sein. Im graubraunen Wasser der Elbe spiegelten sich die Masten der Fischkutter, auf denen Männer mit windgegerbten Gesichtern ihre Netze für die nächste Fangreise vorbereiteten.

Seit 1961 gehörte Altenwerder zum Hafenerweiterungsgebiet, aber die Menschen, die in diesem Stadtteil lebten, mochten ihr Dorf noch nicht aufgeben. Emsig versuchten sie, zum Teil mit Erfolg, für sich und ihr Lebensumfeld mehr „Lebensqualität" zu erstreiten: eine bessere Schule, einen schöneren Fischereihafen, wirksameren Hochwasserschutz für die Siedlung, die den beziehungsreichen Namen „Klein-Italien" trug. Eine Bürgerinitiative, die sich Notgemeinschaft nannte, verbreitete den Slogan: „Das Leben muss Vorrang haben."

Leben ist aber in diesem Zusammenhang ein dehnbarer Begriff. Der Senat verstand unter Leben nicht nur die Idylle hinter dem Deich, sondern auch die Lebensfähigkeit des Wirtschaftsraumes. In diesen Überlegungen spielte der Hafen eine Hauptrolle.

Ende Oktober 1973 beriet die Landesregierung die Hafenerweiterung im Süderelberaum und erarbeitete zugleich Vorschläge, wie Härten für die betroffenen Bewohner zu vermeiden seien.

Das Hafenerweiterungsgebiet im Süderelberaum sollte von zwei Seeschiffzufahrten erschlossen werden: im Westen über das Köhlfleet zum Finkenwerder Vorhafen und im Osten über den Köhlbrand zur Süderelbe. Neue Erweiterungen waren praktisch nur im Bereich von Altenwerder denkbar, da anderes Gelände direkt am seeschifftiefen Wasser nicht mehr zur Verfügung stand. Die zweite Überlegung bezog sich auf einen neuen Massengüterhafen. Der Sandauhafen nördlich von Altenwerder wurde unter nautischen und ökologischen Gesichtspunkten als geeigneter Standort für den künftigen „Hansaport" ausgewählt. Dort können jährlich einmal bis zu zwölf Millionen Tonnen Kohle, Baustoffe und Erz, überwiegend für die Stahlwerke Salzgitter, umgeschlagen werden.

Für die fast 2.000 Bewohner Alternwerders – insgesamt 714 Haushalte – war dies eine bittere Entscheidung. Für die rund 90 Gewerbebetriebe wurden Hilfen für die Existenzsicherung nach der Betriebsaufgabe und Unterstützung für die Betriebsverlagerung bereitgestellt. Eine Dienststelle „Umsiedlungshilfe für Altenwerder" half ihnen, die Möglichkeiten staatlicher Hilfen voll auszuschöpfen. Es war naheliegend, den Menschen, die sich an die Nachbarschaft der Elbe gewöhnt hatten, ein gleichwertiges Wohnumfeld anzubieten. Die meisten von ihnen erhielten Ersatzwohnungen in Neuwiedenthal, Fischbeck, Wilhelmsburg und auf Finkenwerder.

Aber es ging – wie immer in solchen Fällen – nicht nur um materielle Häfen. „Seelenmassage" ist mindestens ebenso wichtig. In einem Brief an die „verehrten Damen und Herren des Stadtteils Altenwerder" ließ der Wirtschaftssenator den betroffenen Bürgern die Fürsorge der Landesregierung versichern:

„Als erstes wird voraussichtlich die Massengutumschlaganlage am Sandauhafen fertig sein. Bei dem Tag- und Nachtbetrieb ließe sich schon wegen des Eisenbahnverkehrs für den Nordteil Altenwerders eine Lärmbelästigung nicht ausschließen. Deshalb sollte nach Auffassung des Senats dieser Teil bis Anfang 1977 geräumt sein. Sie können sich jetzt rechtzeitig mit ihren persönlichen Lebensverhältnissen auf diese Veränderung einstellen. Wenn die Bevölkerung Altenwerders nun ihr angestammtes Wohngebiet wegen eines gesamthamburgischen Interesses verlässt, so versteht es sich von selbst, dass die Stadt den betroffenen Bürgern helfend unter die Arme greift ..."

Praktisch war die Umsiedlung vollzogen. Nur wenige der Altenwerder Bürger hatten ihre Häuser noch nicht verlassen. Die meisten lebten bereits in geräumigen, modernen Wohnungen. Sie hatten eingesehen, dass ihr früheres Wohngebiet die einzige realisierbare Flächenreserve für die Hafenerweiterung war, auf die Hamburg im Interesse der Zukunftssicherung nicht verzichten konnte.

„COCS" – das Geheimnis kurzer Liegezeiten

Anfang 1972 wurde in Hamburg ein neues Kapitel der Schifffahrtsgeschichte aufgeschlagen: Vom blumengeschmückten Rednerpult, umgeben von Fahnen, Polizeimusikern und japanischen Teehäuschen mit Geishas, verkündete der Wirtschaftssenator den Start ins fernöstliche Container-Zeitalter. Ort der Handlung war die Container-Packhalle am Burchardkai, die größte Deutschlands. Hauptakteur war die Trio-Gruppe, fünf Reedereien aus Deutschland, England und Japan, die sich zusammengeschlossen hatten, um ihre 17 Seeschiffe im gemeinsamen Dienst fahren zu lassen. Hamburg hatte damit den Container-Sprung nicht allein nach Japan, sondern nach ganz Fernost vollzogen. Es hatte damit die Voraussetzung geschaffen, Bremen im Containerverkehr zu überholen und sich an die Spitze der deutschen Container-Häfen zu setzen. 1974 war dieses Ziel erreicht – wobei Hamburgs Führungsposition bei den Container-Diensten nach Afrika, Asien und Australien von Anfang an unumstritten war.

Der Ausbau des Burchardkais war zu diesem Zeitpunkt in der ersten Ausbauphase mit sieben Liegeplätzen abgeschlossen. Es war mit 220 Millionen Mark das teuerste Projekt, das sich der Hamburger Hafen je geleistet hatte. Seit Bestehen des ersten Liegeplatzes im Jahre 1966 waren bis dahin 550.000 Container des 20-Fuß-Typs verladen worden. 18 Reedereien waren daran beteiligt gewesen, die schließlich 100 monatliche Abfahrten boten. Ein aufwändiges elektronisches Leit- und Kontrollsystem war installiert worden, das den Weg jedes einzelnen Containers steuert und überwacht. „COCS" – die Abkürzung für „Container Operation Control System" – programmiert und erfasst über eine zentrale Datenbank alle Betriebsabläufe. Der Weg der „großen Kiste" auf dem im Endausbau 1,6 Millionen Quadratmeter großen Terminal wird durch ein perfektes EDV-System begleitet, angefangen beim „Interchange", der Übernahme, bis zur Bestimmung des Stellplatzes auf dem Terminal und der Verladung. Auch der umgekehrte Vorgang, das Löschen des Schiffes, wird EDV-gesteuert. Die Elektronik errechnet ein auf das jeweilige Schiff zugeschnittenes Stauprogramm, nach dem das gesamte Containeraufkommen für ein bestimmtes Schiff auf den Freiflächen des Terminals vorgestaut wird. Der Stauvorgang, der bei herkömmlichen Frachtern während der Hafenliegezeit viel Zeit erfordert, wird auf diese Weise zeitsparend an Land verlegt. Diese enge Kooperation zwischen Schiff und Hafen ermöglicht die extrem hohen Leistungen in der modernsten aller Umschlagstechniken. Am Burchardkai konnten schon Mitte der siebziger Jahre rund um die Uhr mehr als 3.000 Container pro Tag umgeschlagen werden. Selbst die größten Containerschiffe der dritten Generation mussten niemals länger als 24 Stunden in Hamburg festmachen. Zur Freude der Reeder, die einen schnellen Schiffsumlauf in ihre Kalkulation eingeplant hatten. Und zum Bedauern der Besatzungen, die fortan kaum noch Gelegenheit hatten, ihrem Image als Seeleute auf der Reeperbahn und ihren Seitenstraßen gerecht zu werden. Proteste werden mit dem Hinweis auf wirtschaftliche Notwendigkeiten „abgeschmettert".

1972 ERÖFFNETE DIE TRIO-GRUPPE HAMBURGS FERNÖSTLICHES CONTAINERZEITALTER.

Hamburgs Hafenwirtschaft rückt enger zusammen

Die Elektronik mit ihren vielfältigen Möglichkeiten des Informationsaustausches und der Arbeitsbeschleunigung wurde Anfang der siebziger Jahre keineswegs mehr als Sensation empfunden. Viele Hafenunternehmer hatten sich erfolgreich nutzbar gemacht. Einigermaßen ungewöhnlich aber war jener Schritt in die Gemeinsamkeit, zu dem sich die Hamburger Hafenwirtschaft entschloss. Als erster europäischer Seehafen begann Hamburg zu untersuchen, ob sich die Warendokumentation für Exportsendungen über Computer steuern lässt. Mit der „Datenbank Hafen Hamburg GmbH", hinter der das Seehafen Speditionsgewerbe, die Kaiumschlagsbetriebe und die Schiffsmakler standen, war 1971 ein Instrument gegen ein Übermaß an Papierkrieg im Überseeversand konzipiert worden.

Für die an die Datenbank angeschlossenen Unternehmen bedeutete dies der Abschied von handgeschriebenen Frachtbriefen, Schiffszetteln, Tallylisten oder Manifesten. 20 Firmen der Hamburger Hafenwirtschaft schlossen sich in der Datenbank Hafen Hamburg zusammen.

Die moderne Transportkette wie sie sich innerhalb von zehn Jahren in Europa entwickelt hatte, sollte damit ein angemessenes Kommunikationssystem bekommen, was aber erst mit DAKOSY 1984 Wirklichkeit wurde.

Für die Hafenwirtschaft ist besonders wichtig, dass alle Informationen in beliebiger Zusammenstellung abgerufen werden konnten. Der Kaibetrieb benötigt die Daten sortiert nach Schiffszettelausstellern, die Tallyfirma möchte die Manifeste möglicherweise nach Empfangshäfen sortiert haben, oder sie braucht eine Liste aller Schwergüter. Der Linienagent benötigt Konnossemente oder Ladungsmanifeste, und der Spediteur ist auf die Erstellung seiner Papiere auf Matrizen angewiesen. Der Grundgedanke wurde später vom Datenkommunikationssystem „DAKOSY" übernommen.

Die Überlegungen zum Datenverbund waren ein bemerkenswertes Indiz für das Zusammenrücken der Hafenwirtschaft. Seit längerem schon hatten sich verschiedene Arbeitskreise mit der Frage beschäftigt, wie die Kooperation innerhalb der Hafenwirtschaft verstärkt werden und das Leistungsangebot des Hafens insgesamt nach draußen besser „verkauft" werden könne.

DIE ANFÄNGE DER ELEKTRONISCHEN DATENVERARBEITUNG AM HHLA-CONTAINERTERMINAL BURCHARDKAI.

Im April 1973 hielt der Wirtschaftssenator Helmuth Kern vor dem Verein Hamburger Spediteure eine Rede, die von vielen als Versuchsballon verstanden wurde. Der Markt verlangte die Zusammenfassung aller für die Abfertigung von Schiff und Ladung erforderlichen Dienstleistungen zu kompakten Angebotspaketen, erläuterte Kern sein anvisiertes Ziel. „Der Hafenkunde will sich heute nicht mehr die von ihm geforderten Leistungen mühselig zusammensuchen und mit einer Vielzahl von Einzelanbietern Verträge abschließen, sondern er wünscht möglichst nur noch einen einzigen Vertragspartner, an den er sich halten kann und der ihm für die vereinbarte Leistung verantwortlich ist."

Hinzu kam die sich durchsetzende Erkenntnis, dass Hamburgs Hafenwerbung von der Wirtschaft als wenig effizient betrachtet wurde und zunehmend auf Widerstand stieß. Der Zeitpunkt für neue Überlegungen auch auf diesem Sektor war günstig denn der Unternehmensverband Hafen Hamburg war im Begriff, die Verantwortung und Durchführung der Hafenwerbung in eigener Regie zu übernehmen.

So kam es zu einer grundlegenden Neuorientierung des Marketings für den Hafen. Das Marketing im engeren Sinn übernahm eine „Generalvertretung Hafen Hamburg", und für die Öffentlichkeitsarbeit wurde ein „PR-Direktor" mit einem Hafen-Informationsbüro zuständig.

Das Instrument des Generalvertreters sind die ihm unterstellten Hafenvertretungen in Berlin, Hannover, Düsseldorf, Frankfurt, Stuttgart, München, Wien, Budapest, New York und Tokio. Bald wurde ihm auch das Hafen-Informationsbüro zugeordnet

Die Hafenvertretungen sind historisch aus dem nach dem Sitz der HHLA benannten „St.-Annen-Club" hervorgegangen, einem seit Ende der vierziger Jahre bestehenden Zusammenschluss Hamburger Reedereien unter Schirmherrschaft der Hamburger Hafen- und Lagerhaus-Aktiengesellschaft. Die Inlandskontore („Hamburger Schifffahrts-

VORAUSSETZUNG FÜR ERFOLGREICHE VERTRETERARBEIT. DER REGELMÄSSIGE GEDANKENAUSTAUSCH HIER IN DER HHLA 1968.

vertretungen") nahmen damals auch die Interessen des Hafens wahr.

Im September 1956 ging der St.-Annen-Club auseinander. Die Reedereien suchten sich private Inlandsvertretungen oder eröffneten eigene Niederlassungen, und die Oetker-Gruppe (Hamburg-Südamerikanische Dampfschifffahrtsgesellschaft/Deutsche Levante-Linie) übernahm mit ihren Hanseatischen Seefrachtkontoren auch die Vertretung des Hamburger Hafens. Da aber hier selbstverständlich Reedereiinteressen im Vordergrund standen, war es nur eine Frage der Zeit, bis die Hafenwirtschaft eine eigene Organisation aufbaute. Am 1. April 1960 wurden die Vertretungen in Frankfurt, Hannover, München und Stuttgart gegründet. Wien bestand schon seit 1951, und Düsseldorf kam 1963 hinzu.

Mit der neuen Hafenordnung, die 1970 in Kraft trat, wurde die Inlandsorganisation rechtlich dem Unternehmensverband Hafen Hamburg zugeordnet.

Um die Servicepalette des Hafens in ihrer Dienstleistungsvielfalt transparent zu machen, wurde 1974 die Institution „Hafen Hamburg – der Generalvertreter" als Hauptabteilung II des Unternehmensverbandes gegründet.

Die Hamburger Hafen-Vertretungen sind organisatorisch an den Generalvertreter angebunden. Die Aufgabe der Vertretungen ist es, das Ladungsaufkommen über Hamburg zu steigern und die Gesamthafeninteressen international wahrzunehmen. Die zehn Büros sind Ansprechpartner für Industrie, Handel und Verkehrswirtschaft und beraten die Hafenkunden bei der Abwicklung ihrer Transporte via Hamburg.

1985 wurde diese Organisation der Hafenvertretung in den „Hafen Hamburg – Verkaufsförderung und Werbung e.V.", verselbstständigt. Der Unternehmensverband war nunmehr wieder allein die gewerbepolitische Instanz der Hafenwirtschaft.

AUCH EIN ERFOLGREICHER WIRTSCHAFTSFAKTOR WIE DER HAMBURGER HAFEN UND EIN ERFOLGREICHES EXPORTGUT WIE DER VOLKSWAGEN BEDÜRFEN DER UNTERSTÜTZUNG DURCH EINE LEISTUNGSFÄHIGE ORGANISATION FÜR DIE WERBUNG UND VERKAUFSFÖRDERUNG.

SPIELLEIDENSCHAFT AUF HANSEATISCH.

DAS ÜBERSCHALLFLUGZEUG »CONCORDE« STELLT SICH IN FUHLSBÜTTEL VOR.

DER ERSTE »AIRBUS« FÜR DIE LUFTHANSA.

»AUS« FÜR HAMBURGS POLIZEIPFERDE.

1975–1979

MASCHEN – EUROPAS GRÖSSTER RANGIERBAHNHOF.

Out: Hamburgs berittene Polizei
In: die Spielbank

Zwei Frauen standen Anfang 1975 im Blickpunkt des Hamburger Interesses: Liza Minelli begeisterte die Hanseaten mit der ausgefallenen Präzision einer Show, wie sie nur in Amerika erarbeitet werden kann, und die Kriminaloberrätin Rosemarie Frommhold wird der erste weibliche Chef der Hamburger Sittenpolizei.
Jubel an den Landungsbrücken: Die Hapag-Schiffe MÜNSTERLAND und NORDWIND kehrten nach achtjährigem Zwangsaufenthalt im Großen Bittersee am Suez nach Hamburg zurück. Sie waren dort vom Krieg zwischen Israel und Ägypten überrascht worden.
Im Sommer kam es zu ersten Protestaktionen in der Innenstadt gegen die Auswirkungen des Sparprogramms auf den Bildungsbereich. Durch einen Zufall kam es zur Aufklärung eines der spektakulärsten Verbrechen der Hamburger Kriminalgeschichte. Der vierfache Frauenmörder Fritz Honka wurde verhaftet.
Der Hamburger Ruderer Peter-Michael Kolbe errang im englischen Nottingham die Weltmeisterschaft im Einer; das Deutsche Schauspielhaus an der Kirchenallee feierte zur selben Zeit sein 75-jähriges Jubiläum.
Hamburgs Polizeipferde wurden versteigert: „Aus" für die seit 1870 bestehende berittene Polizei.
Die Bürgerschaft beschloss die Einrichtung einer Spielbank. In den Morgenstunden des 2. November 1975 brannte das Werkstätten- und Lagerhaus der Hamburgischen Staatsoper aus. Von 59 Bühnendekorationen blieben nur vier vollständig erhalten.
Auf Finkenwerder wurde Anfang 1976 der erste Airbus an die Deutsche Lufthansa ausgeliefert. Ein paar Monate später stellte sich der Superjet „Concorde" den Hamburgern vor.
Die 33-jährige gelernte Schauspielerin Dagmar Berghoff wurde die erste deutsche Tagesschausprecherin.
Atomkraftgegner eröffneten Ende 1976 die „Schlacht um Brokdorf". Das Altonaer Kulturzentrum „Fabrik" fiel den Flammen zum Opfer. Blohm + Voss feierte 1977 sein hundertjähriges Bestehen. Im Mai desselben Jahres wurde der Övelgönner Museumshafen eingeweiht. Maschen eröffnete den größten Rangierbahnhof Europas. Die Hamburgische Staatsoper wurde 300 Jahre alt, und auf dem Dom erlebten die Hamburger zum ersten Mal den Nervenkitzel einer Loopingbahn.
Im Dezember 1978 sank der Hapag-Lloyd-Frachter MÜNCHEN auf dem Nordatlantik. Das Chemiewerk C. H. Boehringer geriet als Umweltvergifter in die Schlagzeilen.
Der HSV wurde Deutscher Fußballmeister 1979.
Auf der Internationalen Verkehrsausstellung (IVA), der größten Messeschau, die Hamburg je erlebt hatte, präsentierten sich Verkehrssysteme für Schiene, Straße, Luft und Wasser und – erstmals in der Hansestadt – die Raumfahrt. Das traditionsreiche Winterhuder Fährhaus wurde abgerissen. Lange Zeit hatte niemand eine Idee, was an dem Platz des alten Fährhauses gebaut werden sollte.
Am 7. Oktober 1979 starb Rudolf Blohm, der Nestor des deutschen Schiffbaus.

RÜCKKEHR DER MÜNSTERLAND UND NORDWIND AUS DEM GROSSEN BITTERSEE.

Zunehmend wolkig ...

Bilanz von Hafenbaudirektor Dr.-Ing. Hans Laucht

In diesen letzten Jahren meiner Tätigkeit bei dem Amt Strom- und Hafenbau, in dessen weitem Aufgabenbereich ich fast dreieinhalb Jahrzehnte lang gewirkt habe, gab es keine so herausragenden Bauwerke, als dass man sie in den Augen der Öffentlichkeit spektakulär hätte bezeichnen können. Das Baugeschehen lief freilich wie bisher weiter, mit zahlreichen kleinen bis großen Vorhaben, z.B. mit dem Bau neuer Liegeplätze für See- und Binnenschiffe, dem Bau von Hansaport, der Umgestaltung des Segelschiffhafens im Zuge der Aktivierung des alten Freihafens, der Vertiefung der Elbe für die Containerschifffahrt, der Erneuerung der Radaranlagen für die Schiffssicherheit, dem Ausbau der Hafenbahnhöfe und Gleisanlagen, mit Straßen-, Brücken- und Schleusenbauten u.a.m. Darüber ließe sich natürlich viel erzählen. Wenn ich jedoch nur wenige Ereignisse oder Entwicklungen hervorheben soll, die mich besonders beeindruckt haben, dann fallen mir auf Anhieb drei aus ganz verschiedenen Bereichen ein. Und zwar waren es aus meiner Sicht andere als der allgemeine Rückgang aller Zuwachsraten und der infolgedessen härtere Wettbewerb, der weiterhin große Anstrengungen erforderte. Das eine war der Hafenentwicklungsplan, der nach mehrjährigen Vorarbeiten 1975/76 in Senat und Bürgerschaft behandelt und beschleunigt wurde. Hier ist – soviel ich weiß erstmalig – mit der auch in anderen Häfen üblichen Gepflogenheit gebrochen worden, nach vermeintlich exakten Wirtschafts- und Verkehrsprognosen konkrete Pläne aufzustellen. Infolge unserer Erfahrung, dass Voraussagen über menschliche Tätigkeiten mittel- bis langfristig wegen der komplexen, mathematisch nicht fassbaren Einflüsse so gut wie nie zuzutreffen pflegen, ist dieser Entwicklungsplan zwar mit den unerlässlichen generellen Festlegungen, aber zugleich mit einem großen Spielraum an flexiblen Anpassungsmöglichkeiten aufgestellt worden. Dabei sind die grundsätzlichen Aussagen und Anordnungen das Wichtigste,

DER HAFENENTWICKLUNGSPLAN SCHAFFTE DIE GRUNDLAGEN FÜR DIE HAFENERWEITERUNG.

und selbst dies wird im Laufe der Zeit wieder Änderungen erfahren.

Bedauerlich war, dass der Rahmen für künftige Hafenerweiterungen durch politischen Druck, beginnend in den 70er Jahren, immer enger gesteckt wurde, sowohl räumlich als auch durch neue Randbedingungen. Das mag zu einem Teil berechtigt gewesen sein, ging aber – nicht nur nach meiner Auffassung – zu weit. Wenn unbestreitbar ist, dass der Hafen laufend weiterentwickelt werden muss, dann sollte man eigentlich mit dem Verblocken von Manövrierraum um so vorsichtiger sein, je weniger man die Anforderungen der nächsten Jahrzehnte absehen kann.

Das zweite Ereignis bescherte uns die Natur im Januar 1976 mit der höchsten Sturmflut, die bisher in Nordsee und Elbe stattgefunden hat. Obwohl sie in Hamburg noch beträchtlich höher als die von 1962 auslief, waren die Hauptdeiche inzwischen ausreichend erhöht und verstärkt worden waren. Dennoch: Der Hafen war ja bis dahin ungeschützt geblieben, weil man geglaubt hatte, die dort relativ geringen Schäden bei statistisch so seltenen Ereignissen im Hinblick auf die sonst enorm hohen Kosten für Schutzbauwerke und auf unvermeidliche betriebliche Behinderungen in Kauf nehmen zu können. Diese Annahme war wegen der nun überraschend stark zugenommenen Häufigkeit hoher Sturmfluten und des jetzt eingetretenen übermäßigen Schadens offenbar falsch. Es musste also rasch und gründlich gehandelt werden. Das war vor allem eine Geld- und eine Personalfrage. Finanziell war diese Aufgabe von der Stadt allein nicht zu lösen: Bund, Hamburg und die Betroffenen taten sich unter dem Zwang des Geschehens zusammen. Personell konnte das Amt Strom- und Hafenbau, das ich damals leitete, ein neues Warnsystem für Stadt und Hafen aufstellen, musste sich im Übrigen jedoch darauf beschränken, die generelle Planung und Beaufsichtigung, nicht aber die Durchführung, zu übernehmen. Auch dies war – wie sich herausstellte – wegen der schwierigen rechtlichen und bautechnischen Fragen derart umfangreich, dass diese Belastung längere Zeit für einen Teil der Mitarbeiter das Zumutbare übertraf. Trotzdem wurde der Hafen in erstaunlich wenigen Jahren wieder sicher. Nachdem das aus dem politischen Raum gespendete Lob verklungen war, blieb gelegentlich ein bitterer Nachgeschmack, wenn bei später angeordneten Personaleinsparungen manchmal so getan wurde, als könne man solche Zeiten äußerster Anstrengung als reguläre Bemessungsgrundlage ansehen.

Vielleicht hing das mit der allgemeinen politischen Entwicklung in dieser Zeit – meinem dritten Punkt – zusammen. Hier hatte der Slogan „Alles wird komplizierter" ebenso seine Berechtigung wie der Hinweis auf immer stärker werdende Kirchturmpolitik. Wobei wiederum deutlich wurde, dass Hamburg leider sehr viele Kirchtürme hat. Immer mehr Partei- und Regionalgremien mussten eingeschaltet und bedient werden. Immer mehr Arbeitszeit wurde dadurch absorbiert, die Papierflut schwoll in ungeahnter Weise an. Immer mehr hafenfremde Leute redeten über wichtige Hafenbelange mit, allerlei Querelen kamen hinzu. Das Schlimmste – so meine ich – war der Eindruck, dass Senat und Bürgerschaft nicht mehr so frei und souverän entscheiden konnten oder wollten, wie sie das Jahrzehnte vorher getan hatten. Diese Entwicklung konnte schon ein wenig deprimierend wirken. Doch darf das nicht zu pessimistisch klingen. Die faszinierenden Aufgaben, die der Hafen stets von neuem stellte, auch wenn weltweit nicht mehr alle Blütenträume reiften und sich – glücklicherweise, möchte ich sagen – manche übertriebene Vorstellung als Phantasie herausstellte, diese Aufgaben weckten immer wieder Pflichtbewusstsein und Freude sowie die Hoffnung, dass es auch wieder einmal besser wird. Denn Hamburg ohne seinen großen Universalhafen, in dem und für den so viele Menschen in den verschiedensten Berufen arbeiten … Kann man sich das überhaupt vorstellen? Ich jedenfalls kann es nicht, und ich will es auch gar nicht!

Die Hafenbahn – einer der wichtigsten Partner für Hamburgs Hafenwirtschaft.

Zwischen Traumjahr und Rekordwinter

Die Kommentare, die den Jahreswechsel 1974/75 aus der Hafenwirtschaft begleiteten, waren von einem merkwürdigen Stimmungsgefälle geprägt: Da war einerseits unverhohlener Stolz auf das gerade zu Ende gegangene „Traumjahr", in dem Hamburgs Hafen mit 53 Millionen Tonnen Güterumschlag alle seine Rekorde brach. Aber in die Freude über dieses Ereignis mischte sich die sichere Erkenntnis, dass am Horizont der Hafenzukunft düstere Wolken hochzogen. Und die Pessimisten behielten kurzfristig Recht. Ein Jahr später traf den Hafen eine schwere Rezession. Mit einem Minus von 8,5 Prozent fiel er auf den Stand von 1972 zurück. Das war bitter, aber kein Grund, die Nerven zu verlieren. Werner Schröder, Vizepräsident des Unternehmensverbandes Hafen Hamburg, rückte die Dinge zurecht: „Ein so diffiziler Prozess wie die Umschlagsentwicklung ... kann nicht ständig mit schöner Gleichmäßigkeit ablaufen. Dass die Hafenwirtschaft 1975 Mühe haben wird, 50 Millionen Tonnen Gesamtumschlag ein zweites Mal zu erzielen, war schon Mitte 1974 abzusehen, als die außergewöhnlich starke Exportwelle des ersten Halbjahres abzuebben begann ... Das ist kein Grund zur Nervosität."
Wie richtig diese Einschätzung war, zeigte die weitere Entwicklung. Als das achte Jahrzehnt zu Ende ging, hatte Hamburgs Hafen gegenüber seinem „Traumjahr" noch einmal fast 10 Millionen Tonnen zugelegt.
Zwischen diesen beiden Daten – Ende 1974 und 1979 – lag ein halbes Jahrzehnt einer wechselvollen Entwicklung, die manche auch für den flüchtigen Hafenbesucher augenfällige Veränderung brachten. Die St.-Pauli-Landungsbrücken bekamen ein neues Gesicht: Zwischen den Brücken 4 und 5, wo von 1909 bis zur Zerstörung im Krieg die Gepäckhalle des Seebäderdienstes gestanden hatte, wurde 1976 ein neues Brückenhaus mit Ladenpassage, Büros und Räumen des Hafen-Clubs fertig gestellt, dessen 270 Mitglieder allein eine Million Mark für den Neubau aufgebracht hatten. Die Speiseräume des Hafen-Clubs wurden für Eingeweihte zum Geheimtipp. Es gibt kaum einen schöneren Blick über die Elbe.
Wer gelegentlich einen solchen Blick riskierte, sah immer häufiger Schiffe elbaufwärts kommen, die auch optisch den Rahmen des Herkömmlichen sprengten: Frachter mit ungewöhnlichen Aufbauten, wie speziell für den Papier-

Norwegisches Spezialschiff mit Seitenfahrstühlen für den Papierrollen-Umschlag.

transport gebaute Schiffe mit neuartigen Löschsystemen. Einen solchen Transporter hatte die norwegische Reederei A/S Forest Transporters aus Bergen seit 1975 serienmäßig bauen lassen und in Hamburg vorgestellt. Das Spezialschiff für Zeitungspapier hatte vier seitlich am Rumpf angebrachte Fahrstühle, die die Papierrollen über zwei große Seitenluken löschen konnten. Die Leistungen bei der Abfertigung im Hafen ließen sich damit verdoppeln. Dies bedeutete, dass ein Schiff wie die Follum Supplier mit einer Tragfähigkeit von 2.700 Tonnen den Hafen nach zwölfstündigem Aufenthalt wieder verlassen konnte.
Noch ungewöhnlicher war für die Hamburger der erste Flüssiggastanker, der ihren Hafen anlief. Die LNG Challenger der britischen Reederei Peninsular & Oriental Steamship Co. ging Ende 1974 ins HDW-Dock. Das Schiff mit den halbkugelförmigen Aufbauten hatte eine Ladekapazität von über 8.700 Kubikmetern und war auch durch seine Länge von 262 Metern beeindruckend. Dass die moderne Technik auch ihre Tücken hatte, zeigte sich eindringlich im Sommer 1976. Die Bugstrahlruder der großen Containerfrachter und Roll-on/Roll-off-Einheiten, die diesen Schiffen das Manövrieren im Hafen wesentlich erleichterten, unterspülen die Kaimauern. Die Techniker von Strom- und Hafenbau, die regelmäßig die Wassertiefen im Hamburger Hafen überprüfen, fanden an Anlagen der HHLA Löcher von bis zu drei Metern Tiefe genau vor den Kaimauern. Die Hafenbauer konnten sich darauf zunächst keinen Reim machen, aber die Hamburger Schiffbauversuchsanstalt fand die Bugstrahlruder als Ursache dieser Schäden heraus: Sie spülen die Hafensohle vor den Kai-Spundwänden weg. Der Hafenkapitän befürchtete, die Kaigelände könnten

einstürzen und forderte die Schifffahrt auf, anstelle der Bugstrahlruder im Hafen mehr Schlepperhilfe in Anspruch zu nehmen. Dies war für die Reeder natürlich eine Kostenfrage, aber der Geschäftsführer des Vereins Hamburger Reeder versprach, die „Handvoll wild gewordener Kapitäne, die ihr Bugstrahlruder unvorsichtig einsetzen, an die Kette zu legen".

Bei den neueren Umschlagsanlagen wie dem Hansaport hatten die Hafenbauer ohnehin vorgesorgt: Die Toleranzgrenze der Kolkentiefe war dreimal so groß wie die am Burchardkai.

Auch an anderen Stellen des Hafens mit anderen Schwierigkeiten hatten sich die Bauingenieure einiges einfallen lassen. Wie verhindert man, dass aus dem Petroleumhafen, bei dem natürlich die Gefahr der Ölverschmutzung größer ist als anderswo, Ölfilme auf dem Wasser in andere Hafenbecken laufen? Die Hamburger Lösung lautete: Pressluftsperren. Das sind Schläuche, die mit Bleigewichten auf dem Grund gehalten werden und aus vielen hundert Düsen einen Vorhang von Luftperlen an die Oberfläche steigen lassen. Eine solche Sperre hält das Öl auf, nicht aber den Schiffsbetrieb.

Gegen das Ereignis, das im Januar 1979 über Hamburg hereinbrach und auch den Hafen tagelang lahm legte, waren auch die findigsten Hafenbauingenieure machtlos: Berge von Schnee und ein Temperatursturz bis 15 Grad Celsius verursachten ein Verkehrschaos. Der Containerumschlag geriet vorübergehend ins Stocken. Aber was nützte es, wenn der übrige Hafen einigermaßen über die Runden kam und sogar ein recht gutes Januar-Ergebnis erzielte? Die Hinterlandverbindungen waren erheblich gestört. Die Binnenschifffahrt fiel ganz aus, und am Horster Dreieck lagen lange Fahrzeugkolonnen bis zu 24 Stunden fest. Hamburgs Stadtreinigung hatte schon am 3. Januar die Hälfte ihres Etats für Schnee- und Eisräumung „aufgebraucht" …

REKORDVERLADUNG ÜBER EINE RO-RO-RAMPE: 247-TONNEN-TRANSFORMATOR.

Lasergesteuert durch den Elbhang

Eines der spektakulärsten Ereignisse für Hamburg und den norddeutschen Raum, die Eröffnung des Elbeseitenkanals, stand unmittelbar bevor, und die Hanseaten spitzten schon den Rechenstift und sahen für ihren Hafen ein ungeahntes zusätzliches Massengutaufkommen. Aber der Bau dieses Kanals, der seit mehr als einem halben Jahrhundert auf der Wunschliste der Hanseaten gestanden hatte, war nur eine der großen Leistungen, mit denen Hamburg in der zweiten Hälfte der siebziger Jahre von sich reden machte.

Das andere Bauwerk, das um diese Zeit weltweit Aufsehen erregte, war mehr als nur „spektakulär" – es war eine technische Sensation. Vor der offiziellen Eröffnung des neuen Elbtunnels hatten etwa 600.000 Hamburger „ihren" Tunnel durch einen Fußmarsch unter der Elbe in Besitz genommen, dabei 33.000 Liter Hamburger Bier getrunken und 850 Musikanten bemüht, die dem Volksfest den angemessenen akustischen Rahmen gaben. (Die Hamburger hatten ein Recht auf ein solches Volksfest; schließlich hatte jeder Einzelne von ihnen das Bauwerk mit 115 Mark seiner Steuern mitfinanziert.)

Der 10. Januar 1975, der eigentliche „große Tag", vollzog sich unter Ausschluss der Öffentlichkeit – wenn man einmal von einigen hundert Journalisten absieht. Helmut Schmidt mit Prinz-Heinrich-Mütze als Kälteschutz und Markenzeichen, stellte die Verkehrsampel auf Grün und gab ein paar Familiengeschichten zum Besten, unter anderem auch die von seinem Großvater, der noch täglich zu Fuß von Barmbek in den Hafen gegangen war.

Zum zweiten Mal hatten sich in der Hansestadt jene Ingenieure durchgesetzt, die einen Tunnel anstelle einer Brücke als günstigste Möglichkeit sahen, von einem Elbufer an das andere zu kommen. 1891 hatte den Planern eine Stahlgitterbrücke vorgeschwebt, wie sie die Schotten über den Firth of Forth gebaut hatten. Aber es war schließlich zwanzig Jahre später doch ein Elbtunnel geworden. 1938 war erneut eine gewaltige Hochbrücke nicht nur im Gespräch (bei Övelgönne waren bereits Fundamente gelegt), aber man entschied sich rund 30 Jahre später dann wieder für einen Tunnel.

Technisch war der Bau ein Abenteuer – auch wenn die Tunnelbauer selbst, bei denen alles bis ins Detail berechenbar sein muss, den Terminus nicht akzeptieren werden. Drei „Maulwürfe" buddelten sich im Schildvor-

BUNDESKANZLER HELMUT SCHMIDT ERÖFFNET DEN NEUEN ELBTUNNEL.

triebsverfahren durch den Geesthang am Nordufer. Von Laserstrahlen millimetergenau gesteuert, fraßen die Maschinen sich Tag für Tag acht Meter weiter und ließen einen Tunnel von elf Metern Durchmesser hinter sich. Über 1.100 Meter waren zu bewältigen, und das Erdbeben, das die gewaltigen Raupen bei der Arbeit verursachten, brachte manch ein Haus auf dem Othmarscher Elbhang in Einsturzgefahr.

Noch eindrucksvoller als die Präzisionsarbeit am nördlichen Elbufer war der Bau der Elbunterquerung selbst. Sie bestand aus acht vorgefertigten Segmenten, jedes etwa so groß wie ein Fußballfeld und 960.000 Zentner schwer. Die Ingenieure hatten die Betonkolosse im leer gepumpten Maakenwerder Hafen bauen lassen, dieses Hafenbecken dann geflutet und die Segmente mit Schleppern an ihren Platz bugsiert. Dort wurden sie millimetergenau abgesenkt. Abgesehen von einem Unfall, bei dem die Stahltrossen brachen, das hohle Segment in Richtung Blankenese abtrieb und mühsam wieder „eingefangen" werden musste, und abgesehen von einigen Schwierigkeiten mit dem moorigen Untergrund, lief die Arbeit reibungslos.

Der fast dreieinhalb Kilometer lange fernsehüberwachte Tunnel, an der tiefsten Stelle 27 Meter unter dem mittleren Elbwasserspiegel, ist nicht der längste, wohl aber einer der verkehrsreichsten Tunnel der Welt. Durch seine drei Röhren fuhren in den ersten sechs Monaten an die zehn Millionen Fahrzeuge. Als Teil der westlichen Umgehungsautobahn erfüllt er eine wichtige überregionale Verkehrsfunktion: Er ist ein Teilstück der Europastraße 3, die quer durch den Kontinent von Skandinavien nach Portugal führt. Hamburgs Hafen ist damit in seiner europäischen Rolle weiter gefestigt worden. Die Container-Terminals in den westlichen Hafengebieten haben einen direkten Anschluss an diese wichtige Nord-Süd-Verbindung.

Schon unmittelbar nach der Eröffnung des neuen Elbtunnels wurde auch seine Bedeutung für den regionalen Verkehr deutlich: Die Stadtstraßen wurden spürbar entlastet – die Statistiker errechneten acht bis 30 Prozent –, besonders die Abnahme des Lastwagenverkehrs in der Innenstadt und auf den Durchgangsstraßen machte sich vom ersten Tag an zum Wohl der Anlieger bemerkbar. Annähernd zehn Jahre lang sollte das „Jahrhundertbauwerk" Spitzenbelastungen bewältigen, die im Extremfall um 20.000 Wagen über der bei der Freigabe des Tunnels prognostizierten Höchstleistung lagen. Dann beschlossen die Verkehrsplaner, die Vorbereitung für eine westlich an den vorhandenen Tunnel angelagerten vierten Röhre zu treffen.

Der Supertunnel: Teilstück der Europastrasse 3 von Skandinavien nach Portugal. Jeden Hamburger hat der Tunnel 115 Mark Steuergelder gekostet.

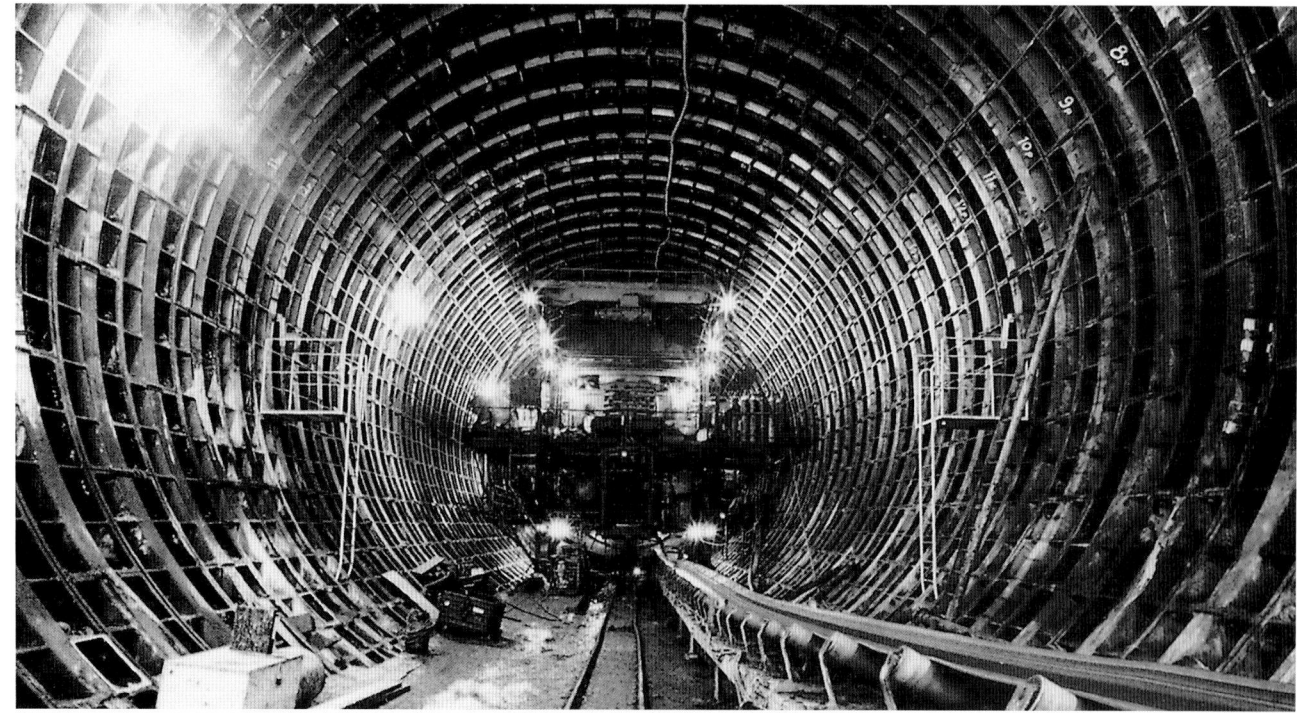

Eine der elf Meter breiten Elbtunnelröhren unter dem Geesthang am Nordufer.

Hamburg erlebt die höchste Sturmflut aller Zeiten

Hamburg hatte im Laufe seiner Geschichte gelernt, mit Sturmfluten zu leben. Das Auf und Ab der Gezeiten gehört wie an der Nordseeküste, so auch in einem weit ins Binnenland hineingezogenen Seehafen zur alltäglichen Lebenserfahrung. Dass dieses selbstverständliche Ereignis, der Wechsel von Ebbe und Flut, besonders im Herbst und im Winter die Norm des Alltäglichen sprengen und zur lebensbedrohenden Gefahr werden kann – auch dies wird als schicksalsgegeben hingenommen. Schließlich hat man Mittel und Wege gefunden, sich dagegen zu schützen. Dann aber bricht über die Stadt und ihre Menschen plötzlich das Inferno ungezügelter Naturgewalten herein, die alles übersteigen, was menschliche Erfahrung und Fantasie für möglich gehalten hatte. Die Sturmflut vom 17. Februar 1962 war ein solcher Schicksalsschlag von elementarer Gewalt, der alles übertraf, was sich die Hamburger unter dem Begriff „Sturmflutgefahr" hatten vorstellen können. Das Deichsystem wurde an vielen Stellen aufgerissen und überspülte Wohnviertel, in denen annähernd hunderttausend Menschen wohnten. Über 300 Hamburger fanden den Tod. Die materiellen Schäden allerdings, die diese Flut anrichtete, waren verhältnismäßig gering. In den folgenden Jahren wurde das Deichsystem wesentlich verbessert, der Schutz der Menschen in den niedrig gelegenen Stadtteilen verstärkt. Der Hafen und seine Betriebe blieben dem Wasser jedoch weitgehend schutzlos ausgeliefert. Die Unternehmen litten besonders darunter, dass sie sich gegen Hochwasserschäden nicht versichern konnten, da Überschwemmungen bei Sturmfluten zu den so genannten höheren Gewalten zählten. Erst als sich 1973 eine Notgemeinschaft der flutgeschädigten Gewerbebetriebe bildete – der sich zunächst rund 50 Firmen angeschlossen hatten – entwickelte die Hamburger Feuerkasse ein „Denkmodell", um den 3.000 bis 3.500 Betroffenen helfen zu können. Ein Jahr später – die „Notgemeinschaft" hatte inzwischen 138 flutgeschädigte Mitglieder – beschloss der Senat, den Hafenunternehmen finanziell zu helfen, um sie nicht in eine existenzgefährdende Lage geraten zu lassen. Auch das System der Sturmflutwarnungen wurde verbessert. Seit 1974 wird der zu erwartende Wasserstand über Normalnull angegeben und muss nicht erst mit Hilfe des Begriffs „mittleres Hochwasser" umgerechnet werden. Die Behörde für Wirtschaft und Verkehr veröffentlichte ein Merkblatt „Schutz gegen Sturmfluten" und gab der Hafenwirtschaft im Außendeichbereich damit umfassendes Informationsmaterial an die Hand. Den gefährdeten Firmen wurde empfohlen, sich gegen extrem hohe Wasserstände zu schützen. Wo Geländeaufhöhungen nicht möglich waren, sollte wenigstens dafür gesorgt werden, dass Schalter, Antriebe, Steuervorrichtungen und

STURMFLUTSCHÄDEN – DAMALS NOCH »HÖHERE GEWALT«.

AUFATMEN AN DER DRADENAU: DIE NEUE MAUER HAT GEHALTEN.

KONSEQUENZEN: FLUTSCHUTZMAUERN AM CONTAINERTERMINAL.

empfindliche Betriebssysteme in oberen Stockwerken untergebracht wurden. Auch die Vorbereitung von Mitarbeitern auf ihre Sicherungsaufgaben bei Sturmfluten wurde in vielen Betrieben verbessert.

Hamburg war seit Mitte der siebziger Jahre um ein Vielfaches besser auf Sturmflutkatastrophen eingestellt, als dies 1962 der Fall gewesen war. Aber es scheint, dass die menschliche Fantasie nicht ausreicht, das Unglaubliche ins Kalkül zu ziehen. An die Möglichkeit einer höheren Sturmflut als der von 1962 scheint in Hamburg niemand gedacht zu haben.

Am 3. Januar 1976 stieg die Flut über alle bis dahin gemessenen Pegelstände. Am Pegel St. Pauli erreichte das Wasser 4,75 Meter über dem mittleren Hochwasser – das war ein Dreiviertelmeter höher als bei der Unglücksflut 1962. Es war die höchste Flut, die Hamburg je erlebt hatte und die verheerendste für den Hafen. Alle Vordeichländereien meldeten „Land unter". Kaum ein Kaischuppen, Kühlhaus oder eine Lagerhalle blieb verschont. Einzelne Firmen – darunter Schiffsausrüster – meldeten fünfzehnmal höhere Schäden als 1962. Zwar verhinderte das inzwischen eingerichtete neue Deichsystem, dass Menschen ihr Leben verloren, als aber die Hafenwirtschaft eine Bilanz ihres Schadens zog, kam sie auf über eine Milliarde Mark. Dabei hätte nach Ansicht der Experten alles noch schlimmer kommen können. Ein nur wenige Stunden länger anhaltender Orkan, eine andere Mondphase mit einer Springflut, mehr Wasserzufluss aus der Oberelbe oder so genannte Fernwellen aus dem Atlantik hätten den Pegelstand um einen halben bis einen Meter mehr ansteigen lassen können. Für den Hamburger Hafen war dies eine kritische Situation. Von Abwanderung einiger Betriebe war die Rede, denn die Notwendigkeit, jede einzelne Firma sturmflutsicher zu machen, weil man den Hafen insgesamt nicht eindeichen kann, erschien vielen Unternehmen wenig verlockend.

Hamburg gelang es, die Firmen – die zum Teil ein Vielfaches ihres Eigenkapitals verloren hatten – durch Beihilfen, zinsgünstige Kredite und Steuervergünstigungen zu halten. Aber es war klar, dass auch technische Möglichkeiten gefunden werden mussten, die Firmengelände gegen neue, vielleicht schwerere Sturmfluten zu sichern. Wirtschaftssenator Kern, der natürlich die immensen Kosten der erforderlichen Baumaßnahmen im Auge haben musste, begründete die Notwendigkeit: „Es ist nicht leicht einzusehen, dass wir mit Milliardenbeträgen die Küste und das Agrarland schützen, während hochwertiges Industriegelände in Hamburg ungesichert bleibt."

Der beim Strom- und Hafenbau erwogene abenteuerliche Plan, die Unterelbe durch ein gigantisches Sperrwerk abzuschotten, blieb Utopie. Abgesehen von den technischen Problemen, die dabei zu lösen gewesen wären, hätte diese Hilfe für die betroffenen Unternehmen zu lange auf sich warten lassen. Kern ließ deshalb objektbezogene Maßnahmen erarbeiten. Je nach Hafenregion sollten einzelne Betriebe eingedeicht oder auch als ganze Areale mit Flutmauern geschützt und Teile des Binnenhafens – wie die Peute – durch Sperrwerke abgesichert werden.

Die Kostenschätzungen lagen zwischen 240 und 400 Millionen Mark. Angesichts der vorangegangenen Schäden eine eher bescheidene Summe.

Was alles zu bedenken war, wenn ein Betrieb sturmflutsicher gemacht wurde, lässt sich am Beispiel der Reparaturwerft Barthels & Lüders auf Steinwerder zeigen. An eine Aufhöhung des Geländes war nicht zu denken, und eine Flutmauer um das gesamte Firmengelände wäre nicht finanzierbar gewesen. So ging man daran, einzelne Gebäude zu schützen. Jede Tür erhielt ein Schott, das bei Gefahr von zwei Männern ohne weitere Hilfsmittel eingesetzt und verschraubt werden konnte. Die Unterkante der Fenster wurde höher gelegt. Alle Siele erhielten Rückschlagklappen und Absperrventile. Eine Werkhalle mit Wellblechwänden wurde durch eine innere Flutmauer gesichert. In den Gebäuden wurden automatische Pumpen mit Stundenleistungen von 18 Kubikmetern installiert. Alle Schutzsysteme wurden an ein Notstromaggregat angeschlossen, das sogar beim Ausfall der Wasserkühlung arbeiten kann. Wandmarkierungen in den Räumen zeigen an, unter welcher Höhe keine Güter gelagert werden dürfen, und für den Notfall wurden 600 Sandsäcke bereitgelegt. Die Mitarbeiter wurden so geschult, dass sie den Betrieb bei Alarm in einer guten Stunde flutsicher machen können. Ähnliche Vorkehrungen trafen damals fast alle gefährdeten Hafenunternehmen, auch die Kaiumschlagsbetriebe. Viele gründeten „Poldergemeinschaften" – also gemeinsame Schutzmaßnahmen, für die oft schwierige Verhandlungen geführt werden mussten.

Die Hansestadt half den Unternehmen nach Kräften und gab selbst für neue Deiche und Hochwasser-Schutzanlagen wie Polder rund 600 Millionen Mark aus. Im Herbst 1978 waren die Baumaßnahmen so weit abgeschlossen, dass sie mehr als 2.000 Hektar Hafenbetriebsgelände außerhalb der Hauptdeiche schützen konnten. Außerdem wurde der „WADI", der Hochwasser-Warndienst, so weit verbessert, dass der Sturmflutscheitel mit vierstündiger Vorwarnzeit mit nur 20 Zentimetern Fehlertoleranz vorausgesagt werden kann. Für die gesamte Hamburger Hafenwirtschaft war das ein wesentlicher Fortschritt.

Das Risiko einer Sturmflut ist in Küstennähe niemals auszuschließen. Aber das Risiko kostspieliger Hafenschäden wurde in Hamburg auf ein Minimum reduziert. Dies zeigte sich bei der nächsten großen Sturmflut 1983: Obwohl sie die zweithöchste in der Geschichte des Hamburger Hafens war, traten nennenswerte Schäden nicht mehr auf.

Hafenentwicklungsplan bestimmt die Marschroute

Einige Schlagzeilen der Tagespresse aus den Jahren 1975–1979 kennzeichneten die Richtung, in die die Arbeit der Hafenplaner zielte.
– Afrika-Terminal steht unter Expansionsdruck
– Hamburg-Süd und DDG Hansa nehmen Gemeinschaftsanlage in Betrieb
– HHLA baut Ro-Ro-Center am Segelschiffhafen
– Elbe durchgehend auf 13,5 Meter ausgebaggert
– Die Unikai rüstet ihren Schuppen 73 als Container-Terminal um
– „Nautische Zentrale" erhöht Sicherheit im Hafen
– Lotsenversetzdienst per Hubschrauber als Dauerservice eingerichtet
– Neues Fruchtzentrum am Segelschiffhafen gebaut
– 45 Millionen für die Hafen Hamburg.
Zukunftssicherung, Expansion, Anpassung, Rationalisierung, Service-Verbesserung – das waren die Kategorien, unter denen sich alles, was in diesen Jahren im Hafen geschah, fassen ließ. Wobei der Sicherung für den Hafen von morgen, der Zukunftsperspektive, zweifellos eine Priorität zukam.
Ende März 1976 verabschiedete der Senat den noch von Senator Helmuth Kern als letzte Amtshandlung erar-

REGALE IM FRUCHTZENTRUM AUF DEM MEHRZWECK-TERMINAL O'SWALDKAI.

HHLA-MASSENSTÜCKGUT-TERMINAL: HAMBURGS EINZIGE SPEZIALANLAGE FÜR EISEN- UND STAHLPARTIEN.

beiteten und von viel Optimismus und Vertrauen in die Zukunft getragenen Hafenentwicklungsplan. Darin wurden keine konkreten Investitionsprogramme, wohl aber Schwerpunkte künftiger Hafeninvestitionen bis in das Jahr 2000 umrissen. Im Wesentlichen waren dies die Erschließung des östlichen Hafenerweiterungsgebietes im Raum Altenwerder–Moorburg, die Umstrukturierung veralteter Anlagen des östlichen Freihafengebietes sowie der Bau von Spezialanlagen zum Beispiel für Massenstückgut und Papier und schließlich der Ausbau der Verkehrswege innerhalb des weit verzweigten Hafengebietes.

Der Hafenentwicklungsplan ließ der Wirtschaft und den Planern ein hohes Maß an Gestaltungsmöglichkeiten und die notwendige Flexibilität, so der Wirtschaftssenator, „auf einem begrenzten Raum und bei begrenzten Finanzierungsmöglichkeiten den verschiedensten Entwicklungen Rechnung tragen können". Und weiter: „Primär geht es uns darum, auch im Hafenbereich, wo wir hervorragende Standortqualitäten anbieten können, neue, zukunftssichere Arbeitsplätze zu schaffen."

Das betraf nicht nur das Hafengebiet im engeren Sinn. Auch hafenabhängige Industrien sind ein wesentlicher Faktor der Arbeitsplatzsicherung. Hamburg lag auch dann noch gut im Rennen, als sich die ersten Anzeichen einer bevorstehenden Rezession ankündigten. Kaum war das Industriegelände am Reiherstieg 1977 aufgeschlossen, schon lagen sechs Bewerbungen von potenten Unternehmen vor. Ende des Jahres war das Gebiet in Wilhelmsburg-West (mit einer Fläche anderthalb mal so groß wie die des Tierparks Hagenbeck) bezugsfertig.

Der Löwenanteil der Investitionen aber – von 1970 bis 1976 war es mehr als eine Milliarde Mark – entfiel auf Maßnahmen zur Anpassung an den Strukturwandel in der Seeschifffahrt. Für 1985 war folgende „Ladungsaufteilung" prognostiziert: Die Hälfte aller Stückgüter, so die Experten, würden in Containern transportiert werden. 20 Prozent per Ro-ro-Schiff und nur noch für knapp ein Drittel der Ladung sahen die Fachleute konventionelle Frachtschiffe die Elbe heraufkommen.

Die zukünftige Verkehrsentwicklung zeigte, dass die „Hochrechner" im Trend richtig lagen.

UNIKAI – ERFOLGREICHER MITBEWERBER UM CONTAINERLINIEN.

Die Flutwelle vom „Heide-Suez"

Einen Monat lang konnte sich Hamburgs Hafenwirtschaft über ihre lang ersehnte Wasserverbindung zum Salzgitter-Peiner Industriegebiet und den Anschluss an das deutsche Binnenwasserstraßennetz freuen. Zwar lief der Schiffsverkehr auf dem 115 Kilometer langen Elbeseitenkanal nur schleppend an, aber die Prognosen für die kommenden Jahre waren gut – einmal abgesehen von einigen wenigen, die den neuen Kanal rundweg als ökonomisch-planerische Fehlleistung bezeichneten. Dann aber folgte der Schock: Vier Wochen nach der Eröffnung des Kanals, den die Norddeutschen ihre „Heide-Suez" nannten, wälzte sich eine gewaltige Flutwelle über das Land: Das Kanalbett war neben einer Straßenunterführung bei Erbstorf gebrochen, und das herausdrängende Wasser riss ein Leck von 20 Metern. Auf einer Länge von 40 Kilometern, zwischen denen es keine Sperrtore gab, lief der Kanal leer. Sieben Millionen Kubikmeter Wasser überschwemmten das Land westlich des Elbeseitenkanals zum Teil meterhoch. Die Eisenbahnstrecke, die von den Zügen der Vogelfluglinie benutzt wird, war teilweise weggespült, und auch der starke Nord-Süd-Verkehr auf der Bundesstraße 4 musste eingestellt werden. Erste Schadensberechnungen kamen auf 100 Millionen Mark. Baumängel und Nachlässigkeit der Behörden – tagelang vor dem Unglück gemeldetes Sickerwasser an der späteren Bruchstelle war ignoriert worden – erwiesen sich als Ursache der Katastrophe.

Ein dreiviertel Jahr lang musste Hamburg auf den Kanal warten, so lange dauerten die Reparaturarbeiten. Aber der ESK – so die amtliche Abkürzung – war ja ohnehin ein langwieriges Projekt gewesen. Schon vor 200 Jahren war der Bau eines Kanals an dieser Stelle zur „inneren Kolonisation" Preußens erwogen worden. Zur Zeit, als der alte Elbtunnel in Hamburg fertig wurde, nahmen die Vorstellungen der Planer zum ersten Mal konkrete Formen an. Schon zu Beginn dieses Jahrhunderts hatte man nämlich erkannt, dass die flache Oberelbe zwischen Magdeburg und Lauenburg angesichts zunehmend größerer Binnenschiffe umgangen werden müsse. Eine Verbindung zwischen Elbe und Mittellandkanal erschien als angemessene Lösung des Problems, aber zwei Weltkriege hatten ernsthafte Überlegungen dieser Art verhindert.

Erst 1951 konstituierte sich in Lüneburg ein Nord-Süd-Kanal-Verein, der den Ideen neue Impulse gab. 1965 unterzeichneten die drei beteiligten Bundesländer Hamburg, Schleswig-Holstein und Niedersachsen mit dem Bund ein Regierungsabkommen über den Kanalbau.

Von 1968 bis 1976 wurde gearbeitet, dann „stand" der Elbeseitenkanal mit seinen beiden Schiffshebewerken, die Höhenunterschiede von 38 und 25 Metern zu überwinden haben. Für 1,3 Milliarden Mark war Hamburg näher an wichtige Industriezentren herangerückt. Nicht nur an den Braunschweiger Raum, sondern auch nach Westen: Der Wasserweg von Hamburg nach Binnenhäfen des Rheins war um 250 Kilometer kürzer geworden.

Bruchstelle des Elbeseitenkanals: 40 Kilometer Kanal liefen leer.

Hansaport – Massengutumschlag mit modernster Technik

Im Jahr 1976 eröffnete Wirtschaftssenator Wilhelm Nölling (Helmuth Kern war inzwischen Vorstandsvorsitzender der Hamburger Hafen- und Lagerhaus-Aktiengesellschaft geworden) jene Anlage, die den neuen Verkehrsweg zur vollen Wirksamkeit verhelfen sollte: Hansaport, ein „Hafen im Hafen" für Massenschüttgut. Der Einstand konnte nicht besser sein: Die FIRST VENTURE, ein unter Liberia-Flagge fahrender Frachter, löschte als erstes Schiff an der neuen Anlage 80.000 Tonnen Erz aus Norwegen – die größte Erzladung, die bis dahin jemals die Elbe heraufgekommen war.

Konzipiert war Hansaport unmittelbar neben der Köhlbrandbrücke für ein jährliches Umschlagvolumen von bis zu 12 Millionen Tonnen Kohle, Erze und Baustoffe. Mit dem 25 Hektar großen Gelände hofften Hamburgs Hafenmanager endlich ihre Traumgrenze von 60 Millionen Tonnen Jahresumschlag zu überspringen. Der meistumworbene Kunde war zunächst der Salzgitter-Konzern, aber man hoffte auch mit Österreich und den östlichen Nachbarn ins Geschäft zu kommen. Die Stahlwerke Peine-Salzgitter AG wurden zu 51 Prozent Mitinhaber des Hansaport und garantierten einen Umschlag von fünf Millionen Tonnen für zehn Jahre. Dass dieses Volumen dann doch nicht erreicht werden konnte, lag an der weltweiten Rezession des Stahlgeschäfts.

In seiner Eröffnungsansprache beruhigte Wirtschafts-

MASSENGUTHAFEN FÜR JÄHRLICH ZWÖLF MILLIONEN TONNEN KOHLE, ERZE UND BAUSTOFFE.

senator Wilhelm Nölling diejenigen, die – wie der CDU-Politiker Blumenfeld – dem Hansaport eine Pleite voraussagten: „Die heutige Kapazität aus der Sicht der Infrastruktur beträgt acht bis elf Millionen Tonnen … Nun könnte jemand glauben, wir seien doch sehr optimistisch. Hierzu muss ich sagen, dass bisher trotz entgegengesetzten skeptischen Stimmen unsere Umschlagserwartungen immer übertroffen wurden. Denken Sie nur an den Container-Verkehr. Viele Stimmen warnten uns Mitte der sechziger Jahre, auf den Container-Verkehr zu setzen. Heute sind wir bereits bei über 330.000 Containern im Jahr angelangt."

Der Optimismus war nicht ungerechtfertigt. Schon 1979 – drei Jahre nach der Eröffnung – erwies sich Hamburgs Massenguthafen als „Rekordmacher": 192 Schiffe brachten mehr als 6,5 Millionen Tonnen Massenschüttgut, also Erze, Futter- und Düngemittel. Hansaport hatte Steigerungsraten von 50 Prozent.

AUCH GETREIDE – HIER EIN BILD DER NEUHOFER UMSCHLAGSANLAGEN GEGENÜBER DEM HANSAPORT – SPIELT BEIM MASSENGUTUMSCHLAG EINE WICHTIGE ROLLE.

Hafenarbeiter machen mobil: Von der Schulbank auf Streikwache

Hamburgs Behörden registrierten Mitte der siebziger Jahre zunehmend Fälle von „Menschenhandel" im Hafen. Gemeint war damit die illegale Arbeitsvermittlung, mit der windige Geschäftemacher Millionensummen verdienten. Sie vermittelten täglich Hunderte von Ausländern ohne Aufenthalts- und Arbeitserlaubnis, oft auch Stadtstreicher, an Stauereien, denn bei denen wurde nicht immer nach Papieren gefragt. Nach der Schicht wurde in Kellerlokalen auf St. Pauli der Lohn ausbezahlt: hundert Mark für zwei Schichten ohne Quittung.

Ein gutes Geschäft war es für alle Seiten. Für die Vermittler allemal – einem wurde, als ihn die Beamten des Wasserschutzpolizeireviers 3 am Brooktor schnappten, ein Umsatz von 670.000 Mark in nur zwei Monaten nachgewiesen. Für die „Arbeitnehmer" war es ein akzeptables Geschäft, weil die schwarz Vermittelten auf legalem Weg gar keine Arbeit bekommen hätten, und die Stauereien profitierten, weil der offizielle Arbeitsmarkt leer gefegt war. Regelmäßig fehlten in den Jahren 1967 bis 1979 täglich ein paar hundert Leute. Gesucht wurden sowohl Hafenarbeiter, die sich den körperlichen Anstrengungen eines Schauermanns gewachsen fühlten, als auch Facharbeiter wie Handwerker, Kranführer, Gabelstaplerfahrer und Techniker. In Hamburg fehlten diese Kräfte, obwohl der Elbehafen regelmäßig von einem Kooperationsvertrag mit Lübeck Gebrauch machte und in Spitzenzeiten 200 Mann von der Trave holte. Anzeigenkampagnen der Gesamthafenbetriebs-Gesellschaft blieben in Norddeutschland erfolglos, und so entschloss man sich, mit portugiesischsprachigen Annoncen Ausländer aus dem süddeutschen Raum nach Hamburg abzuwerben.

Auch gegen Ende des Jahrzehnts war es der Hafenwirtschaft nicht möglich, ihren Arbeitskräftebedarf zu decken – trotz hoher Sicherheit der Arbeitsplätze und guten Verdienstmöglichkeiten.

Einer der Gründe dafür lag auf der Hand. Viele Hafenarbeiter hatten sich im Zuge der Rationalisierung auf neue technische Geräte umschulen lassen. Sie waren also „höher qualifiziert" und arbeiteten schließlich sogar in der Datenverarbeitung des Container-Terminals. Sie waren natürlich für die traditionellen Tätigkeiten eines Hafenarbeiters „verdorben". Walter Sager, Geschäfts-

MITARBEITER-FORTBILDUNG AUF DER HHLA-FACHSCHULE.

führer der Gesamthafenbetriebs-Gesellschaft, formulierte im Juli 1979 eindringlich:
„Wir wissen, dass qualifizierte Hafenarbeiter im Allgemeinen nicht gern manuelle Arbeiten verrichten. Das bedeutet, dass die Zahl der technisch versierten Hafenarbeiter zu den manuell tätigen in einem ausgewogenen Verhältnis stehen muss."

Hamburg hatte am 1. Januar 1976 begonnen, den Hafenarbeitern einen besseren Sozialstatus zu geben. Sie sollten in Zukunft nicht mehr als ungelernte Hilfsarbeiter gelten. Das Können, das viele von ihnen in jahrelanger Praxis erworben hatten, sollte ihnen von Amts wegen bescheinigt werden können. Voraussetzung dafür ist eine behördlich anerkannte überbetriebliche Fortbildung mit einer Abschlussprüfung vor der Handelskammer. Damit war endlich verwirklicht, was Helmuth Kern als Präses der Behörde für Wirtschaft und Verkehr schon seit Einführung des Container-Verkehrs in Hamburg gefordert hatte. Das Fortbildungsprogramm, in dem auch Spezialisierungen für bestimmte Fachbereiche angeboten werden und in dem Physik, Elektrokunde und Arbeitsrecht ebenso gelehrt wird, wie Unfallverhütung und alles über gefährliche Güter, endet mit einem Examen, dessen Bestehen zum Führen der Berufsbezeichnung „Hafenfacharbeiter" berechtigt. Das ist nicht nur eine verbale Aufwertung des Berufs. Es hat auch praktische Vorteile: Facharbeiter können sich notfalls auf Kosten des Arbeitsamtes umschulen lassen, und sie haben einen Rentenanspruch nicht erst bei Erwerbsunfähigkeit, sondern bereits bei Berufsunfähigkeit.

Der Staat hatte damit auch inhaltlich vollzogen, was bei der HHLA schon seit langem praktiziert worden war. Das Unternehmen bot seinen Mitarbeitern ein betriebliches Kursusprogramm, das zu höher qualifizierten Tätigkeiten wie Gangführer und Vorarbeiter, Gabelstapler- und Van-Carrier-Fahrer und Lademeister führte. Als das staatliche Ausbildungsprogramm im „Fortbildungszentrum Hafen Hamburg e.V." im Jahre 1976 begann, hatten schon rund 2.000 HHLA-Mitarbeiter ihr betriebliches Spezialisten-Zertifikat in der Tasche. Anfangs wurden die Bildungsbeflissenen von ihren an Fortbildung weniger interessierten Kollegen noch als „Dr. Hafen" verspottet – inzwischen aber ist den Spöttern das Lachen vergangen. Bis Ende 1984 haben 1.296 Hamburger Hafenarbeiter von dem Angebot, Hafenfacharbeiter zu werden, erfolgreich Gebrauch gemacht.

Hamburg verdankt seinen Ruf, einer der schnellsten und zuverlässigsten Häfen des Kontinents zu sein, auch seinen Hafenarbeitern und der Vernunft der Tarifpartner. Streiks im Elbehafen gehören zu den Raritäten. Die unvermeidlichen Arbeitskämpfe nach dem Krieg kann man an den Fingern einer Hand abzählen. Und da ist dann schon ein gelegentliches „go slow", wie es 1977 der Kommunistische Bund durch Flugblätter angezettelt hatte, mitgerechnet. Kam es wirklich einmal zum Streik, dann war er – wie der von 1978 – verhältnismäßig schnell wieder beigelegt.

Ausgelöst hatte die Auseinandersetzung eine durch Umschlagsrekorde begründete ÖTV-Forderung, die Tarife der Hafenarbeiter um neun Prozent anzuheben. Die Arbeitgeber hatten die Forderung als „völlig unrealistisch" zurückgewiesen, und Wirtschaftssenator Wilhelm Nölling teilte diese Einschätzung. Der eingesetzte Schlichter hatte vorgeschlagen, die Tarifpartner sollten sich auf fünf Prozent einigen. Als sich die Lage Ende Januar 1978 zuspitzte, gaben viele Reeder ihren Kapitänen vorsichtshalber die Order, Hamburg nicht anzulaufen und ihre Ladung in einen anderen Hafen der Antwerpen-Hamburg-Range zu bringen. Der Drohung der ÖTV, die Hafenarbeiter anderer europäischer Häfen würden ursprünglich für Hamburg bestimmte Ladungen nicht anfassen, bezeichnete HHLA-Vorstandschef Kern als „schöne Theorie". Es sei nämlich möglich, Ladung so umzulenken, dass gar nicht festgestellt werden könne, für welchen Hafen sie bestimmt gewesen sei. Deshalb sei auch nicht die Versorgung der Bundesrepublik in Gefahr, sondern die Marktstellung der ohnehin benachteiligten deutschen Seehäfen.

Für die Hafenarbeiter war der Streik eine „klare Sache". „Wenn es um Diäten geht", schimpfte einer im „Hamburger Abendblatt", „dann erhöhen die Politiker schnell. Da kommt es auf zehn Prozent mehr oder weniger gar nicht an. Aber uns rufen sie alle zum Maß halten auf." Und ein anderer gab ihm Schützenhilfe: „Wenn die Bauhilfsarbeiter schon zwölf Mark die Stunde verdienen und außerdem bei schlechtem Wetter zu Hause bleiben können, dann können wir kaum zufrieden sein, wenn wir mit neun Mark gelöhnt werden."

Die Hafenarbeiter plädierten in der Urabstimmung für den Streik. Kaum hatten sie die Arbeit niedergelegt, da saßen die Tarifpartner wieder am Verhandlungstisch. Man einigte sich schließlich – unter der Schlichtung eines Ex-Bürgermeisters – auf eine Sieben vor dem Komma. Allerdings sollte der neue Vertrag erst einen Monat später wirksam werden, als die Hafenarbeiter gehofft hatten. Das aber bedeutete effektiv nur 6,4 Prozent. Also zogen die streitbaren Arbeiter erneut ins Gefecht, und zwar mit Erfolg.

Im Binnenland wurden die Hanseaten an der Elbe als Preistreiber beschimpft, die mit ihren sieben Prozent ein Signal für die bevorstehenden Lohnrunden anderer Branchen gesetzt hätten. Hamburg aber hatte seinen Ruf, ein Hafen ohne Streikrisiko zu sein, zwar ein wenig angekratzt, aber nicht gründlich verdorben.

Guter Rat – made in Hamburg

Erfahrungen sammeln – Erfahrungen nutzen – Erfahrungen verkaufen – einfach umschrieben sind die drei Entwicklungsstufen eines Hafens, die nur theoretisch in einer zeitlichen Folge stehen. Tatsächlich korrespondieren sie miteinander in einem permanenten technischen Anpassungs- und Wandlungsprozess. Nur in der historischen Betrachtung kann man das Weitergeben von Erfahrungen als das „jüngste Kind" des Hafens betrachten, auch wenn dieses Kind längst erwachsen geworden ist. Die Idee, Ideen zu verkaufen, ist nicht neu, auch nicht im Hamburger Hafen. Schon 1930 existierte das Sellhorn-Ingenieurbüro, das sich mit „Port Engineering" beschäftigte und seit 1962 als Beratungs- und Planungsbüro im weltweiten Hafenbau tätig ist. Schon damals unterhielt das Unternehmen Beteiligungsgesellschaften in Kairo, Lagos, Dammam und Bandar Schahpur und arbeitete an Projekten in Guatemala, Costa Rica, im Iran und auf den Philippinen. Das Know-how für die Auslandsaktivitäten hatten sich die Sellhorn-Ingenieure im Hamburger Hafen geholt: Bei vielen Infra- und Suprastrukturbauten hatten sie ihre Hand im Spiel, auch bei so spektakulären Bauwerken wie dem Elbtunnel.
Jünger im Geschäft, aber von Anfang an erfolgreich ist die Hamburg Port Consulting (HPC), eine Tochter, die sich die Hamburger Hafen- und Lagerhaus-Aktiengesellschaft nach Einführung der neuen Hafenordnung zugelegt hat. HPC bietet ihren überseeischen Kunden in erster Linie Beratungs-, Ausbildungs- und Managementdienstleistungen. In den Auftragsbüchern der Beratungsfirma finden sich so lukrative Auftraggeber wie Saudi-Arabien, dem HPC beim Aufbau einer zentralen Hafenverwaltung für die 14 Häfen des Golf-Staates behilflich war. Die gute Arbeit, die HPC leistete, sprach sich in den Entwicklungsländern schnell herum, und bald nach dem Abschluss der Arbeiten in Saudi-Arabien schickte man eine Arbeitsgruppe von 16 Mann nach Nigeria. Die Hauptstadt Lagos baute in Tin Can Island einen Hafen „auf der grünen Wiese" und bediente sich des HPC-Rats bei der Organisation, bei der technischen Ausrüstung und der Betriebsführung der neuen Umschlagsanlagen. Als zuverlässiger Kooperationspartner für die HHLA-Tochter bei diesem und anderen Aufträgen erwies sich Paetz & Co. Nfl. (PCO). Die nach dem Krieg gegründete Stauerei war 1977 in das Geschäft der „Cargo Handling Consultancy" eingestiegen. Auf den Gebieten der Organisation, des Management und Operating hatte sie sich schnell einen Namen gemacht. Erster Klient war die Nigerian Port Authority in Lagos. Das Know-how, das von den Beratungsingenieuren erwartet wird, erstreckt sich über eine große Palette von Wissensgebieten mit hohen Ansprüchen: Es beginnt bei der Landeskunde und der Sprache des jeweiligen Auftraggebers und endet bei fundierten welt- und betriebswirtschaftlichen Kenntnissen; dazwischen liegt das breite Spektrum technischer und naturwissenschaftlicher Disziplinen.

MANAGEMENT-TRAINING FÜR HAFENFACHLEUTE AUS ALLER WELT.

Hamburgs »Traumschiff« zwei Stunden vor dem Stapellauf.

1980–1985

Eine Viermillionenspende für den „Michel"

Im Januar 1980 beginnt der Streit um die „Friedhofsbäume" in der Einflugschneise des Flughafens. Die Verwaltungsgerichte entscheiden: Die Bäume dürfen vorerst nicht angetastet werden.
Am 25. Januar stirbt Herbert Amsinck, der die Reederei Hamburg Süd nach dem Krieg neu aufgebaut hatte. Boy Gobert verabschiedet sich als Thalia-Intendant mit einer spektakulären „Faust"-Inszenierung. Der „Hamburger Morgenpost" droht der finanzielle Exitus. Ein Schweizer Verleger rettet das Blatt.
Die S-Bahn wird von zwei Aufsehen erregenden Unglücksfällen heimgesucht: Im Altonaer Bahnhof brennt ein Zug aus; ein paar Tage später prallt im Bahnhof Stellingen ein Triebwagen auf einen Sonderzug.
Walter Jens, der für die „Lessing"-Professur nach Hamburg berufen werden soll, löst eine politische Kontroverse aus und verzichtet. Hamburg diskutiert über die Umgestaltung des Rathausmarktes. Nach der Kündigung des Staatsvertrages durch Schleswig-Holstein droht der Norddeutsche Rundfunk zu zerbrechen. Er wird gerettet, verliert aber sein Monopol.
Der legendäre Star-Club wird geschlossen – sein Besitzer meldet Konkurs an.
Im Juni 1980 stirbt Bert Kaempfert, der bis zu seinem Tod über 180 Millionen Schallplatten verkauft hatte.
Beim Hamburger SV beginnt die „Kaiserzeit" mit Franz Beckenbauer. Hamburgs Innenstadt wird zu einer Stadt der Einkaufspassagen.
Die Altmeister des Jazz, Count Basie und Lionel Hampton, begeistern noch einmal ihr Hamburger Publikum.
Im Dezember 1980 läuft die ASTOR vom Stapel. Drei Jahre später segelt die „schöne Hamburgerin" in die Pleite.
Februar 1981: 70.000 Demonstranten versuchen vergeblich, den Bauplatz für das Atomkraftwerk Brokdorf zu stürmen. Nach sechsjähriger Amtszeit scheitert Bürgermeister Hans-Ulrich Klose an seiner Energiepolitik.
Die Tutanchamun-Ausstellung lockt über 620.000 Besucher ins Museum für Kunst und Gewerbe.
Im November 1981 sinkt der nach Argentinien vercharterte Hamburger Frachter E. L. M. A. TRES 200 Seemeilen östlich von Bermuda. Nur ein Besatzungsmitglied überlebt.
Die Machenschaften der „Neue Heimat"-Bosse fliegen

ANONYME SPENDE FÜR DIE »MICHEL«-RESTAURIERUNG.

auf und verursachen den größten Skandal in der Nachkriegsgeschichte Hamburgs.
Im Mai 1982 feiert der Tierpark Hagenbeck seinen 75. Geburtstag, kurz darauf bejubeln 30.000 Hamburger auf dem Rathausmarkt den HSV als deutschen Fußballmeister.
Bei den Großwerften beginnt sich die schwerste Strukturkrise abzuzeichnen.
Im Führerstand der S-Bahn steht zum ersten Mal eine Frau. Zwei junge Hamburger stellen einen Rekord auf. Sie fliegen – mit 28 Zwischenlandungen – als erste mit einem Motorsegler nach Australien.
Ein anonymer ausländischer Spender überweist vier Millionen Mark für die Renovierung des „Michel". Aber das war nur ein bescheidener Betrag, verglichen mit der Summe, für die sich der „Stern" mit angeblichen Hitler-Tagebüchern hereinlegen ließ.
Im Juni 1983 stirbt der Dichter Hans Leip.
Die Bundesbahn eröffnet eine Schnellbahnstrecke nach Harburg, für die schon 1912 erste Pläne entwickelt worden waren. Seit 1955 hatten die Planer ernsthaft daran gearbeitet.

Die AFRAN ZENITH lehrt Hamburg das Fürchten

Nur um ein Haar entging die Elbe im Juli 1981 einer Ölkatastrophe, als der liberianische Tanker AFRAN ZENITH infolge eines Ausfalls aller Systeme ruderlos am flachen Nordufer der Elbe – kurz nachdem die Hafenlotsen an Bord gekommen waren – auf Grund geriet. Wenige Minuten nach dem Unfall lief aus einem der zwanzig Tanks ein besonders leicht entflammbares Öl aus und verbreitete sich schnell über die Wasseroberfläche. Darüber bildeten sich hochexplosive Gase. Ein zündender Funke hätte zur Katastrophe für den Hafen werden können. Die Polizei verhängte Rauchverbot am Elbhang. Die Bevölkerung wurde aufgefordert, in der Nähe der Unglücksstelle alle Fenster zu schließen. Mehr als ein Dutzend Schlepper versuchten, den Tanker freizubekommen, bevor die Ebbe dies unmöglich machte und der Havarist bei Niedrigwasser auseinander zu brechen drohte. Dies hätte bedeutet: 80.000 Tonnen Rohöl verseuchten Hamburgs Lebensader. Die Schleppermannschaften aber hatten Glück im Unglück. Bei dem letzten Versuch vor dem Niedrigwasserstand geschah das Unglaubliche: Die AFRAN ZENITH bewegte sich behäbig ins Fahrwasser und ließ sich von den Schleppern widerstandslos an die Ölpier in Kattwyk schleppen.

So entging Hamburg noch einmal der großen Katastrophe, deren Folgen sich niemand auszumalen wagte. Der Schaden für die Umwelt war ohnehin groß genug: Zwar gelang es dem einzigen Ölsaug-Katamaran dieser Region, den Ölteppich zwischen Övelgönne und Wittenbergen zu beseitigen, für Hunderte von Wasservögeln und Strandpflanzen aber gab es keine Rettung. Die Kosten der Aufräumarbeiten wurden auf acht Millionen Mark veranschlagt. Hamburgs Innensenator Pawelczyk musste später zugeben, dass viele glückliche Zufälle im Spiel waren und die Hansestadt auf ein Unglück dieser Art zum damaligen Zeitpunkt nicht vorbereitet war. Noch während Feuerwehr, freiwillige Helfer und Naturfreunde damit beschäftigt waren, den Strand von dem übel riechenden Ölschlamm zu befreien, begann der politische Streit um die Frage, welche Vorkehrungen für die Zukunft zu treffen seien. Die Forderungen reichten vom Bau einer Öl-Pipeline von Wilhelmshaven nach Hamburg (ein Plan, der inzwischen auch im Interesse eines reibungslosen Stückgutverkehrs Wirklichkeit wurde) bis zu der Vorstellung, man müsse Tankern aus Billigflaggenländern das Anlaufen der Nordsee verbieten und im Übrigen die Ölkonzerne für das hohe Transportrisiko haften lassen.

UNGLÜCKSTANKER AFRAN ZENITH – ANGST VOR DER ÖLPEST.

Kapitulation: Howaldt Hamburg ohne Neubauaufträge

Die Krise im Schiffbau, einst Hamburgs wichtigstes industrielles Standbein, trieb ihrem Höhepunkt zu. Die Angst der Arbeiter vor dem unvermeidlichen Verlust ihres Arbeitsplatzes führte zu einem verzweifelten Versuch, die Öffentlichkeit zu mobilisieren und möglicherweise doch noch das Ruder herumzureißen. Am 12. September 1983 besetzten die Arbeiter die Howaldtswerke – Deutsche Werft AG ihren Betrieb. Neun Tage lang hielten sie durch, um die angekündigte Entlassung von über 1.300 Mitarbeitern zu verhindern. Dann brach der Widerstand zusammen, weil der Vorstand mit fristloser Kündigung drohte, und das hätte für die Betroffenen bedeutet: keine Abfindung und acht Wochen Unterstützungssperre beim Arbeitsamt. Gebracht hat die spektakuläre Besetzung (die zwar illegal war, aber dennoch von den Gewerkschaftsfunktionären mit Sympathie und Aufmunterung begleitet wurde) außer Publicity nichts.

HDW-Hamburg war am Ende – jedenfalls, wenn man das Unternehmen an seinen eigenen Leistungen in der Vergangenheit messen wollte. Den Bau großer Schiffe hatten die Werftmanager in Hamburg aufgegeben. An der Elbe sollten nur noch Schiffe repariert werden. Massenentlassungen waren damit besiegelt. In seinem schriftlichen Unternehmenskonzept 1983 formulierte der Werftvorstand: „HDW ist bei dem derzeitigen Auftragsvolumen im Handelsschiffneubau nicht in der Lage, aus Überschüssen der anderen Geschäftszweige insgesamt ein ausgeglichenes Ergebnis zu erreichen."
Der jährliche Verlust lag bei rund 100 Millionen Mark. Kein Wunder, denn HDW hatte seit längerem schon Aufträge hereingenommen, die nicht die Kosten deckten, nur um Arbeitsplätze zu erhalten. Auch Hamburgs Traumschiff ASTOR war für 118 Millionen Mark abgeliefert worden – rund 30 Millionen Mark unter der Kostendeckung. Aber das war nur ein Teil des Verlusts, den Hamburg schlucken musste.
HDW hatte die Rezession im Schiffbau von allen Hamburger Werften am schwersten getroffen. Der Umbauauftrag der UNITED STATES, den das Unternehmen nach langem Tauziehen bis April 1985 nicht bekam, hätte die drückenden Probleme allenfalls für eine gewisse Zeit aufschieben können. Auch bei den anderen Großwerften türmten sich die Sorgenberge immer höher. 1983 verkündete der Vorsitzende des Verbandes der Deutschen Schiffbauindustrie, von den rund 54.000 Arbeitsplätzen auf deutschen Werften müssten 9.000 aufgegeben werden.

WERFTEN IN DER KRISE: REPARATUREN STATT NEUBAUTEN.

Umweltproblem: Wohin mit dem Baggerschlamm?

Zu den Problemen, die zu Beginn der achtziger Jahre nicht nur für Hamburg akut wurden, gehört die zunehmende Versandung und Verschlickung der Zufahrten. Der Ausbau des Hafens und die Vertiefung der Fahrrinne auf 13,5 Meter ließ den ausgebaggerten Elbeschlick auf jährlich 2,5 Millionen Kubikmeter anwachsen. Weil aber der Schlick wegen der Schwermetall-Rückstände nicht wie in früheren Zeiten als Düngemittel zu verwenden ist und sich die zur Verfügung stehenden Spülflächen deutlich ihrer Kapazitätsgrenze näherten, wurden Baggerarbeiten reduziert. Im April 1984 schlug der Unternehmensverband Alarm. Er wies darauf hin, dass an verschiedenen Stellen des Hafens bereits eine Differenz von einem Meter zwischen Soll- und Isttiefe gegeben sei. Insbesondere galt dies für den Burchardkai und Hansaport. Hafenfirmen meldeten Schadenersatzforderungen an. Der Grund für die Unsicherheit lag in einem Streit zwischen Wirtschaftsbehörde und Umweltbehörde, um die rechtliche Einstufung des Baggergutes. Der Umweltsenator wollte durchsetzen, dass der im Baggergut enthaltene, mit chlorierten Kohlenwasserstoffen und mit Schwermetall belastete Schlick als Abfall zu gelten habe. In diesem Fall dürfte er nicht mehr auf Spülfelder gebracht, sondern müsste auf Deponien abgelagert werden. Deponien aber stehen nicht mehr im erforderlichen Umfang zur Verfügung und müssten in einem öffentlich geführten Planfeststellungsverfahren eingerichtet werden.

Schon 1981 hatte die Landesregierung ein Untersuchungsprogramm in Auftrag gegeben, für das bis Mitte 1984 über sechs Millionen Mark ausgegeben waren. Zwischenzeitlich wird der Hafenschlick „klassiert", das heißt, der saubere Kies und Sand ist vom verseuchten Schlamm zu trennen. Dazu muss das gesamte Baggergut auf Spülfeldern verteilt, gewaschen und entwässert werden. Das ist ein aufwändiges Verfahren, denn erst nach etwa einem Jahr ist eine Schlickschicht von Spatendicke stichfest und kann anderweitig gelagert werden. Durch dieses Verfahren reduziert sich die Schlickmenge auf etwa 30 Prozent des Baggerguts. Die übrig bleibende zähe Masse ist kaum wasserdurchlässig; aber durch Säure und schon durch sauren Regen können die giftigen Inhaltsstoffe wieder herausgespült werden. Dennoch sah sich der Senat – gegen den Widerstand der Umweltbehörde – gezwungen, ein altes Spülfeld in Moorburg wieder zu aktivieren. Ihm blieb keine andere Wahl, wenn er die Funktionsfähigkeit des Hafens nicht gefährden wollte. Aber es war klar, dass längerfristig andere Lösungen gefunden werden müssen. Mit der DDR wird über die Abnahme von einer Viertelmillion Kubikmeter „klassiertem" Schlick verhandelt. Allerdings würden die Transportkosten von 25 Mark pro Kubikmeter auf das Vierfache steigen. Auch mit den Nachbarn Schleswig-Holstein und Niedersachsen wird über die Erschließung neuer Deponien verhandelt. Die von den Rheinmündungshäfen praktizierte Lösung, in Flussmündungen Schlickinseln aufzutürmen, wurde von Hamburg aus einer Reihe von Gründen, insbesondere politischen, nicht ernsthaft erwogen.

DER BAGGERSCHLAMM: EINST DÜNGEMITTEL – HEUTE UMWELTPROBLEM.

Dakosy – Hamburgs zukunftsweisende Gegenwart

Jahrzehntelang konzentrierten sich die Bemühungen um den „technischen Fortschritt" an den Umschlaganlagen auf die Möglichkeiten mechanischer Verbesserungen und baulicher Anpassungen an die Bedürfnisse des See- und Landverkehrs. Aber es gab ein Problem, das die Entwicklung behinderte wie Sand den Getriebelauf einer Maschine: Der erforderliche, die Ladung begleitende Informationsfluss konnte das Tempo nicht mithalten.

Diese Informationen sind herkömmlich in einem ansehnlichen Paket von Formularen zusammengetragen – mehrfach ausgefertigt, wie es sich für eine gute Buchführung gehört. Allein im unmittelbaren Hafenbetrieb sind mindestens vier Ebenen des Umschlagsgeschehens in diesen „Papierkrieg" verwickelt: der Seehafenspediteur, der Kaibetrieb, die Ladungskontrolle und die Schiffsmakler. Über ihre Schreibtische geht – als Begleitung jedes einzelnen in Hamburg umgeschlagenen Ladungsstücks – ein ganzer Stapel von Schriftstücken, angefangen bei Schiffszetteln, Ladelisten und Ausfuhrgenehmigungen für den Zoll bis hin zu den Konnossementen. Bis zu vierhundertmal täglich wurden Papierstapel für die Beförderung eines Frachtgutes ausgefüllt, verglichen, korrigiert, ergänzt und – transportiert. Denn die bei der Abfertigung einer Seefracht zusammenarbeitenden Firmen sind ja voneinander getrennte unabhängige Unternehmen: etwa 150 Seehafenspediteure, 25 Tallybetriebe, 17 Kaiumschlagunternehmen und rund 60 Linienagenten. Sie alle benötigen die Daten über das Frachtgut möglichst schnell und präzise. Aber die Wege der Papierflut waren lang und damit zeitraubend. Boten mussten sich mit ihren Autos durch den dichten Stadtverkehr oder die Papiere im weit verzweigten Freihafen hin- und herfahren. Oft war das Frachtgut schneller als die Informationspapiere. Die Lösung dieses Problems heißt „Dakosy" – das Wort steht als Abkürzung für Datenkommunikationssystem, das seit Juli 1983 arbeitet. Dakosy ermöglicht den schnellen und perfekten Datenaustausch innerhalb der Hafenwirtschaft. Über eine Zentrale im Hamburger Hafenhaus können alle am Umschlag- und Transportgeschäft beteiligten Unternehmen miteinander verbunden werden. Die Daten sind von den Betrieben über „Dakosy" einzugeben und werden an den Adressaten weitergeleitet – in Bruchteilen von Sekunden. Auch Rückfragen, Kontrollen und Ergänzungen sind jederzeit möglich. Wo man früher ungeduldig auf einen Boten warten musste, der beispielsweise den Schiffszettel mit Identifikationsdaten wie Herkunft der Ware, Maße, Gewichte und Bestimmungshäfen brachte, genügt heute ein Knopfdruck, um das Gewünschte vom Datenträger des Computers ausdrucken zu lassen.

„Dakosy" ist nach der Einschätzung der Hafenwirtschaft ein Stück Infrastrukturverbesserung im Bereich der Verkehrsinformation. Das System ist exklusiv, aber es schließt keinen aus. Im Gegenteil: Je mehr Unternehmen sich ihm anschließen, desto größer wird der Nutzen für alle sein. Das Ziel ist es, eines Tages auch die binnenländischen Spediteure in das große Verbundsystem einzubeziehen, vielleicht sogar den Zoll und die Wasserschutzpolizei. Im Augenblick ist das noch Zukunftsmusik, aber die ersten Akkorde sind schon angeschlagen. Das große betriebsübergreifende Informationssystem kann auch von solchen Firmen genutzt werden, die selbst über keine eigene elektronische Datenverarbeitung verfügen. Die Kommunikationselektronik hat in den zwanzig Jahren, die seit dem Dakosy-Start vergangen sind, gewaltige Fortschritte gemacht. Dakosy hat den Weg gewiesen.

»INFRASTRUKTURVERBESSERUNG« DURCH DIE DATENKOMMUNIKATION.

Der Start ins Elektronik-Zeitalter

Das „Elektronik-Zeitalter" des Hamburger Hafens begann mit dem ersten Schritt auf die bis 1985 letzte Stufe der Transportrationalisierung. Im Containerverkehr erwies sich eine manuelle Steuerung als zu aufwändig. Und als die Container-Umschlagzahlen in unerwartete Höhen hochschnellten, entwickelten die untereinander im Leistungswettbewerb stehenden Hafenbetriebe individuell auf ihre speziellen Bedürfnisse zugeschnittene elektronische Informations- und Steuerungssysteme.

Das gesamte Informationssystem, das die Hamburger Hafen- und Lagerhaus-Aktiengesellschaft in den letzten Jahren für den Container-Sektor aufgebaut hat, wird unter der Bezeichnung Container Logistic Units zusammengefasst.

Über die Optimierung ihrer Betriebsabläufe kam die HHLA zu einem umfassenden Service-Angebot, das weit über die traditionelle Dienstleistungspalette eines Umschlag- und Lagereiunternehmens hinausgeht. „Problemlösungen für komplexe Aufgabenstellungen" ist die Umschreibung dieses Angebots. Die Kürzel der Programme wurden mit viel Fantasie so gewählt, dass sie wohlklingende Mädchennamen ergeben. Da ist zum Beispiel EVA, ein Software-Paket für die „EDV-gesteuerte Verschiffung von Anlagen", die mit der Dame SYLVIA („System für die Lagerung und seemäßige Verpackung von Industrieanlagen") eine sinnvolle und zuverlässige elektronische Verbindung eingehen kann. Dahinter steckt die Lösung einer dem Hafen immer wieder gestellten Aufgabe: Beim Export ganzer Industrieanlagen, an deren Produktion unter Umständen viele über mehrere Länder verstreute Firmen beteiligt sind, müssen die Exportladungen im Hafen gesammelt werden. Der Konsortialführer muss nicht nur über die Teillieferung seiner Partner ständig und umfassend unterrichtet sein, sondern darüber hinaus die Beteiligung der Spediteure, Schiffsmakler und Reedereien, Umschlagunternehmen, der Betriebe für seemäßige Verpackung, gegebenenfalls auch der Hafenwirtschaft koordinieren. Dabei darf er nie die Hauptaufgabe aus den Augen verlieren: Die Teillieferungen müssen montagegerecht am jeweiligen Einsatzort pünktlich ankommen. Solche komplizierten Zusammenhänge sind nicht mehr mit herkömmlichen Netzplänen oder anderen Organisationshilfsmitteln zu bewältigen,

AUCH DIE CONTAINER-STAUPLANUNG GEHÖRT ZUM HHLA-ANGEBOT.

sie bedürfen des mikroprozessorgesteuerten Dialogsystems. Hat man dieses Programm erst einmal im Computer, dann lässt sich damit obendrein noch eine Stauplanung für alle europäischen Häfen bewältigen. Dies ist nicht etwa ein Vorgriff auf die ferne Zukunft, sondern ein wichtiger Bestandteil des gegenwärtigen HHLA-Angebots an ihre Kunden des In- und Auslands. Bleibt noch die Dame LINDA, eine Art elektronisches Dienstmädchen für den Freihafen. Wo es um die Errichtung von Lagern geht – sei es für den Reexport in andere Länder oder für die Einfuhr in die Bundesrepublik nach beliebig langer Freihafen-Lagerzeit –, hat LINDA ein Wort mitzureden. Ihr Service für Importe reicht von der Wareneingangskontrolle über Qualitätsprüfungen und auftragsgerechte Warenverteilung bis hin zur „permanenten Inventur" und Verzollung einschließlich dem Ausdruck der Transport- und Zolldokumente.

Alle diese Systeme sind nach dem Baukastenprinzip aufgebaut. Sie lassen sich mit Hilfe sorgfältig ausgewählter Schnittstellen mit den EDV-Systemen der HHLA-Geschäftspartner verbinden. Dabei ermöglichen sie den Partnern ihre eigenen Organisationsformen, ihre Formulare und Belege beizubehalten. Vor allem aber sind die EDV-Systeme der HHLA dialogfähig. Helmuth Kern hat diese Leistung vor Mitgliedern des Industrieverbandes einmal so beschrieben: „Es handelt sich um Software, die aus intimster Kenntnis der Lager-, Transport- und Distributionslogistik direkt an der wichtigsten Nahtstelle des kombinierten Verkehrs unter Berücksichtigung aller Teilnehmer geschaffen wurde."

Container-Handling per Datenfunk

ARBEITSANWEISUNGEN PER BILDSCHIRM.

Anfang 1985 schloss die HHLA die letzte Lücke im Kommunikationssystem für den Containerverkehr und verfügt seitdem über ein in der Welt einmaliges Hilfsmittel: Auch die „beweglichen Arbeitsplätze" auf dem Container-Terminal sind mit dem Rechenzentrum verbunden. Von jedem beliebigen Platz auf dem Gelände können die Fahrer der Portalhubwagen Container-Daten über Funk an das Rechenzentrum übermitteln. Umgekehrt bekommt auch der Fahrer seine Arbeitsanweisungen in gut lesbarer Schrift auf zwei großen Leuchtzeilen vom Rechenzentrum eingespielt.

Das Informationssystem ist so aufgebaut, dass die Dateneingabe den Van-Carrier-Fahrer, der ja ein Großgerät mit vielen mechanischen Funktionen zu bedienen hat, nicht überfordert. Der Funkverkehr ist auf das notwendige Minimum beschränkt. Die Identifizierungsdaten für den Container und die bereits beim Eintreffen des Containers am Terminal bekannten Daten werden bei der Ankunft über Standleitungen in das Informationssystem eingespeist. Das geschieht an einem der insgesamt sieben Checkposten des „Interchange". Das System teilte jedem Container automatisch eine Referenznummer zu, eine Art individuelle Kennkarte, die zusammen mit allen anderen von der HHLA und ihren Partnern benötigten Daten in das System eingegeben wird, und es druckt zugleich die Empfangsbestätigung für den Lkw-Fahrer aus. Aus der Kombination der Referenznummer mit der Nummer des Van-Carriers ermittelt das elektronische System den Fahrauftrag. Über Funk erteilt es dem Fahrer einzeln und in der Reihe der Container-Anlieferungen Aufträge nach dem einfachen Prinzip „Woher – was – wohin". Praktisch heißt das, die EDV nennt dem Fahrer die Lkw-Position, die Containernummer und den künftigen Stellplatz.

Bei der Übernahme eines Import-Containers aus einem Seeschiff läuft die Sache nicht weniger eindrucksvoll: Der Van-Carrier-Fahrer muss nur die vier Endziffern der jeweiligen Containernummer per Funk an die Datenzentrale geben, dann zeigt ihm das System die vollständige Containernummer und den entsprechend dem Löschsoll vorher eingegebenen Stellplatz. Das kann eine Position auf dem Freigelände sein, ein bestimmtes Packhallentor, eine Kühlsäule, ein Stellplatz für gefährliche Güter, das Leercontainer-Lager oder die Reparaturwerkstatt.

Für die EDV-Spezialisten war das Problem des Datenfunks auf dem Terminal nicht leicht zu lösen. Da gab es auf der anderthalb Quadratkilometer großen Fläche zahlreiche Störfaktoren für den Funkbetrieb: Lagerhallen, Container-„Türme", 30 Meter hohe Gitterlichtmasten, Containerbrücken, Bockkräne und Transtainerbrücken, die durch die Standortwahl der Sende-Empfangsanlage „überlistet" werden mussten. Und auch die Ausrüstung der Portalstapler mit Datenfunkgeräten war nicht ganz leicht zu bewältigen. Von den elektrischen Bordnetzen für die Bedienung der Großgeräte gehen Störfelder für die Elektronik aus, die zunächst beseitigt werden mussten. Eine HHLA-Spezialabteilung für Funktechnik hat bei der Lösung des Problems wesentliche Erfahrungen einbringen können.

Die Van-Carrier-Fahrer haben sich schnell an das neue System gewöhnt. Sie haben sehr bald gemerkt, dass die sichtbar auf dem Display wiedergegebenen Informationen ihnen die Chance geben, sich mehr als bisher auf das Fahren ihres Carriers zu konzentrieren. Der Sprechfunkverkehr, der in bestimmten Stresssituationen stören kann, wurde mit der Einführung des neuen EDV-Systems erheblich eingeschränkt. Außerdem sind Irrtümer, die im Sprechfunk nicht immer ganz zu vermeiden sind, jetzt kaum noch möglich.

Nicht nur der Umschlagbetrieb selbst profitiert von dem bei der HHLA praktizierten Datenfunk. Besonders Makler, Reeder und Verlader wussten den neuen Service von Anfang an zu schätzen. Sie erleben täglich, wie die Qualität der „Dienstleistung Container-Handling" durch solche innovativen Anwendungen der Elektronik zu ihren Gunsten verbessert wird.

Die Heimkehr der RICKMER RICKMERS

Hafenleute sind es gewohnt, mit spitzem Stift zu rechnen und unter dem Strich etwas herauskommen zu lassen. Es gibt nur wenige Ereignisse in einem Welthafen wie Hamburg, die sich nicht am Prinzip der Kosten-Nutzen-Relation messen lassen müssen. In diesen seltenen Fällen allerdings wird die konsequente Ratio des auf wirtschaftlichen Erfolg ausgerichteten Handelns ebenso konsequent durchbrochen. So sind dann plötzlich nüchtern denkende Hanseaten bereit, sich selbst eine Sternstunde zu bescheren und Nostalgie vor Nutzen rangieren zu lassen. Am 794. Hafengeburtstag gab es eine solche Sternstunde zu feiern. Morgens wurde ein weiß gepönter Schiffsrumpf die Elbe heraufgeschleppt, auf dem noch die Maststümpfe standen, der aber im Übrigen nicht mehr viel Ähnlichkeit mit einem stolzen Windjammer hatte. Vorbei die Zeit, in der das Schiff unter dem Namen MAX Salpeter für die Hamburger Reederei Krabbenhöft gefahren hatte. Und da ist sie schon ein stolzer Teenager gewesen.
Geboren wurde das Schiff 1896 in Bremen als RICKMER RICKMERS, und so soll das Schiff wieder heißen, wenn es eines Tages im Hamburger Hafen als Museumsschiff an die vergangene Zeit einer unwiederbringlichen Schifffahrtsepoche erinnern wird.
Für rund 350.000 Mark hatte der Verein „Windjammer für Hamburg" das Schiff, das zuletzt als portugiesisches Segelschulschiff unter dem Namen SAGRES I gefahren und dann in SANTO ANDRÉ umgetauft worden war, aus Portugal zurückgekauft. Der Bergungsschlepper BALTIC schleppte die Hulk – so nennen die Fahrensleute ein Schiff mit verstümmelten Masten – über 1.200 Seemeilen von Lissabon nach Hamburg. Der Torso hatte nicht viel von seinem alten Stolz in die Gegenwart herübergerettet. Wind und Wetter hatten die Holzplanken auf dem Backdeck aufgerissen, eine dicke Rostschicht lag auf der massiven Ankerkette, rostige Farbe blätterte von der stählernen Schiffswand, in der Kommandantenkabine auf dem Hauptdeck fiel der Spritzguss herunter, elektrische Leitungen hingen überall von der Decke. Die alte Dame war im wahrsten Sinne des Wortes abgetakelt. Aber ein harter Kern des Vereins „Windjammer für Hamburg" – allen voran der 82-jährige Wilhelm („Fiete") Schmidt – hatte sich fest vorgenommen, die einst so stolze Bark einer Verjüngungskur zu unterziehen. Die RICKMER RICKMERS machte bei HDW im Roßhafen fest, und die Windjammerfreunde, die nicht

DER »WINDJAMMER FÜR HAMBURG« AM HDW-KAI.

nur Sprüche, sondern auch Rost klopfen wollten, machten sich an die Arbeit: Klarschiff in genau 1.652 Arbeitsstunden, an denen sich über 250 Begeisterte beteiligten. Wilhelm Schmidt, der das Schiff nach langer Suche gefunden und nach Hamburg gebracht hatte, sollte den ganz großen Trumpf nicht mehr erleben. Er starb im Alter von 82 Jahren. Sein Nachfolger, der Reeder Heinrich Martin Gehrckens, nahm das Vereinsruder in die Hand. Die harte Arbeit an Hamburgs künftigem Prachtschiff ging weiter. Um die 2.000 Tonnen Ballastsand, Steine und Schrott, die seit einem halben Jahrhundert im Schiffsbauch lagen, herausholen zu können, wurden auf der Werft 55 mal 120 Zentimeter große Löcher in die Ballasttanks geschweißt. Bei der Gelegenheit wurden gewissermaßen als Zugabe elf historische Kanonen aus dem Jahr 1876 gefunden. Der Verkaufserlös war eine willkommene Aufstockung der Vereinskasse.
Anfang 1984 war dann eine erste zuverlässige „Bestandsaufnahme" durch Experten möglich. Nach ihrem Urteil können die Hanseaten „ihren" Windjammer zum Hafengeburtstag 1986 in voller Schönheit bestaunen und in Besitz nehmen.
Im April 1984 begannen die Restaurierungsarbeiten. Das Arbeitsamt Hamburg hatte 800.000 Mark aus dem Programm für Arbeitsbeschaffungsmaßnahmen bewilligt. Damit konnten zwölf Arbeitslose aus der Werftindustrie für ein Jahr auf dem Schiff beschäftigt werden. Für 1985 war ein weiteres ABM-Programm für den Innenausbau und die Takelage in Aussicht gestellt worden. Der Verein selbst (Spendeneinnahmen 1983 rund 280.000 Mark) muss rund 400.000 Mark beisteuern. Insgesamt, so haben die Fachleute ausgerechnet, wird sich Hamburg seinen Traum runde drei Millionen Mark kosten lassen müssen, drei Millionen für ein Kulturdenkmal in einer wirtschaftlich nicht leichten Zeit. Wie könnte Hamburgs Hafen seinen Optimismus und das Vertrauen seiner Manager in die Zukunft besser dokumentieren?

Weltumspannender Containerverkehr via Hamburg

Als die ersten Containerlinien vor rund 20 Jahren nach Hamburg kamen, war weitblickenden Fachleuten sofort klar, dass die neue Verkehrsform ihren größten Rationalisierungseffekt dann erzielen werde, wenn sie eines Tages zu einem weltumspannenden System herangewachsen ist. Diesem Ziel ist die Verkehrswirtschaft am 1. September 1984 einen großen Schritt näher gekommen. Der Hamburger Hafen feierte die Europapremiere für den ersten „Round-the-World-Service". Bei der HHLA wurde das Vollcontainerschiff EVER GENIUS aus Taipeh abgefertigt. Die Evergreen Marine Corporation (EMC) ließ das Schiff in westlicher Richtung um den Erdball fahren und lief dabei die wichtigsten Containerhäfen der Erde an. Auf der ersten Reise kam die EVER GENIUS aus Singapore via Suezkanal und über den Mittelmeerhafen Valencia in ihren ersten nordeuropäischen Lösch- und Ladehafen Hamburg. Von hier aus ging es weiter über Felixstowe, Rotterdam, Antwerpen und Le Havre in Richtung New York. Anschließend folgten die US-Ostküstenhäfen Norfolk und Charleston. Über Kingston auf Jamaika erreichte das Schiff via Panamakanal nach rund 80 Tagen Fahrzeit den japanischen Hafen Tokio. Weitere Anlaufhäfen in Fernost waren Osaka, Pusan, Keelung, Kaohsiung und Hongkong.

Ein zweites Schiff derselben Reederei, die EVER GARDEN, fuhr die Route mit kleinen Abweichungen in östlicher Richtung. In beiden Fällen ist Hamburg der erste Lösch- und Ladehafen in Nordeuropa und spielt damit in diesem weltumspannenden System eine zentrale Rolle. Ende 1984 war der „Rund-um-die-Welt-Service" komplett: 16 Schwesterschiffe der Evergreen Line boten in jeder Richtung alle zehn Tage eine Abfahrt. Bis 1986 sollen acht weitere Schiffe dieser Klasse gebaut werden, um die Abfahrtsfrequenz bis auf sieben Tage zu verdichten. „Hamburgs hervorragende Position im ersten weltumspannenden Containerverkehr", so formulierte es der HHLA-Vorstandschef in einer Fachzeitung, „ergab sich aus seiner geografischen Lage, aus seinem Ladungsaufkommen mit hohem Transitanteil und aus seinen europaweiten Verkehrsverbindungen zu Wasser und zu Lande."

EVER GENIUS – KLAR ZUR CONTAINER-WELTREISE.

Bei der Entscheidung der Evergreen Marine Corporation zugunsten Hamburgs haben einige wichtige Tatsachen den Ausschlag gegeben:
– Hamburg ist traditionell Europas wichtigster Umschlagsplatz für den Ostasienhandel. 45 Prozent des Gesamtimports der Bundesrepublik aus Fernost laufen über den Hamburger Hafen.
– Hamburg hat dem weltumspannenden Containerdienst ein interessantes Ladungsaufkommen anzubieten, denn es verfügt unter allen europäischen Häfen über den größten Transitanteil am Stückgutumschlag.
– Mit dem HHLA Container Terminal steht der Evergreen Line eine der modernsten und leistungsfähigsten Container-Umschlagsanlagen der Welt zur Verfügung. Mehr als 20 Feederdienste bringen – zusätzlich zu den Aufkommen aus Österreich, der Schweiz sowie süd- und südosteuropäischen Staaten – Container aus Skandinavien und von den Britischen Inseln.
– Die HHLA bietet der EMC und deren Kunden eine umfangreiche Palette ausbaufähiger Dienstleistungen, die vom Container-Leasing über das Containerpacken bis zur Einrichtung EDV-gesteuerter Auslieferungslager im Freihafen reicht.
Fachleute bezeichneten die weltumspannenden Dienste als eine neue interessante Möglichkeit weiterer Optimierung im Containerverkehr, die eine neue Rangordnung der Containerhäfen zur Folge haben werde.

ALLTAG AM CONTAINERTERMINAL: DREI SCHICHTEN HOCHBETRIEB.

„Deckelmoker" sichert den alten Elbtunnel

Es gehört zur Dynamik eines modernen Seehafens, dass er sein Gesicht von Zeit zu Zeit verändert. Manchmal grundlegend und – für diejenigen, die sich mit „ihrem" Hafen identifizieren – auf schmerzliche Art: Meistens jedoch sind es die kleinen Randgeschehnisse, die einen für viele kaum wahrnehmbaren Wandel bewirken.

Hafenbesucher, die sich gelegentlich an dem Postkarten-Panorama am Westende der Landungsbrücken erfreuen wollten, vermissten eines Tages die Schlepperflotte, die seit Jahrzehnten unterhalb des Bernhard-Nocht-Instituts für eine reizvolle Belebung des Panoramas gesorgt hatten. Mit einem Aufwand von zehn Millionen Mark waren sie nach Neumühlen umgezogen.

Für diese Veränderung des Hafenbildes gab es einen guten Grund: Die Zufahrt zum östlichen Freihafen erwies sich angesichts wachsender Schiffsgrößen als zu eng. Gerade der Bereich des alten Elbtunnels, wo die Schlepper ihren „Heimathafen" hatten, war das Nadelöhr der Verbindung nach Osten. Das Fahrwasser war dort nur rund hundert Meter breit. Es war aber abzusehen, dass man in Zukunft 170 Meter benötigen würde. Aber nicht nur in die Breite sollte das Fahrwasser gehen. Auch für die Tiefe war einiges zu tun, denn die Containerfrachter der dritten Generation bringen bis zu elfeinhalb Meter Tiefgang – nur ein paar Dezimeter weniger, als die Elbe gerade noch verkraften konnte.

Bagger standen bereit, um insgesamt 2,7 Millionen Kubikmeter Elbschlamm zutage zu fördern. Dabei gab es ein Problem, das den Hafenbauern Sorgen bereitete: Wollte man die Elbe an dieser Stelle auf zwölf Meter Fahrrinnentiefe ausbaggern, verblieben nur noch anderthalb Meter Sand über dem alten Elbtunnel. Die sich daraus ergebende Gefahr lag auf der Hand: Die Röhren würden Auftrieb bekommen und „aufschwimmen". Zusätzlich wären sie dadurch gefährdet, dass sich größere Anker in ihnen verfangen und die Außenhaut aufreißen könnten. Die Ingenieure fanden für das Problem eine einfache Lösung: Der alte Elbtunnel musste „beschwert" werden. Die fehlende Bodenüberdeckung wurde mit Hilfe einer Taucherglocke durch eine um 50 bis 60 Zentimeter starke Stahlbetonplatte ersetzt. Die Sicherung gegen Unterspülung und schleppende Anker übernahmen Stahlprofile, die um 30 Grad geneigt in den Boden gerammt wurden. Erster Baudirektor Höft vom Amt für Strom- und Hafenbau erläuterte: „In der Vorbereitung suchten wir nach einem System, das uns ein Maximum an Sicherheit und Präzision bietet. Die Taucherglockenlösung gestattet uns, abschnittsweise unter Druckluft und somit im Trockenen zu arbeiten."

Monatelang konnten die Hafenbesucher querab vom alten Elbtunnel das 3.000 Tonnen schwere, eigens für diese Aufgabe konstruierte Gerät sehen, das sie auf den sinnfälligen Namen „Deckelmoker" getauft hatten.

20 Mann arbeiteten in drei Schichten auf und in der Taucherglocke. Wer „vor Ort" ging, musste zunächst eine Druckschleuse passieren. Der Abstieg auf die Elbsohle dauerte eine gute halbe Stunde.

34 Wochen war der „Deckelmoker" beschäftigt – gelegentlich vom Dockbetrieb von „Elbe 17" für längere Zeit unterbrochen – dann meldeten die Ingenieure zur Befriedigung ihrer Auftraggeber: „Elbtunnel gesichert!"

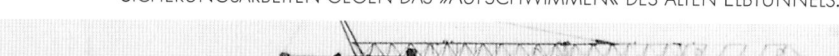

SICHERUNGSARBEITEN GEGEN DAS »AUFSCHWIMMEN« DES ALTEN ELBTUNNELS.

Die achtziger Jahre: Gratwanderung zwischen Boom und Flaute

Januar 1980: Der Start in das neunte Jahrzehnt brachte dem Hamburger Hafen einen Boom ganz ungewöhnlicher Art. Eine Armada russischer Getreideschiffe ankerte auf den Ankerreeden und wartete darauf, ihre Ladung an einer der Getreide-Siloanlagen loszuwerden. Im Durchschnitt kam damals in jeder Stunde – rund um die Uhr – ein UdSSR-Frachter mit Getreide die Elbe herauf. Der Grund waren Kapazitätsengpässe in sowjetischen Häfen. Wegen einer katastrophalen Missernte im Ostblock musste die Sowjetunion 32 Millionen Tonnen Getreide im Westen einkaufen und wurde mit dem Importboom in den eigenen Häfen und in den Häfen sozialistischer „Bruderstaaten" nicht mehr fertig. Bis dahin hatte Hamburg kaum von sowjetischen Getreideeinfuhren profitiert. Jetzt war der Elbehafen plötzlich einer der wichtigsten Partner für die UdSSR geworden, wenn auch ein Partner, der durch den Ansturm der aufkommenden Getreideflotte überfordert war. Den Russen blieb nichts anderes übrig, als eine Warteliste zu akzeptieren. Dass die Kapitäne ihre Schiffe vor Stade ankern ließen, hatte einen guten Grund: Der Ankerplatz ist kostenlos, und nichts wird von Staatshandelsländern mehr geschätzt als die Chance, Devisen zu sparen. Kaum zwei Jahre später war der Getreideboom von 1980 vergessen. Das Hafengeschehen wurde von einer weltweiten Rezession überschattet, die – mit der üblichen Zeitverschiebung – auf das Umschlagsgeschäft durchschlug. In den ersten sechs Monaten des Jahres 1983 verminderte sich Hamburgs Gesamtumschlag gegenüber dem (auch nicht gerade guten) Vorjahr um fast 19 Prozent, beim Massengut sogar um mehr als 24 Prozent. Kaum ein Hafenbetrieb mochte Entlassungen ausschließen. Der Präsident des Unternehmensverbandes des Hafen Hamburg, Helmuth Kern, charakterisierte 1983 als eines der schwierigsten Jahre in der Hafengeschichte. Die Hafenwirtschaft beklagte einen seit dem Krieg beispiellosen Erlösverfall. Viele Betriebe schlossen das Jahr mit roten Zahlen ab.

Die Krise des Seeverkehrs kennzeichnete auch der auffällige Schrumpfungsprozess der deutschen Handelsflotte. Innerhalb der letzten vier Jahre waren 34 Prozent der unter deutscher Flagge fahrenden Schiffe aus dem Verkehr gezogen worden – ganze 6,15 Millionen Brutto-

GETREIDEUMSCHLAG WIE NIE ZUVOR: JEDE STUNDE EIN RUSSISCHES GETREIDESCHIFF.

registertonnen führten noch die schwarz-rot-goldene Flagge am Heck.

Für den Hafen konnte dies nur bedeuten, was von jeher das Rezept gegen flaue Zeiten gewesen war, die Anstrengungen zu verstärken, die Hamburgs Leistungs- und Konkurrenzfähigkeit verbesserten. Im Zeitraum von 1970 bis 1980 waren drei Milliarden Mark in den Hafen investiert worden. Jetzt wurde noch einmal zugelegt. Im April 1983 beschloss der Senat ein zusätzliches 48-Millionen-Mark-Programm, das nicht nur die Wettbewerbssituation des Hafens verbessern, sondern zugleich einen beschäftigungspolitischen Effekt haben sollte. Der private Sektor legte noch 18 Millionen Mark drauf. Damit waren die Einpolderung des Hafenbahnhofs Hamburg-Süd, Erschließung und Bau eines Terminals am Strandkai und Instandsetzungsarbeiten an mehreren Hafenanlagen gesichert. Daneben liefen die Investitionsprogramme einzelner Umschlagsunternehmen ohne Einschränkungen weiter. Eine „Momentaufnahme" vom Sommer 1983 zeigt die Intensität, mit der die Hafenwirtschaft nun neue Flächen für die Betriebserweiterung ausbaute:

– Die Unikai GmbH erweiterte ihre Anlage für den Stückgutumschlag am Kaiser-Wilhelm-Hafen zu einem Mehrzweckterminal.

– Die Massengutumschlaganlage Hansaport am Sandauhafen verlängerte ihre Kaistrecke von 560 auf 770 Meter, um größere Schiffe abfertigen zu können. Außerdem wurde die Hafeneinfahrt umgebaut und neue Binnenschiffs-Liegeplätze angelegt.

– Der Holzmüller-Terminal am Nordwestende der Griesenwerder Kaizunge war längst von einer Spezialumschlaganlage für tropische Edelhölzer zu einem Vielzweck-Terminal geworden. 1983 war eine Erweiterung unumgänglich: Am Stoltenkai wurde die Kaifläche für den Roll-on-/Roll-off-Verkehr und den Containerumschlag hergerichtet. Bis dahin hatten die Schiffe dort an Pfählen liegen müssen. In demselben Jahr erschloss die Stadt für Holzmüller in Altenwerder einen zehn Hektar großen Landterminal.

Die Firma Schürfeld – Spezialist für Umschlag und Lagerung von Papier – dehnte sich auf das Gelände des alten Grasbrooks aus und investierte dort über zwölf Millionen Mark.

– Am südlichen Reiherstieg erweiterten die Firmen Wallmann (Stückgut) und Raiffeisen Handelsgesellschaft (Futter- und Düngemittel) ihre Anlagen für annähernd 100 Millionen Mark.

– Um die Getreidefirmen Mackprang und Ströh am Reiherstieg mit größeren Schiffen bedienen zu können, wurde die Rethe-Hubbrücke mit Gleitfendern ausgestattet.

– Die Hamburger Hafen- und Lagerhaus-Aktiengesellschaft, die mit ihrem Containerterminal Burchardkai

SERVICE RUND UM DIE UHR: CONTAINERTERMINAL O'SWALDKAI.

bereits die größte Umschlaganlage betrieb, eröffnete im Mai 1982 – zusammen mit dem angrenzenden Fruchtzentrum – auch die zweitgrößte: Am O'Swaldkai war mit einem Investitionsaufwand von 55 Millionen Mark ein weiterer Multipurpose-Terminal mit Stückguthalle und einer Heckseitenrampe für große Roll-on-/Roll-off-Schiffe entstanden.

Die Anlage verfügt bei einer Gesamtfläche von 700.000 Quadratmetern über eine Kailänge von 1.400 Metern am zehn Meter tiefen Wasser. Zwei Containerbrücken und 21 Stückgutkräne ermöglichen Spitzen-Umschlagleistungen.

Vier Spezial-Elevatoren sorgen am Bananenschuppen für den wettergeschützten Umschlag der empfindlichen Früchte. Von dem 80.000 Quadratmeter großen Schuppen sind mehr als zwei Drittel beheizbar. Außerdem verfügt die Anlage über rund 60.000 Kubikmeter Kühlräume. Verglichen mit anderen Häfen ist das eine bemerkenswerte Kapazität.

Für diesen Multipurpose-Terminal war der ehemalige Segelschiffhafen mit großem technischen Aufwand aufgespült worden.

Als Universalhafen hat Hamburg in den Nachkriegsjahren immer versucht, alle Güterarten und Umschlagformen gleichermaßen zu fördern. Dass der Container seit Mitte der sechziger Jahre ein unübersehbares Übergewicht bei allen Investitionsentscheidungen gewann, lag an Entwicklungen, die nicht „hausgemacht" waren, sondern von außen an den Hamburger Hafen herangetragen wurden.

Die Nummer eins des Containerverkehrs aber blieb der Burchardkai. Mit einer Fläche von 1,4 Quadratkilometern, neun Liegeplätzen, elf Containerbrücken, annähernd 150.000 Quadratmetern Hallenfläche und über 600.000 Containern Jahresumschlag (bezogen auf 20-Fuß-Einheiten) gehört die von der HHLA betriebene Anlage zu den bedeutendsten der Welt. Dies gilt auch für ihre Leistungsfähigkeit, die immer wieder aufs Neue unter Beweis gestellt wurde. Einer der eindrucksvollsten Rekorde wurde im April 1984 gemeldet: Innerhalb von nur 48 Stunden wurden 23 Seeschiffe abgefertigt – darunter sechs Großfrachter der dritten Generation und die FRANKFURT EXPRESS von Hapag-Lloyd als das größte Containerschiff der Welt. Die Ladungsmenge, die innerhalb von zwei Tagen am Burchardkai umgeschlagen wurde, entspricht ungefähr der halben Jahresleistung eines konventionellen Kaischuppens.

Neben solchen überzeugenden Leistungen des Hamburger Hafens steht eine Sorge, mit der die Hansestadt seit mehr als zwei Jahrzehnten zu kämpfen hat. Immer wieder wurde von den deutschen Seehäfen beanstandet, dass sie Ladung aus dem eigenen Hinterland an die Rheinmündungs- und Scheldehäfen verlieren, weil die Frachten beim Gütertransport über die „grüne Grenze" frei gebildet werden dürfen und damit niedriger sind als die des deutschen Hinterlandverkehrs.

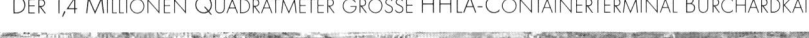

DER 1,4 MILLIONEN QUADRATMETER GROSSE HHLA-CONTAINERTERMINAL BURCHARDKAI.

Der Bundesverband des deutschen Güterfernverkehrs (BdF) deutete zwar immer wieder die Möglichkeit einer „Liberalisierung des Tarifsystems" an, sträubte sich aber hartnäckig gegen eine Änderung der entsprechenden Gesetze. Die Häfen Hamburg und Bremen haben mehrfach nachdrücklich den Übergang zu völlig freier Preisbildung im Hinderlandverkehr der deutschen Seehäfen nach europäischem Vorbild gefordert.

Der BdF seinerseits kritisiert vor allem die Belastungen des deutschen Güterfernverkehrs durch Kraftfahrzeug- und Mineralölsteuer: In der Bundesrepublik kostete ein 38-Tonner-Zug jährlich 9.365 Mark Kfz-Steuer, in Belgien dagegen nur zwischen 1.423 bis maximal 2.371 Mark. Die Niederlande verlangen von den Kfz-Besitzern 3.638 Mark, dafür ist der Dieselkraftstoff bei ihnen mit 18 Pfennig am billigsten. Belgien verlangt 26 Pfennig, und bei uns liegt der Preis um 44 Pfennig.

Mit der verbindlichen Aussage des Güterfernverkehrs, er werde fiskalische Erleichterungen im vollen Umfang an seine Kunden weitergeben, liegt der schwarze Peter zunächst in Bonn. Dagegen ist der BdF nicht bereit, die Tarifmarge im Seehafenverkehr von bisher plus/minus 8,5 Prozent auf 15 Prozent zu erhöhen, wie es die norddeutschen Küstenländer verlangt haben.

Dies aber bleibt eine der zentralen Forderungen, die HHLA-Vorstandschef Senator a. D. Helmuth Kern seit langem immer wieder mit Nachdruck vertritt:

„Wir verlangen eine Ausweitung der Tarifmargen auf die für den grenzüberschreitenden Verkehr geltende Spannbreite und eine Angleichung der Bestimmungen für den Abschluss von Sondervereinbarungen. Mit der Realisierung wäre allerdings nur ein sachlich begrenzter Teilerfolg verbunden …"

Helmuth Kern bezieht sich auf die Angebote des Güterfernverkehrsgewerbes, neue Ausnahmetarife im Containerbereich und für Seehafengüter aller Art einzuführen, wenn er feststellt:

„Wir sehen diese Reaktion als nicht ausreichend an. Uns geht es darum, in der verkehrspolitischen Ordnung für beide Verkehrswege eine Annäherung der Bedingungen zu erreichen und zu verhindern, dass der im grenzüberschreitenden Verkehr in seiner Preispolitik weitgehend beziehungsweise (im wachstumsträchtigen Teilmarkt des Containerverkehrs) völlig freie Unternehmer durch einen Blick in die deutschen Tarife den Entscheidungspunkt findet, um mit fast sicherer Automatik den Verkehr an sich zu ziehen."

In diesem Zusammenhang muss man auch die Tendenz der EG-Verkehrspolitik sehen, den Verkehr über die grüne Grenze ständig zu erleichtern. Die Erhöhung der Treibstoff-Freimengen und die Aufstockung von Kontin-

DIE HUNDERT JAHRE ALTE SPEICHERSTADT IM FREIHAFEN.

genten vor nicht allzu langer Zeit sind solche Erleichterungen zum Nachteil der deutschen Häfen.

Die Einschätzung Kerns, den deutschen Seehäfen würden ihre Wachstumsmöglichkeiten durch eine solche Politik bewusst vorenthalten, ist ohne Einschränkung richtig: Im Stückgutumschlag bundesdeutscher Güter von 1970 bis 1983 ergibt sich für Hamburg und Bremen zusammen ein Wachstum von 38 Prozent. Das aber ist ein relativer Verlust; denn wenn man den bundesdeutschen Stückgut-Transit über die Häfen Rotterdam, Amsterdam und Antwerpen dagegenhält, ergibt sich für denselben Zeitraum eine Steigerungsrate von 59 Prozent.

Bemerkenswert ist vor allem die Rolle, die der Lkw dabei spielt: Sein Anteil am Transit-Stückgutverkehr von und nach den Westhäfen stieg von 1970 bis 1983 um über 150 Prozent.

Lange – darüber sind sich alle Beteiligten einig – können die deutschen Seehäfen die Tarifnachteile nicht mehr verkraften. Erhebliche Schäden für die gesamte deutsche Wirtschaft werden nicht zu vermeiden sein, wenn die sehr moderaten Forderungen der deutschen Seehäfen nicht umgehend erfüllt werden.

1986 bis zur Gegenwart

Gerüstet für das dritte Jahrtausend

Der Endspurt in das neue Jahrhundert, der ja zugleich der Übergang in das neue Jahrtausend vorbereitete, wurde 1980 mit einem Jubiläum eingeleitet: Hamburgs renommierte Woermann-Linie feierte ihren 100. Geburtstag.

Während sich der eine im Glanz seiner Erfolgsgeschichte sonnte, wurde ein anderer Traditionsname aus den Annalen der Hafengeschichte gestrichen: die Howaldtswerke-Deutsche Werft holte ihre Hamburger Flagge ein. Ihr Standort an der Elbe wurde von der Blohm + Voss AG geschluckt.

Auch in Hamburgs legendärem „Onkel Pö", in dem 16 Jahre lang mit Namen wie Chet Baker, Dizzy Gillespie, Helen Schneider und Udo Lindenberg Jazz-, Rock- und Pop-Geschichte geschrieben worden war, gingen nach Jahren eines schleichenden Niedergangs die Lichter aus. Der letzte „Albatros" – Ehrentitel für Kapitäne, die noch einen frachttragenden Windjammer um das gefährliche und gefürchtete Kap Hoorn geführt hatten – trat seine letzte große Reise an und läutete damit das Ende der Bruderschaft der Cap Horniers ein.

Im Hamburger Rathaus unterschrieben Erster Bürgermeister Claus von Dohnanyi und der Shanghaien Oberbürgermeister Jiang Zemin einen Freundschaftsvertrag für ihre beiden Städte, der neben den (seit langem bestehenden) Handels- und Schiffahrtsbeziehungen in Zukunft auch den wissenschaftlichen und kulturellen Austausch intensivieren sollte.

DIE AIRBUS-PRODUKTION ERÖFFNETE HAMBURG EINE NEUE INDUSTRIE-DIMENSION.

Die Hafenstraße wurde mit ihren teilweise heruntergekommenen Gründerzeithäusern zum Symbol terroristischer Krawalle, durch die Chaoten den ihnen verhassten Staat vorführten.

Zum Ärger der Hamburger Bürger ließ er sich vorführen! Auf positive Art machte ein anderes Haus Schlagzeilen, das in Hamburgs Hafensilhouette oberhalb der Landungsbrücken einen besonderen Akzent setzt: Der Unternehmer Wilhelm Bartels hatte die frühere Navigationsschule und Ausbildungsstätte der Kaiserlichen Marine zum „Hotel Hafen Hamburg" umbauen lassen.

„A320" ist das einprägsame Kürzel für das modernste Verkehrsflugzeug der Welt, an dessen Bau das Unternehmen Airbus Hamburg seit den achtziger Jahren maßgeblich und zunehmend erfolgreich beteiligt ist.

PRESTIGETRÄCHTIGE UNO-INSTITUTION: DER INTERNATIONALE SEEGERICHTSHOF.

DIE WANDELHALLE DES HAUPTBAHNHOFES ERHIELT EIN FACELIFTING.

Auch die Kunst kam in Hamburg entgegen manch einem Vorurteil zum Zuge: Dank des Mäzens Kurt A. Körber und einiger anderer Sponsoren wurden die aus den Jahren 1911 und 1913 stammenden Deichtorhallen aufwändig restauriert und zu einem Mekka der bildenden Kunst ausgebaut.

Für manch einen Zeitzeugen gab es ein Wiedersehen mit einem Veteranen hamburgischer Schiffbaugeschichte: 1990 kam die damals knapp 60 Jahre alte GORCH FOCK unter ihrem neuen Namen TOWARISCHTSCH die Elbe herauf. 40 Jahre lang hatte der Segler der sowjetischen Handelsmarine als Schulschiff gedient. Jetzt suchte die ukrainische Marine, die das bei Blohm + Voss vom Stapel gelaufene Schiff beim Zusammenbruch der UdSSR „geerbt" hatte, nach einem neuen Verwendungszweck.

Hamburgs Hauptbahnhof, der 2006 seinen 100. Geburtstag feiern wird, erhielt ein eindrucksvolles „Facelifting": Die Wandelhalle wurde zu einer ansprechenden Einkaufsstraße saniert und renoviert.

Hamburgs Frauen machten sich in vielfältigen Bereichen auf den Weg, in Männerdomänen einzudringen. Seit 1992 stand (und steht) in Hamburgs Polizeiorchester zum ersten Mal in der Geschichte des traditionsreichen Klangkörpers eine Frau als Chefin am Dirigentenpult. Die Amerikanerin Dr. Kristine Kresge machte innerhalb weniger Jahre aus einer betulichen Blaskapelle eine vielseitige und temperamentvolle Swing-Band.

Auch die Kirche zeigte Bewegung in Sachen Emanzipation: Die Nordelbische Synode wählte die Pröpstin Maria Jepsen zur ersten Bischöfin Hamburgs.

Im darauf folgenden Jahr erklang in voller Schönheit erstmals wieder die mit großem finanziellen Engagement restaurierte Arp-Schnitger-Orgel in der Hauptkirche St. Jacobi. In Hamburg steht damit das mit 3880 Pfeifen größte Kunstwerk des Barock-Orgelbauers Arp Schnitger aus dem späten 17. Jahrhundert.

Im Stadtplanungsausschuss fiel die wichtige Entscheidung, Hamburgs „Hafenmeile" am nördlichen Elbufer als der viel gerühmten Perlenkette neuen Glanz zu geben. Auch wenn einige der hoch fliegenden Pläne – etwa ein westlich des alten Elbtunnels gelegenes Freizeitzentrum – nicht realisiert wurden, war es für die Zukunft der Stadt wichtig, auch in diesem Punkt Denkanstöße zu geben und auf den Weg zu bringen, die Hamburg im neuen Jahrhundert prägen sollen.

Zum ersten Mal setzten sich in dieser Zeit Deutschlands Binnenschiffer spektakulär in Szene. Bundesweit protestierten 200 aufgebrachte Binnenschiffer gegen die von der EG verordnete Aufhebung der festen Frachttarife. In Hamburg versperrten sie mit 26 Schiffen drei Stunden lang die Elbfahrrinne zwischen Landungsbrücken und Steinwerder. Der durch die Europäische Gemeinschaft ausgelöste „ruinöse Wettbewerb", so ihre Begründung für die Blockadeaktion, bedrohe ihre Existenz mit Umsatzeinbußen von bis zu 30 Prozent.

Hamburgs „trockener" Hafen befand sich im Aufwind und wurde endlich aus seiner Provinzialität befreit. Mit seinem Terminal 4 hat der Flughafen Hamburg sowohl in seinen technischen Voraussetzungen als auch vom Ambiente her Anschluß an die Zukunft des internationalen Luftverkehrs gewonnen. Der dringend notwendige Verkehrsanschluss an die City wurde in das neue Jahrhundert aufgeschoben.

Um die Mitte des vergangenen Jahrzehnts konnten die Hamburger erstmals die Landung des „Beluga" erleben, jenes unförmigen Transportflugzeugs, das Airbus-Teile aus den unterschiedlichen europäischen Produktionsstätten nach Finkenwerder bringt.

Dies war auch die Zeit, in der die Elbhansestadt einem Beschluss des Deutschen Bundestages zufolge wenigstens für einige Monate darauf hoffen durfte, Ausgangspunkt der Transrapidstrecke nach Berlin zu werden. Der Traum zerplatzte nach kurzer Zeit wie eine Seifenblase.

Ein anderer Traum erfüllte sich: Nach jahrzehntelangen Vorbereitungsarbeiten wurde am 1. Oktober 1996 der Internationale Seegerichtshof aus der Taufe gehoben, um den sich die Hansestadt als Standort mit Nachdruck beworben hatte. Zunächst versammelten sich die 21 Richter aus aller Welt noch in der Hamburger Neustadt. Bald aber konnte die prestigeträchtige Institution – die im Namen der UNO Streitfälle über die Rechts- und Nutzungsverhältnisse in allen Seegebieten der Erde entscheidet – ihr attraktives Domizil an der Elbchaussee beziehen.

HOTEL HAFEN HAMBURG – EIN NEUES WAHRZEICHEN ÜBER DEN LANDUNGSBRÜCKEN.

Ende einer Sozialeinrichtung: Aus für die „Kaffeeklappen"

»FOFFTEIN« MACHT AUCH OHNE »KAFFEEKLAPPEN« SPASS.

Die Stimmung war emotionsgeladen und melancholisch. Einigen der Männer, die zum Abschied gekommen waren, standen Tränen in den Augen. Zwar wurde ihnen nichts genommen, dessen sie noch dringend bedurft hätten. Aber sie spürten, dass ein Stück Hafengeschichte zu Ende ging. Und diese ist zugleich ein Stück hamburgische Sozialgeschichte.

„Speisehalle 73" stand noch im Juni 1985 auf einem Schild, das an die schlichte Klinkerfassade des architektonisch einfallslosen kahlen Hallenbaus am Kaiser-Wilhelm-Hafen in Steinwerder montiert war und das zum Jahresende abgeschraubt werden sollte.

Vor knapp einhundert Jahren – im Jahr 1887 – waren die ersten dieser Speisehallen auf Anregung der Patriotischen Gesellschaft eingerichtet worden. Da die Hafenarbeiter im weit verzweigten Hafengebiet keine Gelegenheit hatten, sich in den Pausen zu versorgen – private Gastwirtschaften und Speiselokale durfte es im Freihafen nicht geben –, wurden die Speisehallen als gemeinnützige Einrichtung eingerichtet, „damit die Kerls auch mal was Warmes in' Bauch kriegen", wie es eine der „Wirtinnen" ausdrückte. Da saßen die Männer dann, wenn sie „Fofftein" machten, auf harten Schemeln zwischen grob gezimmerten Tischen – die im Zuge des Fortschritts später aus Resopal bestanden –, aßen ihre Mettwurststulle und tranken einen heißen Kaffee. Anfangs sogar zum Nulltarif; denn ein bisschen versuchte man auch erzieherisch zu wirken und die Arbeiter durch kostenlosen Kaffeeausschank vom Schnaps fernzuhalten. Bier galt nach den im Hafen gültigen Maßstäben übrigens nicht als Alkohol und durfte als „Kompromißgetränk" gegen Mißstimmungen bis gegen Ende der siebziger Jahre ausgeschenkt werden! Von da an war allerdings mit dem Einzug der großen Flurfördergeräte, der Containerbrücken und der Computer als Steuerungsgeräte auf den Terminals jeglicher Alkohol, also auch Bier, verboten. Unterhalten wurde die Sozialeinrichtung von dem eigens zu diesem Zweck gegründeten Verein für Volkskaffeehallen. Erst in jüngerer Zeit hat die Gesamthafenbetriebs-Gesellschaft die Verwaltung übernommen und erkennen müssen, dass die „Kaffeeklappen" zunehmend zum Zuschußgeschäft wurden. Rund die Hälfte des Umsatzes musste draufgezahlt werden.

Die Hafenarbeiter hatten bald nach der Gründung den passenden Namen für die verdienstvolle Sozialeinrichtung gefunden: Jeder wusste, was gemeint war, wenn von den „Kaffeeklappen" die Rede war. Fünfzehn solcher Versorgungsstationen hielten in Glanzzeiten rund um die Uhr bereit, was die Hafenarbeiter benötigten, und die Kaffeeklappen waren bei „Fofftein" gerammelt voll. Das Mittagsgeschäft war viele Jahrzehnte lang die Stütze des Betriebs. Koteletts, Gulasch und Schweinebraten, vor allem das berühmte „Hamburger Rundstück", waren die preiswerten Bestseller auf der Speisekarte.

Seit der Wirtschaftswunderzeit aber war das Geschäft zunehmend rückläufig. Die meisten Hafenfirmen begannen, ihre Mitarbeiter auf den einzelnen Schuppen mit Essen und Trinken zu versorgen. Und von einer gelegentlichen Suppe und einer Tasse Kaffee allein konnten die „Kaffeeklappen" nicht überleben.

Nach 98 Jahren fiel die letzte Klappe am Schuppen 73. Erhalten geblieben ist die Erinnerung an ein Beispiel mustergültiger Mitarbeiterfürsorge, um die sich der Hamburger Hafen verdient gemacht hat. Heute verfügen die inzwischen entstandenen großen Umschlagterminals über gut ausgestattete Kantinen mit voller Versorgung für die eigenen Mitarbeiter, aber auch für die Lkw-Fahrer oder andere Gäste auf den Anlagen.

DIE OBERHAFEN-KANTINE AN DER STOCKMEYERSTRASSE.

Protest der Hafenwirtschaft: „Grenzen des Machbaren erreicht!"

DAS BÜROGEBÄUDE DER
EVERGREEN DEUTSCHLAND GMBH (TAIWAN).

Der Unternehmensverband Hafen Hamburg ging 1988 mit einem brisanten Thema an die Öffentlichkeit und präsentierte ein Gutachten über die „fremdbestimmten Produktionskosten für Seehafenbetriebe in Hamburg, Bremen, Rotterdam und Antwerpen". Das Ergebnis der von der HPC Hamburg Port Consulting GmbH erstellten Analyse belegte, dass die Seehafenbetriebe in Hamburg durch ungünstigere Rahmenbedingungen insgesamt erheblich höhere Produktionskosten zu verkraften hatten als die direkten Konkurrenten. Da diese Kosten von den Unternehmen selbst nicht zu beeinflussen waren, ging der Unternehmensverband in die Offensive. Sein Vorsitzender forderte nachdrücklich eine Kurskorrektur der offiziellen Hafenpolitik, die sich sowohl auf die der Hafenwirtschaft angelasteten staatlichen Gebühren bezog als auch auf die den Umschlagunternehmen auferlegten Kosten.

Die Manager der Hafenwirtschaft hatten erkannt, dass die zweite Hälfte der achtziger Jahre angesichts des europäischen Binnenmarktaufbaus von einer generellen Weichenstellung im seewärtigen Güterverkehr gekennzeichnet waren und deshalb die allzu passive Hafenpolitik des Senats einer dringenden Korrektur bedurfte. Mit dem Satz, die Grenzen des Machbaren seien erreicht, nahm der Unternehmensverband die Landesregierung ins Kreuzfeuer und verlangte einen schnellen Kurswechsel.

Das Gutachten hatte die Schwachstellen des Elbehafens schonungslos aufgedeckt. Als einen gravierenden Nachteil stellte es die Miet- und Pachtkosten an den Pranger, die den Hamburger Betrieben abverlangt wurden. Augenfällig war die Höhe dieser Kosten im direkten Vergleich: Die Betriebe in der Hansestadt, deren jährliche Miet- und Pachtkosten sich auf rund 55 Millionen Mark summierten, hätten unter Bremer Bedingungen nur zwölf Millionen Mark zu entrichten. In Antwerpen blieben sie mit 33 Millionen Mark ebenfalls unter der Hamburger Marke. Lediglich bei den in Rotterdam geltenden Sätzen hätte der Betrag mit 61 Millionen Mark geringfügig höher gelegen. Das Gutachten stellte höhere Belastungen der Hamburger Wirtschaft gegenüber den Rheinmündungshäfen außerdem für folgende Bereiche fest: Kosten des Gesamthafenbetriebs, Kosten der Finanzierung von Infra- und Suprastruktur, Steuern, Kosten der Entsorgung und des Umweltschutzes.

Der Senat ermittelte als Antwort auf eine große Anfrage in der Hamburgischen Bürgerschaft für das Jahr 1986 entsprechend der jeweiligen Fazilitäten – zum Beispiel Gleis- und Wasseranschluss – Quadratmetermieten zwischen 2,75 Mark und 5,50 Mark jährlich. Diese Werte lagen zwar über den Werten der Konkurrenzhäfen, aber er stellte dazu fest, ein Vergleich mit den konkurrierenden Häfen sei wegen der Unterschiedlichkeit der mit dem Mietzins abgegoltenen Fazilitäten nur bedingt aussagekräftig.

Wie gut müsse Hamburg doch sein, so die rhetorische Frage des Verbandsvorsitzenden, wenn der Hamburger Hafen trotz der offenkundigen Benachteiligungen immer noch ganz gut im Rennen liege. Mehr aber sei nach den erfolgreich praktizierten Maßnahmen zur Leistungssteigerung und mit Preiszugeständnissen an die Kundschaft beim besten Willen nicht zu erreichen. Das Gutachten stellte fest, der Wettbewerb werde außerdem durch die rigorose Subventionspolitik verschärft, die dort ansässige Umschlagunternehmen in den Rheinmündungshäfen über den Einsatz öffentlicher Mittel zielstrebig in Anspruch nahmen. Dies geschehe beispielsweise „zum Teil über die Herabsetzung staatlicher Gebühren für die Hafenbenutzer oder über unmittelbare Beteiligung an privatwirtschaftlichen Investitionen".

Hamburg hatte sich bis dahin nicht an dem Subventionswettbewerb zur Verbesserung seiner Standortbedingungen beteiligt, und die Hansestadt war auch nicht bereit, sich in Zukunft auf das verhängnisvolle Spiel einzulassen, das langfristig nur allen schaden konnte.

Die Speerspitze, die der Unternehmensverband gegen den Senat gerichtet hatte, zielte auch noch in eine andere Richtung: Die im Hafen stark vertretene Gewerkschaft Öffentliche Dienste, Transport und Verkehr (ÖTV) hatte sich bisher allen Versuchen verschlossen, die Schichtregelung im Hafen grundlegend zu verändern, um es damit den Firmen zu ermöglichen, ihre Mitarbeiter auch an Sonnabenden zur Arbeit einteilen zu können. Dies war nur einmal im Monat erlaubt, und die ÖTV weigerte sich beharrlich, die Bestimmung zu lockern. Seit langem war die Arbeitszeitordnung ein umstrittenes Thema in der hafenpolitischen Auseinandersetzung gewesen. Schon auf der Jahresversammlung des Unternehmensverbandes im Jahr 1987 hatte dieser das Modell einer neuen Arbeitszeitregelung vorgestellt, das alte Strukturen überwinden wollte. Das Modell sah vier Schichten an allen Kalendertagen vor und sollte den besonders flexiblen Einsatz der Hafenarbeiter ermöglichen – auch im Interesse der Arbeitnehmer, wie der Unternehmensverband immer wieder vorrechnete. Aber die Gewerkschaften sahen darin einen Abbau ihrer erworbenen Rechte und legten sich quer.

Nicht einverstanden war die Gewerkschaft auch mit der Empfehlung des Unternehmensverbandes, eine „koordinierte Personalbestandsplanung und integrierte Personaleinsatzplanung" zu praktizieren. Dies bedeutete, es solle in Zukunft erheblich weniger Einzelbetriebsarbeiter und dafür mehr Gesamthafenarbeiter geben. Unproduktive Löhne für Ausfallschichten – das heißt bezahlte Zeiten ohne Arbeit – sollten damit verringert werden.

In einem wesentlichen Punkt hatte das HPC-Gutachten eine für den Elbehafen positive Erkenntnis gebracht: Beim Vergleich der Lohnkosten, dem mit 60 Prozent wichtigsten Kostenfaktor, war gegenüber Rotterdam zwar eine höhere Belastung, gegenüber Antwerpen aber kein Nachteil festgestellt worden. Einschließlich der Lohnfolgekosten, so das Gutachten, stand Hamburg im Vergleich mit den beiden Westhäfen sogar günstiger da. Erst die Sozialversicherungsbeiträge brachten Antwerpen einen Vorteil. So blieben als wesentliche Wettbewerbsnachteile die Aufwendungen für den Gesamthafenbetrieb, Finanzierung von Infra- und Suprastruktur, Steuern, die Kosten für den Umweltschutz sowie für Versorgung und die Entsorgung.

Der Auseinandersetzung war ein lautstarkes Vorspiel vorangegangen. Die Offensive des Unternehmensverbandes im Juni 1988 war durch einen Kostenvergleich ausgelöst worden, den das Bundesverkehrsministerium genau ein Jahr zuvor angestellt hatte. Das Bonner Ministerium hatte einen Vergleich der Kosten und Gebühren in Hamburg, Bremerhaven, Le Havre, Rotterdam und Antwerpen vorgelegt, der Hamburg in ein schlechtes Licht gestellt und dadurch Proteste ausgelöst hatte. Der Zentralverband der Deutschen Seehafenbetriebe, so forderte Hamburg, solle das Ministerium auffordern, den Vergleich zurückzunehmen, mindestens aber zu korrigieren.

Woran hatte sich der Streit entzündet? Die Ministerialen hatten ausgerechnet, der Reeder eines 40 000 BRT großen Containerschiffes müsse beim Anlaufen des Elbehafens 145 400 Mark hinblättern, während Bremerhaven für dieselbe Leistung nur 132 600 Mark verlange und Le Havre, Rotterdam und Antwerpen gar nur umgerechnet zwischen 36 700 und 75 300 Mark in Rechnung stellten.

Hamburg hatte diese Zahlen protestierend zur Kenntnis genommen, weil hier „Äpfel mit Birnen" verglichen würden. Die durch längere Revierfahrt und entsprechend höhere Lotsen- und Schlepperkosten entstehenden Mehraufwendungen würden durch die Fahrt der Seeschiffe mitten in ein Verkehrszentrum hinein mehr als kompensiert. Denn ein Drittel der Ladung finde seinen Ursprungs- und Bestimmungsort im Loko-Bereich.

Außerdem verwiesen die Hafenfirmen auf den unbestrittenen Ruf des Elbehafens als einer der weltweit schnellsten Häfen; denn in seiner Zuverlässigkeit und Pünktlichkeit werde Hamburg von keinem anderen Umschlagplatz der Welt übertroffen. Als Beleg für diese Spitzenstellung führte die Hansestadt die Investitionen an, mit denen sich ausländische Reedereien und Transportorganisationen gerade in der zweiten Hälfte der achtziger Jahre in Hamburg engagierten. Ein augenfälliges Beispiel war die Verlagerung des europäischen Hauptquartiers der Evergreen Linie (Taiwan) von London nach Hamburg. Ein anderes war der Neuaufbau der sowjetischen Schifffahrtsagentur Transnautik und der Ausbau der chinesischen Aktivitäten in Hamburg. So ist es auch kein Zufall, dass Hamburg zum Endhafen des Trio-Dienstes bestimmt wurde, in dem sich zwei britische und zwei japanische Reedereien mit der Hapag-Lloyd AG im Fernostdienst zusammengeschlossen haben. In diesem Dienst verkehrten 1988 nach einem festen Fahrplan 21 der größten Containerschiffe der Welt.

Hamburgs Verbeugung vor der Geschichte: Das museale Erbe im Strom

Schiffe gehören zu den beliebtesten Exponaten in der Museumslandschaft. Aber nicht immer halten sie, was ihre Eigentümer und ihren Besuchern sich von ihnen versprechen.
Bei weitem nicht alles, was sich in deutschen Häfen mit der Bezeichnung „Museumsschiff" präsentiert, verdient dieses aufwertende Attribut! Einige dieser Schiffe müssen sich sogar den Vorwurf der Hochstapelei gefallen lassen, weil ihnen ihre Apologeten einen historischen Rang zuschreiben, auf den sie – legt man strenge Maßstäbe an – keinen Anspruch erheben dürfen. In den Städten allerdings, in denen sie ihren letzten Heimathafen gefunden haben, sind sie als Touristenmagneten unverzichtbar. Die Besucherzahlen, deren Tendenz bei fast allen Schiffen dieser Art nach oben zeigt und teilweise viel Geld in die Kassen ihrer zumeist in Vereinen organisierten Betreiber fließen lässt, sprechen eine deutliche Sprache.
Die RICKMER RICKMERS, eine grün gepönte Bark, die der Uferszene an den Hamburger Vorsetzen eine romantisch-malerische Aufwertung gibt, hat keinen direkten Bezug zur Geschichte des Hamburger Hafens. Weil aber die Elbhanseaten die Zeit verschlafen haben und weder den P-Liner PEKING (der heute in New York vor sich hin dümpelt) noch die PASSAT (die am Travemünder Priwall ihr teures Gnadenbrot verschlingt) rechtzeitig an Land gezogen haben, musste Hamburg nehmen, was noch gegen Ende der achtziger Jahre an Windjammern zu haben war. Und das war wenig!
Die alte RICKMER RICKMERS stand zur Disposition, die am Ende ihrer aktiven Fahrenszeit unter dem Namen SAGRES für die portugiesische Marine als Segelschulschiff für die Ausbildung von Kadetten in Fahrt gehalten worden war. Dem rührigen Verein „Windjammer für Hamburg" ist es zu verdanken, dass dieser dreimastige Großsegler auch unter dem persönlichen Einsatz einiger Enthusiasten so weit wieder hergerichtet wurde, dass er bei großzügiger Auslegung wenigstens einem Hauch musealen

DIE RICKMER RICKMERS GEHÖRT ZU HAMBURGS MARITIMEN TOURISTEN-ATTRAKTIONEN.

Anspruchs genügt und dabei für ihn ein vernünftiges, das heißt wirtschaftlich tragfähiges Konzept gefunden wurde.
Nur einen Steinwurf vom Liegeplatz der RICKMER RICKMERS entfernt liegt ein „echtes" Hamburger Museumsschiff, das allerdings ein rundes halbes Jahrhundert jünger ist. 1962 war die CAP SAN DIEGO bei der Deutschen Werft in Hamburg-Finkenwerder vom Stapel gelaufen und hatte schon damals zu den ästhetisch anspruchsvollsten Kombischiffen gehört, die je gebaut worden waren und die zu Recht von Schiffsliebhabern den bewundernden Titel „Schwan des Südatlantiks" bekommen hatte.
Der Hamburger Stararchitekt Cäsar Pinnau hatte die CAP SAN DIEGO und einige ihrer Schwestern aus der CAP-SAN-Reihe für die Reederei Hamburg-Süd entworfen. Und ihm ist sowohl in der eleganten Linienführung des Rumpfes als auch in der ebenso luxuriösen wie eigentümlich-gediegenen Innenausstattung der wenigen

Passagierkabinen für zwölf Gäste ein Meisterstück der Schiffbaukunst gelungen.

Die CAP SAN DIEGO war allerdings nur gut zwanzig Jahre lang auf den Weltmeeren unterwegs, dann wurde sie von den Containerfrachtern auf das Altenteil verdrängt. Es hätte nicht viel gefehlt und der „Schwan" hätte auf einer Abwrackwerft in Hongkong sein Schiffsschicksal besiegelt. Als Hamburgs Senat von der Sache Wind bekommen hatte, beschloss er in einem mutigen Schritt, beherzt das zu tun, was er im Fall eines Windjammers versäumt hatte: Er startete buchstäblich in letzter Minute eine dramatische Nacht-und-Nebel-Aktion, um die Schiffsdiva vor dem ihr zugedachten traurigen Ende zu bewahren.

Die Landesregierung war damit ein hohes Risiko eingegangen; denn der technische Zustand der CAP SAN DIEGO war hier unbekannt; lediglich der Wert des Schiffes als museales Anschauungsobjekt stand außer Zweifel. So fiel denn dem Wirtschaftssenator ein Stein vom Herzen, als der „Schwan des Südatlantiks" 1986 mit eigener Kraft die Elbe heraufkam und Experten dem Schiff einen exzellenten technischen Zustand bescheinigten.

Nachträglich segnete die Bürgerschaft die fälligen 2,45 Millionen Mark ab, ohne in das sonst übliche Lamento zu verfallen, hier seien die Rechte des Parlaments missachtet worden. Dabei war dieses Schiff aus musealer Sicht sogar ein ganz besonderer Glücksgriff, stellt es doch genau den Höhepunkt der traditionellen Stückgutschifffahrt dar. Es ist der letzte und höchstentwickelte Typ des noch mechanisch gesteuerten Stückgutfrachters, wie er mehr als einhundert Jahre die Weltmeere befuhr. Nach diesem Schiff begann die Elektronik und der Container für Seeschiffe kennzeichnend zu werden.

Dem damals 82-jährigen ersten Kapitän der CAP SAN DIEGO standen die Tränen der Rührung in den Augen, als „sein" Schiff den ihm angestammten Platz im Hamburger Hafen gefunden hatte, und der alte Mann machte der attraktiven Schiffsdame das Kompliment, mit ihr durch den Südatlantik zu reisen, sei „ein einziger glücklicher Traum" gewesen.

Als sich die „Stiftung Hamburger Admiralität" mit viel Energie an die Arbeit machte, der rüstigen (und auch heute noch fahrtüchtigen) Veteranin die Alimente zu sichern, verflüchtigten sich alle Zweifel, ob sich das stets scharf kalkulierende und mit spitzem Stift rechnende Hamburg den Luxus einer kostspieligen Reminiszenz an eine vergangene Epoche der Seeschiffahrt würde leisten können.

Auch als Museumsschiff hat der weiße Schwan schon wieder Tradition: Im Jahr 2006 wird die CAP SAN DIEGO ihren 20. Geburtstag in ihrer „Lebensabendfunktion" feiern, und das als voll funktionstüchtiges Seeschiff, dessen Maschinen noch jeden Monat angelassen werden, und das sich einmal im Jahr aufmacht, um elbabwärts bis nach Cuxhaven und wieder zurück zu fahren. Das muß sein, um der CAP SAN DIEGO ihre Fahrerlaubnis zu erhalten.

DIE RICKMER RICKMERS UND DIE CAP SAN DIEGO DOKUMENTIEREN DEN TECHNISCHEN FORTSCHRITT EINES JAHRHUNDERTS.

Kampf gegen Hochwasser: Ein Hafenbahnhof wird eingepoldert

GLEISBAUARBEITEN AN DEN ANLAGEN DER HAMBURGER HAFENBAHN.

An der Küste sind die Menschen Kummer gewohnt: Auch Hamburg hat mit Sturmfluten im Verlauf seiner Geschichte immer wieder bittere Erfahrungen machen müssen. Den größten Schock des 20. Jahrhunderts hatte die Flut von 1962 ausgelöst, bei der 315 Menschen den Tod fanden.

Die höchste Sturmflut aller Zeiten, die Hamburg am 3. Januar 1976 erlebte, überstieg die katastrophalste von 1962 um einen Dreiviertelmeter. Dennoch starben – dank inzwischen verbesserter Deichschutzmaßnahmen – keine Menschen. Aber die Hafenwirtschaft meldete Schäden in Millionenhöhe.

Die Strom- und Hafenbauer machten sich auch diesmal an die Arbeit, eine umfassende Schutzstrategie zu entwickeln und zu realisieren. Mit Erfolg! Die fünf Jahre später über die Stadt hereinbrechende zweithöchste jemals gemessene Sturmflut verursachte kaum noch Schäden. Doch gerade diese Flut zeigte sehr deutlich, wo dem Hafen und seinen störanfälligen Zu- und Ablaufverkehren weiterhin Gefahren und nachhaltige Schäden drohten. Aus dieser Erkenntnis zogen der Senat und die Bürgerschaft die Konsequenz, nach den beiden großen Hafenbahnhöfen „Waltershof" und „Hohe Schaar" nun auch „Hamburg-Süd" einzupoldern. Sie bewilligten dafür 30 Millionen Mark.

Die Bahnhöfe Waltershof und Hohe Schaar waren frühzeitig in Polder benachbarter Hafenfirmen einbezogen worden und seitdem gegen Sturmfluten optimal geschützt. Die geografische Situation am Hafenbahnhof „Hamburg-Süd" ließ eine solche Lösung nicht zu. Der Bahnhof liegt auf einer Insel zwischen verschiedenen Wasserwegen. Einige nach Norden anschließende Kaibetriebe haben für sich Hochwasserschutzbauten errichten lassen. Trennend dazwischen liegt der Veddeler Damm, ein Teil der Hauptverkehrsroute im Hamburger Hafen. Dies bedeutet: Während innerhalb der Polder bis zu Fluthöhen von 6,5 Metern über Normal-Null weitergearbeitet werden kann, müssen die nicht vor Hochwasser geschützten Flächen bei Gefahr hoher Sturmfluten geräumt werden. Das betrifft sowohl die Straßen als auch die Bahntrassen. Behörden und Hafenbetriebe haben sich gemeinsam auf einen geordneten Ablauf der Räumungsverkehre vorbereitet. Besonders kompliziert ist das bei der Bahn. Im Ernstfall – wenn eine hohe Sturmflut und dichter Bahnverkehr zusammenfallen – müssen vom Bahnhof „Hamburg-Süd" und den angeschlossenen Kaibahnhöfen und Kaigleisen rund 2000 bis 2500 Bahnwagen „abgeräumt" werden. Die Probleme dabei haben der Leitende Baudirektor Heinz Julius Rieper und Diplomingenieur Hermann Homann 1985 zusammengefasst: „Die Kapazität der Bahnanlagen im Raum Hamburg lässt es nicht zu, dass viele auf den Hafen zulaufende Güterzüge erst in oder um Hamburg gestoppt und dort abgestellt werden, bis nach der Sturmflut der Hafen wieder aufnahmefähig ist. Wenn Güterzüge nicht in den Bahnhof ‚Hamburg-Süd' einfahren können, muss die Bundesbahn schon sehr früh aufstoppen, bis nach Süddeutschland hinein. Die einmal aus dem Fahrplan herausgelösten Züge wieder in das dichte Fahrplannetz einzuschleusen, bereitet erhebliche Schwierigkeiten. Er verzögert die Zuläufe nach Hamburg. Schiffsabfahrten werden nicht erreicht. Die Schnelligkeit und Pünktlichkeit der Abfertigung an den Kais im Hamburger Hafen gerät in Gefahr."

So hat denn auch die November-Sturmflut von 1981 dem Hafen kaum direkte Schäden gebracht. Aber es zeigte sich sehr deutlich, dass der Hafen-Bahnverkehr verwundbar war. Mit der Investitionssumme von 30 Millionen Mark wurde Abhilfe geschaffen.

Das Amt Strom- und Hafenbau ließ eine drei Kilometer lange Hochwasserschutzwand errichten, deren Kronenhöhe mit NN + 7,50 Metern dem anderer Hafenpolder entsprach. Diese Wand schützt außer dem Bahnhof „Hamburg-Süd" auch den Veddeler Damm und schließt auf dessen Nordseite an die Inselpolder der Kaibetriebe an. Der Bahnverkehr ist dadurch in diesem Bereich des Hafens sicherer und weniger störanfällig geworden. Darüber hinaus wird im Bedarfsfall der Räumungsverkehr auf der Straße über eine sturmflutfreie Brücke zu der mit Hauptdeichen geschützten Elbinsel Veddel erleichtert.

Es war noch nicht das letzte Wort im Dauerthema „Hochwasserschutz", aber es war ein wichtiger Schritt in Richtung auf mehr Sicherheit.

Zukunftsperspektive oder „verscherbeltes Tafelsilber": Hafenrand auf dem Prüfstand

Der Hafen, die Stadt und der Tourismus – das ist ein Dreigestirn von überzeugender Strahlkraft. Den Hafen auf Erfolgskurs zu bringen, die Stadt über das ihr angeborene Maß an Attraktivität hinaus auch optisch zu einem Anziehungspunkt zu machen und den Touristen beides so ansprechend wie möglich zu präsentieren – dies gelingt mit zunehmendem Erfolg.

Das Lob, das Hamburg von seinen internationalen Gästen zu hören bekommt, ist Bestätigung und Ansporn zugleich. Ansporn auch für die erfolgreichen Bemühungen, die Stadt insbesondere in den hafennahen Bereichen ein neues Outfit zu geben, das weit über ein leichtes Facelifting hinausgeht.

Schon in den siebziger Jahren wurde darüber diskutiert, wie die Uferpromenade zwischen Baumwall und Fischmarkt baulich aufgewertet werden könne. Erste entscheidende Impulse brachte das „Zweite Hamburger Bauforum" im September 1985. In der „Ideenküche", fünfzig aus aller Welt angereiste Architekten, die Bausenator Eugen Wagner und sein Oberbaudirektor Egbert Kossak an die Elbe eingeladen hatten, wurden Anregungen für das Quartier zwischen Fischmarkt und Fischereihafen eingebracht und diskutiert.

Die Gespräche, an denen sich Architekten aus Amerika, Dänemark, Großbritannien und Deutschland beteiligten, fanden in der anregenden Atmosphäre der gerade mit großem Aufwand restaurierten, aus der Gründerzeit stammenden Fischauktionshalle statt, und sie waren – auch das ein Novum in Hamburgs Baugeschichte – öffentlich. Wer interessiert war, durfte den Architekten, die alle ohne Honorar gegen eine Aufwandsentschädigung mitarbeiteten, bei ihrer kreativen Arbeit über die Schulter schauen. Keineswegs einengend, sondern eher als die Inspiration anregende Vorgabe, die letztlich die Arbeit erleichterte, hatte die Baubehörde einige grobe Leitlinien gesetzt.

Dazu gehörten eine Promenade am Wasser ebenso wie ein Höhenweg am Elbuferrand und ein Yachthafen. Gespräche über die Umwandlung eines etwas klotzig am Elbufer bei Neumühlen stehenden Kühlhauses in ein Hotel hatten zu diesem Zeitpunkt schon planerische Fortschritte gemacht. Die Wirtschaft zeigte reges Interesse an der Gestaltung des mit neuen Ideen zu belebenden Hafenrandes. Investoren, die sich davon eine repräsentative und unverwechselbare Adresse erhofften, standen schon in der Anfangsphase der Überlegungen auf der Matte, und Unternehmen mittlerer Größe waren die ersten, die sich um Grundstücke aus Staatsbesitz bewarben.

Drei Jahre später hatten die Pläne so weit Gestalt angenommen, dass sich erstmals deutliche Strukturen für das Milliardenprojekt abzuzeichnen begannen: Sechs Kilometer „Hafenkante" von den Deichtorhallen südlich des Hauptbahnhofs bis zum Kühlhaus in Neumühlen standen zur Disposition, „eine einzigartige Immobilie mit einem grandiosen Vis-à-vis", darüber gab es keinen Zweifel.

Der Redakteur Karl-Heinz Krüger nahm die Vorbereitungsarbeiten zu dem, was als großer Wurf angelegt war, zum Anlass, die Schwierigkeiten zu durchleuchten, vor denen der Stadtstaat Hamburg bei dieser Aufgabe stand. Er bemängelte, die Instanzen seien kaum überschaubar, ihre Interessen seien unterschiedlich und die Gewaltenteilung sei unklar. Weiter schrieb er im SPIEGEL: „Der Bürgermeister und die Baubehörde haben noch am allerwenigsten zu sagen in Hamburg. Sobald es um den Hafen und seine Randgebiete geht, um Liegenschaften und alte Gebäude, bestimmen die Wirtschaftsbehörde, die Finanzbehörde, die Kulturbehörde mit ihren nachgeordneten Ämtern. Deputationen mischen mit. Bezirke machen sich stark. Vor allem eine Hamburgensie wie die Kommission für Bodenordnung kann jede Entscheidung von Senat und Bürgerschaft über Verkauf und Erbpachtvergabe von Grundstücken blockieren."
Trotz solcher Schwierigkeiten waren an einigen Stellen des Hafenrandes bereits umfangreiche Bauaktivitäten zu beobachten: Am Fischmarkt waren mehr als 170 Sozialwohnungen in reizvoller Lage entstanden, und gegenüber der Überseebrücke hatte der Verlag Gruner + Jahr eine architektonisch reizvolle „Medienstadt" errichtet, die ihm als Firmenzentrale dient.

An die historische Speicherstadt mit ihrer wilhelminischen Türmchenarchitektur, ideal gelegen an der Nahtstelle zwischen City und Hafen, hatte sich bis dahin noch niemand herangetraut. Das Ensemble auf der Wandrahm-Kehrwieder-Insel, das nach wie vor das größte geschlossene Speicherareal der Welt ist, über das die Denkmalschützer ihre Hand halten, galt als unantastbar. Nostalgische Gefühle standen gegen die Realität des Nicht-mehr-Zeitgemäßen. Die Speicherstadt lebt als Anachronismus; technisch sind die gründerzeitlichen Backsteinbauten den Anforderungen des modernen Hafenbetriebs nicht mehr gewachsen. Auf den Speicherböden sind leistungsfähige Flurförderzeuge nicht einzusetzen. Die Waren über Seilwinden mit einem einzigen Kranhaken für sechs Böden hochzuziehen und sie dort mit Sackkarren zu verteilen, ist nicht mehr rationell. Der Containerverkehr hat kaum noch Bedarf an solchen Lagerräumen hinter dicken

SANDTORKAI IN DER HAFEN CITY: NEUBAU DER CHINA SHIPPING GROUP, SHANGHAI, ALS EUROPÄISCHES HEADQUARTER (COMPUTERSIMULATION).

Backsteinmauern, die im Sommer angenehm kühlen und im Winter wärmen.

In der Vorstandsetage der HHLA als Eigentümerin der Speicherstadt sahen Helmuth Kern und Peter Dietrich mit Sorge, dass es immer schwieriger wurde, alle Speicherböden allein für Lagerzwecke zu vermieten. Der Vorstand arbeitete deshalb in aller Stille an einem neuen Nutzungskonzept, das eine behutsame Umwandlung der Speicher in Büros, Ausstellungsräume, Ateliers und Wohnungen vorsah. Wegen des darin enthaltenen politischen Sprengstoffs wurden diese Überlegungen dem Ersten Bürgermeister Claus von Dohnanyi vorgestellt. Dieser entschied, es in der Öffentlichkeit bekannt zu machen, um damit den Weg zu einer neuen Zukunft des Hafenrands zu öffnen. Er stellte als „städtebauliche Jahrhundertentscheidung" seines Senats im November 1988 deshalb den Vorschlag zu einer Umwandlung der Speicherstadt zur Diskussion, um rechtzeitig umzusteuern und die Fehler, wie sie etwa in London und New York durch Verfall der nicht mehr genutzten Gebäude gemacht worden sind, in Hamburg zu vermeiden. Oberbaudirektor Egbert Kossak, dem eine „Perlenkette am Elbufer" vorschwebte, orientierte sich eher an Amsterdam und Kopenhagen. Für die Speicherstadt sah er ein Mischkonzept aus gastronomischen und gewerblichen Betrieben, Dienstleistungsgewerbe, Büros und reichlich Wohnraum am Wasser. Das östliche Ende der „Perlenkette", die Deichtorhallen mit ihren charakteristischen Eisenkonstruktionen, standen zur Restaurierung an und sollten für Kunstausstellungen und in diesen Kontext passende Veranstaltungen hergerichtet werden. Die Landungsbrücken stellte sich der Baudirektor als Touristikzentrum vor, in dem Läden und Gaststätten ihre Dienste anbieten sollten, und auch eine Konzerthalle schloss er damals nicht aus. Das weitgehend fertiggestellte Gruner+Jahr-Gebäude setzte Maßstäbe für die architektonische Umsetzung der ehrgeizigen Pläne: Mit ihm war eine Verlagszentrale mit gewagten, aber doch als hafentypisch empfundenen Bauformen gelungen. Für den Fischereihafen war eine moderne Glas-Stahl-Konstruktion als Terminal für die Englandfähre vorgesehen, und die Planer schlossen zum damaligen Zeitpunkt nicht aus, dass dort auch Kreuzfahrtschiffe, die Hamburg immer häufiger anliefen, festmachen würden. Das bereits erwähnte „Panorama"-Hotel sollte mit einem attraktiven gläsernen Kuppeldach in Neumühlen einen eindrucksvollen baulichen Akzent setzen, und für den Westkai waren Kontore, Dienstleistungsbetriebe und Anziehungspunkte der Tourismusbranche eingeplant. Ein wichtiges Anliegen der Stadt war es, den Elbhang von Bebauung freizuhalten. Der so genannte Altonaer Balkon stand als „Erweiterungsprojekt" in den Planungsakten.

Die Aussichtsplattform mit dem Panoramablick über den westlichen Hafen und die gegenüberliegenden Umschlags- und Industriebetriebe sollte unter allen Umständen erhalten bleiben.

Nicht alle diese Vorstellungen ließen sich schließlich realisieren. Etliche Details mussten modifiziert werden. Entscheidend aber war, dass hier ein Denkansatz gewagt wurde, der Hemmschwellen überwand und – nach entsprechenden Protesten und Diskussionen um die „Umwidmung" der Speicherstadt – ohne allzu lange Verzögerungen in Angriff genommen wurde.

Inzwischen hatte Dr. Henning Voscherau die Nachfolge Dohnanyis angetreten und engagierte sich für die Umgestaltung der Speicherstadt.

Zu den Investoren, die umgehend die Initiative ergriffen, gehörte der kanadische Konzern „Edper Group/The Royals Trust" mit Sitz in Toronto. Er bekundete schon im Mai 1989 seine Absicht, auf dem städtischen Gelände der Kehrwiederspitze im Freihafen ein Büro- und Handelszentrum mit rund 80.000 Quadratmetern Nutzfläche sowie eine Niederlassung des „Royal Trust" als Basis seiner geschäftlichen Aktivitäten in der Europäischen Union zu errichten. Der Royal Trust gehört zu den kapitalstärksten Konzernen Kanadas und sagte dem Hamburger Senat zu, ihm bei der Suche nach weiteren Investoren behilflich zu sein. Das Mammutprojekt in Verbindung mit den Speicherstadt-Plänen erregte die Gemüter und ging als „Voscheraus Milliarden-Clou" in die Schlagzeilen nicht nur der Lokalpresse ein.

Von „verscherbeltem Tafelsilber" war die Rede, und der Vorwurf stand im Raum, Hamburg verkaufe seine Geschichte. „Reizwörter wie ‚Kneipen', ‚Squash' und ‚Boutiquen', ‚Glamour' und ‚Schickimicki' sollten Hammonias Patrioten gegen die ‚Yuppies' aufbringen", konstatierte der Journalist Karl Heinz Krüger. Zugleich beruhigte er seine Leser mit dem Hinweis, die Yuppies, die dort einziehen sollen, lägen noch in den Windeln. Tatsächlich sollte die Umsetzung des ehrgeizigen Planes bis zum Jahr 2012 abgeschlossen sein.

Vielleicht war das Datum allzu willkürlich gesetzt. Inzwischen war nämlich in Hamburg eine Entscheidung gefallen, die diese Festlegung wie Prophetie erscheinen ließ; denn Hamburg hatte sich als Austragungsort für die Olympischen Spiele des Jahres 2012 beworben, und der Hafen und seine Speicherstadt waren ein fester Bestandteil dieser Planung.

Hamburgs Mühe war nicht von Erfolg gekrönt. Das Nationale Olympische Komitee gab Leipzig den Vorrang. Eine Fehlentscheidung, wie wir heute wissen. Durch die politischen Verstrickungen seiner „Macher" hat die sächsische Metropole alle Chancen auf der internationalen Bühne verspielt.

Freihafenstatus in Gefahr: Hamburg wehrt sich gegen die „Harmonisierung"

ZOLLPLOMBENKONTROLLE AN DER FREIHAFENGRENZE.

Ende der achtziger Jahre stand ein wichtiges Jubiläum ins Haus: Im Oktober 1988 feierte Hamburg den 100. Geburtstag seines Freihafens. Für die rund 40.000 Menschen, die in den eintausend Betrieben des Freihafens ihren Arbeitsplatz hatten, war es ein Fest der Erleichterung, denn die letzten Jahre vor dem Jubiläum waren von der Gefährdung des Freihafenstatus gekennzeichnet, wie sie Hamburg bis dahin noch nicht erlebt hatte.

Dabei hatte sich die Hansestadt an der Elbe in der zweiten Hälfte des 19. Jahrhunderts nur widerwillig in ihr Glück hineinzwingen lassen. Nachdem Hamburg schon durch seinen Beitritt zum Norddeutschen Bund seine politische Eigenständigkeit verloren hatte, musste Reichskanzler Otto von Bismarck die Elbhanseaten durch List und Druck gefügig machen: Durch die Erhöhung der Zollschranken gegenüber dem Binnenland hatte der Kanzler die Hansestädte Hamburg und Bremen von ihren innerdeutschen Märkten abgeschottet. So blieb dem Bürgermeister Johannes Versmann nichts anderes übrig, als einen Kompromiss auszuhandeln, der sich für den Hafen und die Kaufmannschaft als äußerst günstig erweisen sollte: Die Stadt selbst wurde dem deutschen Zollgebiet einverleibt, und ein Teil des Hafens blieb als abgegrenztes Areal Zollausland. In diesem so genannten Freihafen dürfen Waren bis auf den heutigen Tag ohne zollrechtliche Beschränkungen und Abgaben unbegrenzt lange gelagert, sortiert, veredelt, verarbeitet und gehandelt werden. Erst beim Übertritt zum Binnenland werden Zollgebühren fällig.

Der Freihafen entwickelte sich mit seinen 28 Kilometern Zollgrenze zum Herzstück des einhundert Quadratkilometer großen Hafens und ermöglichte Hamburgs Aufstieg in die Oberliga der zehn bedeutendsten Häfen der Welt. 800 Zollbeamte in 16 Zollämtern fertigten schließlich im Jahr 12.000 Seeschiffe ab.

Dann aber wuchs Europa zusammen. Die Europäische Gemeinschaft bemühte sich, Bestimmungen und Vorschriften zu „harmonisieren" und brachte die Hansestädte damit auf die Barrikaden.

Kaum schickte sich Hamburg an, die Vorbereitungen für sein einhundertstes Freihafenjubiläum zu treffen, da legte die EG-Kommission in Brüssel den Entwurf einer Freizonen-Verordnung vor und kündigte an, den Status der Freihäfen Hamburgs und Bremens neu zu regeln. Die beiden Konkurrenten sahen ihre Position gefährdet. In seltener Einmütigkeit zogen sie in die Abwehrschlacht. Hamburgs Finanzsenator Horst Gobrecht erklärte anlässlich der Beratungen der Brüsseler Freizonen-Verordnung im Bundesrat, man bestehe auf der EG-Richtlinie von 1969, in der der Freihafenstatus ausdrücklich bestätigt und garantiert worden war. Er verlangte, die so genannte „Freizonenfiktion", nach der Waren in Zonen wie dem Freihafen „so betrachtet werden, als befänden sie sich nicht im Zollgebiet der Gemeinschaft", müsse weiterbestehen. Wörtlich sagte der Senator: „Eine Aushöhlung des Status der Häfen Hamburg und Bremen durch die Hintertür berührt nicht nur die Interessen der beiden Hansestädte: Die Beeinträchtigung ihrer Funktionsfähigkeit brächte eine Benachteiligung in ihrer Wettbewerbssituation gegenüber anderen europäischen Häfen mit sich, die den gesamten deutschen Außenhandel vor erhebliche Probleme stellen würde. Hamburg begrüßt deshalb, dass die drei mit der Freizonen-Verordnung befassten Ausschüsse des Bundesrats, der Finanz-, der Wirtschafts- und der federführende EG-Ausschuss die Bedenken der Stadtstaaten teilen."

Die EG-Kommission hat ihre wie so oft mit heißer Nadel genähten Vorstellungen schließlich nicht durchgesetzt. Die wirtschaftliche Vernunft gab dem Freihafen seine Überlebenschance!

Hamburg feiert seinen „runden" Hafengeburtstag

DER »BARBAROSSA-FREIBRIEF« – NICHT AUTHENTISCH, ABER VOM KAISER GEWOLLT.

Den im Staatsarchiv aufbewahrten „Freibrief" – das ist historisch gesicherter Tatbestand – haben unsere Elbhanseaten gefälscht! Gefeiert werden darf der Freibrief trotzdem. Welche Bezeichnung hätte besser zum Höhepunkt der Ereigniskette gepasst als „Barbarossa-Nacht"? Schließlich war es Kaiser Friedrich I., den die Welt mit der Namensbezeichnung nach seinem roten Bart in die Geschichte entlassen hat, der den Hamburgern Anfang Mai 1189 kurz vor seinem Aufbruch zu einem Kreuzzug ins Heilige Land alle jene Privilegien mündlich, aber eben ohne schriftliches Dokument, zugesichert hat, die den Grundstein zum Aufstieg des Hamburger Hafens in den folgenden acht Jahrhunderten legten.

Die Elbhanseaten lassen es sich nicht nehmen, alljährlich Anfang Mai ihren Hafengeburtstag zu feiern. Voll ist es dabei immer, feuchtfröhlich und ganz unhanseatisch laut geht es zu, jedenfalls bei „Kaiserwetter", was als Floskel allerdings nicht auf Barbarossa zurückgeht, sondern auf die Hohenzollern-Dynastie.

Der „Achthundertste" aber, auf den sich die Stadt lange vorbereitet hatte, brach alle Rekorde. Nicht nur in Bezug

HAMBURGS PARTNERSTADT AN DER ELBE SCHICKTE DIE SCHÖNSTE REPRÄSENTANTIN IHRER »WEISSEN FLOTTE«: DIE DRESDEN GRATULIERTE ZUM GEBURTSTAG.

auf die Zahl der Besucher, sondern auch hinsichtlich der Partydauer: Gefeiert wurde einen ganzen Sommer lang, aber die fünf Tage im Mai waren kaum zu überbieten. Drei Millionen Besucher strömten an die Küste, aßen 800.000 Würstchen, stopften 300.000 Apfeltaschen und Schmalzkuchen in sich hinein und blieben im Bierkonsum nur geringfügig unterhalb der Eine-Million-Liter-Grenze. Niemals zuvor in der jüngeren Geschichte waren so viele Windjammer die Elbe heraufgekommen wie in diesem Jubiläumsjahr. Zur Sail '89 sah man die KRUSENSTERN aus der Sowjetunion, die AMERIGO VESPUCCI aus Italien, die SAGRES II aus Portugal, die GLORIA aus Kolumbien und mit diesen stolzen Windjammern zusammen weitere große und kleine Segler bis hin zu hölzernen Schonern und holländischen Flachbootschiffen. Mehr als 2300 segelerfahrene Fahrensleute gaben dem Geburtstagskind zusammen mit ihren Schiffen die Ehre.

Als prominenteste Gratulanten trugen sich Kronprinz Harald und seine Frau Sonja aus Norwegen in das Goldene Buch der Hansestadt ein. Den exotischsten symbolischen Blumenstrauß brachten die Chinesen. Hamburger China-Kaufleute hatten in Hongkong ein Drachenbootrennen erlebt. Sie kauften mehrere dieser schweren, von Mannschaften geruderten Boote, luden die Chinesen mit ihren Booten nach Hamburg ein, und so wurde auf der Binnenalster unter großer Anteilnahme der Bevölkerung das erste europäische Drachenbootrennen veranstaltet.

Den spektakulärsten Glückwunsch überbrachte der amerikanische Verleger Malcolm Forbes, der einen Luftballon in der Form der von ihm geliebten „Harley Davidson" in den Hamburger Himmel steigen ließ. Die liebenswerteste Reminiszenz an vergangene Zeiten schickte Hamburgs Partnerstadt an der Oberelbe mit dem historischen Raddampfer DRESDEN; und mit dem längsten, aus 8000 Einzelbildern zusammengesetzten Pflastergemälde malten sich Hamburgs Kinder in das Guinness-Buch der Rekorde.

1989 war in jeder Hinsicht ein rekordverdächtiges Jahr, soweit es galt, maritime Jubiläen zur Kenntnis zu nehmen, wenngleich andere „runde" Geburtstage hinter dem des Hafens sowohl an Volksfeststimmung als auch an Alterswürde zurücktraten. Zwei zumindest wurden in der Hansestadt aufmerksam zur Kenntnis genommen. Die traditionsreiche Woermann-Linie, an deren Spitze mit Liselotte von Rantzau-Essberger eine der wenigen erfolgreichen Frauen im Reedereigeschäft stand, wurde einhundert Jahre alt. Genau genommen reichte die Geschichte des Unternehmens noch 40 Jahre weiter zurück, als Carl Woermann seine Brigg THERESA HENRIETTE zum ersten Mal nach Afrika segeln ließ. Erst 30 Jahre später stampfte die ALINE WOERMANN als erster Dampfer zur afrikanischen Westküste. Aber für das erfolgreiche Handelshaus Woermann war das Schifffahrts-

DIE VOLKSFESTSTIMMUNG ZUM 800. HAFENGEBURTSTAG WURDE DURCH DAS BUNTE TREIBEN GROSSER UND KLEINER SCHIFFE AUF DER NORDERELBE UNTERSTRICHEN.

geschäft immer noch ein unter „ferner liefen" einzuordnender Nebenzweig. Erst als 1889 der Handel von der Schifffahrt getrennt wurde, schlug die Geburtsstunde der „Afrikanischen Dampfschiffs-Actiengesellschaft". Der zeitliche Zusammenklang mit dem 700. Hafenjubiläum war ein Zufall!

Das galt auch für die Schiffswerft J. J. Sietas in Neuenfelde, deren Jubiläum in dieses Jahrzehnt fiel. 350 Jahre lang hatte Sietas allen wirtschaftlichen Stürmen getrotzt und sich als Familienunternehmen im Markt gehalten. Mit einem Schiffbauplatz für Holzboote hatte der Gründervater Carsten Sietas 1635 begonnen. Als die achte Generation – die etwas öffentlichkeitsscheu ist – ihr Firmenjubiläum feierte, stand das Unternehmen auf dem Höhepunkt seines Erfolgs: Sietas beschäftigte mehr als 2300 Mitarbeiter und gilt in Schiffbaukreisen als innovativer Betrieb, der den Serienschiffbau zur Perfektion entwickelt hat. Nur so war es dem mittelständischen Werftbetrieb möglich, in nur einem Jahr – beispielsweise 1977 – insgesamt 32 Schiffe abzuliefern.

Noch mit den Nachfeiern zu ihrem einhundertjährigen Jubiläum war beim 800. Gründungstag des Hafens die Hamburger Hafendampfschifffahrts-AG. (Hadag) beschäftigt. Das Unternehmen hatte seine ersten Fährschiffe mit der Einweihung des Hamburger Freihafens in Fahrt gesetzt und ist seitdem nicht nur durch Höhen, sondern auch durch existenzgefährdende Tiefen gegangen, durch hausgemachte wie auch zeitbedingte. Schon zwei Jahre nach ihrer Gründung hatte die Hadag 47 Dampfer in Fahrt, die mit ihrem grünen Anstrich so etwas wie Markenzeichen des Hafenverkehrs wurden.

Vier Jahre nach dem Ende des Zweiten Weltkriegs, als der größte Teil der Fährschiffsflotte auf dem Grund der Elbe lag, legte die Hadag ein umfangreiches Neubauprogramm mit 37 Fähren und 14 Barkassen auf. Das war ein Kraftakt, der mit Bravour bewältigt wurde. Weniger gut bekommen ist den Hafenschiffern der Ausflug ins Kreuzfahrtgeschäft. Ihre Verluste im Hafengeschäft versuchte die Hadag mit dem Kreuzfahrtschiff ASTOR auszugleichen. Da es den Managern an Erfahrung und Sachverstand mangelte, fuhr der Musikdampfer in die Pleite. 1984 wurde die ASTOR an die DDR verkauft, um künftig – wie der Chefreporter des Norddeutschen Rundfunks, Hermann Rockmann, ironisch anmerkte – unter der „Flagge von Hummer und Sichel" Devisen für den „Arbeiter- und Bauernstaat" einzufahren. Genützt hat es, wie uns die Geschichte gelehrt hat, so gut wie nichts.

DIE HISTORISCHE FISCHAUKTIONSHALLE – EINES DER SCHÖNSTEN JUGENDSTILBAUWERKE HAMBURGS – BOT EINEN ANREGENDEN RAHMEN FÜR STILVOLLE GEBURTSTAGSFEIERN.

Herausforderung des Jahrhunderts: Der Hafen als ökologisches Problem

Kaum jemand hätte dem Problem vor zwei Generationen Beachtung geschenkt. Heute beschäftigt es zunehmend hochkarätige Wissenschaftler. Im September 1989 trafen sich in Hamburg 800 Experten aus 20 Ländern zum 1. Internationalen Umweltkongress. Diskutiert wurde das Thema „Der Hafen – eine ökologische Herausforderung".

Welche Bedeutung dieses Thema auch für Hamburg hatte, zeigt eine Meldung, die tags zuvor im Polizeibericht zu lesen war: Ein Ingenieur des nigerianischen Frachters RIVER ANDONI hatte ölhaltiges Bilgenwasser ins Hafenbecken gepumpt und dadurch 500 Quadratmeter Wasseroberfläche verseucht.

Immer wieder waren solche Fälle skandalösen Verhaltens registriert worden. Gelegentlich kam es sogar zu Verhaftungen von Kapitänen und Leitenden Ingenieuren, die im Schutz der Dunkelheit Altöle und Ölschlämme über Bord gepumpt hatten, oder Schiffe erhielten Auslaufverbot, weil ihre Separatoren schadhaft waren und die von der Wasserschutzpolizei angeordnete Reparatur nicht durchgeführt worden war. Manchmal standen bei solchen Schiffen Ölrückstände knöchelhoch im Maschinenraum. In einigen Fällen – so bei einem panamesischen Stückgutfrachter – ordnete die Wasserschutzpolizei eine Zwangsreinigung an, für die der Reeder eine Rechnung über 70.000 Mark erhielt und obendrein eine Anklage auf Grund des 1983 in Kraft getretenen „Marpol-Teilabkommens 1" über die Beseitigung von Ölresten aus Schiffstanks und Maschinenhäusern.

In den achtziger Jahren wurden im Hamburger Hafen fast täglich solche oder ähnliche Umweltsünden registriert. Aber das Thema Schiffsentsorgung war nur eines der Probleme, für die der Umweltkongress in Hamburg auf internationaler Ebene Lösungsansätze suchte. Ebenso standen Diskussionen über „Hafenschlick" und „Gefahren beim Chemikalienumschlag" auf der Tagesordnung. Beides waren Aspekte, die in der öffentlichen Diskussion zunehmend Raum gewannen.

DAS EIMERBAGGERSCHIFF ODIN IM EINSATZ.

Das breite Themenspektrum und die in Hamburg erarbeiteten Ergebnisse machten deutlich, dass nur ein Teil der ökologischen Probleme „hausgemacht" war und deshalb nicht im Alleingang zu lösen sein würde. Die Notwendigkeit einer engeren internationalen Kooperation zeigte sich unter anderem bei der Schadstoffbelastung der Elbe, die nur im geringen Umfang von Hamburg verursacht wurde, aber im Wesentlichen von der Elbhansestadt ausgebadet werden musste. Allein an der Quecksilberbelastung des Meeres sei die Elbe mit 30 Prozent beteiligt, rechnete das internationale Forum vor, und es prangerte an, dass der überwiegende Teil der Schadstoffe aus der DDR und der Tschechoslowakei stammte. Da beide Anrainer des oberen Elbelaufs nicht über die Wirtschaftskraft verfügten, ihre heruntergekommenen Industrien nach ökologischen Grundsätzen zu sanieren, und sie dazu anfangs auch wenig Neigung erkennen ließen, entstand eine kuriose Situation: Der Hauptgeschädigte musste sich zur Übernahme zusätzlicher finanzieller Lasten bereit erklären, um die Schäden möglichst gering zu halten. Im Rahmen des Hamburger Kongresses nannte es der Parlamentarische Staatssekretär im Bundesumweltministerium, Martin Grüner, ein „Beispiel für vorausschauende Umweltpolitik", dass Bonn 300 Millionen Mark für den Umweltschutz in der DDR aufbringe. Damit war es möglich, zunächst ein Viertel der Quecksilberbelastung – sechs Tonnen jährlich – und bei einem weiteren Projekt sieben Tonnen wegzusanieren. Immerhin setzte sich im Vorfeld der Umweltkonferenz in Hamburg auch bei der Tschechoslowakei die Einsicht durch, dass gegengesteuert werden musste, weil allein im rund 5000 Quadratkilometer großem Einzugsgebiet der Oberelbe jährlich nicht nur 157.000 Tonnen Luftschadstoffe freigesetzt wurden, sondern auch 1400 schadstoffhaltige Abwassereinleitungen in die Elbe und ihre Nebenflüsse erfolgten. Bis zum Jahr 2000, so die Absichtserklärung der CSSR auf dem Hamburger Kongress, würden mindestens 111 Kläranlagen und weitere 37 leistungsfähige Aufbereitungsanlagen für Industrieabwässer gebaut werden.

Die DDR, die selbst zu den größten Umweltsündern zählte, versprach Hilfe beim Bau eines Klärwerks vor Prag, das pro Sekunde zehn Kubikmeter Wasser reinigen sollte. Die mit Blick auf die DDR ausgesprochene Anregung des Hamburger Umweltsenators Jörg Kuhbier, so schnell wie möglich eine Elbeschutzkonferenz einzuberufen, wurde bald darauf durch den Zusammenbruch des maroden Ostblocks hinfällig.

Inzwischen konnte die Schadstoffbelastung der Elbe so weit reduziert werden, dass sogar schon wieder Lachse – vor 300 Jahren noch die für die Ernährung der Hamburger wichtigsten Fische – bis hinauf nach Dresden wanderten und die Biologen darauf hofften, dass sich dieser Trend fortsetzen würde.

Was blieb und dringend einer Lösung bedurfte, war die Altölentsorgung von Schiffen im Hafen. In der zweiten Hälfte der achtziger Jahre hatte Hamburg im Rahmen eines dreijährigen Demonstrationsabkommens beschlossen, Seeschiffe im Hafen kostenlos von Altöl, Treibstoffrückständen und Tankwaschwassern zu entsorgen und damit den Reedereien und ihren Kapitänen die Versuchung zu ersparen, Ölreste illegal auf See abzulassen.

Erstaunlicherweise erhöhte sich die Zahl der entsorgten Seeschiffe nach Angaben der Umweltbehörde zunächst nur geringfügig. Erst später stieg sie von 100 auf 150 Schiffe monatlich an.

Die Kosten, die zwischen dem Beginn der kostenlosen Entsorgung im Juni 1988 bis zum August 1989 entstanden, lagen bei rund 4,5 Millionen Mark. Je zwei Millionen Mark wurden von der Freien und Hansestadt Hamburg und dem Bund getragen. Mit dem Rest wurde die Seeschiffahrt belastet, bei der die Bedingungen für eine kostenlose Entsorgung nicht gegeben waren. Pro „Vorgang" ergaben sich Entsorgungskosten von 2700 Mark. Das geschärfte Bewusstsein für den Umweltschutz setzte in der zweiten Hälfte der achtziger Jahre ein hohes Maß an innovativer Fantasie frei, die im Hamburger Hafen auf fruchtbaren Boden fiel.

Im Petroleumhafen wurde 1989 eine neue Druckluftölsperre errichtet, die sich Erfahrungen mit einer schon ein Vierteljahrhundert zuvor gebauten Anlage zunutze machte. Die neue Sperre besteht aus einem 90 bis 110 Millimeter dicken perforierten Schlauch, der im Elbgrund am Eingang des Hafenbeckens verlegt ist. Bei Gefahr einer Ölpest wird Druckluft durch den Schlauch gepresst, die durch die Perforation ausperlt. An der Wasseroberfläche bilden die Luftblasen einen „Berg", der nach beiden Seiten auseinander fließt und dadurch das Öl im Hafenbecken zurückhält.

Der Schlauch wurde pfeilförmig verlegt, um die Windangriffsfläche auf einen sich ausbreitenden Ölfilm zu verringern und diesen automatisch in Ufernähe zu leiten, wo sich das Öl effizienter absaugen lässt.

Auch wenn ein solcher „Ernstfall" nur selten eintritt, darf der Hamburger Hafen für sich in Anspruch nehmen, dem Umweltschutz auch mit dieser Anlage schon in den achtziger Jahren mustergültige Impulse gegeben zu haben.

DAS AUS DER ELBE GEWONNENE BAGGERGUT KANN SINNVOLL VERWERTET WERDEN – ZUM BEISPIEL BEI DER HERSTELLUNG VON ZIEGELN.

Ideenreich ins neue Jahrzehnt: Hafenentwicklungsplan 1989

Das Erfolgsgeheimnis des Hamburger Hafens war seit Beginn des Jahrhunderts seine konsequente Zukunftsorientierung. Hamburg war stets bemüht, weit vorausschauend zu planen. Je mehr sich die Methoden der wirtschaftswissenschaftlichen Analyse verfeinerten, desto zuverlässiger wurden die Basisdaten für die Planung. Der „runde" Geburtstag, den Hamburgs Hafen 1989 mit einem riesigen Volksfest gefeiert hatte, war ein opulentes Ereignis gewesen, von dem die Verantwortlichen in der Wirtschaftsbehörde wussten, dass sie es sich in diesem Jahrhundert nicht noch einmal würden leisten können.

Was sie sich hingegen leisten mussten, waren konkrete Vorstellungen, mit welchen Perspektiven sie ihren Hafen in das neue Jahrhundert zu schicken gedachten.

Im Oktober 1989 präsentierte der Senat der Öffentlichkeit seinen „Hafenentwicklungsplan 1989" mit klar definierten Zielen.

Die beiden Prämissen, auf denen der Entwicklungsplan basierte, waren einfach gefasst:

1. Der Universalhafen traditioneller Prägung wird Geschichte sein. Beschäftigung und Wertschöpfung werden sich in die Bereiche Lagerei, Disposition, Information, gewerbliche Serviceeinrichtungen sowie industrielle Be- und Verarbeitung verlagern. Und

2. Hamburg bietet durch seine besonderen Standortqualitäten sowie durch das vorhandene wirtschaftliche Umfeld und sein Know-how die wesentlichen Voraussetzungen, um den Hafen zum logistischen Zentrum in Nordeuropa auszubauen.

Die Studie ging von der Annahme aus, dass der Welthandel in Zukunft real mit vier bis fünf Prozent schneller wachsen werde als die Bruttowertschöpfung.

Grund zum Optimismus sahen die Autoren des Entwicklungsplans in der 1993 bevorstehenden Realisierung des europäischen Binnenmarktes. Das ökonomische Gewicht des europäischen Binnenmarktes, so die Einschätzung,

ZUGESCHÜTTETER VULKANHAFEN ZUR ERWEITERUNG DES TOLLERORT CONTAINER TERMINALS.

DER BUSS LOGISTIK TERMINAL (BLT) AUF STEINWERDER UNMITTELBAR NACH SEINER FERTIGSTELLUNG.

werde immer mehr Partner aus Übersee nach Europa ziehen und damit auch den Standort Hamburg positiv beeinflussen.

Bis 1995 prognostizierten die Analysten einen Gesamtumschlag von 59 bis 60 Millionen Tonnen.

Die Perspektiven fassten die Autoren des Entwicklungsplans in einer Reihe neuer Aufgaben für den Hafen zusammen:

– Als Koordinator für die Information aller am Transport beteiligten Unternehmen.
– Im Export als Organisator der Zulieferung aus dem gesamten Wirtschaftsraum und der kompletten zeitgerechten Verschiffung nach Übersee.
– Im Import und beim Transit als Lager- und Verteilzentrum für unterschiedliche Produkte.
– Als Standort für vielfältige Dienstleistungen im Bereich des Außenhandels einschließlich der Warenbearbeitung und Warenverarbeitung.

Konkret sah der Plan eine Reihe von Aktivitäten vor, die im Hafen einen geeigneten Standort finden konnten. Dazu gehörten die Montage oder Umrüstung im Fahrzeugbau, wobei die für den Export bestimmten Fahrzeuge speziell für die Empfängerländer hergerichtet werden sollten. Dazu gehört aber auch die Konservierung durch Oberflächenbearbeitung von Bauteilen oder Maschinen, die für den Export oder die Auslieferung im Binnenmarkt bestimmt sind. Und es könnten schließlich größere Anlagen vormontiert werden, die anschließend über See zu transportieren sind.

Auch für die Bereiche Off-shore-Technik, Meerestechnologie und Meeresforschung sowie Umweltschutz – die bereits zur Angebotspalette von Unternehmen in Häfen gehörten – wurden im Hafen gute Chancen der Weiterentwicklung gesehen. Dasselbe galt für neue unternehmerische Möglichkeiten, wie beispielsweise die Aufbereitung von Baustoffen oder anderen industriellen Stoffen, auch im Bereich des Recyclings.

Der Senat unterstrich seine Absicht, im Hinterlandverkehr die Eisenbahn als umweltfreundliches Massenverkehrsmittel zu fördern, während er dem Straßengüterverkehr beim Transport von Stückgütern über kurze und mittlere Distanzen wie auch bei der Verteilung in der Fläche Wettbewerbsvorteile zusprach. Die Konsequenz aus dieser Erkenntnis war Hamburgs Absichtserklärung, die Lkw-Verkehre in das „Dienstleistungszentrum Hafen" zu integrieren. Der Leistungssteigerung durch die Minimierung von Leerfahrten mit Hilfe verbesserter Datenkommunikationssysteme sah Hamburg als vorrangige Aufgabe. Andererseits unterstrich die Hansestadt ihre Forderung an den Bund, die Zufahrtsmöglichkeiten zum Hamburger Hafen weiterhin bedarfsgerecht anzupassen. Weil der Elbtunnel im Zuge der Autobahn A 7 seine Kapazitäts-

BEI ALLER TECHNISCHEN PERFEKTION: OHNE DEN MENSCHEN GEHT ES NICHT.

grenze erreicht hatte, war im Entwicklungsplan der seit langem „angedachte" Bau einer weiteren Elbtunnelröhre festgeschrieben. Auch eine Schnellstraßenverbindung nach Westen zur Förderung des Unterelberaums stand im Forderungskatalog des Senats.

Dass die Funktionsfähigkeit des Hafens auch von der Erhaltung ausreichender Wassertiefen in der Elbe und im Hafen abhängt, liegt auf der Hand. Der Senat kündigte deshalb an, die planungsrechtliche Absicherung der Unterbringungsmöglichkeiten für Baggergut aus dem Hafen in Francop und Feldhofe so schnell wie möglich abzuschließen.

Den Hafen schneller und sicherer zu machen und damit seine Wettbewerbsfähigkeit zu stärken, war eines der wichtigen Anliegen des Hafenentwicklungsplans von 1989. In diesen Kontext gehörte das Verkehrslenkungs- und Radarsystem auf der Elbe und im Hafen, das neuen technischen Möglichkeiten entsprechend modernisiert und verfeinert werden sollte.

Ein wichtiger Schritt in die Zukunft war die Erklärung, die Rechtsvorschriften über die Verkehrssicherheit im Hafen zu straffen und zu vereinfachen. Und schließlich ging es um das frühzeitige Erkennen und präventive Eingreifen bei Sicherheitsrisiken durch den verstärkten Einsatz moderner Informations- und Kommunikationstechniken. Vorrangig waren davon der Transport, der Umschlag und die Lagerung gefährlicher Güter betroffen. Es war klar, dass der Telekommunikation eine entscheidende Bedeutung für die künftige Hafenentwicklung zukommen würde. Der Hamburger Hafen hatte dies frühzeitig erkannt und sich durch die Entwicklung des firmenübergreifenden Datenkommunikationssystems Dakosy einen bemerkenswerten Wettbewerbsvorsprung verschafft. Jetzt kündigte der Senat an, die Telekommunikation durch die Verbesserung der betrieblichen Anwendung zu fördern und das bereits angelaufene Forschungsprojekt „Innovative Seehafentechnologien" (ISETEC) mit verstärkten Anstrengungen fortzusetzen.

Am weitesten fortgeschritten war zu diesem Zeitpunkt das Projekt unter dem Arbeitstitel „Anbindung des Hafens an die Transportsysteme der Deutschen Bundesbahn". Deshalb wurde mit dem Hafenbahn-Betriebs- und Informationssystem HABIS der datenverarbeitungsgestützte Informationsfluss, wie er im Containerverkehr per Bahn mit Tagesmengen von rund 1200 TEU bereits realisiert war, auf sämtliche Angebotsbereiche im Bahnverkehr ausgedehnt.

Ein wichtiger Passus im Hafenentwicklungsplan betraf den Arbeitsplatz Hafen. Wörtlich hieß es dazu: „Mit der Umstrukturierung und dem verstärkten Einsatz von Informations- und Kommunikationstechniken steigen die Anforderungen an die Beschäftigten im Hafen. Aus- und Fortbildung werden zur Sicherung der Arbeitsplätze und zur Stärkung der Angebotsqualität des Hafens eine wachsende Bedeutung erhalten. Durch zusätzliche Qualifizierungsmaßnahmen und die Weiterentwicklung der Ausbildung zum Hafenfacharbeiter soll die besondere Stellung Hamburgs auf diesem Gebiet auch in den neunziger Jahren erhalten werden. Zusätzlich wird der Senat im Rahmen seiner Möglichkeiten darauf hinwirken, dass auch künftig Projekte zur Verbesserung der Arbeitsbedingungen im Hafen durchgeführt werden. Der Senat unterstreicht seine Absicht, die Folgen von Rationalisierung und veränderten Arbeitsanforderungen sozialverträglich und betriebswirtschaftlich akzeptabel zu bewältigen."

Als verbindliche Leitlinie für die Entfaltungsmöglichkeiten des Hafens und die dafür zu setzenden Rahmenbedingungen war der Hafenentwicklungsplan von 1989 ein in das neue Jahrhundert hineinführender Wegweiser, der auch Themen wie „Der Hafen als Attraktivitätsfaktor der Stadt" in die Betrachtung einbezog. Dieser Aspekt wurde von der landschaftlichen und architektonischen Gestaltung wesentlich mitbestimmt. Einen besonderen Stellenwert hatte bei diesen Überlegungen die Nahtstelle zwischen der City und dem Hafen als Funktionsabgrenzung zwischen den beiden Wirtschaftspolen der Stadt. Kernstück dieser als „Hafencity" bezeichneten Randzone war die städtebaulich wertvolle, aber aktuellen Anforderungen nicht mehr entsprechende Speicherstadt, die schrittweise hochwertigeren und wertschöpfungsintensiveren gewerblichen und hafenwirtschaftlichen Nutzungen dienen sollte. Die mit der Umnutzung verbundenen Fragen wurden seitens des Senats mit Nachdruck eingeleitet. Unabhängig davon wurden grundlegende Überlegungen zur Gestaltung der weitgehend unbebauten Flächen an der Kehrwiederspitze angestellt. Einen breiten Raum widmete der Entwicklungsplan den mit dem Hafen verbundenen Umweltproblemen auf der breiten Palette vom Umschlag gefährlicher Güter über Bodenverunreinigungen und Einleitungen von Industrieabwässern in die Elbe bis hin zu der Überlegung, den Grünanteil innerhalb des Hafens auf mindestens acht bis zehn Prozent auszuweiten.

Die für die Hafenzukunft wichtigsten Überlegungen bezogen sich auf das Projekt Altenwerder, für das der Senat parallel zur Veröffentlichung seines Hafenentwicklungsplans ein Planfeststellungsverfahren für ein universelles Erschließungskonzept einleitete. Früh genug, um dort im neuen Jahrhundert „durchstarten" zu können, aber keineswegs zu früh. Denn um neue Flächen ansiedlungsreif zu machen, musste ein Zeitraum von zehn bis fünfzehn Jahren veranschlagt werden, in dem die technischen und verwaltungstechnischen Voraussetzungen zu schaffen waren. Fünfzehn Jahre später erwies sich der Zeitplan als realistisch!

DIE »ANBINDUNG DES HAFENS AN DIE TRANSPORTSYSTEME DER DEUTSCHEN BUNDESBAHN« WAR EIN WESENTLICHER ASPEKT DES HAFENENTWICKLUNGSPLANS VON 1989.

Hamburgs neue Schlüsselposition für Osteuropa

Durch die Wiedervereinigung Deutschlands wurde Hamburgs seit 1945 konsequent betriebene und von allen Rathaus-Parteien mitgetragene „Politik der Elbe" von der Geschichte bestätigt. Der quer durch Deutschland gezogene Eiserne Vorhang, der nur etwas mehr als 40 Kilometer von Hamburg entfernt verlief, hatte die Elbhansestadt nicht entmutigt, immer wieder die Zusammenarbeit mit seinem früheren Hinterland zu suchen. Aus diesem Hinterland kam vor dem Krieg ein Drittel des Ladungsaufkommens, überwiegend aus Ostdeutschland, aus dem südlichen Polen und aus der Tschechoslowakei.

Auch nach 1945 waren diese Verbindungen niemals ganz abgerissen. Oft, so verriet Helmut F. H. Hansen von der Hafen Hamburg Verkaufsförderung und Werbung, seien an den politischen Spitzen der kommunistischen Regime vorbei wirtschaftliche und verkehrstechnische Absprachen auf unterer Ebene mit Kommunalvertretern und Leitern von Kombinaten getroffen worden. Dadurch sei es gelungen, die Machthaber immer wieder auszuhebeln und bei ihnen ein gewisses Bewusstsein für Hamburg als dem nächstgelegenen Westhafen der RGW-Staaten zu entwickeln. Bis zu zehn Millionen Tonnen Ladung seien auf diese Weise trotz der komplizierten politischen Verhältnisse über Hamburg abgewickelt worden.

Als die Container in der zweiten Hälfte der sechziger Jahre die Verkehrswirtschaft revolutionierten und sich eine Konzentration auf wenige Kontinenthäfen abzuzeichnen begann, lief Hamburg seinen osteuropäischen und skandinavischen Konkurrenten den Rang ab und wurde auch auf diesem Gebiet zum Partner seiner östlichen Nachbarn. Als sich die DDR-Führung unabhängig machen wollte und Rostock zu ihrem Containerhafen auszubauen begann, erwies sich das bald als betriebswirtschaftlich nicht tragfähig. Ebenso war der Versuch der DDR und Polens, sich über die bilaterale Organisation „Interport" gegenseitig Ladung und Umschlagsmöglichkeiten zuzuschanzen, ein Schlag ins Wasser.

Praktisch über Nacht und für alle unvorhersehbar hat Hamburg durch den Zusammenbruch des Ostblocks und

DIE EXPORTORIENTIERTEN LÄNDER DES FRÜHEREN OSTBLOCKS SEHEN IN HAMBURG IHREN NATÜRLICHEN CONTAINERHAFEN.

die Auflösung der politischen Strukturen seine zentrale Verkehrslage in Europa zurückgewonnen.

Für den Hafen bedeutete dieser Gewinn zugleich eine große Herausforderung. Die Verkehrsexperten sahen gute Chancen für Hamburg, die grundlegende Veränderung seiner wirtschaftsgeografischen Lage zu nutzen. Die Anpassung an die neuen Gegebenheiten, so die übereinstimmende Meinung, werde allerdings ein mehrjähriger Prozess sein. Dann aber könne der Elbehafen in eine Schlüsselrolle für den überseeischen Außenhandel der neuen Bundesländer und Osteuropa hineinwachsen. Darüber hinaus könne der Elbehafen seine Funktion als Drehscheibe für den Skandinavienhandel sowie als Brückenkopf für die fernöstliche Exportwirtschaft wesentlich erweitern. In den gegen Ende des Jahrhunderts rasant wachsenden West-Ost-Verkehren ist Hamburg der letzte östliche Hafenplatz, an dem die Schiffe drehen.

Schon bald nach Deutschlands Wiedervereinigung gab es deutliche Anzeichen, dass die weltweit verladende Wirtschaft Hamburg als zentralen Hafen für die neu ausgerichteten Warenströme zu akzeptieren bereit war.

Für die Mitte der neunziger Jahre erwarteten Exportaktivitäten Osteuropas prognostizierten Hamburgs Hafenmanager ein Anwachsen des Umschlags von 60 auf stolze 75 Millionen Tonnen. Bei den Wachstumsprognosen hatte man nicht nur das Stückgut mit seinen steil anwachsenden Containerverkehren im Auge, sondern auch den Massengutumschlag. Hamburg setzte darauf, dass die Chemiestandorte in Sachsen und der Stahlstandort Eisenhüttenstadt erhalten bleiben würden. Dann nämlich könnten sich Hamburgs Hoffnungen erfüllen, beim Erz- und Kohleimport Steigerungsraten um einhundert Prozent von sechs auf zwölf Millionen Tonnen zu erzielen. Durch eine in der ersten Euphorie geplante Pipeline von Hamburg nach Sachsen sollte Hamburg nach den Rückschlägen der vergangenen Jahre wieder als Umschlagplatz für Mineralöl Tritt fassen lassen. Schon im Sommer 1990 hatte die Hafen Hamburg Werbung und Verkaufsförderung drei Büros in den neuen Bundesländern eröffnet und ein weiteres in Prag, um die Interessen Hamburgs „vor Ort" zu vertreten und die Hafenkunden zu betreuen. Schon das erste Halbjahr 1990 hatte allein auf dem Containersektor einen Umschlagzuwachs von mehr als 16 Prozent gebracht. Helmuth Kern, der einmal gesagt hatte, Hamburg sei bei der Planung auch seiner Hafenanlagen „oft zu kurz gesprungen", warnte eindringlich, Hamburg dürfe seine Hafenkunden nicht dadurch vergraulen, dass es sich in einem „zu klein geschneiderten Anzug präsentiert". Schützenhilfe erhielt der Ex-Senator von dem Hamburger Verkehrswissenschaftler Dr. Uwe Lorenzen, der die Seegüterströme in das Gebiet der ehemaligen DDR analysiert hatte. Bis zum Jahr 2000, so lautete seine Prognose, werde aus den neuen Bundesländern ein zusätzliches Umschlagspotenzial von 20 bis 22 Millionen Tonnen zu aktivieren sein. Um das zu realisieren, müsse der Hamburger Hafen seine Fazilitäten entscheidend ausbauen. Dies beziehe sich auch auf Umschlagsanlagen für Massen- und Greifergut.

Helmuth Kern nahm den Faden auf und stellte fest, in vielen Bereichen gebe es einen deutlichen Handlungsbedarf. Dies war ein Plädoyer für verstärkte Investitionsanstrengungen: Vor allem den Vorbereitungen für die Containerumschlagsanlage im Hafenerweiterungsgebiet Altenwerder und Zusatzflächen für den zukunftsträchtigen Bereich Distribution und Lagerung müssten erste Priorität eingeräumt werden. Darüber hinaus sah Kern dringenden Bedarf für den Ausbau der Verkehrswege ins Hinterland und speziell auch für die Sanierung der Oberelbe südlich von Magdeburg bis zur tschechischen Grenze. Die Lebensader Hamburgs, so seine Vision,

»FEEDERSCHIFFE« SIND DIE ZUBRINGER FÜR DIE CONTAINERLINIEN DES ÜBERSEEVERKEHRS.
SIE BEDIENEN VON HAMBURG AUS DIE KLEINEN HÄFEN AN NORD- UND OSTSEE.

könne zur zentralen Binnenwasserstraße Europas werden, zumal die wichtigen Industriegebiete Tschechiens und der ehemaligen DDR im Einzugsbereich der Elbe liegen. Diese Funktion aber werde sie nur im vollen Umfang erfüllen können, wenn gleichzeitig die Vertiefung der Außenelbe auf 15,15 Meter gelänge. Die privatwirtschaftlich organisierte Hamburger Hafenwirtschaft jedenfalls sei gerüstet. Und jetzt komme es darauf an, für die wichtigen Aufgaben einen überregionalen norddeutschen Konsens anzustreben.

Hamburgs Hafen befand sich in einer Aufbruchstimmung, vergleichbar nur der nach dem Bau des Freihafens einhundert Jahre zuvor.

Aber für eine Schrecksekunde der Geschichte stockte den Elbhanseaten dann doch noch der Atem: Aus Leipzig kam im März 1991 die Nachricht, dass die Stadt Eigentumsrechte an Teilen des Hamburger Hafens geltend machen wolle. Der Leipziger Oberbürgermeister Hinrich Lehmann-Grube, früher Oberstadtdirektor in Hannover, hatte 40 Jahre alte Vermerke im Handelsregister entdeckt, die Leipzig als Eigentümer von Grundstücken im Hamburger Hafen auswiesen. Es soll sich dabei um die Spende eines jüdischen Bankiers gehandelt haben, der in den zwanziger und dreißiger Jahren Aufsichtsrat mehrerer Hamburger Grundstücks- und Transportgesellschaften gewesen sein soll und der später seiner Heimatstadt in Sachsen ein großes Aktienpaket übergeben habe.

Hamburg hielt die unklar formulierten Leipziger Ansprüche von Anfang an für ungerechtfertigt und gab sich gelassen, während sich die Beamten im Rathaus der sächsischen Metropole auf die Suche nach stichhaltigen Dokumenten machten.

Hamburg – obwohl guten Willens – konnte nicht helfen. Die Wirtschaftsbehörde fand keine diesbezüglichen Grundbucheintragungen und teilte mit: „Weil die Hafenflächen der Stadt gehören und dem üblichen Geschäftsverkehr entzogen sind, wurden die Grundbücher in diesem Fall nicht fortgeführt."

Anders verhält es sich mit einem anderen Fall fremder Hoheitsrechte im Hamburger Hafen: Die Stadt hatte einst der Tschechoslowakei im Saale- und Moldauhafen einen eigenen Seehafenzugang gewährt, der im Versailler Vertrag geregelt worden war und der den Tschechen die Besitzrechte (nicht aber die Eigentumsrechte) durch Verpachtung auf 99 Jahre gesichert hat. Dieser Vertrag gilt auch noch heute.

DIE KÖHLBRANDBRÜCKE, DIE STRASSENVERBINDUNG ZWISCHEN »ALTEN« ÖSTLICHEN UND »NEUEN« WESTLICHEN HAFENTEILEN, IST EIN VERKEHRSTECHNISCH WICHTIGES UND ÄSTHETISCH GELUNGENES BAUWERK.

Die „Kartoffel-Posse" am Schuppen 69

Entschiedene Kritiker nannten die Ereignisse einen Skandal. Wohlmeinende Zeitgenossen gaben sich mit der milden Charakterisierung „Peinlichkeit" zufrieden. Dass auch ein anerkannt schneller und zuverlässiger Welthafen unter ungünstigen Umständen ins Schlingern geraten kann, zeigt sich in dem Versagen, das als „Kartoffel-Posse" in die Annalen des Hamburger Hafens eingegangen ist.

Ende Oktober 1990: Russland droht zum bevorstehenden Einbruch der Kältewelle eine Hungerkatastrophe ungeahnten Ausmaßes. In Europa werden Vorbereitungen zu humanitärer Hilfe eingeleitet.

Im Hamburger Hafen liegen 110.000 Tonnen Kartoffeln zur Verladung bereit. Das ist etwa ein Siebtel dessen, was insgesamt aus der ehemaligen DDR als Hilfe für die Sowjetunion bereitgestellt worden war. Über die Ostseehäfen ist schon ein großer Teil der Kartoffeln auf die Reise geschickt worden. Aber die Kapazitäten dort sind erschöpft. Die Hoffnungen konzentrieren sich auf Hamburg.

Vier Frachter könnten die Ladung sofort übernehmen. Aber der Gesamthafenbetriebs-Gesellschaft (GHBG) fehlen rund eintausend Hafenarbeiter, um die Schiffe zu beladen. Die Zeit eilt. Bis zum 2. November müssen die

100.000 Tonnen Kartoffeln drohten im Hamburger Hafen zu verderben. Die daraus resultierende »Kartoffel-Posse« war in der Geschichte des Hafens kein Ruhmesblatt.

Kartoffelsäcke verladen sein, damit sie ihr Ziel noch vor Einbruch der Frostperiode erreichen.

Es ist eine Zeit, in der im Hamburger Hafen saisonbedingt ohnehin im erheblichen Umfang Mehrarbeit anfällt. Die Hafenarbeiter erklären sich bereit, bis zu 60 Prozent Mehrarbeit zu leisten. Damit aber ist der Fehlbestand nicht auszugleichen. Einige Studenten und Schüler springen ein. Wer sich pro Schicht mit harter Arbeit einen Hunderter verdienen will, kann sich bis morgens früh 5.30 Uhr am Sandtorkai melden. Aber mehr als 150 Hilfskräfte kommen nicht. Trotz der angesichts zunehmender Arbeitslosigkeit verlockenden Aussicht auf eine Festanstellung.

In ihrer Not wendete sich die Gesamthafenbetriebs-Gesellschaft an das Standortkommando der Bundeswehr.

Von der Bonner Hardthöhe kommt die enttäuschende Antwort, dass von einem Notstand nicht die Rede sein könne und deshalb die Voraussetzungen für den Einsatz von Bundeswehrsoldaten nicht gegeben seien. Im Übrigen könne man sich im Verteidigungsministerium nicht vorstellen, dass angesichts der hohen Arbeitslosenquote bei angemessener Bezahlung nicht ausreichend Arbeitswillige zu finden sein sollten.

Bei dem Personalpoker scheint eine gehörige Portion Misstrauen im Spiel zu sein: „Weil in ostdeutschen Häfen nichts mehr funktioniert", schimpft ein Hamburger Spediteur, „und weil die Landwege in die Sowjetunion wegen des dortigen Chaos unpassierbar sind, müssen wir es jetzt ausbaden".

Hinter dem „Nichts-geht-mehr-Argument" der Ostseehäfen vermuteten die Hamburger noch etwas anderes: Mit den Kartoffellieferungen sind Verträge der früheren DDR mit der Sowjetunion zu erfüllen, die nach der Vereinigung weitergelten. Bisher war der Transport von der einst staatseigenen Agro Consulting GmbH über Rostock, Stralsund und Wismar organisiert worden. Diese Häfen aber, so die teilweise offen ausgesprochene Vermutung, wollten ihre guten Chancen in der weitaus lukrativen Stückgutverladung nicht länger durch die Pflicht zur Kartoffelverladung blockieren. Also machte man sich auf die Suche nach Ausweichhäfen.

Hamburg hatte daraufhin den Auftrag an Land gezogen – in der Meinung, für die Verladung 45 Tage Zeit zu haben. Bis dahin hätte sich vieles regeln lassen. Dann aber teilte die Agro Consulting plötzlich mit, die Frachter müssten innerhalb von drei Wochen beladen sein. Hamburg konterte, die verbliebenen oder umstrukturierten LPGs würden es sich allzu leicht machen, wenn sie einfach auf Kapazitäten aus dem Westen setzten. Und was die Dringlichkeit der humanitären Hilfe für die Not leidende Sowjetbevölkerung angehe, müsse man doch fragen: „Wer garantiert uns denn, dass die verderbliche Ware in Leningrad nicht einfach liegen bleibt?"

Solchem Misstrauen lagen Erfahrungen zugrunde, die nicht ohne weiteres wegzudiskutieren waren. Andererseits stand Hamburgs Partnerstadt unmittelbar vor einer Hungerkatastrophe. Da regte sich bei manch einem Elbhanseaten das schlechte Gewissen. Nicht zuletzt auch deshalb, weil das Bundesverteidigungsministerium den dezenten vorwurfsvollen Hinweis gegeben hatte, man sei schließlich nicht dazu da, etwas auszubügeln, das sich private Unternehmen eingebrockt hätten. Da es sich im Übrigen nicht um einen Notstand, sondern lediglich um humanitäre Hilfe handele, solle sich der Hafen doch an das dafür zuständige Auswärtige Amt wenden.

Die Presse spricht vom „Hamburger Kartoffeldrama" und prangert die bürokratischen Hindernisse an, die vor Hilfsaktionen aufgetürmt würden, und schließlich steht sogar das Wort „Schlamperei" im Raum.

Am 2. November kommt die Meldung, nunmehr würden durch Vermittlung eines Schweriner Möbelfabrikanten einhundert Soldaten der Roten Armee in Hamburg eintreffen, um die zwei Zentner schweren Kartoffelsäcke an Bord der Schiffe zu schleppen, und zwar gegen den üblichen Schichtlohn von einhundert Mark.

Die Bürokraten machen sich sofort an die Prüfung, ob der Einsatz der Rotarmisten im Hamburger Hafen nicht gegen den Vertrag über den Truppenabzug aus dem Gebiet der ehemaligen DDR verstoße. Das tagelange Hickhack um die Arbeits- und Aufenthaltserlaubnis der Roten Armee veranlasst die Armeeführung schließlich zum Rückzug.

Die Peinlichkeit gerät zum Skandal! Aus der „militärischen Intervention an der Kartoffelfront" wurde nichts, bemerkt eine Zeitung hämisch, stattdessen sei „deutsch-deutsches Kartoffel-Wuppen" angesagt. Arbeitslose aus Mecklenburg-Vorpommern finden sich brav am Schuppen 69 ein, um zuzupacken. Aber die durch Presseberichte motivierten Freiwilligen aus Hamburg, die an einem Sonntagmorgen helfen wollen, stoßen sich die Nase, weil das Büro der GHBG in Feiertagslethargie verfallen ist.

So bleiben die „Meck-Poms" unter sich. Sie machen sich über die herumstehenden 600 Güterwaggons her, in denen die Kartoffeln langsam, aber sicher zu faulen beginnen. Immerhin verlässt endlich am 15. November der letzte Kartoffeldampfer den Hamburger Hafen.

Was bleibt, sind sichtlich zerknirschte Politiker. Der SPD-Fraktionschef Günter Elste hat „von dieser Bürokratie die Schnauze voll", und ein kleinlauter Wirtschaftssenator Wilhelm Rahlfs bekennt, die Kartoffel-Posse sei kein gutes Thema für die Hamburger Hafenwerbung.

Selten hat man Politiker so selbstkritisch erlebt!

„Hamburgs Zukunft liegt im Süden": Harburg im Aufwind

„Das Fachwerkhaus aus dem 17. Jahrhundert steht neben dem riesigen Getreidespeicher aus Beton, das Gründerzeit-Mietshaus neben verfallenen Holzschuppen, Schrotthalden vis-à-vis zu wild begrünten Brachflächen. Über der Szene liegen Staub und Lärm scheinbar industrieller Emsigkeit und die Tristesse verwaister Bürgersteige. Ein ganzer Stadtteil dämmert bislang vor sich hin, während Harburgs Kommunalpolitiker ihr Hafengebiet wiederentdeckt haben und Pläne ausbrüten. Vorauseilend sind die Grundstückspreise schon in die Höhe geschnellt."

Der „Stimmungsbericht" stammt aus einer Reportage vom August 1991. Der Bericht schildert zutreffend die Situation, wie man sie im Harburger Hafen erlebte, jenem 165 Hektar großen Areal zwischen Süderelbe und Bundesstraße 73, dessen Erscheinungsbild von stadtplanerischen Versäumnissen und Fehlentwicklungen geprägt war.

Dabei hatten die Harburger Häfen für die Gesamtbilanz der hamburgischen Wirtschaft durchaus einen hohen Stellenwert. Im Binnenhafen wurden damals rund eine Million Tonnen überwiegend Schüttgüter umgeschlagen – etwa 15 Prozent des gesamten Hamburger Schüttgutumschlags.

Als der Harburger Bezirksamtsleiter ein Nutzungskonzept mit Wohnungs-Randbebauung und einem ansehnlichen Yachthafen entwickelte, protestierten die Gewerbetreibenden. Auch Hamburgs Wirtschaftssenator Wilhelm Rahlfs stand auf der Seite der Wirtschaft und verkündete, über den „Rubikon" Hafengrenze wolle

DER SÜDERELBERAUM WURDE LANGE ZEIT VERNACHLÄSSIGT. HEUTE KENNT DIE POLITIK DIE BEDEUTUNG HARBURGS FÜR DIE ENTWICKLUNG DES HAMBURGER HAFENS.

er nicht mit sich verhandeln lassen; denn der Hafen selbst müsse zu Gunsten der Wirtschaft Industriegebiet bleiben. Und zwar nicht nur im Interesse der lokalen Wirtschaft, sondern auch als unverzichtbarer Bestandteil gesamthamburgischer Wirtschaftsinteressen.

Die Behörde für Strom- und Hafenbau ließ verbreiten, man müsse unter allen Umständen an der Hafennutzung festhalten, wenngleich an eine Modernisierung der Anlagen – etwa als Alternative zum Erweiterungsgebiet Altenwerder – nicht zu denken sei. Immerhin aber wurden 1991 Ziele fixiert, die für längere Zeit Bestand haben sollten. Die Schwerpunkte lauteten: Bauliche Verdichtung, Schutz historischer Substanz, Altlastensanierung und mehr Lebendigkeit durch neue Arbeitsplätze.

Es dauerte noch fünf Jahre, bis eine Hamburger Senatskommission 24 Hektar des Geländes zur Mischnutzung freigab.

Schon Bürgermeister Herbert Weichmann hatte während seiner Amtszeit das Postulat formuliert, Hamburgs Zukunft liege im Süden. Dabei klang auch ein wenig Kritik an der Tatsache an, dass der Süderelberaum lange Zeit vernachlässigt worden war. Jetzt machte sich die Stadt daran, das Gebiet des Harburger Binnenhafens durch neue Nutzungskonzepte aufzuwerten: Wohnen, Forschung, Dienstleistung und Freizeit waren die Eckpunkte, die das Mischnutzungskonzept kennzeichneten. Die Vision von Bürgerhäusern aus der Zeit des Barock neben einem High-Tech-Zentrum und das Ganze eingerahmt von Hafenbetrieben mit 4000 Beschäftigten beherrschte das Denken der Planer und beflügelte ihre Kreativität. Sie trieben die Arbeit ebenso behutsam wie energisch voran. Als sich das Jahrzehnt seinem Ende zuneigte, hatten die Pläne zum großen Teil Gestalt angenommen. Eine „Momentaufnahme" kurz vor dem Übergang zum neuen Jahrhundert zeigt die erstaunliche Wandlungsfähigkeit eines bis dahin vernachlässigten Stadtteils. Nach der High-Tech-City Channel Harburg und dem Mikroelektronik-Anwendungszentrum MAZ begann sich auch das Projekt „Hafen Campus" abzuzeichnen: Auf acht Hektar Brachfläche der Deutschen Bahn Immobiliengesellschaft wurde ein von Forschung und Wissenschaft getragenes Stadtviertel geplant. Auf dem Reißbrett konnten Interessenten auch schon einen Industriepark mit 5000 Arbeitsplätzen bestaunen, dazu ein Nahversorgungszentrum mit Wohnungen, Büros, Freizeiteinrichtungen, Hotel (für Seminarteilnehmer), Weiterbildungs-Akademie und ein Informations- und Besucherzentrum. Das Konzept dafür hatte das Hamburger Projektentwicklungsunternehmen Nordic Städtebau entworfen.

Ein Teil des Geländes (zwischen Schellerdamm, Nartensstraße, Neuländer Straße und Karnapp) war noch von alten Gleisanlagen und kaum noch funktionsfähigen

REGE BAUTÄTIGKEIT KÜNDET VOM AUFSTIEG HARBURGS.

Hallen belegt. Zwei Verwaltungsgebäude der Eisenbahn aus dem Jahr 1847 standen unter Denkmalschutz und wurden in das Projekt „Hafen Campus" einbezogen. Rund 2000 Quadratmeter in alten, provisorisch hergerichteten Hallen der Bahn waren zu diesem Zeitpunkt bereits vermietet. Die Hälfte davon an die TU Technologie GmbH der Technischen Universität Hamburg-Harburg – einer Firma, der die Aufgabe zugedacht war, den Technologietransfer zwischen der Hochschule und der Wirtschaft zu steuern. Die restliche Fläche wurde an Unternehmen aus dem Bereich Mikrotechnologie vergeben.

Werkstoff- und Oberflächentechnik waren als Schwerpunkte des künftigen Wissenschaftsparks definiert, außerdem standen Mikrosystemtechnik, Biotechnologie, Medien, Informations-, Kommunikations- und Telekommunikationstechnik, Logistik und Verkehrsleittechnik auf der Wunschliste der Planer.

Auch wenn nicht alle Wünsche in Erfüllung gingen – am Ende wurde doch ein wenig von dem realisiert, was einige Journalisten euphemistisch „Hamburgs Silicon Valley" nannten.

Schock aus Brüssel: Wirbel um die „Euro-Banane"

MIT 650.000 TONNEN FESTIGTE HAMBURG IN DEN NEUNZIGER JAHREN SEINE POSITION ALS BANANENUMSCHLAGPLATZ.

Hamburg hatte sich nach dem Krieg schnell zum wichtigsten nordeuropäischen Umschlagplatz für Bananen entwickelt, und es verdankte seine führende Position als Transit-Drehscheibe unter anderem auch der innovativen Gestaltung seiner Bananen-Umschlaganlagen. Der „Bananenschuppen" am Segelschiffhafen mit seinen wettergeschützten Taschenelevatoren galt bei seiner Einweihung vor 40 Jahren als technische Sensation. Es galt als selbstverständlich, dass die Bananen, die zwischen Skandinavien, der Schweiz und Österreich in den Handel kamen, über den Elbehafen importiert wurden.

Daran hatte sich auch vierzig Jahre später nichts geändert. 1992 wurde ein neues Fruchtzentrum am O'Swaldkai fertiggestellt, in dem – neben anderer Frischfrucht aus südlichen Ländern – Bananen mit bemerkenswerten jährlichen Steigerungsraten die Hauptrolle spielten.

Als sich nach 1989 die Märkte im Osten stabilisiert hatten und auch Ungarn, die Länder des Baltikums und Russland vom Elbehafen aus „bedient" wurden, verdoppelte sich der Bananenimport via Hamburg.

Mit annähernd 650.000 Tonnen erreichte der Bananenumschlag 1992 eine neue Rekordmarke. Es gab keine Anzeichen, dass mit einem Rückgang zu rechnen sein würde. Die HHLA ließ sogar eine ihrer Containerbrücken vom Burchardkai zum O'Swaldkai umsetzen, um künftigen Anforderungen beim Fruchtumschlag gewachsen zu sein; denn auch die modernen Fruchtschiffe wurden zunehmend auf den Container-Transport ausgerichtet. Hinzu kam eine erhebliche Verbesserung auf dem Gebiet der Hinterlandverkehre. In Zusammenarbeit mit den Importeuren und Großhändlern entwickelte die Intercontainer-Interfrigo, in der die europäischen Bahnverwaltungen ihre Container- und Kühltransporte zusammengefasst haben, einen speziellen Waggon für den Transport von Bananen. Gegenüber den bis dahin verfügbaren Wagen können die neuen Bananenwaggons 28,5 statt 26,3 Tonnen laden und in Zügen mit Geschwindigkeiten von 120 Kilometern pro Stunde laufen.

Die optimistischen Erwartungen, die Hamburg an den Bananenumschlag knüpfte – man hoffte, in naher Zukunft die Eine-Million-Tonnen-Grenze zu überschreiten –, sollten bald darauf einen Dämpfer bekommen. Sorge bereitete den Mitarbeitern am O'Swaldkai eine Nachricht aus Brüssel: Die EG-Kommission, so hieß es, wolle den Import von Bananen aus Lateinamerika ab 1993 beschränken und mit einem 20-prozentigen Zoll belegen. Hintergrund dieser Politik: Der Import der bis dahin viel teureren Früchte aus ehemaligen Kolonien der EG-Länder Frankreich, England und Spanien sollte begünstigt werden.

„Wir stehen hier alle unter Schock", bekannte ein Importeur lateinamerikanischer Bananen. Immerhin schickte Mittelamerika allein 1992 rund 2,5 Millionen Tonnen Bananen in die EG, davon 1,3 Millionen Tonnen nach Deutschland. Die EG-Quote sollte dem Plan der

Gemeinschaft zufolge um 20 Prozent gekürzt werden. Zwar sollten die Handelsfirmen künftig mehr einführen dürfen, aber jedes zusätzliche Kilogramm wäre mit 1,70 Mark zu verzollen, und auch auf die ersten zwei Millionen Kilogramm war ein – allerdings geringerer – Zoll fällig. Die Verbraucherpreise würde das mindestens verdoppeln.

Hamburgs Hafenmanager befürchteten zu Recht, dass angesichts zu erwartender Preiserhöhungen weniger Bananen verkauft werden würden und es im Hafen dann wesentlich weniger zu löschen gäbe. 500 Arbeitsplätze, so wurde vorgerechnet, insbesondere bei Spezialspeditionen, würden zur Disposition gestellt werden.

Ganz so heiß, wie die Brüsseler Suppe gekocht wurde, musste sie dann doch nicht gegessen werden. Der Einbruch, den die EG-Marktordnung dem Elbehafen bescherte, wurde durch das Geschäft mit Nord- und Osteuropa mehr als ausgeglichen. Schon zwei Jahre nach der Aufregung um die Euro-Banane, die Hamburg 25.000 Tonnen gekostet hatte, meldete das Fruchtzentrum stolze 743.000 Tonnen Bananenumschlag.

BANANEN – FRÜHER IN STAUDEN AUSGELIEFERT – SIND HEUTE IN KARTONS VERPACKT.

Es war das Jahr, in dem Hamburg mit 72,1 Millionen Tonnen Seegüterumschlag einen neuen historischen Höchststand erreichte.

AM O'SWALDKAI WURDE 1992 MIT DEM NEUEN FRUCHTZENTRUM DIE MODERNSTE FRUCHT-UMSCHLAGANLAGE ERÖFFNET.

Neuer Denkansatz: Raumgewinn „nach innen"

Der Idee, die Mitte der achtziger Jahre ins Spiel gebracht wurde, haftete etwas Paradoxes an: Um den Hamburger Hafen dauerhaft konkurrenzfähig zu halten, so ein viel diskutierter Vorschlag, müsse man Hafenbecken zuschütten.

Das stand im Widerspruch zu den Grundsätzen, die Hamburgs Hafenbauer ein Jahrhundert lang gepredigt hatten. „Hafenerweiterung" war das Gebot des Jahrhunderts mit seinen expandierenden Verkehrsleistungen gewesen. Mit dem Güterumschlag, so ihr unumstößliches Credo, müsse der Hafen wachsen. Wachstum bedeutete, die äußeren Grenzen zu sprengen, die Expansion im Umland zu suchen.

Das jetzt postulierte neue Konzept beruhte auf einer durch moderne Transportformen geprägten Logik: Der rasant zunehmende Containerverkehr benötigte zwar immer längere, aber weniger Liegeplätze für Schiffe. Stattdessen verlangte er größere Stellflächen für Container, also für das Frachtgut.

Bevor die Planer, so das Kalkül weitsichtiger Hafenstrategen, ihren Platzbedarf zu Lasten des Umlandes decken, solle man die nicht mehr ausgelasteten Hafenbecken nach und nach zuschütten. Die Vorschläge, die dazu erarbeitet wurden, reichten vom Kohlenschiffhafen am Köhlbrand bis zu dem am Ostrand des Hafenareals gelegenen Saalehafen. Sie umfassten die dazwischen liegenden Kuhwerder Häfen, den Südwesthafen, India- und Hansahafen, und sie reichten im Süden bis zum Kattwykhafen und dem Blumensandhafen. Auch die im Zentrum gelegenen Becken des Oderhafens, des Travehafens und der Neuhöfer Häfen wurden zur Disposition gestellt. Neben dem Raumgewinn, der durch die Landaufschüttung gesichert wäre, versprachen sich auch die Umweltschützer Vorteile von einer „Hafenerweiterung in den Hafen hinein".

Die neu zu gewinnenden Flächen lagen größtenteils innerhalb des bereits bestehenden Freihafens, und – unter ökologischen Aspekten bedeutsamer – stellten sie die Tatsache in den Vordergrund, dass sich die Menge des zu baggernden giftigen Hafenschlicks erheblich reduzieren würde. Auch wenn damit das zu DDR-Zeiten

ZUSCHÜTTUNG DES GRIESENWERDER HAFENS FÜR DEN AUSBAU DER ECKELMANN-GRUPPE/EUROKAI.

noch gravierende Problem der Elbverschmutzung nicht gelöst war, so wäre dies nach den Berechnungen der Ökologen doch ein gewaltiger Fortschritt. Immerhin ging es um jährlich rund 600.000 Kubikmeter Schlick, die deponiert werden mussten. Nicht nur die Suche nach geeigneten Ablagerungsstätten wurde von Jahr zu Jahr schwieriger, vor allem die Entsorgungskosten stiegen dramatisch an. Experten rechneten aus, dass die Kosten für die Schlickbeseitigung in absehbarer Zeit die der Ausbaggerung übersteigen würden.

Hamburgs Wirtschaftsbehörde argumentierte zunächst noch mit dem Hinweis gegen die Zuschüttung von Hafenbecken, es stünden genau genommen nur drei Becken – der Moldauhafen, der Südwesthafen und der Indiahafen – zur Verfügung. Auf alle anderen könne Hamburg einstweilen noch nicht verzichten, wolle man nicht die Funktionsfähigkeit des Gesamthafens in Frage stellen. Aber, so konzedierte auch die Behörde, der neue Denkansatz war nicht falsch. Zehn Jahre später machte auch ein griffiger Terminus die Runde, der den Trend zutreffend bezeichnete: Der Hamburger Hafen, so hieß es, wachse „nach innen".

Fünf große Projekte standen auf der Prioritätenliste für die „Erweiterung und Umstrukturierung des Hamburger Hafens". Dafür wurden von Wirtschaft und Staat über einen längeren Zeitraum jährlich um 180 Millionen Mark investiert, um den Anforderungen der Containerschiffe der dritten und vierten Generation zu genügen. „Leitprojekt Logistikzentrum" war das vom Senat geprägte Kürzel, das den wichtigen Umstrukturierungsprozess bezeichnete und die Richtung vorgab, in die Hamburgs Hafenentwicklung vorangetrieben werden sollte.

Gegen Ende des Jahrhunderts war der Güterumschlag immer noch das Kerngeschäft des Hamburger Hafens und wird es auch bleiben. Aber Logistik und Distribution waren zu wettbewerbsentscheidenden Faktoren geworden, denn die einkommende Ladung wurde im Hafen meistens nicht mehr nur gelöscht, sondern auch kontrolliert, in Lager transportiert, gegebenenfalls behandelt und schließlich nach den Anweisungen des Produzenten weitergeleitet. Die Umschlagbetriebe kontrollieren und organisieren immer häufiger den gesamten Weg eines Gutes von Haus zu Haus.

Auf eine einfache Formel gebracht, verbirgt sich hinter der Vokabel „logistisches Dienstleistungszentrum" die Kunst, die richtige Ware in der richtigen Menge und Qualität zum richtigen Zeitpunkt am richtigen Ort zur Verfügung zu stellen.

Immer mehr Unternehmen gingen dazu über, wichtige logistische Funktionen auf die Hafenbetriebe zu übertragen. So lässt – um nur einige wenige zu nennen – der Otto-Versand als weltweit größter Versandhandel sein Zentrallager im Hamburger Hafen führen. Die Stahlwerke Peine-Salzgitter haben hier ihr Hauptrohstofflager eingerichtet. Und auch für einen japanischen Motorradproduzenten ist Hamburg das wichtigste Distributionszentrum und damit das Sprungbrett zum europäischen Markt.

In der zweiten Hälfte der neunziger Jahre hatte das Konzept der Umstrukturierung so weit Gestalt angenommen, dass sich im Hafengebiet deutliche Ergebnisse abzeichneten.

Ein Schwerpunkt der Aktivitäten lag am O'Swaldkai auf dem Kleinen Grasbrook. Der Segelschiffhafen war zwischen zwei Landzungen zugeschüttet worden. Die Hamburger Hafen- und Lagerhaus-Aktiengesellschaft betreibt dort ein modernes Fruchtzentrum. Lastkraftwagen können direkt an die Gebäude „andocken" und die optimal gekühlten Bananen und Apfelsinen weitertransportieren. Nördlich des Veddeler Damms wurden großen Mengen getrockneter Pakete aus der mechanischen Trennung von Hafenschlick in den India- und Südwesthafen versenkt und anschließend mit einer Sandschicht überdeckt. Hier entstanden 57 Hektar Flächen für den Containerumschlag. Drei Investoren bewarben sich für die Suprastruktur.

Ein hohes Tempo legte die HHLA bei der Umstrukturierung auf dem Container Terminal Tollerort vor: Innerhalb von zwei Jahren wurde der Vulkanhafen von einer Wasser- in eine Landfläche umgewandelt. Dabei konnte der Boden aus dem Bohrbetrieb für die vierte Elbtunnelröhre genutzt werden, um die Flächen hinter einem neuen, 300 Meter langen Schiffsliegeplatz aufzuspülen. Wesentliche Veränderungen wurden Anfang 1999 am Burchardkai im östlichen Teil des Waltershofer Hafens vollzogen: 22 Meter vor der alten Kaimauerkonstruktion aus den siebziger Jahren wurde ein neuer Liegeplatz in Betrieb genommen – der erste von insgesamt zehn Plätzen für Riesen-Containerschiffe mit 16,5 Metern Tiefgang. Auch am Eurokai-Terminal wurde investiert: Dort wurde der Auftrag für einen siebten Schiffsliegeplatz erteilt, der im Jahr 2000 in Betrieb gehen konnte.

Schließlich war eines der bemerkenswertesten Landgewinnungsprojekte die seit 1996 laufende Zuschüttung des Griesenwerder Hafens. Am Ende der Arbeiten stand ein Flächenzuwachs um 22 auf insgesamt 104 Hektar. Besondere Perspektiven eröffneten sich für dieses Areal, weil es nach Norden hin erweitert werden kann; denn die BP signalisierte ihre Absicht, das Raffineriegelände aufzugeben.

Eine auf die Zukunft gerichtete Bestandsaufnahme eröffnete dem Hamburger Hafen an der Schwelle zum neuen Jahrhundert eine günstige Perspektive: Rund einhundert Hektar Fläche, so haben die Planer errechnet, konnten zum damaligen Zeitpunkt noch aktiviert werden, so dass noch reichlich Potenzial für das „Wachstum nach innen" zur Verfügung stand.

„Es grünt so grün ...": Aufregende Flora und Fauna im Hafen

HAMBURGS RUF ALS »GRÜNE STADT« REICHT BIS IN DAS HAFENGEBIET HINEIN.

Hamburg ist – die Tourismus-Werber wissen das zu schätzen – eine „grüne" Stadt. Zehn Prozent der Landflächen sind öffentliche Grün- und Parkanlagen. Und die Hamburger sind zu Recht stolz auf ihre Stadt. Überrascht jedoch reagierten Hamburgs Journalisten, als sie 1990 anlässlich einer Informationsfahrt durch die Industrielandschaft Hafen erfuhren, wie viel sich die Stadt ihre „Grünpflege" auf dem 89 Quadratkilometer großen Hafengelände kosten lässt: Jährlich wurden 1,5 Millionen Mark für neue Grünanlagen investiert, und noch einmal eine Viertelmillion kam für die Pflege des bereits vorhandenen Grüns hinzu.

Trotz des dichten Netzes von Wasserwegen, Gleisanlagen, Straßen und Leitungstrassen und trotz des ständigen Umschlagbetriebs bietet das Hafenareal noch ausreichend Möglichkeiten zur Anlage von Grünflächen. Drei Gartenbaufachleute, elf Gärtner und vier Auszubildende hatte der Strom- und Hafenbau unter der Leitung eines Diplomingenieurs für Garten- und Landschaftsbau ausschließlich für die gärtnerischen Arbeiten abgestellt. Sie pflegten rund 1000 Hektar Grünflächen im gesamten Hafengebiet, davon 600 Hektar im Hafennutzungsgebiet. Allein auf den Hafenbahnhöfen wurden innerhalb weniger Jahre 30.000 Quadratmeter Schlackenflächen zu Grünflächen umgestaltet. Von den 30.000 Bäumen im Hafen steht der überwiegende Teil in Immissionsschutzpflanzungen. Zahlreiche Bäume an den Straßenrändern wurden aufwändig und mit hohem Kostenaufwand saniert.

Das „Begrünen des Hafengebietes ist eine mit Umsicht anzugehende gärtnerische Herausforderung, die einige Besonderheiten des Hafens berücksichtigen muss:

– Um Menschen und Anlagen vor Sturmfluten zu schützen, wurden die Hafenflächen in der Regel mit Sand aufgespült beziehungsweise mit Spundwänden eingepoldert. Die Versorgung der Flora mit Grundwasser und Nährstoffen ist deshalb besonders schwierig.
– Die Trassen für die umfangreichen Ver- und Entsorgungsleitungen dürfen nur eingeschränkt begrünt werden. Dabei sind strenge Sicherheitsauflagen zu beachten.
– Wind, Wellenschlag, Fließgeschwindigkeit und Sichtfreiheit für den Schiffsverkehr stellen besondere Anforderungen an die gärtnerischen Arbeiten.
– In den Gleisbereichen muss die Sicherheit des Schienenverkehrs gewährleistet werden. Hier ist auf Fluchträume für das Rangierpersonal und auf Sichtflächen für die Lokführer zu achten.
– Laubfall in den Gleisanlagen muss wegen der damit verbundenen Glättegefahr vermieden werden.

Die Grünflächen im Hamburger Hafen erfüllen keineswegs nur ästhetische Funktionen; sie gliedern nicht nur die Industrielandschaft, sondern sie mindern auch den Staub, schützen vor Wind und unterstützen die Selbstreinigung der Gewässer. Um hier „nachzuhelfen", wurden ganze Uferstrecken mit Weidensteckhölzern bepflanzt, und wo immer dies möglich war, die Böschungen mit Sandschlicktaschen für Röhrichtzonen hergerichtet.

Der Lohn für so viel Sorge um das Grün im Hafen trägt seine Früchte: Hunderte von Eichen, Pappeln und Weiden, Buchen und Platanen, Ahornbäumen und Kastanien sind im Hafengebiet heimisch geworden. Auch „Exotisches" wie Wildrosen, Robinien, die Kriechende Schneebeere, die Vogelbeere und der Sanddorn scheinen sich in der Nähe von Hafenkränen, Containerbrücken, zwischen Lagerhallen und neben Eisenbahngleisen wohl zu fühlen. Mit ihnen kamen Rotkehlchen und Meisen. Aber auch Fasane und Rebhühner werden immer wieder im Hafen gesichtet – ein Beweis der größtmöglichen Ausgewogenheit zwischen Natur und Industrielandschaft.

Cuxhavens „Amerikahafen" wechselt den Besitzer

Hamburg und Cuxhaven – das ist eine jahrhundertelange Symbiose zwischen einem weit ins Binnenland hineingezogenen Umschlagplatz und seinem Vorposten an der Elbmündung. Eine wichtige Entscheidung fiel im Sommer 1990: Hamburg erklärte sich bereit, den Amerikahafen in Cuxhaven mit den darauf befindlichen Infra- und Suprastruktureinrichtungen auf das Land Niedersachsen zu übertragen. Gerhard Schröder, frisch gebackener Ministerpräsident der rot-grünen Koalition in Hannover, verkündete den „Landgewinn" für Niedersachsen höchstpersönlich, nachdem ihm Hamburgs Bürgermeister Henning Voscherau zugesichert hatte, Hamburg wolle auf seine Exklave an der Elbmündung verzichten. Dies bedeutete: Planungshoheit und Eigentum an einer Hafenanlage, die seit 1910 zu Hamburg gehört hatte. Damals hatte die Hansestadt den Amerikahafen für den Auswandererverkehr bauen lassen. Als Cuxhaven 1937 als Spitze des Elbe-Weser-Dreiecks an Preußen fiel, blieb der Amerikahafen und ein Schiffsanleger am Strom bei Hamburg – als Vorposten der großen Passagierschifffahrt und für mögliche künftige Entwicklungen.

Die „Sicherung der Elbmündung" hatte für Hamburg Tradition. Schon vor sechs Jahrhunderten hatten Hamburgs Ratsherren ihre Hand auf die verkehrsgeografische Schlüsselposition an der Elbmündung gelegt und sich in dem zu Cuxhaven gehörenden Ritzebüttel festgesetzt. Der markante Wehrturm auf Neuwerk, auf dem einst eine „Feuerblüse" der Schifffahrt den Weg in die Elbmündung wies, ist ein unübersehbares historisches steinernes Zeugnis dieser Sicherungspolitik.

Anfang der sechziger Jahre hatte Hamburgs Senat unter dem Eindruck immer größerer „Supertanker" auf den Weltmeeren beschlossen, die Voraussetzungen für den Bau eines Tiefwasserhafens zu untersuchen, der sich vor Neuwerk an der 20-Meter-Rinne der Nordsee anbot. Der Senat wollte wissen, ob überhaupt und zu welchen Kosten dort ein Hafen mit Industrieanlagen errichtet werden könnte. Außerdem wollte er selbst die Bestimmung über die Gestaltung der Elbmündung haben und nicht erleben, dass jemand anderes dort Hamburg einen Hafen vor die Nase baut.

Die dafür erforderlichen Wattflächen (über die Niedersachsen die Hoheitsrechte hatte) waren von der Hanse-

ENDE EINER LANGEN TRADITION:
HAMBURG VERZICHTET AUF HAFENRECHTE IN CUXHAFEN.

stadt gegen Hinterlandflächen des Amerikahafens eingetauscht worden, die dem Ausbau des Cuxhavener Fischereihafens dienten. Der Amerikahafen selbst, eine von Kaianlagen umschlossene Wasserfläche, die ständiger Ausbaggerung bedurfte, blieb damals Hamburger Exklave – ein wertvolles Faustpfand für die Zukunft, wie sich dreißig Jahre später erweisen sollte. Einen „Sieg der Vernunft" nannten die Vertragspartner die für beide Seiten so wichtige Vereinbarung.

Die Änderung des Staatsvertrags von 1961, die der Senat in seiner Sitzung vom 12. Juni 1990 beschloss, enthielt eine Reihe für Hamburg wichtiger Leitlinien:

– Gegen die von Hamburg abgetretenen Befugnisse im Amerikahafen übernahm Niedersachsen alle Unterhaltungslasten und Versicherungspflichten.

– Niedersachsen verzichtete auf den Bau einer Mehrzweckumschlagsanlage in Cuxhaven-Groden und verpflichtete sich, stattdessen den Amerikahafen auszubauen, allerdings, ohne dort Containerterminals zu errichten oder Überseecontainerdienste abzufertigen.

– Die im Amerikahafen ansässigen Betriebe der Seehafenwirtschaft durften in ihren Rechten und Entwicklungsmöglichkeiten nicht beschnitten werden.

– Niedersachsen garantierte die Versorgung Neuwerks über den Cuxhavener Hafen.

– Niedersachsen verpflichtete sich, Wettbewerbsverzerrungen zu unterbinden, die den Hamburger Hafen benachteiligen.

– Hafenerweiterungen über die Grenzen des Amerikahafens hinaus darf Niedersachsen nur im Einvernehmen mit Hamburg vornehmen.

– Ausbaumaßnahmen dürfen die seewärtige Zu- und Abfahrt zum Hamburger Hafen nicht beeinträchtigen.

Die beiden wichtigsten Vertragspunkte, die kurz vor der Jahrtausendwende eine besondere Bedeutung gewinnen sollten, waren lapidar und unmissverständlich formuliert: „Hamburg geht davon aus, dass Niedersachsen Hamburg bei den Ausbaumaßnahmen zur Vertiefung des Fahrwassers der Elbe unterstützt." Und „Hamburg geht davon aus, dass Niedersachsen auch Möglichkeiten zur Ablagerung von Baggergut aus dem Hamburger Hafen schafft".

Ganz so reibungslos, wie es anfangs schien, lief der Deal dann allerdings nicht. Noch bis 1997 stritten sich die Vertragspartner um die Höhe des vereinbarten „Wertausgleichs". Hamburg verlangte für die Übergabe des Hafens samt Kaianlagen 56 Millionen Mark. Niedersachsen errechnete für Modernisierung und Sanierung der veralteten Anlagen eine Forderung gegen Hamburg von 107 Millionen Mark. Und die Vertreter beider Seiten nickten zufrieden.

Übrigens hatten die aufwändigen Forschungen und Untersuchungen im Gebiet Scharhörn-Neuwerk ergeben, dass technisch und wirtschaftlich ein Tiefwasserhafen dort entwickelt werden kann, vorausgesetzt, daß sich ein Bedarf dafür zeigt. Die Tanker- und Bulk-Carrier-Größen zeigten aber eine ganz andere Entwicklung. Von 500.000-Tonnen- oder sogar Eine-Million-Tonnen-Tankern als Regelschiffe der Tankfahrt war bald keine Rede mehr. Die Schiffe blieben kleiner und der Tiefwasserhafen direkt an der 20-Meter-Rinne der Nordsee deshalb auch nur ein interessanter Plan.

IN CUXHAFEN ENTSTAND EIN MODERNER VIELZWECK-TERMINAL DIREKT AN DER ELBMÜNDUNG.

„Bestenliste" der Welt-Containerhäfen: Hamburg ist die Nummer sieben

Mit der Vereinigung der beiden deutschen Staaten und den veränderten politischen Rahmenbedingungen in Mittel- und Osteuropa hat der Hamburger Hafen eine neue Standortqualität gewonnen. Der Markt, der Hamburg überraschend und völlig unerwartet außergewöhnliche Wachstumschancen eröffnete, umfasst 150 Millionen Menschen und damit doppelt so viele wie vor den dramatischen Ereignissen von 1989. Der seewärtige Güterverkehr wuchs in diesen Jahren etwa doppelt so stark wie das Sozialprodukt, und Hamburg durfte davon ausgehen, dass die Vollendung des europäischen Binnenmarktes weitere Wachstumsimpulse bringen würde. Auch die industrielle Produktion in Hamburg und seinem Umland nahm – ebenso wie die Bevölkerung – überproportional zu.

Einige statistische Daten aus den frühen neunziger Jahren werfen ein bezeichnendes Schlaglicht auf die Erfolge und Leistungen des Hamburger Hafens: Mehr als 13.000 Seeschiffe wurden jährlich registriert. Hinzu kam ein Binnenschiffaufkommen ungefähr gleicher Größe. Einen besonderen Stellenwert hatte die Abfahrtsdichte im Linienverkehr: Mehr als 350 Liniendienste hatten ihren Ausgangspunkt in Hamburg; rund 6000 Mal im Jahr laufen diese Dienste weltweit etwa 700 Häfen an. Beeindruckend war auch die Zahl der Seereedereien, die ihren Sitz in der Elbe-Hansestadt hatten und noch haben: Weit über die Hälfte der einhundert größten deutschen Schiffahrtsunternehmen haben eine Hamburger Adresse, und 51 Prozent aller in deutschen Registern eingetragenen Handelsschiffe tragen am Heck die Bezeichnung „Hamburg" als ihren Heimathafen über die Weltmeere.

Hamburg hatte damit Rahmenbedingungen in die Waagschale zu werfen, wie sie besser nicht sein konnten. Tatsächlich steuerte der Umschlagplatz Hamburger Hafen auf ein Umschlagergebnis zu, das alle Erwartungen übertraf. 1994 wurde die 70-Millionen-Grenze übersprungen und damit das Vorjahresergebnis von

NUR EIN HALBES JAHRHUNDERT DAUERTE ES, BIS DER CONTAINER DEN WELTVERKEHR EROBERT HATTE.

65,9 Millionen Tonnen bemerkenswert überschritten. Mit der Steigerung der Containerverladungen auf 2,7 Millionen TEU war allerdings ein deutlicher Rückgang des Faktors Arbeit verbunden: Innerhalb von zehn Jahren war die Zahl der Hafenarbeiter einer Studie der Technischen Universität Hamburg-Harburg zufolge um ein Drittel auf 6500 zurückgegangen.

Ein Teil dieser Arbeitsplätze war in die Stadt verlagert worden und damit automatisch aus der Hafenstatistik herausgefallen. Ziel der Harburger Studie war es, Bereiche aufzuzeigen, die geeignet sein konnten, die Arbeitsplatzsituation im Hafen zu stabilisieren. Eines der vorrangigen Anliegen war es, auch ältere Hafenarbeiter zu qualifizieren. Die Gewerkschaft Öffentliche Dienste, Transport und Verkehr sagte zu, mit dem Fortbildungszentrum Hafen und betriebsinternen Schulen zusammen entsprechende Konzepte zu erarbeiten.

Die Entscheidung zu dieser Kooperation fiel in dem Jahr, in dem im Fortbildungszentrum Hafen Hamburg der 2000. Hafenfacharbeiterbrief ausgehändigt wurde. Seit 1975 hatten sich im Fortbildungszentrum am Köhlbranddeich nicht nur im Hafen bereits Beschäftigte weiterqualifiziert, sondern auch Arbeitslose umschulen lassen, um wieder einen Einstieg in das Berufsleben zu finden.

„In einem Hafen wie Hamburg läuft nichts ohne qualifiziertes Personal", sagte Hamburgs Erster Bürgermeister Henning Voscherau, als er den 2000. Fachbrief an den

Absolventen überreichte. Und er fügte hinzu: „Auf Wissen, Können und Flexibilität kommt es an."

Das wünschenswerte Maß an Flexibilität wurde allerdings nicht von allen erbracht, die mit den Angelegenheiten des Hafens verantwortlich befasst waren. In seiner Funktion als Präsident des Unternehmensverbandes ging Peter Dietrich 1994 mit den Hamburger Behörden hart ins Gericht, denen es offenkundig an den Fähigkeiten mangelte, die man der Wirtschaft mit der größten Selbstverständlichkeit abverlangt: „Wir beobachten, dass die Behörden für Großvorhaben keine moderne Projektsteuerung praktizieren." Im Klartext: Statt bei Großvorhaben der Verkehrsinfrastruktur in den Gremien parallel zu agieren, wurden die Probleme „hintereinander abgearbeitet", wobei die Akten nach Einschätzung der Hafenwirtschaft zu lange auf einzelnen Behördenschreibtischen liegen blieben. Für die Hamburger Hafenwirtschaft sei diese Problematik besonders aktuell bei der dringend erforderlichen Vertiefung des Elbfahrwassers für eine neue Generation von Containerschiffen.

Hier traf der Vorwurf des zögerlichen Handelns alle damit befassten Ministerien und Behörden von Bund und Nachbarländern. Schon 1990 hatte der damalige Präsident des Unternehmensverbandes Hafen Hamburg, Helmuth Kern, bei der Wasser- und Schifffahrtsdirektion Nord den Antrag gestellt, wegen der bereits auf den Helgen der Werften in Bau befindlichen Containerschiffe mit bis zu 6.500 Containern und entsprechend großem Tiefgang die Elbe um weitere 1,50 Meter zu vertiefen. Nun machten sich die Verwaltungen darüber her. Um diese relativ einfache Maßnahme zu genehmigen, die dann im Jahr 2000 in wenigen Monaten mit dem Abbügeln einer Reihe von „Unterwasserspitzen" erledigt war, entstand ein umfangreicher Papierkrieg.

Das Bundesverkehrsministerium, die Wasser- und Schifffahrtsdirektion Nord, die Verkehrs- und die Umweltministerien der Länder Niedersachsen, Schleswig-Holstein und natürlich auch Hamburgs entsprechende Behörden forderten gegenseitig Stellungnahmen, ließen Gutachten erstellen und waren mit alldem mehr als zehn Jahre lang beschäftigt.

Über die gemächlich arbeitende Bürokratie wurde die Situation – übrigens auch für die Außenweser – kritisch, denn die großen Schiffe waren längst unterwegs und konnten mit voller Ladung die Häfen Bremerhaven und Hamburg wegen der Tide nur in bestimmten Zeitfenstern verlassen. Nach endlicher Genehmigung dauerte die eigentliche Baggermaßnahme dann nur wenige Monate. Aber inzwischen kündigte sich nun auch schon die nächste Generation der Containerschiffe mit 8.500 Boxen Ladefähigkeit an, deren erste seit 2003 schon im Einsatz sind. So musste der Vorsitzendes des Unternehmensverbandes Hafen Hamburg – nun Peter Dietrich – bei feierlicher Eröffnung des neuen Fahrwassers im Jahr 2000 bereits seinen nächsten Antrag auf weitere 1,50 Meter Fahrwasservertiefung ankündigen. Obwohl Fachleute dies technisch wie ökologisch für möglich halten, wird die Fülle der Einwendungen aus niedersächsischer Sicht umfangreich werden; denn dort baut man mit Milliarden-Subventionen in Wilhelmshaven einen Tiefwasserhafen und ist an einer Verbesserung der Wettbewerbslage des Hamburger Hafens in keiner Weise interessiert. Eher ist das Gegenteil der Fall! Der rasante Fortschritt der Containerisierung, die daraus abgeleiteten Prognosen und die auf ihnen basierenden Planungsvorhaben wurden zum beherrschenden Thema der neunziger Jahre.

Hamburg hatte sich zu diesem Zeitpunkt in der Gruppe der zehn größten Containerhäfen der Welt auf Position sieben etabliert. Auf dem europäischen Kontinent lag nur Rotterdam vor Hamburg, alle anderen Häfen der „Bestenliste" waren Umschlagplätze in Ostasien und (noch hinter Hamburg) in den USA. Von besonderem Interesse war dabei die Tatsache, dass der Elbehafen in den Jahren zwischen 1980 und 1993 mit 217,4 Prozent annähernd doppelt so hohe Zuwachsraten im Containerumschlag aufzuweisen hatte wie Rotterdam. Eine 1994 veröffentlichte Studie der Hamburgischen Landesbank attestierte Hamburg gute Ausbaumöglichkeiten für die Containerisierung nicht nur bei weiteren Güterkategorien, sondern auch in zusätzlichen Fahrtgebieten. Bis zur Jahrtausendwende sah die Landesbank in Übereinstimmung mit den Prognosen internationaler Fachgremien eine vierprozentige jährliche Zunahme des Containerverkehrs bei nur 2,5-prozentigem Wachstum des Welthandels.

So gut sich solche durchaus realistischen Prognosen lasen, so sehr machte Hamburg die Erlössituation bei seinen Umschlagleistungen zu schaffen. Wie bereits erwähnt, hatte sich der Gesamtumschlag von knapp 70 Millionen Tonnen 1994 überaus zufriedenstellend auf ein neues Rekordergebnis entwickelt. Die Impulse dazu waren durch die schneller als erwartet eintretende Konjunktur- und Exportbelebung gekommen. Die Erlöse aber hatten damit nicht Schritt halten können. Der Preisdruck der Reedereien, dem die Häfen ausgesetzt waren, hielt an. Für den Hamburger Hafen ergab sich daraus die Erkenntnis, dass eine Verbesserung der Ertragslage nur über Mengenwachstum und Produktivitätssteigerung erreichbar sein konnte. Die weitere Containerisierung – die 1994 an die 80-Prozent-Marke heranreichte – war einer der großen Hoffnungsträger, auf den Hamburg setzen konnte.

Der Hafen an der Schwelle zum 21. Jahrhundert

AUTOTRANSPORTER E. H. HARMS AM AUTOTERMINAL AUF DER KATTWYK-HALBINSEL.

Hamburg hatte es endlich geschafft: Mit einhundert konsularischen Vertretungen hatte die Hansestadt an der Elbe die UNO-Metropole New York abgehängt. Ein solcher Erfolg war ein Indiz für die wirtschaftliche Stellung der Stadt und ihres Hafens. Der Hamburger Hafen registrierte Mitte Februar 1995 für das vorangegangene Jahr mit 68,3 Millionen Tonnen ein Rekord-Umschlagsergebnis. Allerdings hatte Hamburg in dem für seine Zukunft wichtigen Containerverkehr mit Ostasien Marktanteile abgeben müssen, und Hamburgs gute Position als Drehscheibe im Verkehr mit Skandinavien schien bedroht, seit die Reederei Maersk angekündigt hatte, Rotterdam als Zubringerhafen für Dänemark zu bevorzugen.

Die Enttäuschung darüber wich einige Tage später verhaltenem Optimismus, als die in Kalifornien ansässigen American President Lines, die sich bis dahin überwiegend im pazifischen Raum betätigt hatten, einen neuen Asien-Europa-Dienst ankündigten, der dem Eurokai jährlich 50.000 zusätzliche Container bringen würde.

Mehr noch: Das US-Unternehmen brachte das erste automatisierte Fahrplansystem für Seetransporte nach Hamburg. Dem Kunden war es über diesen neuen Service möglich, rund um die Uhr per Telefon Informationen über den Standort und Status ihrer Ladung abzufragen. Zu den Meldungen, die Hamburgs Hoffnungen beflügelten, gehörten Informationen über den reduzierten Umschlag von Militärgütern und Konsumwaren für US-Militärpersonal und dessen Angehörige, die traditionell seit 1945 über die Weserhäfen liefen. Hamburg, so spekulierte der Verein Hafen Hamburg Verkaufsförderung und Werbung e. V., könne durch den Umschlagsrückgang in Bremen und Bremerhaven seine Marktanteile im US-Verkehr vergrößern. Das war eine interessante Perspektive; denn seit der Einführung des Containerverkehrs hatte die Relation Nordamerika eine Schlüsselposition in Hamburgs Containeraufkommen.

Die Stadt selbst erfüllte alle Voraussetzungen, ihre Position zu festigen: In der zweiten Hälfte des 19. Jahrhunderts unterhielten weit mehr als einhundert amerikanische Unternehmen in der Hansestadt Niederlassungen, Büros und Tochtergesellschaften. Der Elbehafen verfügt damit über eine gute Ausgangsbasis für die Weiterentwicklung als Lager- und Distributionszentrum für US-Waren. Gleichzeitig gewann Hamburg eine zunehmend starke Rolle im Transitverkehr mit den Ländern des ehemaligen Ostblocks. Insgesamt ging es um ein Volumen von 14 Millionen Tonnen, an dem Polen, Tschechien, Ungarn und Russland den größten Anteil für sich verbuchten.

Trotz solcher Leistungssteigerungen fiel ein Wermutstropfen in den Becher des Erfolgs: Der Containerverkehr mit seinen Rationalisierungsvorteilen führte zu einem Stellenabbau, der die Anzahl der Arbeitsplätze innerhalb eines halben Jahrzehnts von 8.252 im Jahr 1989 auf 5.814 in 1995 schrumpfen ließ.

Auch auf anderen Gebieten gab es Probleme aufzuarbeiten, die von Hamburgs Kunden als „Sand im Getriebe des Betriebsablaufs" beanstandet wurden. Das waren zum einen lange Lkw-Kolonnen, die – als Preis für den Containerboom der neunziger Jahre – vor den Terminals etliche Stunden Wartezeiten in Kauf nehmen mussten, nachdem sie schon vorher viel Zeit an den Verkehrsknotenpunkten des Freihafens verloren hatten. Die Interessengemeinschaft Container Trucking (ICT) ging in die Offensive und in die Öffentlichkeit. Dabei zeigte sich, dass der Missstand von zwei Seiten her in den Griff zu bekommen war und gelöst werden konnte: An den Abfertigungstoren der Terminals wurde künftig mehr Personal vorgehalten, und die Spediteure kamen nicht mehr unangemeldet. Sie ermöglichten dadurch bessere Dispositionen auf den Terminals und damit flexiblere Abfertigungen. Je mehr Spediteure sich an die elektronische Datenverarbeitung des Hafens anschlossen, desto reibungsloser lief der An- und Abtransport von Containern.

Eine Lösung wurde auch für ein Problem gefunden, das private Anwohner am nördlichen Elbufer gegen die Betreiber der Containerterminals auf der gegenüberliegenden Seite aufgebracht hatte. Die Tag und Nacht in die Ladeschächte der Containerschiffe hineinpolternden Stahlkisten, die gellenden Sirenen der Flurförderzeuge, die unüberhörbaren Motorgeräusche und das Qietschen der Ladebrücken nervten die Anwohner. Mit 75 Dezibel, so argumentierte ein mit der Sache befasster Anwalt der Betroffenen, halle der Lärm über die Elbe, obwohl nachts nur 35 Dezibel erlaubt seien, die allenfalls um 20 Prozent überschritten werden dürften. In mehreren Gesprächen wurde ein Kompromiss ausgehandelt, der den beiderseitigen Interessen gerecht wurde: Die HHLA reduzierte die Absetzgeschwindigkeit der Container und ließ ihre neuen Fahrzeuge mit leiseren Motoren und Bremsen ausstatten.

Aber nicht alle Konflikte wurden so unspektakulär gelöst. In einem Fall sprach die Presse in medienwirksamer Übertreibung von einer „Seeschlacht an der Rethe-Brücke". Die Greenpeace-Aktivisten spielten den Fall als eine Aktion im Interesse des Verbraucherschutzes herunter. Die Umweltorganisation hatte den Streit ausgelöst, als sie den Frachter UNISON an der Durchfahrt der Rethe-Hubbrücke hinderte, indem sie ihr Schiff BELUGA und einige Motorboote querlegte. Weil auch etliche Leuchtraketen abgeschossen wurden, die ein nahe gelegenes Tanklager gefährdeten, griff die Wasserschutzpolizei schnell ein. Sie enterte die Greenpeace-Boote und machte die Durchfahrt wieder frei.

Der Grund für die Aktion der Umweltschützer war die Ladung des Frachters: Die UNISON sollte 35.000 Tonnen Kornblüten, ein Abfallprodukt beim Maisanbau, bei einer Hamburger Futtermittelfirma anliefern. Greenpeace behauptete, es handele sich um genmanipulierte Pflanzen, die an Rinder, Schweine und Hühner verarbeitet werden sollten. Deren Fleisch könne dann ohne Kennzeichnung verkauft werden. „Wir wollen", so argumentierten die Greenpeace-Experten, „die Gentechnik nicht durch die Hintertür auf den Tisch bekommen."

Die gute Absicht der Umwelt-Aktivisten änderte nichts daran, daß diese Art der Verkehrsbehinderung nicht im Interesse des Hamburger Hafens liegen konnte.

Andere Schlagzeilen der späten neunziger Jahre lösten positivere Assoziationen aus: Auf dem Gelände der ehemaligen Stülcken-Werft eröffnete die Buss-Gruppe das mit 10.000 Quadratmetern größte Lagerzentrum des Hamburger Hafens für Chemikalien und Pharmaprodukte. Aufsehen unter Fachleuten erregte die Eröffnung des ersten Kohlendioxyd-Terminals auf dem Gelände des Tankterminal-Unternehmens Van Ommeren. Hamburg wurde damit zum zentralen Umschlagplatz für die gesamte Kohlensäure- und Trockeneisproduktion der Hydrogas Deutschland GmbH. Da eine einzige Schiffsladung etwa 40 bis 60 Schwertransporte über die Straße ersetzt, war dies zugleich ein Schritt in Richtung auf umweltfreundlichere Transportformen.

Schließlich gab eine Meldung den Hamburger Hafenmanagern einen guten Grund, Vertrauen in die Zukunft ihres Hafens zu setzen. Am Dienstag nach Ostern 1999 meldete der Burchardkai einen Umschlagrekord, der Maßstäbe setzte: Innerhalb von 18 Stunden wurden auf der Anlage 8.254 Standardcontainer bewegt. 140 Mitarbeiter waren für diese Rekordleistung in zwei Schichten pausenlos im Einsatz. Zur gleichen Zeit wurden an der Kaikante des Terminals weitere 5.151 Standardcontainer von insgesamt 26 Schiffen umgeschlagen.

Vor dem Hintergrund solcher Rekorde wurde und wird immer gern vergessen, dass Hamburg nicht nur als Seehafen die Nummer eins in Deutschland ist, sondern zugleich auch hinter Duisburg der zweitgrößte deutsche Binnenhafen mit einem an die Zehn-Millionen-Tonnen-Grenze heranreichenden Jahresvolumen.

HARTE KONKURRENTEN, ABER GUTE NACHBARN: DIE HHLA-CONTAINERUMSCHLAGSANLAGE AM BURCHARDKAI UND EUROGATE IN WALTERSHOF.

„Schlepperkrieg" mit harten Bandagen

Der Friedensschluss, zu dem sich das Hamburger Schlepperunternehmen Fairplay und sein Rotterdamer Konkurrent Smit im Februar 2001 an einen Tisch setzten, war eine Art Separatfrieden: Lange hatten die beiden mit harten Bandagen gegeneinander gekämpft, dann beschlossen sie, künftig lieber zusammenzuarbeiten und zur besseren Auslastung ihrer Schlepperflotten im Bedarfsfall Kapazitäten auszutauschen. Das sollte aber nur für Rotterdam gelten, und das Hamburger Unternehmen ließ wissen, die Kooperation im größten Hafen des Kontinents könne kein Modell für den Elbehafen sein. Der Rotterdamer Hafen habe nun einmal seine besonderen Konstellationen. Auf Hamburg, wo zahlreiche deutsche Schlepper in einer Arbeitsgemeinschaft zusammengeschlossen seien, lasse sich die Rotterdamer Vereinbarung nicht ohne weiteres übertragen. Angefangen hatten die als „Schlepperkrieg" in die Hafengeschichte eingegangenen Auseinandersetzungen 1992. Damals hatte die Arbeitsgemeinschaft der Hamburger Schleppreedereien verhindert, dass ein Kieler Schleppzug den 44.000 BRT großen Tanker GAS RISING SUN ins Dock 10 von Blohm + Voss bringen konnte. Die Arnold Peters Shipping Agency hatte den Auftrag an die stadteigene Kieler Verkehrs AG vergeben. Die Hamburger – vertreten durch die traditionsreiche Bugsier-Reederei – protestierten lautstark, die Kieler böten ihre Dienste zu Dumpingpreisen an; und sie könnten sich dies leisten, weil sie nicht nur Subventionen einsteckten, sondern ihren Mitarbeitern auch noch schlechtere Löhne zahlten als andere Schlepperfirmen. Aus Protest gegen die Auftragsvergabe nach Kiel drohten die Hamburger der Schiffsagentur, ihre Hilfe beim Eindocken zu verweigern. Sie kündigten auch an, ihre Lotsen würden nicht mit Schleppern zusammenarbeiten, deren Besatzungen sich nicht im Hamburger Hafenrevier auskennen.
Auch wenn die Kieler schließlich klein beigaben und den Tanker an der Hafengrenze an Hamburger Schlepper übergaben, war die Konkurrenz aus der schleswigholsteinischen Landeshauptstadt durchaus im Recht; denn der Hamburger Hafen ist nun einmal kein Sperrgebiet, und aus dem nördlichen Nachbarland kam die nachdrückliche Forderung, das „Tor zur Welt" müsse offen bleiben.

BUGSIERSCHLEPPER SIND EINE WICHTIGE HILFE FÜR DIE OFT SCHWERFÄLLIGEN SEESCHIFFE.

Das Geplänkel mit Kiel war nur ein zartes Präludium zu einem donnernden Furioso, das im Oktober 1995 durch niederländische Schlepperunternehmen ausgelöst wurde und schnell eskalierte.
Vorausgegangen waren schon jahrelange Beschwerden der Hamburg anlaufenden Reedereien, weil die Schlepperkosten im Elbehafen wegen des bestehenden Schlepper-Monopols wesentlich höher waren als in anderen Nordseehäfen. Dieser Sachstand belastete auch immer wieder die Verhandlungen der Umschlagbetriebe mit den Reedereien über die Umschlagpreise, da die Reedereien verlangten, dass die höheren Schlepperkosten in Hamburg durch entsprechend verringerte Umschlagerlöse ausgeglichen werden müssten. Alle Mahnungen und Bitten der Umschlagbetriebe bei dem Schlepper-Monopol nützten nichts – in Hamburg blieben die Assistenzschlepper einfach zu teuer. Bei den Umschlagbetrieben wurde deshalb schon untersucht, ob es nicht zweckmäßig sei, eigene Schlepperunternehmen zu gründen.
In dieser Lage kündigte die Rotterdamer Schlepperreederei Adriaan Kooren (Kotug) an, sich mit vier Assistenzschleppern im Hamburger Hafen niederlassen zu wollen und die Tarife der im Hamburger Schlepperpool unter

Beteiligung der vier Reedereien Bugsier, Fairplay, Lütgens & Reimers und Peters & Alberts zusammenarbeitenden Unternehmen zu unterbieten.

Die Hamburger Kaibetriebe sahen das nach ihren jahrelangen vergeblichen Bemühungen, für ihre Reedereikunden angemessene Preise beim Monopol zu erreichen, durchaus mit angemessenem Wohlwollen.

Die Hamburger Behörde für Wirtschaft und Verkehr hatte keine Möglichkeit, der niederländischen Attacke einen Riegel vorzuschieben; denn innerhalb der Europäischen Union besteht Niederlassungsfreiheit, sofern die ausländischen Konkurrenten alle Auflagen erfüllen, die auch deutsche Schlepperflotten einzuhalten haben. Gegen das Dumping der Holländer, das bis zu 40 Prozent unter den Hamburger Preisen blieb, schien kein Kraut gewachsen zu sein. Was blieb, war lautstarke Polemik gegen die Holländer. Die „Tageszeitung" argumentierte: „Da Adriaan Kooren sich an keine holländischen oder internationalen Tarife hält, sogar eine eigene Betriebsgewerkschaft gründete, arbeiten auf seinen Schiffen nur sechs Leute, die wesentlich länger malochen müssen. Überdies genießt das Schleppergewerbe in den Niederlanden steuerliche Vorteile. Und der Urlaub wird in Rotterdam vom Arbeitsamt als Arbeitslosengeld bezahlt."

Zum Jahresbeginn 1996 stationierten die Niederländer vier 3.400 PS starke Schlepper im Hamburger Vulkanhafen und brachten schon ein für Hamburgs Schlepperreeder beunruhigendes Auftragspolster mit.

Die Mannschaft – jeweils Drei-Mann-Crews – hatte die niederländische Firma von einer DDR-Reederei in Rostock geholt, wo den Spezialisten im Schleppgeschäft die Arbeitslosigkeit drohte.

Nach einem knappen halben Jahr erweiterte die Kotug ihre Hamburger Schlepperflotte auf fünf Einheiten. Die Hamburger kommentierten den Vorgang mit dem treffenden lapidaren Hinweis „es wird eng für uns!". Einen Teil ihrer Schiffe mussten sie aus dem Verkehr nehmen, und sie drohten, einhundert Mann Besatzung in die Arbeitslosigkeit zu entlassen.

Schließlich wurde das Problem weitgehend lautlos über Altersteilzeit und Stellungswechsel gelöst.

Die Kotug hat nach eigenen Angaben innerhalb eines Jahres rund eintausend Schiffe bedient. Sie musste sogar Aufträge zurückweisen, weil sie die Nachfrage nicht befriedigen konnte.

Im Sommer 1996 verkündete der Hamburger Senat, er wollte das Hafenverkehrs- und Schifffahrtsgesetz ergänzen, in der Hoffnung, den „Schlepperkrieg" beenden zu können. Die Wirtschaftsbehörde wurde beauftragt, in ihrer Betriebsgenehmigung festzuschreiben, dass für die Sicherheit im Betriebsablauf im Hamburger Hafen die unabdingbaren Grundvoraussetzungen wie Einsatzfähigkeit rund um die Uhr, Bedienung aller Nachfragen, ausreichende Revierkenntnisse aller Schlepperkapitäne und eine einheitliche Arbeitssprache garantiert werden müssten. Damit erhielt das Vorgehen der Behörde seine Rechtsgrundlage.

Sinn dieser Verordnung war es nicht, die Konkurrenz innerhalb des Hafens zu unterbinden. Es ging dem Wirtschaftssenator um wettbewerbsneutrale Rahmenbedingungen und damit um eine „saubere Konkurrenz". Die Verordnung sollte darüber hinaus sicherstellen, dass jederzeit eine ausreichende Zahl von Schleppern im Hafen eingesetzt werden kann. Bis dahin hatte dies die Arbeitsgemeinschaft auf freiwilliger Basis gewährleistet. Nachdem die holländische Konkurrenz aber ihre Kunden – mehr als ein Dutzend Reedereien – auf der Grundlage der geschlossenen Verträge bediente, befürchtete die Behörde Notfall-Situationen, in denen ein- und auslaufenden Seeschiffen die erforderliche Schlepperhilfe vorenthalten werden müsste, weil sich die Konkurrenten nicht einigen könnten. Insofern ging es um ein Weisungsrecht für das Oberhafenamt.

Nicht alle in Hamburg, deren Stimme Gewicht hatte, teilten die Ansicht derer, die sich auf die Seite der gebeutelten Schlepperreedereien stellten. Helmuth Kern, der frühere Wirtschaftssenator und danach Vorstandsvorsitzender der Hamburger Hafen- und Lagerhaus-Aktiengesellschaft, wetterte in einem Brief an den Hamburger ÖTV-Chef vom März 1996: „Seit vielen Jahren leidet der Hamburger Hafen unter einem rücksichtslosen Preiskartell der Hamburger Schlepperfirmen. Nun kommt jemand, der dem ein Ende macht und Ihr verbündet Euch mit dem Unternehmerkartell zwecks Hochhaltung der Preise und versucht sogar, die Solidarität unserer Kollegen in den Umschlagsbetrieben zu missbrauchen!"

Helmuth Kerns Kritik richtete sich nicht nur gegen die Gewerkschaft, sondern auch gegen den Ersten Bürgermeister Henning Voscherau, der zu Gunsten der Hamburger Schlepperunternehmen Partei ergriffen hatte. Dabei hatte Kern in erster Linie die Zukunft des Standortes Hamburg im Auge und nicht das Wohl einzelner Branchen. Er sorgte sich: „Bei der erbitterten Wettbewerbslage und der großen Empfindlichkeit einiger ausländischer Reedereigruppen, die nur darauf aus sind, Gründe für die Einsparung von Anlaufhäfen zu finden, kann der Schaden für den Hamburger Hafen durch Eure Flächenbrandpolitik unermesslich werden."

Sicher kam es unter diesem Aspekt auch dem HHLA-Chef und Kern-Nachfolger Peter Dietrich wie auch dem Management von Eurokai und der Buss-Gruppe nicht ganz ungelegen, dass die Preise bestimmter Hafendienstleistungen im übergeordneten Interesse einer Überprüfung unterzogen wurden. Denn Hamburg schnitt in

Vergleichen mit seinen direkten Konkurrenzhäfen nicht gut ab. Zu Beginn des Jahres hatten auch die Hafenlotsen ihre Tarife um sieben Prozent angehoben, und auch mit dem Mini-Monopol der Hamburger Festmacherfirmen gingen Hamburgs Hafen-Gewaltige streng ins Gericht. Für die Zukunft des Elbehafens war es wichtig, die Kostenstrukturen seiner Dienstleistungen zu überprüfen. Zwar hatte Hamburg in Bezug auf die Zuwächse gegenüber Rotterdam immer noch die Nase vorn: Sie lagen mit 150 Prozent annähernd doppelt so hoch wie die des Hafens an der Scheldemündung. Hamburg verdankte das der Tatsache, dass immer größere Frachtschiffe die Transportkosten je Container drückten. Für die Reeder war es lohnenswert, ihre Schiffe über Rotterdam hinaus auf der Elbe bis nach Hamburg fahren zu lassen, sofern dafür die Anbindung an das Hinterland und die Empfänger günstiger war.

In der Eisenbahnanbindung nach Mittel- und Osteuropa hat Hamburg gegenüber den Beneluxhäfen erhebliche Vorteile. Aber die Niederländer begannen in der zweiten Hälfte der neunziger Jahre ihre Strategie auf die Verbesserung der Eisenbahnverbindungen auszurichten. Ihre Offensive richtete sich auf die Betuwe-Linie von Rotterdam nach Emmerich. Mit einem Aufwand von mehr als sieben Milliarden Mark, so verkündeten sie, solle diese Linie bis zum Jahr 2005 ausgebaut werden.

Darüber hinaus befreite die holländische Regierung den Transport von Trailern und Containern zwischen den holländischen Häfen und der deutschen Grenze von den Gleisgebühren, um den geografischen Nachteil im Osteuropa-Verkehr durch solche Subventionen auszugleichen. Wenn die deutschen Häfen eine solche Kostenfreiheit von zirka 100 Kilometern Gleisbenutzung ihrerseits für Transporte in das Ruhrgebiet verlangt hätten, um den geografischen Vorteil der Rhein-Mündungshäfen auszugleichen, hätte es in der Europäischen Union ein Riesenspektakel gegeben. Immer wieder mussten die Hafenmanager in den deutschen Häfen staunend feststellen, dass ihre niederländischen Nachbarn in dieser Hinsicht weitaus mehr Wohlwollen der EU genossen. Flankenschutz erhielten die Niederländer auch noch ausgerechnet von der Deutschen Bahn. Sie kündigte an, den 60 Kilometer langen Abschnitt von Emmerich nach Duisburg als Verlängerung der Betuwe-Linie bis zur Jahrtausendwende für 200 Stundenkilometer schnelle Güterzüge auszubauen. Dass diese Ankündigung im Hamburger Hafen nicht auf Begeisterung stieß, liegt auf der Hand! Während diese Pläne in der Hansestadt an der Elbe noch heiß diskutiert wurden, gewann der „Schlepperkrieg" eine neue Dimension, die den Druck auf den Hamburger Hafen verschärfte: Der wichtigste Anbieter von Schlepperleistungen auf der Elbe, die Reederei Bugsier, überführte seine Tarife aus dem Hafentarif in

NACH ETLICHEN MONATEN DER IRRITATION HAT SICH DIE UNRUHE AN DER »SCHLEPPERFRONT« WIEDER GELEGT: EIN KOTUG-SCHLEPPER ASSISTIERT DER APL FRANCE.

den günstigeren Seetarif. Die Seeberufsgenossenschaft erlaubte, dass auf Schlepperneubauten, die 1997 und später in Fahrt gingen, die Matrosen eingespart werden durften. Damit war der Ärger mit der Gewerkschaft ÖTV vorprogrammiert; aber den Unternehmen brachte die „Tarifflucht" vorübergehende Entlastung.

Verhandlungen über einen neuen Tarifvertrag, in dem es auch um verlängerte Arbeitszeiten von 210 auf 360 Stunden ging, zogen sich hin, und die Arbeitgeberforderung, das Gehalt eines Schlepperkapitäns von rund 8000 Mark auf 7100 Mark herabzusetzen, erwies sich als nicht realisierbar.

Im März 1997 beschloss der Senat die längst „angedachte" Seeschiffsassistenzverordnung auf der Basis des am 10. Dezember 1996 eingeführten Paragraphen 19 des Hafenverkehrs- und Schifffahrtsgesetzes. Durch die neue Verordnung wurde sichergestellt, dass auf allen Hafenschleppern gleiche Sicherheitsstandards vorhanden und weit reichende Vorkehrungen für Notfälle getroffen sind. Die wichtigsten Regelungen, mit denen die Schlepperunternehmen leben mussten und aus Hamburger Sicht wohl auch leben konnten, betrafen das Erlaubnisverfahren, die persönlichen, technischen, baulichen und betrieblichen Voraussetzungen, sowie die Befristung und den Widerrufsvorbehalt der Erlaubnis. Weiterhin definierte die Wirtschaftsbehörde „Anforderungen an eine geordnete und sichere Seeschiffsassistenz" und legte fest, dass die Behörde die strikte Einhaltung der Richtlinien ständig zu überwachen hatte.

Die Hamburger waren einstweilen zufrieden; denn sie wussten ja, dass die Mitarbeiter ihrer Schlepperfirmen gut ausgebildete Seeleute sind, die ihr Handwerk verstehen. Dabei störte es sie nicht, dass die Besatzungen der niederländischen Kotug-Einheiten länger an Bord blieben, dafür aber auf der anderen Seite längere Landzeiten zur Verfügung hatten.

Das Regelwerk, an dessen Abfassung die Niederländer beteiligt wurden, so urteilte ein Kommentator der Zeitung DIE WELT, habe für Ruhe an der Schlepperfront gesorgt. Und die Hamburger Schleppreederei Fairplay habe ihrerseits die Zeichen der Zeit erkannt und plane mit neuen, starken Fahrzeugen, die sie zur Zeit in Spanien bauen lasse, demnächst nach Rotterdam zu gehen.

Der Burgfriede dauerte jedoch nicht lange. Schon im Juni desselben Jahres stichelte eine Hamburger Boulevardzeitung: „Dem holländischen Billigkonkurrenten geht die Puste aus. Die Firma hat mehr Aufträge gebucht als zu schaffen waren." Zwei Schiffe wurden gar nicht erst auf den Haken genommen, ein dritter Frachter konnte nur verspätet bei Blohm + Voss ausgedockt werden. Betroffen war von dem Engpass auch das damals größte Containerschiff der Welt, die mit 81.488 BRZ vermessene KAREN MAERSK. Aber, so wird berichtet, „der Kapitän pfiff auf Kotug, manövrierte in der Not den vollbeladenen Giganten mit eigener Kraft noch um zwei andere Frachter herum, verholte dann sicher zum Athabaskakai. Eine seemännische Glanzleistung!"

Das Hafenamt zog daraus die Konsequenz und legte fest, dass allenfalls auslaufende Schiffe Wartezeiten hinnehmen müssten, während einkommende Schiffe ohne Zeitaufschub geschleppt werden müssten. Es verpflichtete die fünf Schlepper-Reedereien zu gegenseitiger Hilfeleistung. Die Hamburger verspürten aber wenig Neigung, der Billigkonkurrenz im Ernstfall unter die Arme zu greifen.

Im November stationierte die Kotug einen sechsten Schlepper mit 41 Tonnen Zugkraft in Hamburg, um künftig Kapazitätsengpässe zu umgehen. Die Hamburger nannten das eine „neue Runde im Schlepperkrieg".

Die Reederei Fairplay entschloss sich zur Gegenoffensive: Sie schickte vier nagelneue Schlepper mit großer Zugkraft nach Rotterdam und zahlte der niederländischen Konkurrenz ihren Angriff auf das deutsche Schlepperkartell mit gleicher Münze heim: Statt einer teuren holländischen oder deutschen Crew beschäftige sie polnische Seeleute (bis auf die Kapitäne, die sie von der Kotug abwarb) und flaggte ihre Schlepper nach Antigua aus. Zumindest eine Hamburger Schlepperreederei hatte von den Niederländern gelernt. Ihr Geschäftsführer Bruno Trierweiler verkündete optimistisch: „Der Markt in Rotterdam müsste groß genug sein, um neben Smit International, Adriaan Kooren und Jan Kooren einen vierten Mitbewerber aufzunehmen."

Dies nicht als „kurzfristiges Abenteuer", wohl aber, um der Konkurrenz Marktanteile abzujagen.

Nur das konnte die Antwort auf die Richtlinien der Europäischen Union sein: Der Sprung der Hamburger Hafenfirmen in die Internationalität!

Die Kraftproben und das Fingerhakeln waren damit nicht zu Ende. Aber Hamburg hatte gelernt, worauf es ankommt.

Als das Hamburger Landgericht im März 1999 entschied, die Stadt müsse den Holländern Plätze am strategisch günstig gelegenen Anleger Neumühlen frei machen – wogegen sich die in der Hamburger Arbeitsgemeinschaft („Arge") zusammengeschlossenen Firmen gewehrt hatten –, erhob sich nur noch matter Protest.

Die Luft war raus aus dem „Schlepperkrieg", der die Schlagzeilen ein halbes Jahrzehnt lang beherrscht und Hamburg gezwungen hatte, einen Schritt nach vorn zu tun. Nur eines bleibt weiterhin ein Ärgernis: die staatlichen Zuschüsse, die holländische Schlepper von ihrer Regierung bekommen und damit verhindern, dass es zu einem ehrlichen und unverzerrten Wettbewerb kommen kann! Für die EU bleibt einiges zu tun!

Mit Röntgenstrahlen gegen Schmuggler

Der Freihafen – einst Garant des wirtschaftlichen Aufstiegs Hamburgs zu einem Welthafen – hat seine überragende Bedeutung für den Wirtschaftsfaktor Hafen zumindest zum Teil eingebüßt. Die strenge Bewachung und Abschirmung des 1.500 Hektar großen Areals ist einer allzu großzügigen Grenzkontrolle gewichen. „Die Zollgrenze des Freihafens ist löchrig geworden", war in einer vor knapp zehn Jahren erstellten Analyse zu lesen. „Egal, ob heimkehrender Hafenarbeiter oder organisierter Schmuggler – kontrolliert wird kaum noch!" Im Dezember 1995 waren bereits fünf von 13 Fußgängertoren offen und unbewacht. Und nur an vier PKW-Durchlässen standen zu diesem Zeitpunkt abends noch Zöllner. Weil der Zoll unter Personalnot litt, wurden auch Personenwagen und Kleinlaster kaum noch kontrolliert. Die Zollfahnder begannen, sich um den Steuerschaden zu sorgen, dessen Höhe gar nicht mehr zu beziffern war. Aber mehr noch fürchteten die Beamten um ihre Sicherheit; denn die Angst, an der Grenze auf bewaffnete Kriminelle zu treffen, nahm ständig zu. Die Zollverwaltung sprach von „mafiösen Strukturen". Personalmangel lautete die lapidare Erklärung für den offenkundigen Missstand, denn mit dem verminderten Risiko erwischt zu werden, stieg die Gewaltbereitschaft derer, die Zollvergehen zu einem lukrativen Geschäft machten.

Die Zollverwaltung meldete Mitte der neunziger Jahre einen personellen Fehlbestand von 200 Mitarbeitern. Das entsprach zehn Prozent des Personalbestandes. Die Kontrollen konzentrierten sich deshalb auf die Warenabfertigung, weil dort die hinterzogenen Summen größer sind. Wenn aber an den „Schlupflöchern" mehr oder weniger zufällig Schmuggler erwischt wurden, waren nicht nur die Insider erstaunt, was da zusammenkam. Ein 58 Jahre alter Hamburger hatte es in zweieinhalb Jahren auf 61 Millionen Zigaretten gebracht, die er am Zoll vorbeischleuste. Allein durch den Schmuggel von Zigaretten entgingen dem Bund pro Jahr 1,4 Milliarden D-Mark.

Schwerer aber wogen Rauschgiftdelikte. 1994 waren an Hamburgs Zollgrenzen 44 Kilogramm Heroin, 68 Kilogramm Kokain und mehr als 21 Tonnen Haschisch und Marihuana sichergestellt worden. Bei Urlaubern und Geschäftsreisenden, von Zöllnern auch eher zufällig kontrolliert, wurden 41.000 Liter Spirituosen sichergestellt.

DER HAMBURGER ZOLL VERFÜGT ÜBER MODERNSTE KONTROLLSYSTEME »PER MAUSKLICK«.

Zu diesen „klassischen" Schmuggelgütern gesellten sich in der zweiten Hälfte der neunziger Jahre auch völlig neue Produktgruppen, die bis dahin keine nennenswerte Rolle gespielt hatten: Computerchips und gefälschte Markenkleidung.

Auch die Methoden dieser Form der Kriminalität haben sich verfeinert. Der Einfallsreichtum der Profis scheint grenzenlos zu sein. Die Zollfahnder entdeckten getarnte Zwischenwände in 40-Fuß-Containern, sie fanden doppelte Böden in LKW-Aufliegern oder Kokainpakete in Altölfässern. Die eingesetzten Spürhunde des Zolls wurden auf diese Weise mattgesetzt; denn sie schnupperten, wohin sie ihre Nase auch steckten, nur Benzol. Oft sind die Verbrecher ihren Fahndern einen Schritt voraus: Sobald ihnen der Zoll im Hafen auf die Schliche kommt, werden die Schmuggler aus Russland, aus der Türkei oder Südamerika besonders kreativ, verrät ein hoher Zollbeamter. „Kokain wird nachts in kleinen Schwimmboxen vor der Sechs-Meilen-Zone abgeworfen und mit Schnellbooten eingesammelt."

Hamburg setzt seit 1996 High-Tech-Fahndungsmethoden ein: Im Elbehafen wurde europaweit die erste Röntgenanlage für Container in Betrieb genommen. Die Anlage, durch die der LKW mit dem Container durchgezogen wird, ermöglicht dem Zoll eine effektivere Drogenfahndung. Während es bis dahin mehrere Stunden gedauert hatte, einen verdächtigen Container auszupacken, dauert die Durchleuchtung zwei Minuten, und für das Auswerten der farbigen Bilder auf dem Monitor sind noch einmal maximal 30 Minuten anzusetzen.

Die Interessengemeinschaft Container-Trucker (ICT) sah die Durchleuchtungsanlage zunächst kritisch, weil für den zusätzlichen Zeitaufwand mit An- und Abfahrt eine Stunde angesetzt werden müsse. Außerdem befürchteten die LKW-Fahrer, die Anlage könne gesundheitliche Schäden verursachen. Tatsächlich aber, so hielten die Zollexperten dagegen, seien die Röntgenstrahlen weitaus schwächer dosiert als bei jeder medizinischen Untersuchung, und der Fahrer komme ja damit ohnehin nicht in Berührung, weil er während der Durchleuchtung außerhalb der Anlage warte.

Dass die Zollverwaltung sich manchmal mit Problemen ganz anderer Art auseinander zu setzen hatte, ist in einem Fall dokumentiert, der eher in den Bereich des Kuriosen gehört: Im Herbst 2000 wurden bei einer Drogenfahndung auf einem Frachter mit dem Ziel Afrika statt des vermuteten Rauschgiftes einige hundert alte Kühlschränke entdeckt. Weil es sich aber noch um Modelle handelte, die das umweltschädliche Treibhausgas Fluorchlorkohlenwasserstoff (FCKW) enthielten, durften sie nicht ausgeführt werden. Seitdem standen Hunderte alter Kühlschränke im Hafen herum und blockierten wertvolle Lagerflächen. Der Zoll befand sich dabei in einem Dilemma: Er konnte zwar die Ausfuhr der Geräte unterbinden, aber er hatte keine rechtliche Handhabe, die Kühlschränke einzuziehen und zu entsorgen. Da die Geräte noch funktionsfähig waren, durften sie auch nicht als umweltgefährdender Abfall beseitigt werden. Und die Eigentümer aus Afrika waren meistens längst abgereist und konnten für den Abtransport nicht mehr verantwortlich gemacht werden. Immerhin haben die Fachbeamten vom Zoll aus den Kühlschrankhalden gelernt, wie man FCKW nachweisen kann: Das Bundesumweltministerium wies die Zöllner an, einen Kühlschaumwürfel als Probe auf einem Kupferdraht anzuzünden. Leuchtet die knisternde Flamme grün auf, handelt es sich um Treibhausgase, die der Ozonschicht erspart bleiben sollen.

DER ZU UNTERSUCHENDE LKW WIRD IN DER RÖNTGENKONTROLLANLAGE DES ZOLLS GRÜNDLICH »DURCHLEUCHTET«.

Eurogate hebelt die HHLA aus: Joint Venture mit der Bremer Lagerhaus-Gesellschaft

EUROGATE GRUPPENGESCHÄFTSFÜHRUNG (V.L.N.R.): HELFRIED RIETZ, EMANUEL SCHIFFER, THOMAS ECKELMANN, HEINZ BRANDT.

Von einem „Prachtkind nach 20 Monaten Schwangerschaft" sprach der Hamburger Hafenunternehmer Thomas Eckelmann, als sein auf den Namen Eurogate getauftes „Kind" im September 1999 aus der Taufe gehoben wurde. Das Ereignis löste bei den Mitbewerbern der Eurokai-Gruppe hektische Betriebsamkeit aus, und es versetzte die Kenner der jahrhundertealten, teilweise verbissenen Rivalität zwischen den beiden Hansestädten Hamburg und Bremen in Erstaunen.
Die Zeit war längst reif für einen solchen Schritt, der die beiden größten deutschen Seehäfen auf das Gleis einer (zunächst noch begrenzten) Gemeinsamkeit führte. Insofern war es nicht übertrieben, wenn die Kommentatoren der Hafenszene die Zusammenführung der Containeraktivitäten der Hamburger Eurokai-Gruppe und der Bremer Lagerhaus-Gesellschaft (BLG) als „Jahrhundertereignis" oder gar als „Quantensprung" charakterisierten.
Damit waren die seit Mitte der neunziger Jahre zwischen den beiden staatseigenen Unternehmen BLG und HHLA mit wechselnder Intensität geführten Gespräche über eine mögliche „strategische Verflechtung" spektakulär geplatzt. Noch im Oktober 1997 war in den Firmenzentralen an Elbe und Weser darüber nachgedacht worden, ob eine gemeinsame Gesellschaft mit dem Namen Deutsche Bucht AG im Interesse der Zukunftsorientierung Sinn machen könnte. Die Verhandlungen hatten sich jedoch als schwierig erwiesen, weil sich die beiden Stadtstaaten nicht über einen einheitlichen Hafenkurs einigen konnten.
Jetzt hatte Eurogate die HHLA ausgehebelt. Eine neue Variante der Zusammenarbeit war ins Spiel gekommen: Das durch eine Strukturreform der Bremer Lagerhaus-Gesellschaft entstandene Tochterunternehmen BLG Container GmbH & Co fusionierte mit der zur Hamburger Holding Eurokai KGaA gehörenden Eurokai Container Terminal KGaA.
Damit hatten zwei vom Umschlagsvolumen her sehr ungleiche Brüder zusammengefunden: Die BLG-Tochter schlug damals mit 1,7 Millionen Containern (TEU) annähernd doppelt so viel um wie Eurokai. Aber, so die Begründung für die Partnerschaft, trotz unterschiedlicher Containerumschlagsmengen seien die jeweiligen Marktpositionen durchaus miteinander vergleichbar.
In seiner Absichtserklärung erläuterte der BLG-Vorstandschef Hans-Heinrich Pöhl das Konzept: Die Partner hatten eine „jeweils hälftige Beteiligung an der Gemeinschaftsfirma" vereinbart: Ab 1998, so der Bremer Hafenmanager, solle es zunächst eine „open book"-Politik geben. Für das Jahr darauf war die „durch wechselseitige Beteiligungen unterlegte" einheitliche Verwaltung mit einem gemeinsamen Marktauftritt" beschlossen. Eurogate signalisierte auch, dass man für die Zukunft offen sein wolle für die Aufnahme weiterer Partner und dass man die Unternehmensstrategie keineswegs auf die eines „closed shop" ausrichten werde.
Die Bewertungen der Fachpresse waren – nachdem sich das Erstaunen über den offensiven Schritt gelegt hatte und ein gewisses Maß an Überraschung darüber nicht verheimlicht wurde, dass nicht einmal im „Küstenklatsch" etwas über die streng geheim und exklusiv geführten Verhandlungen durchgesickert war – überaus positiv. Für Bremen wurde konstatiert, dass die BLG in Bremerhaven über äußerst günstig gelegene Umschlagskapazitäten verfügt, an denen auch Frachter mit großem Tiefgang an die Pier gehen können. Für Hamburg schlägt seine Position als bedeutender Industrie- und Außenhandelsstandort zu Buche; denn daraus resultiert ein bemerkenswert hohes lokales Güteraufkommen, die so genannte „Loco-Quote". Bremen profi-

tiert darüber hinaus von der überzeugenden Eurokai-Präsenz in südeuropäischen Häfen.

Fazit: Der Container-Wettbewerb zwischen Hamburg und Bremen wird durch Eurogate-Strategie keineswegs aufgehoben. Aber die Position der beiden größten deutschen Containerhäfen gegenüber den übrigen Häfen der Antwerp-Hamburg-Range wird erheblich gestärkt.

Inzwischen hat sich der anfängliche Schock und die Irritationen über die plötzliche und überraschende Annäherung der einstmals „feindlichen Brüder" gelegt. Das Erfolgsmodell Eurogate hat alle Wachstumsprognosen und möglicherweise sogar die Erwartungen seiner Konstrukteure übertroffen. Das Hafen- und Logistikunternehmen hat im Jahr 2003 die Zehn-Millionen-Schwelle im Umschlag mit Standardcontainern deutlich überschritten. Gegenüber dem Vorjahr war das eine Steigerungsrate von 12,5 Prozent. Eurogate-Geschäftsführer Helfried Rietz konstatierte eine „durchweg positive Entwicklung in allen Kennzahlen". Die wichtigsten sind sicher die Bilanzsumme mit einem Plus von 10,9 Prozent (391,6 Millionen Euro) und die Steigerung der Umsatzerlöse um 13,7 Prozent auf annähernd 415 Millionen Euro. Hamburg hat von dieser Entwicklung überproportional profitiert. Dort werden an den Eurogate-Anlagen rund zwei Millionen Standardcontainer umgeschlagen – das

BLICK AUF EUROGATE CONTAINER TERMINAL HAMBURG.

sind stolze 18,5 Prozent mehr als im Jahr zuvor. Der Boom setzt sich ungebremst fort; nicht zuletzt auch wegen des anhaltenden Wachstums im Ostasienverkehr. Für den Elbehafen und die Hansestadt hat das überaus erfreuliche Konsequenzen: Eurogate wird allein in diesem Jahr (2004) einen Betrag von 60 Millionen Euro in den Um- und Ausbau seiner Hamburger Containeranlagen investieren. Neue Stellplätze sollen auf dem Tankfeld Dradenau gewonnen werden. Darüber hinaus plant Eurogate die Westerweiterung seiner Terminals in Richtung Petroleumhafen und Unterelbe. Von der Erweiterung erhofft sich das Unternehmen 350.000 Quadrat-

EUROGATE CONTAINER TERMINAL BREMERHAVEN WASSERSEITE.

meter neue Flächen und eine zusätzliche Kaistrecke von 850 Metern für den Bau neuer Liegeplätze.

Thomas Eckelmann spielt weiterhin die Erfolgskarte für sein Unternehmen, zu dem sein Vater Kurt Eckelmann den Grundstein gelegt hat. Der dynamische Chef der Gruppe ist immer auf der Suche nach neuen Geschäftsfeldern und neuen Partnern. Dazu zählt für Eurogate unter anderem die italienische Staatsbahn. Eine Zugverbindung zwischen den italienischen Häfen und Österreich, der Schweiz und Süddeutschland soll die Container-Laufzeit aus Fernost gegenüber der Schiffsroute über Rotterdam um zwei Wochen verkürzen. Außerdem will das Unternehmen die Ausschreibung für den geplanten Tiefwasserhafen in Wilhelmshaven unter allen Umständen gewinnen und sich zudem um den Betrieb eines neuen Tiefwasserhafens in Tanger bewerben.

Auch in Bremerhaven stehen die Eurogate-Zeichen auf Expansion. Die Anlage an der Weser betreibt Eurogate zusammen mit MSC, der zweitgrößten Containerreederei der Welt. Der Vertrag über das Joint Venture ist für 20 Jahre geschlossen. Das Gemeinschaftsunternehmen soll Bremerhaven zusätzlich eine halbe Million Standardcontainer bringen.

Eine ähnliche Vereinbarung war zuvor bereits mit Maersk Sealand getroffen worden. Auf diese Weise sind die beiden weltgrößten Reedereien langfristig an die Anlagen in Bremerhaven gebunden.

LUFTBILD EUROGATE CONTAINER TERMINAL HAMBURG.

„Arbeitsschutzmanagement" im Hafen und auf Schiffen

BEI DER ÜBERWACHUNG DER ARBEITSBEDINGUNGEN SPIELEN INTENSIVE ARBEITSSCHUTZBESPRECHUNGEN EINE ZENTRALE ROLLE.

Ein denkwürdiges Jubiläum feierte das Amt für Arbeitsschutz zusammen mit Vertretern der Hafenwirtschaft, der Gewerkschaften, Berufsgenossenschaften und Hafenbehörden im März 1998, um ein Gemeinschaftswerk zu würdigen, an dem sie alle, jeder an seinem Platz und auf seine Weise, einhundert Jahre lang mitgearbeitet hatten: Am 28. Februar 1898 hatte der Senat der Freien und Hansestadt Hamburg den ersten Hafeninspektor vereidigt und damit die Anfänge des staatlichen Arbeitnehmerschutzes im Hamburger Hafen begründet.

Das war schon der zweite Schritt zum allmählichen Aufbau der Gewerbeaufsicht in Hamburg. Schon ein Jahr nach dem Großen Brand war ein Gesetz zum Schutz der arbeitenden Menschen vor den Gefährdungen durch die Technik erlassen worden. In der Weimarer Zeit wurde der Hafeninspektor in die Gewerbeaufsicht eingegliedert. Er verfügte über fünf Hafenbarkassen und sechs Schiffsführer, die im weit verzweigten Hafengebiet auf „Kontrolltour" gingen.

Zwar war die Ausstattung der Inspektoren anfangs noch nicht sehr üppig gewesen, aber ihre Befugnisse hatten den Aufsichtsbeamten schon bei der Gründung ihrer Institution weitreichende Vollmachten eingeräumt.

Soziale Probleme und hohe Unfallzahlen kennzeichneten kurz vor der Wende zum 20. Jahrhundert den Alltag im Hafen. Der Gesetzgeber erteilte dem Hafeninspektor in gestelztem Kanzleistil den Auftrag, immer, wenn nach seiner Einschätzung „durch mangelhafte Betriebseinrichtungen im Hafen eine unmittelbare Gefahr für Leben und Gesundheit der im Betriebe Beschäftigten besteht, sofort die zur Abwendung der Gefahr erforderlichen Anordnungen zu treffen und nötigenfalls die Fortsetzung der Arbeit bis zur Abstellung der gerügten Mängel zu untersagen".

Das waren sehr weit gehende Befugnisse: Ausdruck eines neuen Verständnisses des Miteinander. Der besonders nach 1945 schnell voranschreitende technische Fortschritt zwang den Arbeitsschutz in immer neue Verantwortlichkeiten und in die Einsicht neuer Prioritäten. Im Zeitalter des Containerverkehrs haben sich die Arbeitsbedingungen für die Hafenarbeiter grundlegend geändert. Die Produktivität ist enorm gewachsen. Während die Stundenleistung 1931 beim manuellen Umschlag bei ungefähr einer Tonne lag, rechnet man heute mit vier bis acht Tonnen pro Stunde. Damit ist der Stressfaktor gestiegen, und die Unfallgefahr am Arbeitsplatz ist auch in einem hochtechnologischen System immer eine reale Möglichkeit. Im Jahr 1997 haben sich im Hamburger Hafen noch drei tödliche Unfälle ereignet.

Die Arbeitsschwerpunkte der Hafenaufsicht waren in den letzten Jahren unter anderem die Verkehrssicherheit auf den Containerterminals, die Gefährdungen auf Roll-on-/Roll-off-Schiffen, insbesondere durch Dieselmotorenemissionen, die Höhensicherung beim Verlaschen von Containern und nicht zuletzt die Arbeitsbedingungen für Hafenarbeiter auf Seeschiffen. Hierbei geht es nicht zuletzt auch darum, internationale Standards beim Schiffbau durchzusetzen. Das Amt für Arbeitsschutz beteiligt sich deshalb intensiv an der Arbeit der International Cargo Handling Coordination Association (ICHCA). Die Arbeitsweise des staatlichen Arbeitnehmerschutzes, der sich ursprünglich auf die Überwachung einzelner Vorschriften konzentrierte, hat sich zunehmend zu einem Kontrollinstrument des Arbeitsschutzmanagements in Betrieben entwickelt. Einen breiten Raum bei der Überwachung der Arbeitsbedingungen im Hafen nimmt die Beratung ein. Hauptsächlich geht es dabei um Hilfestellung beim Gesundheitsschutz am Arbeitsplatz durch technische und organisatorische Maßnahmen.

Täglich bis zu 70.000 Tonnen am Hansaport

Die dynamische Entwicklung des Containerumschlags mit überdurchschnittlichen, gelegentlich in die Nähe zweistelliger Zuwachsraten heranreichenden Werten verstellen oft den Blick dafür, dass es auch andere, nicht zu unterschätzende Güterkategorien gibt. Gemeint ist nicht das konventionelle Stückgut, das zunehmend in Container „abwandert" und 1996 gerade noch einmal die Marke von sechs Millionen Tonnen erreichte. Die Rede ist vom Massengutumschlag, dessen Lohnintensität zwar hinter der des Stückguts zurückbleibt, dessen Volumina aber bemerkenswerte Höhen erreichen. 1996 waren es in Hamburg immerhin etwas mehr als 34 Millionen Tonnen. Das entspricht einem Anteil von knapp 48 Prozent am gesamten Güterumschlag des Hamburger Hafens.

Differenziert man die Ergebnisse nach Güterarten, dann werden die Schwerpunkte deutlich, die eine Art Rangordnung bestimmen: Greifergut, obwohl Mitte der neunziger Jahre von Verlusten getroffen, markierte mit 14,3 Millionen Tonnen quantitativ so etwas wie den „Umschlagsadel" unter den Massengütern.

Der Lagerabbau und eine überaus schlechte Stahlkonjunktur hatten den Erzimport vorübergehend hinter seine Vorjahresmarken zurückfallen lassen. Aber die Bilanz befand sich auf dem Weg der Besserung, und Deutschlands größter Massengut-Terminal meldete im Oktober 1999 das beste Monatsergebnis seiner Geschichte.

Für Hansaport war das ein eindrucksvolles Geburtstagsgeschenk zum „Zweiundzwanzigsten".

1977 hatten die ersten Massengutfrachter an der Superanlage im Schatten der noch jungen Köhlbrandbrücke festgemacht. Seitdem waren hier mehr als 120 Millionen Tonnen umgeschlagen worden.

Hansaport – das ist das Synonym für eine gigantische, von der Stahlwerke Salzgitter AG zu 51 Prozent und von der HHLA zu 49 Prozent betriebene Massengutanlage: 70 Hektar Fläche, davon 300.000 Quadratmeter Freifläche, ein Kilometer Kais mit 14 Kilometern Bahngleisen und elftausend Metern Förderbändern. Die Anlage bietet ausreichend Lagerplatz für drei Millionen Tonnen Erz oder eine Million Tonnen Kohle.

Für den Weitertransport wurden einhundert sechsachsige Spezialwaggons gebaut, die zu Zügen von 4.000 Tonnen Gesamtgewicht zusammengestellt werden. Für sie wurde die Gleisstrecke verstärkt; denn herkömmliche Schienensysteme können solche Gewichte nicht verkraften. Und auch die Antriebsenergie wird bis an die Grenze ihrer Leistungsfähigkeit gefordert: Wenn die E-Loks einen 4.000-Tonnen-Transport in Fahrt setzen,

DIE GLEICHZEITIGE ABFERTIGUNG MEHRERER MASSENGUTFRACHTER IST FÜR DEN LEISTUNGSFÄHIGEN HANSAPORT KEIN PROBLEM.

wird aus dem elektrischen Netz die Höchstlast abgefordert. Im Umkreis von 20 Kilometern darf dann kein anderer Güterzug anziehen, weil die Stromversorgung der Bahn überfordert werden und zusammenbrechen könnte.

Täglich können am Hansaport bis zu 70.000 Tonnen Massengut gelöscht und weitertransportiert oder auch gelagert werden. Wobei „lagern" für die Männer vom Hansaport mehr bedeutet als einfach „aufschütten". Anders als einige andere Güterarten bedarf das Massengut zwar nicht der intensiven Pflege, aber es ist unter Gesichtspunkten des Umweltschutzes nicht ganz unproblematisch. Wenn Erz- und Kohlenhalden austrocknen, können sie für ihre Umwelt zu einer Staubbelästigung werden, ein Problem, das immer und überall zu Kontroversen um den Standort von Massengutlagern geführt hat. Auch in Hamburg! Die Umweltschutzauflagen sind deshalb streng. Sobald das Erz und die Kohle trocken werden, treten am Hansaport 60 Wasserkanonen in Aktion und besprühen die Halden, um den Staub an die Feuchtigkeit zu binden. Außerdem wurde eine hochmoderne frostsichere Sprinkleranlage mit einer Wurfweite von 90 Metern installiert.

Momentaufnahme am Hansaport im Oktober 1999: Der Massengutfrachter FERNIE hat 110 000 Tonnen Kokskohle nach Hamburg gebracht. In zwei Tagen wird ein weiteres 330 Meter langes Schiff mit Eisenerz erwartet. Hansaport stellt sich für die nächste Zeit auf verstärkten Umschlagbetrieb ein; denn die Stahlproduzenten und die vom Elbehafen aus zu beliefernden Kraftwerke legen in diesen Oktoberwochen ihre Wintervorräte an. Grund genug, Hamburgs Superanlage für Massenschüttgut zu erweitern. Auf dem Südwestteil des Hansaports werden 50.000 Quadratmeter für einen neuen Kohlenlagerplatz hergerichtet. Die Premiere ist für den März 2000 vorgesehen.

Eine Lokalreporterin hat sich zum Ortstermin eingefunden und notiert: „Mühsam kämpft sich der allradgetriebene VW-Bus über das Gelände. Noch sieht es aus wie ein Schlachtfeld – zwei Hallen wurden abgerissen, dort wurden zuletzt die Betonbausteine für die vierte Elbtunnelröhre hergestellt. Die Restbestände lagern in hohen Stapeln auf der Baustelle. Nicht weit entfernt liegen die ersten Teile für den vierten Schaufelradbagger des Unternehmens ... Krupp baut ihn, die Teile werden aus Tschechien geliefert, der Ausleger wird 50 Meter lang, acht Meter beträgt die Spurweite. Das Monstrum wird die Kohlehalden auf dem neuen Gelände auf- und abbauen."

Das aber ist 1999 noch Zukunft! Die Gegenwart bedeutet: 60 Stunden lang senken sich die tonnenschweren Greifer 30 Meter tief in den Laderaum der FERNIE – drei Tage und zwei Nächte, in denen Hansaport seine Leistungsfähigkeit demonstrieren kann. 110.000 Tonnen Massengut, bewältigt von nur fünf Männern in jeder Schicht. Die Schaufelbagger steuert ein Computer und das Satellitensystem GPS „verwaltet" die Erz- und Kohlenhalden.

Auch der Massengutumschlag wird von der Elektronik beherrscht.

1996 WURDEN IM HAMBURGER HAFEN 34 MILLIONEN TONNEN MASSENGÜTER UMGESCHLAGEN – 48 PROZENT DES GESAMTEN GÜTERUMSCHLAGES.

Hamburg Port Consulting: Hilfestellung rund um die Welt

Die neue Hafenordnung hatte Hamburg vielfältige neue Möglichkeiten eröffnet, und die Hansestadt hatte ihre Chancen zu nutzen gewusst. Auch der Begriff „Hafendienstleistung" wurde um eine neue Facette bereichert: Unter dem Kürzel HPC war die Hamburg Port Consulting angetreten, eine Tochter der HHLA, um überseeischen Interessenten Problemlösungen für den Auf- und Ausbau ihrer Häfen anzubieten. Saudi-Arabien und Nigeria waren die ersten Auftraggeber für Hamburgs Beratungsingenieure.

Innerhalb von zwanzig Jahren hat sich nicht nur die Klientel erheblich vergrößert, auch die Aufgaben der HPC wurden auf eine breitere Basis gestellt: In mehr als 50 Ländern wurden bis 1996 einige hundert Projekte durchgeführt.

Wo in der Anfangsphase kleine Gruppen von Beratungsingenieuren zusammenarbeiteten, um nach geeigneten Lösungen für die gestellten Aufgaben zu suchen, werden die Kunden heute von multidisziplinär zusammengesetzten Teams über rein technische Fragen hinaus in den Bereichen Management, Informationsverarbeitung und Kommunikation beraten. Dabei handelt es sich um so komplexe Aufgabenfelder wie Organisation, Controlling und Logistikketten, aber auch um Umschlagkonzepte, Hafenentwicklungs- und Werkstattplanung; und dies alles in Verbindung mit Managementseminaren.

Insbesondere die Planungsberatung hat seit Mitte der neunziger Jahre an Bedeutung gewonnen und sich um ein ganzes Bündel konkreter Aufgaben erweitert, die den HPC-Mitarbeitern zunehmend ein hohes Maß an Kompetenz für alle Aufgaben und in allen Phasen der Hafenentwicklung abverlangen. Dazu gehören unter anderem Analysen zum Flächenbedarf und zur Flächennutzung, dazu gehören die Berechnung und Konstruktion von Kaimauern, der Bau von Wellenbrechern und nicht zuletzt Fragen der Hafensteuerung und der Verkehrsanbindung. Die Lösungskonzepte umfassen gegebenenfalls auch die Bedarfsermittlung an Schiffsassistenzleistungen, beispielsweise an Schlepperdiensten. Und natürlich will ein Investor wissen, wie sich sein Einsatz auszahlen wird. Die Hamburg Port Consulting liefert ihm Aufkommensprognosen auf der Basis von Analysen der zu erwartenden Verkehrs- und Warenströme, der Güterstruktur und Hinterlandverbindungen. Seit seiner Gründung bis gegen Ende des 20. Jahrhunderts hatte die HPC rund um den Globus und seit der Veränderung der politischen Landkarte auch im osteuropäischen Raum entweder das Hafenmanagement selbst übernommen oder das Management vor Ort beraten. Zu den Beratungsleistungen gehört nicht nur das Erstellen von Organigrammen, sondern auch die Festlegung der Finanz- und der oft sehr sensiblen Personalpolitik bis hin zum Entwurf von Stellenausschreibungen und Programmen zur Ausbildung und Fortbildung der Mitarbeiter. Die als GmbH organisierte Hamburg Port Consulting verfügt inzwischen über ausreichend Fachleute, die als „Langzeitexperten" entsendet werden und über die Einführungsphase hinaus Beratungsleistungen zur Verfügung stellen.

REGISTRIERUNG

HPC ist bei den folgenden Organisationen registriert:

ADB	Asian Development Bank
ADFAED	Abu Dhabi Fund for Arab Economic Development
AFESD	Arab Fund for Economic and Social Development
AV	Afrika-Verein
BAD	Banque Africaine de Développement
BADEA	Banque Arabe de Développment Economique en Afrique
CDB	Caribbean Development Bank
CEBI	European Committee of Consulting Engineering Firms
EBRD	European Bank for Reconstruction and Development
EU	Europäische Union
GTZ	Deutsche Gesellschaft für Technische Zusammenarbeit
IBRD	International Bank for Reconstruction and Development/The World Bank
IDA	International Development Association
IDB	Inter-American Development Bank
IDB	Islamic Development Bank
ILO	International Labour Organisation
IMO	International Maritime Organisation
KFAED	Kuwait Fund for Arab Economic Development
KfW	Kreditanstalt für Wiederaufbau
NUMOV	Nah- und Mittelost-Verein
OMV	Ost- und Mitteleuropa-Verein
SFD	Saudi Fund for Development
UNCTAD	United Nations Conference on Trade and Development
UNDP	United Nations Development Programme
UNIDO	United Nations Industrial Development Programme
VUBIC	Verband Unabhängig Beratender Ingenieure und Consultants e.V.
WB	Weltbank
WFP	World Food Programme

DIE REFERENZLISTE DER HPC LIEFERT EINEN ÜBERZEUGENDEN LEISTUNGSBEWEIS.

Bis zum Ende des Jahrhunderts expandierte die HPC in Bereiche hinein, die das ursprüngliche selbstgesteckte Aufgabenfeld sprengten.

Von der Universal Transport Consulting GmbH wurden im Rahmen der HPC Beratungsaufträge in der Flughafenlogistik erfüllt. Mit ihrer Transport- und Verkehrsplanung in Osteuropa bis ins Baltikum und ans Kaspische Meer war die Gesellschaft so erfolgreich, dass ihr die Europäische Union einen attraktiven Auftrag für die Region Kaliningrad erteilte.

Als zukunftsweisend erwies sich das im Zusammenspiel mit einem polnischen und einem französischen Partner entwickelte TRACECA-Projekt „Aufbau eines Containerganzzugsystems zwischen Europa und Zentralasien". Auf Erfolgskurs bewegte sich auch die Hamburger Gesellschaft für logistische Anwendungssysteme (LOGAS), die unter anderem Softwarepakete für Zollverwaltungen entwickelte und sich als Spezialanbieter für Simulationsprojekte in der Logistikbranche positionierte.

Welche Vorteile solche Modelle dem Anwender bringen, formulierte der Geschäftsbericht so: „Sie dienen zum einen der Überprüfung von Planungskonzeptionen und damit zur Reduzierung von Investitionsrisiken, zum anderen offenbaren sie Optimierungspotenziale in laufenden Arbeitsprozessen."

EINE DELEGATION AUS HAMBURGS PARTNERSTADT SHANGHAI AUF INFORMATIONSBESUCH BEI DER HPC-MUTTERGESELLSCHAFT. DAS HISTORISCHE SPEICHERSTADTGEMÄLDE IST EINE BELIEBTE KULISSE FÜR ERINNERUNGSFOTOS.

„Schluss mit den Höflichkeiten": Protest gegen Wettbewerbsverzerrungen

September 1996: Amsterdam, Rotterdam und Den Haag standen auf dem Reiseprogramm des Ersten Bürgermeisters Henning Voscherau. Zur Seite stand ihm als Praktiker für die fachliche Schützenhilfe Peter Dietrich in seiner Eigenschaft als Präsident des Unternehmensverbandes Hafen Hamburg. Offizieller Anlass für den Besuch war die Tagung der Bürgermeister und IHK-Präsidenten der Nordsee-Hafenstädte.

„In Rotterdam wird auch nur mit Wasser gekocht!" lautete der trotzige Schlachtruf, mit dem sich die Hamburger nach Holland begeben und vom Ministerpräsidenten Wim Kok ein „Hartelijk welkom" entgegengenommen hatten.

Man sprach – gewissermaßen als Präludium zu härteren Themen – über gemeinsam interessierende europäische Tatbestände: über die in fünf Jahren anstehende Einführung des Euro, die mit viel Skepsis erwartet wurde, und man sprach über die anstehende Erweiterung der Europäischen Union.

Langsam aber tasteten sich die Hamburger an ihr Hauptanliegen heran, das sie veranlasst hatte, bei den Nachbarn vorstellig zu werden. Schluss sein müsse mit dem diplomatischen Geplänkel und dem Austausch von Höflichkeiten, erklärte Hamburgs Regierungschef selbstbewusst, und Schluss sein müsse vor allem mit dem unfairen Konkurrenzkampf zwischen dem Elbehafen und Rotterdam, der allzu oft unter die Gürtellinie ziele. Voscherau versuchte dem Ministerpräsidenten klarzumachen, was er von der kostenlosen Trassennutzung für Containerzüge zwischen Europas größtem Hafen und dem europäischen Schienennetz halte: Es sei schlechthin eine unzulässige Wettbewerbsverzerrung, die Hamburg erheblich benachteilige. Unausgesprochen seitens der Niederländer blieb ihre offenkundige Absicht, sich von Hamburgs Containerkuchen mit den stolzen Zuwachsraten eine gehörige Portion abschneiden zu wollen. Es war ihnen ein Dorn im

DER BETRIEB AUF DEM CONTAINERTERMINAL IST EIN MIT HÖCHSTER PRÄZISION ABLAUFENDES RÄDERWERK – ANGEFANGEN BEIM LÖSCHEN UND LADEN BIS HIN ZUR DIENSTLEISTUNG DER SEEMÄSSIGEN VERPACKUNG.

Auge, dass Hamburg im Güterverkehr mit Osteuropa einen bemerkenswerten Standortvorteil hat. Um diesen auszugleichen, hatte man die acht Milliarden Mark teure Betuwe-Linie als Zubringer ins Binnenland nach Ost- und Südosteuropa gebaut, um sie den Containerzügen zum Nulltarif zur Verfügung zu stellen. Dies sei, so behaupteten die Niederländer, für ihr Land lebenswichtig und deshalb von nationalem Interesse. Genau das, argumentierten die Hamburger, sei für sie nicht hinnehmbar, auch wenn die Europäische Union in Brüssel die Subvention bis zum Jahr 2000 abgesegnet habe. Die kostenlose Benutzung der Bahngleise hat zur Folge, dass die Containertransporte von Rotterdam beispielsweise nach Prag trotz der größeren Entfernung nicht etwa teurer, sondern eher billiger werden als von Hamburg. Die Hamburger Seite pochte darauf, dass die EU mit der Zustimmung dazu gegen ihre eigenen Richtlinien verstoßen habe und man sich deshalb in Hamburg zur gerichtlichen Klärung entschlossen habe; denn das von der Europäischen Union postulierte Ziel für den Gütertransport „von der Straße zur See" werde in den Niederlanden zum Nachteil Hamburgs unterlaufen.

Mit der Klage, die der Unternehmensverband, der Zentralverband der deutschen Seehafenbetriebe und die Hamburger Hafen- und Lagerhaus-Aktiengesellschaft gegen die EU-Kommission anstrengten, war der Entwicklung die Spitze abgebrochen worden. Im Hamburger Hafen fragte man sich allerdings, wer in den Niederlanden die Defizite decke, die diese noch schwach ausgelasteten Ganzzüge ohne jeden Zweifel verursachen mussten.

In diesem Zusammenhang übte Dr. Voscherau auch Kritik an der deutschen Bundesregierung, der es auf dem Transportsektor an einer „gesamtdeutschen Dienstleistungsstrategie" mangele. Die Häfen Hamburg und Bremen jedenfalls fänden in Bonn für ihre Anliegen nicht einen Bruchteil der Unterstützung, mit der sich Den Haag für seinen Hafen Rotterdam einsetze. Im Gegenteil: Seitens des Bundes sei „ohne Not und ohne jede Gegenleistung" einem Anschluss des Rotterdamer Hafens an das Güterbahnnetz zugestimmt worden. Hamburg dagegen sei auf sich selbst gestellt. Es stehe vor der Notwendigkeit, seine „eigene Wettbewerbsfähigkeit nach vorn zu bringen" und werde sich gemeinsam mit Schleswig-Holstein und Niedersachsen mit der Elbvertiefung und der Hafenerweiterung in Altenwerder selbst helfen und sich dabei verstärkt ins Zeug legen.

Die Delegation war nicht mit der Hoffnung in die Niederlande gereist, konkrete Ergebnisse in Form von Zugeständnissen mitzubringen. Es ging darum – wie Voscherau betonte –, Flagge zu zeigen und deutlich zu sagen, welchen Kurs man an der Elbe zu steuern wünsche und damit die von holländischer Seite offenbar gefürchtete Debatte in Gang zu bringen. Hamburgs Bürgermeister machte deutlich, dass er den Wettbewerbsverzerrungen nicht weiter tatenlos zuzusehen gedenke. Vorsichtig deutete er an, die Deutschen müssten ja nicht immer die europäischen Musterknaben spielen, und man müsse die für die Niederländer wichtige Betuwe-Linie nicht sofort anschließen, sondern man könne sich ja damit auch Zeit lassen!

Das Fazit, das die „Mini-Delegation" gegenüber ihren Gesprächspartnern zog, fasste Bürgermeister Voscherau in die Worte: „Ich fahre zuversichtlicher zurück, als ich hergekommen bin!"

DIE VERBINDUNGEN ZUM HINTERLAND DES HAFENS SIND EIN WESENTLICHER ERFOLGSPARAMETER. DIE KARTE ZEIGT DAS GEFLECHT DER VERKEHRSWEGE, AUFGEGLIEDERT NACH VERKEHRSTRÄGERN.

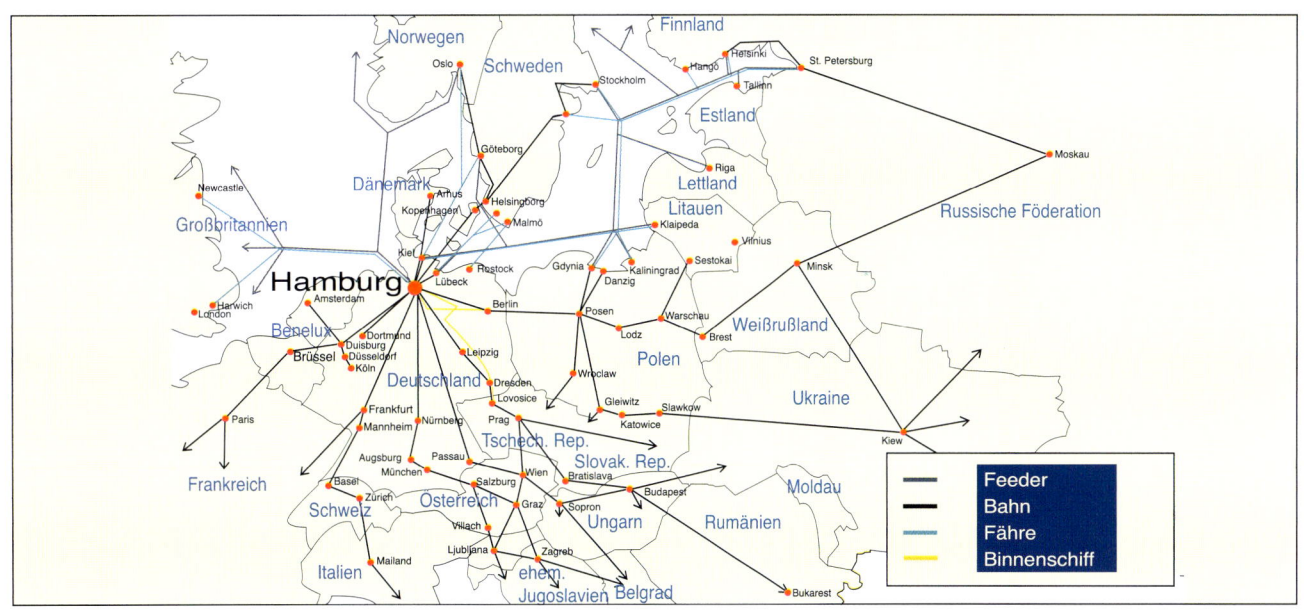

Ostasien setzt auf Hamburg: Drehscheibe für China und Japan

Die Entwicklung hatte sich seit langem abgezeichnet: Nach 120 Jahren wechselvoller Handelsgeschichte mit Hamburg eröffnete Japan im Frühjahr 1990 ein neues Kapitel seiner Beziehungen zur Elbhansestadt. Nicht nur als Tor nach Europa wollte das Land der aufgehenden Sonne Hamburg sehen, sondern auch als seine Drehscheibe des japanischen Handels mit Nord- und Osteuropa.

Nach dem Zusammenbruch des Ostblocks und der Einführung marktwirtschaftlicher Prinzipien in den Ländern hinter dem früheren Eisernen Vorhang erhoffte sich Japan bessere Exportchancen nach dort, insbesondere für seine elektronischen Geräte, Werkzeugmaschinen und für seine weit entwickelte Kommunikationstechnik. Ausdruck des beiderseitigen Willens zur Kooperation war die 1992 veröffentlichte Erklärung, die Häfen Hamburgs und Yokohamas wollten künftig vor allem auf dem Marketing-Sektor enger zusammenarbeiten.

Der Sog, den solche Absichtserklärungen immer auslösen, hat eine Reihe japanischer Weltfirmen veranlasst, in Hamburg Logistikzentralen aufzubauen; allen voran die Panasonic Deutschland GmbH, die 1997 in Waltershof auf 20.000 Quadratmetern ihr Media Distribution Center (MDC) als Zentrallager für Nord-, Süd- und Osteuropa eröffnete. Investor für die 22 Millionen Mark teure Anlage war die Hamburger Buss Logistik Terminal GmbH. Sie bestätigte damit ihre Kompetenz als erfolgreicher Projektentwickler für Seehafenlogistik.

Japan war in den neunziger Jahren nicht das einzige ostasiatische Land, das sein Interesse zunehmend auf Hamburg konzentrierte. Für die beiden größten Containerhäfen der Welt, Hongkong und Singapur – wo Hamburg seit 1993 eine Repräsentanz unterhält –, wurde die „Nummer sieben" an der Elbe der bedeutendste Partner auf dem europäischen Kontinent. Als Wachstumsmotor erwies sich Hamburgs starke Position im Transit mit Skandinavien und Osteuropa und hier insbesondere die steigende Nachfrage in osteuropäischen Ländern nach billigen Konsumgütern, die großenteils aus der Volksrepublik China stammen.

Auch Taiwan, der kleine chinesische Gegenspieler der großen chinesischen Volksrepublik, suchte die Annäherung an Hamburg. Zwei der weltgrößten, in der Hauptstadt Taipeh beheimateten Containerschiff-Reedereien, die Evergreen und Yang-Ming, entschieden sich trotz massiver Bremer Abwerbeversuche nach an-

TAGTÄGLICH KOMMEN CONTAINERSCHIFFE AUS OSTASIEN – HIER EIN CHINESISCHER FRACHTER AM TCT – DIE ELBE HERAUF.

fänglichem Zögern, Hamburg als ihren kontinentalen Haupthafen anzulaufen. Ein wesentliches Entscheidungskriterium war die Tatsache, dass gerade ein weiterer Fortschritt in der Elbevertiefung erreicht worden war, der auch den größten weltweit verkehrenden Containerschiffen die Zufahrt nach Hamburg ermöglicht.

Für die Hansestadt bedeutet dies jährlich insgesamt rund 380.000 Standardcontainer, die in der Gesamtbilanz positiv zu Buche schlagen.

Nachdem diese zukunftsweisende Entscheidung gefallen war, schloss Hamburg einen Partnerschaftsvertrag mit Taiwans größtem Seehafen Kaohsiung am Ostchinesischen Meer. Die beiden Häfen vereinbarten einen weitgehenden Mitarbeiter- und Informationsaustausch.

Die Attraktivität des Hamburger Hafens für Ostasien findet ihren besonderen Ausdruck in den Beziehungen zur Volksrepublik China. Seit Anfang der achtziger Jahre haben regelmäßig hochrangig besetzte Wirtschaftsdelegationen meistens in Hamburgs Partnerstadt Shanghai die Kontakte gepflegt und weiterentwickelt.

Die Signale, die seit einigen Jahren aus China kommen, sind vielversprechend: Von den 127 Unternehmungen, die sich 2001 mit Unterstützung der Hamburgischen Gesellschaft für Wirtschaftsförderung in der Hansestadt niedergelassen haben, stammen allein 33 aus Fernost, der überwiegende Teil aus China. Insgesamt sind in Hamburg und seinem Umland 270 chinesische Firmen registriert, 50 davon aus Taiwan und 25 aus Hongkong. Mehr als 1500 Arbeitsplätze haben die Chinesen an Alster und Elbe geschaffen, und ungefähr 60 Prozent des deutsch-chinesischen Außenhandels laufen über die Hansestadt. Die Tendenz ist steigend, und der Beitritt Chinas zur World Trade Organisation (WTO) hat diesem Trend weitere Impulse gegeben.

Keine Stadt in Europa, so hob der stellvertretende Außenhandelsminister Zhu Keren anlässlich des Besuchs einer von Bürgermeister Ole von Beust geführten Delegation im Mai 2002 hervor, hat so viele Vertretungen chinesischer Unternehmen aufzuweisen wie Hamburg. Und der Bürgermeister unterstrich, China bleibe neben dem Ostseeraum ein politischer Schwerpunkt seines Senats. Ausdruck dieses Willens sei ein geplantes jährliches China-Forum der Handelskammer, zu dessen Auftakt Staatsmänner wie Chinas Ministerpräsident Zhu Rongij, der frühere französische Staatspräsident Valéry Giscard d'Estaing, der ehemalige US-Außenminister Henry Kissinger und Altbundeskanzler Helmut Schmidt bereits Einladungen entgegengenommen hätten.

Das Branchenspektrum, mit dem chinesische Firmen Hamburgs Wirtschaftslandschaft bereichern, ist breit gefächert. Auffällig ist die starke Position des Textilhandels, vertreten durch die Chinatex Trading GmbH und die ITG Xiamen International Trading Group. Die Baosteel Trading spielt eine wichtige Rolle in dieser Stadt, und die China Tobacco Import & Export ist stark im Geschäft.

Hinzu kommt eine Reihe von Produzenten hochwertiger Klimaanlagen, Haushaltsgeräten, Kühlschränken, Motoren und TV-Geräten, um nur einige herausragende

DER JAPANISCHE CONTAINERRIESE NYK ARTEMIS HAT AM CONTAINER TERMINAL ALTENWERDER FESTGEMACHT.

Beispiele zu nennen. Und sie alle profitieren von den Finanzdienstleistungen der Bank of China and People's Insurance.

In den Beziehungen zwischen asiatischen und deutschen Partnern hat das persönliche Vertrauen, das die eine Kooperation mit Leben erfüllenden Menschen einander entgegenbringen, einen hohen Stellenwert. Oft sind es die kleinen Gesten, die schon am Anfang einer „Geschäftsanbahnung" ein dauerhaft gutes Klima schaffen.

Als Jiang Zemin, damals noch Oberbürgermeister von Shanghai, Mitte der achtziger Jahre in Hamburg die Grundlage für den Freundschaftsvertrag zwischen seiner erfolgreichen Wirtschaftsmetropole am Jangtsekiang und der Hansestadt an der Elbe legte, äußerte er den Wunsch, die engen Wirtschaftsbeziehungen durch kulturelle Annäherungen abzurunden. Hamburg kam diesem Wunsch unter anderem dadurch entgegen, dass es seine traditionsreichste und älteste Rundfunksendung „Hamburger Hafenkonzert" zu einem Gemeinschaftsprogramm mit einem großen Aufgebot an Künstlern nach Shanghai schickte. Solche „flankierenden Maßnahmen" – das wurde von Managern beider Seiten immer wieder bestätigt – erleichtern die manchmal schwierigen Wirtschaftsverhandlungen. Eine Geste von hohem Symbolwert war es, als die in Peking ansässige China Ocean Shipping Company (Cosco) kürzlich eines ihrer größten Containerschiffe mit einer Kapazität von 5.466 Standardcontainern auf den Namen COSCO HAMBURG taufte.

Ein solches Bekenntnis zu ihrer Stadt und ihrem Hafen wissen die Elbhanseaten zu schätzen!

DIE FRACHTSCHIFFE DER CHINA SHIPPING CONTAINER LINES (CSCL) SIND GERN GESEHENE GÄSTE IM HAMBURGER HAFEN.

DIE JAPANISCHEN CONTAINERDIENSTE HIELTEN LANGE ZEIT DIE SPITZENPOSITION IN HAMBURG. IN JÜNGSTER ZEIT MACHEN IHNEN DIE CHINESEN DEN RANG STREITIG.

Im Mittelpunkt der Mensch: Hafenarbeit ist nicht nur Männersache

FRAUEN SIND IN DIE MÄNNLICHE DOMÄNE EINGEBROCHEN UND STEHEN »IHREN MANN«.

„Vom Muskelprotz zum Hafenfacharbeiter" war ein in den sechziger Jahren geprägter Slogan, der auf die zunehmende Technisierung des Hafens Bezug nahm und andeutete, dass dem Hafenarbeiter in Zukunft mehr abverlangt würde als Körperkräfte.

„Höherqualifizierung" war das Zauberwort, das Hunderte von Hafenarbeitern auf die Schulbank lockte. 1976 wurde die Hafenfachschule ins Leben gerufen, die den Fortbildungswilligen den Weg zum Hafenfacharbeiter-Brief ebnete und den Mitarbeitern der Kaibetriebe die Chance gab, der fortschreitenden Technisierung des Umschlagsgeschäfts gewachsen zu sein.

Dabei wurde ein interessantes Paradoxon erkennbar: Je höher der Technisierungsgrad im Hafen, desto geringer der Bedarf an menschlicher Arbeitskraft. Und je weniger der Faktor Arbeit im Hafen vertreten war, desto mehr rückte der Mensch ins Zentrum des Interesses.

Ungewöhnliches war schon 1989 geschehen: Achthundert Jahre musste der Hafen alt werden, bevor man nach der Rolle zu fragen begann, die Frauen in diesem vielschichtigen Wirtschaftsgebilde spielen und gespielt haben.

Die Hamburger Arbeitsgruppe „Frauenarbeit in der Geschichte" hatte im Auftrag der Landeszentrale für politische Bildung zwei Jahre lang eifrig recherchiert und sich mühsam an das Thema herantasten müssen; denn die Archive gaben nicht allzu viel her. „Dabei", so das Fazit des Reports, „tun die Frauen alles Mögliche: Sie signieren Fässer, führen Kräne, beschauen Fleisch, beaufsichtigen Ladungen, gießen Kaffeeproben..."

Exotische Wesen seien die Frauen im Hafen keineswegs, sagten die Referentinnen; sie ließen allerdings in ihrer Recherche die Büroangestellten außer acht, die zahlenmäßig die stärkste Gruppe darstellen.

Was wir aus unserem Gedächtnis weitgehend verdrängt haben ist die Rolle, die Frauen schon im Mittelalter, verstärkt dann aber im 18. Jahrhundert im Hafen gespielt haben: Die „Hökerinnen" aus dem Umland der Hansestadt ruderten über die Elbe in den Hafen, um hier ihr Obst und Gemüse zu verkaufen.

Nachdrücklich haben sich die Frauen in das Buch der Geschichte eingeschrieben, als sie 1896/97 ihre Männer bei dem ersten großen Hafenarbeiterstreik um bessere Lohn- und Arbeitsbedingungen tatkräftig unterstützten, auch wenn das keine „Hafenarbeit" im eigentlichen Sinn war. Von November 1896 bis zum Februar des darauffolgenden Jahres standen sie an der Seite ihrer Männer, bis die Hafenarbeiter aufgeben mussten.

In beiden Weltkriegen hatten die Frauen ihre an der Front stehenden Männer als „Arbeitsreserve" vertreten und teilweise die schweren Jobs als Schauerleute und Werftarbeiterinnen übernommen. Unvergessen – wenn auch weitgehend verschwiegen – ist die Rolle, die Frauen beim Wiederaufbau des Hafens geleistet haben. Das aber war Arbeit, die den Frauen durch das Fehlen männlicher Arbeitskräfte mehr oder weniger aufgezwungen wurde.

Heute, so hat die Arbeitsgruppe Frauenarbeit ermittelt, „unterwandern" immer mehr Frauen die Männerberufe im Hafen. Das ist sicher auch für die Arbeitgeber oft gewöhnungsbedürftig und führt manchmal zu kuriosen Kontroversen: So lehnten es die Howaldtswerke-Deutsche Werft ab, eine als Jugendvertreterin aktive Tischlerin nach ihrer Ausbildung zu übernehmen. Im Prozess, den die junge Frau daraufhin führte, verlangte das Unternehmen, sie solle bei einem Arzt ihren Bizeps messen lassen. Fazit der Arbeitsgruppe: „Körperliche Unterlegenheit ist ein allzeit beliebtes Argument gegen Frauenarbeit im Hafen."

Seitdem aber sind schon ein paar Jahre vergangen. Die moderne Technik verlangt nicht mehr nach Bizeps und setzt andere Prioritäten.

Inzwischen haben sich einige „Exotinnen" in den typischen Männerdomänen festgesetzt und arbeiten beispielsweise an konventionellen Anlagen als Ladungskontrolleurinnen.

Die Eurogate-Gruppe hat als erstes großes Unternehmen in einem deutschen Hafen das Eis im High-Tech-Bereich gebrochen und eine 22-jährige Reisebürokauffrau zur Container-Brückenfahrerin ausgebildet. Die junge Frau war als Pionierin im gewerblichen Bereich angetreten, weil sie „von den großen Geräten und der ganzen Atmosphäre im Hafen fasziniert" ist und weil sie hier einen zukunftssicheren Arbeitsplatz gefunden hat; denn der Container macht heute schon mehr als 90 Prozent des Stückgutumschlags aus. Vorbildlich war auch ein Projekt, bei dem Eurogate zusammen mit der Sozialbehörde und dem Arbeitsamt Arbeitslose für Hafenberufe qualifizierte und vor allem auch Frauen ermunterte, sich auf Hafenberufe wie beispielsweise Containercheckerin und Decksfrau einzulassen. Zwar war die Resonanz der weiblichen Bewerber beim ersten Anlauf noch zurückhaltend, aber es zeichnet sich ab, dass sich die Aktion im Aufwind befindet. „Wir setzen darauf", kommentierte Mitte der neunziger Jahre ein Sprecher von Eurogate, „dass unsere Fortbildungsmaßnahme in die Europäische Förderinitiative zur beruflichen Gleichstellung EQUAL aufgenommen wird. Man könnte dann noch öffentlichkeitswirksamer dafür werben, dass Hafenarbeit längst keine Männersache mehr sein muss . . ."

WO FRÜHER AUSSCHLIESSLICH MÄNNER DAS BILD IM HAFEN BESTIMMTEN, ARBEITEN SIE HEUTE MIT IHREN KOLLEGINNEN HAND IN HAND. DAS BILD ENTSTAND IM FORTBILDUNGSZENTRUM HAFEN HAMBURG.

Novum für Hamburg: Allianz mit einem starken Schifffahrtspartner

Seit den Zeiten der staatlichen Kaiverwaltung, deren Aufgaben 1935 von der heutigen Hafen- und Lagerhaus-AG. übernommen wurden, hatte im Hafen der Grundsatz gegolten, an den staatlichen und privaten Umschlaganlagen allen den Elbehafen anlaufenden ausländischen Reedereien gleiche Rechte einzuräumen. Anders verhielt es sich mit den großen deutschen Reedereien. Sowohl die Hapag, später Hapag-Lloyd, wie auch die Afrika-Linie, die Hansa-Linie und die Hamburg-Süd unterhielten eigene Umschlag-Terminals im Hamburger Hafen. Diese relativ kleinen Stückgutanlagen mit Rampenschuppen waren bei der schnell aufkommenden Containerisierung des Stückgutverkehrs nicht für die Umwandlung in Containerterminals geeignet, so dass die Reeder – ohnehin mit hohen Investitionskosten für den Flottenaufbau mit Containerschiffen belastet – ihre Terminals aufgaben. Nachdem auch die Hapag ihren kleinen Container-Terminal Unikai 1988 an die HHLA verkauft hatte, waren alle Umschlaganlagen im Hamburger Hafen, vor allem die großen Containeranlagen, reedereiungebunden. Die Hafenmanager hielten das auch für den richtigen Weg; denn bei der zunehmend wichtigen Rolle, die einzelne Großreedereien oder Zusammenschlüsse auf dem Weltmarkt spielten, hätte der Hafen kaum einer so mächtigen Gruppe wie etwa der dänischen Reederei Maersk ein Sahnestück der Container-Anlage überlassen können, nur um sie in Hamburg zu halten. Eine solche Politik hätte schnell Forderungen aus Taiwan, Japan, Korea oder China nach sich gezogen – kurz: Dem Ausverkauf des Hamburger Hafens wäre Tür und Tor geöffnet.

Hinzu kam in Hamburg mit seinem mitten in der Stadt gelegenen Hafen und entsprechend eingeschränkten Erweiterungsmöglichkeiten, dass Reederei-Terminals in der Regel nur die eigenen Schiffe bedienen und dadurch eine so rentable Auslastung wie bei den für alle Nutzer offenen Anlagen nicht erreicht werden kann.

FESTSTIMMUNG AM CTA: ZUR ERÖFFNUNG WAREN AUCH BÜRGERMEISTER OLE VON BEUST (2. V. LINKS) UND WIRTSCHAFTSSENATOR GUNNAR ULDALL (RECHTS) GEKOMMEN.

Da auf der einen Seite gerade die Reederei Maersk das Ziel hat, überall auf der Welt möglichst über eigene Umschlaganlagen zu verfügen, müssten hier zwangsläufig gegensätzliche Interessen aufeinander stoßen.
Alle Bemühungen Hamburgs, hier goldene Brücken zu bauen, dabei jedoch keine Hafenteile in die Anhängigkeit einer ausländischen Reederei zu bringen, führten zu keinem beide Seiten befriedigenden Ergebnis. Maersk ging nach Bremen und erhielt dort seinen Terminal mit der BLG als Minderheitspartner.
Zum Glück für Hamburg war der bittere Verlust von Maersk durch die allgemeine enorme Entwicklung im Containerumschlag schnell mehr als kompensiert. Aber immerhin führte diese Erfahrung in Hamburg dazu, die Ausschließlichkeit des Neutralitätskonzepts zu überdenken.
Mit dem Übergang ins 21. Jahrhundert begann in diesem Punkt auch in Hamburg eine Zeit des Umorientierens, und dem Hafen eröffneten sich neue Perspektiven für Allianzen.
Gleich beim ersten Anlauf gewann der Container Terminal Altenwerder die bedeutendste deutsche Reederei für eine zukunftsträchtige Allianz: Hapag-Lloyd stieg in das Geschäft ein und übernahm über eine Kapitalerhöhung 25,1 Prozent an der Terminal Gesellschaft CTA Alten-

werder. Damit hat der Hamburger Hafen ein Unternehmen zu seinem Partner gemacht, das jährlich 1,6 Millionen Container umschlägt und damit schon heute der größte Kunde des Elbehafens ist.
Darüber hinaus bildet Hapag-Lloyd im Konsortium Grand Alliance mit vier internationalen Partnern die weltweit größte Gruppe im Containerverkehr. „Im Rahmen dieses Konsortiums", so verkündete der Reedereichef Bernd Wrede, „schlägt Hapag-Lloyd in Hamburg jährlich mehr als eine Million Standardcontainer (TEU) um. Wir haben uns mit der Beteiligung an einem der modernsten Terminals der Welt langfristig Umschlagskapazitäten gesichert."
Angesichts der weltweiten Wachstumsraten im Containerverkehr war das eine unternehmenspolitisch weitsichtige Entscheidung; denn die Reederei ist durch diese Allianz nicht nur Kunde, sondern sie kann auch als Terminalbetreiber Einfluss auf die Entscheidungen des Terminalmanagements nehmen. Zumindest kann die Reederei sicher sein, dass dank der Sperrminorität wichtige Kursbestimmungen nicht ohne sie getroffen werden können.

Und der Container Terminal Altenwerder darf sich seines Nutzers Hapag-Lloyd sicher sein, dessen wirtschaftliches Eigeninteresse ihn kaum zum „Abspringen" motivieren wird.
Eine bessere Symbiose zwischen zwei leistungsstarken Wirtschaftsunternehmen ist kaum denkbar!
Der Sprecher der Wirtschaftsbehörde Bernd Meyer bekundete, dass mit dieser Entscheidung kein Strategiewechsel eingeleitet wurde. Vielmehr werde durch die enge Verbindung des CTA mit Hapag-Lloyd der Standort Altenwerder und damit der Hafen insgesamt gestärkt.
Die Hamburger Hafen- und Lagerhaus-Aktiengesellschaft kann mit der Allianz zufrieden sein, und für andere Reedereien gibt es keinen Grund zur Unzufriedenheit: Die Hamburg garantiert, dass der CTA – anders als das beim „Modell Bremerhaven" der Fall ist – künftig für alle Schifffahrtsunternehmen offen bleiben wird.

ANLIEFERUNG EINER BEI CPMC IN SHANGHAI GEBAUTEN CONTAINERBRÜCKE FÜR DEN CTA. TRANSPORTIERT WURDE DAS GERÜST MIT DEM CHINESISCHEN SPEZIALSCHIFF ZHENHUA.

Ein Mythos feiert Geburtstag: 125 Jahre Traditionswerft Blohm + Voss

DIE QUEEN ELISABETH 2 IM TROCKENDOCK VON BLOHM + VOSS.

Die Festfreude überwog trotz mancherlei Sorgen, als Hamburgs Traditionswerft Blohm + Voss im Juni 2002 ihr 125-jähriges Jubiläum unter gebührender Beteiligung von Volk und Prominenz feierte. Hamburgs Erster Bürgermeister Ole von Beust versicherte die Schiffbauer der ungeteilten Sympathie und Unterstützung der Stadt und ihrer Menschen. Festredner beschworen die große Vergangenheit des Unternehmens, die sich mit Erinnerungen an den Bau der legendären „schwimmenden Paläste" wie IMPERATOR und VATERLAND oder Windjammer wie PEKING und PAMIR verbindet. Und die Gratulanten schlugen den gedanklichen Bogen zu den technologischen Pionierleistungen unserer Tage, in denen der bislang weltweit einzigartige Einsatz der Lasertechnik neue Maßstäbe setzt. Spektakuläre Techniken für den Schiffbau des 21. Jahrhunderts: Dank der Laser-Schweißtechnik ist es beispielsweise möglich, Außenhäute, die zu Zeiten der BISMARCK bis zu 300 Millimeter stark waren, auf vier Millimeter Stärke zu reduzieren. Je geringer das Eigengewicht moderner Schiffe, desto größer die Nutzlast. Besonders bei der Bestückung von Fregatten wissen Marine-Chefs in aller Welt das zu schätzen.

Blohm + Voss, das ist nicht einfach ein Schiffbauunternehmen, das ist – wie es Professor Peter Tamm, Gründer und Leiter des Wissenschaftlichen Instituts für Schifffahrts- und Marinegeschichte, formulierte – „das Herz des Hafens", ein Identifikationssymbol und Mythos für alle, denen Schifffahrt etwas bedeutet. Und das sind bei weitem nicht nur diejenigen, die bei Jubiläen am Rednerpult stehen.

Wenn ein populäres Lied aus den zwanziger Jahren die „Hamborger Ketelklopper" besang, dann meinte es natürlich die Leute von Blohm + Voss, die sogar eine eigene Sprache entwickelt hatten, die der Nichteingeweihte für reines Kauderwelsch halten musste. Das Lied war geschrieben worden, als die Werft auf dem Höhepunkt ihres Erfolgs stand. Kein Geringerer als Charly Wittong hatte das Lied aus der Taufe gehoben und zu einem Gassenhauer für die „kleinen Leute" gemacht.

Aufsehenerregende Stapelläufe auf Steinwerder wurden zu Volksfesten, zu denen sich Tausende auf den Weg machten, und in der Kaiserzeit wurde zu solchen Anlässen sogar schulfrei verordnet.

Auf der anderen Seite war die Geschichte von Blohm + Voss auch ein Wechselspiel von Höhen und Tiefen, ausgelöst von den politischen und wirtschaftlichen Rahmenbedingungen, gelegentlich auch von hausgemachten Problemen.

Nicht einmal der Einstieg der beiden nicht aus Hamburg stammenden Schiffbaupioniere war 1877 reibungslos verlaufen. Sie hatten es sich in den Kopf gesetzt, die ersten eisernen Dampfschiffe auf deutschem Boden zu bauen. Weil aber die Hamburger Reeder traditionsgemäß in England bauen ließen, blieben die Aufträge aus. Welche unternehmerische Energie Hermann Blohm und Ernst Voss mitbrachten, kennzeichnet die Strategie, mit der sie nach anfänglichen Misserfolgen ins Geschäft drängten: Auf eigene Rechnung bauten sie die Bark NATIONAL und den Überseedampfer ROSARIO. Zwar verkauften sie die beiden Schiffe mit gewaltigen finanziellen Verlusten, aber der ideelle Gewinn überwog bei weitem: Die beiden Schiffbauer auf Steinwerder wurden in der Branche bekannt; sie etablierten sich als Schiffbauingenieure der Spitzenklasse, und sie gewannen die Reederei Hamburg-Süd als ihren ersten Dauerkunden, der ihnen viele Jahre lang treu blieb.

Blohm + Voss steht seitdem für unternehmerischen Wagemut und aufsehenerregende Innovationskraft. 1897 bauten sie für ihre Werft das erste eiserne Schwimmdock Deutschlands, und sie strukturierten ihr Unternehmen nach der bis heute praktizierten Aufteilung zwischen Schiffsneubau und -reparatur.

Zu den dunkelsten Kapiteln des Unternehmens gehörte das Arrangement der zweiten Generation, der Brüder Rudolf und Walther Blohm, mit dem nationalsozialistischen Regime, als sich Rudolf Blohm Anfang 1942 von Rüstungsminister Speer zum Leiter des „Hauptausschusses Schiffbau" machen ließ. Um die Vorgaben der NS-Führung für ihre eigene Werft erfüllen zu können, akzeptierten die Brüder Blohm, dass auf ihrem Werftgelände ein Außenlager des KZ Neuengamme errichtet wurde. Etwa 40 Prozent der bei Blohm + Voss zur Arbeit gezwungenen Häftlinge – so ergab eine 2002 von Andreas Meyhoff vorgelegte Untersuchung – überlebten die Strapazen der Zwangsarbeit nicht. Zeitweise wurden auch noch mehr als 3.000 ausländische Zwangsarbeiter unter härtesten Bedingungen eingesetzt, ohne das erhoffte „Rüstungswunder" beim U-Boot-Bau bewirken zu können. Nicht nur die Zerstörungen im Krieg hatten den Neubeginn nach 1945 auch für Blohm + Voss schwer gemacht. Die Restriktionen der Alliierten erlaubten zunächst nur den Bau von Küsten- und kleineren Seeschiffen. Erst mit dem Wiederaufbau der deutschen Handelsflotte stellte sich die Traditionswerft wieder an die Spitze des Hamburger Schiffbaus. Mit der Übernahme der Stülckenwerft 1966 erweiterte man die Produktpalette mit Maschinenbauerzeugnissen; in den siebziger Jahren nahm Blohm + Voss auch Aufträge im Offshore-Bereich herein.

Inzwischen gehört die Hamburger Werft zum Thyssen-Krupp-Konzern und wird gemeinsam mit den Thyssen Nordseewerken in Emden geführt.

Die überstarke Konkurrenz aus Ostasien hat den Neubau von Handelsschiffen zu Gunsten des Reparaturgeschäfts zurückgedrängt. Als Blohm + Voss 1977 sein einhundertjähriges Jubiläum feierte, lief hier das für lange Zeit letzte Handelsschiff vom Stapel. Der Bau von Kriegsschiffen und die Spezialisierung auf schnelle Passagier- und Fährschiffe sowie auf luxuriöse Großyachten sind die Nischen, die Blohm + Voss in der krisengeschüttelten Branche besetzt hält. Mit internationalen Großaufträgen für Korvetten, Fregatten und U-Booten meldete das Unternehmen anlässlich seines 125. Geburtstags einen sicheren Auftragsbestand. Bis zum Jahr 2008, so versichert die Werft, sind die Arbeitsplätze sicher.

Die Werft Blohm + Voss gegenüber dem Tollerort Container Terminal gehört zu den wichtigsten Unternehmen im Industriespektrum der Hansestadt.

Visionen 2000: Annäherung an die Realität der Zukunft

Die Technikgeschichte vollzieht sich nach immer demselben Muster: Am Anfang der großen technologischen Quantensprünge stehen Visionen, Gedankengebäude einzelner weitsichtiger „Visionäre", die das Undenkbare zu denken wagen. Oder aber Visionen, die ihre Zukunftsorientierung mehr aus technologischen Wahrscheinlichkeiten als aus Fantasien oder gar übersteigerten Fantastereien ziehen. Es ist erstaunlich, wie dicht solche schöpferischen Fiktionen oft an der Realität liegen.

Das ist in der Entwicklung der produzierenden Industrie nicht anders als im Hafen mit seinen vielfältigen globalen Verflechtungen.

Ende Dezember 1987 hatte Helmuth Kern, damals noch Vorstandvorsitzender der Hamburger Hafen- und Lagerhaus-Aktiengesellschaft, im „Deutschen Allgemeinen Sonntagsblatt" einen Aufsatz über innovative Seehafen-Technologien veröffentlicht, der mit erstaunlicher Präzision voraussagte, was anderthalb Jahrzehnte später wie eine Reflexion auf die Visionen erscheinen sollte. Kern hatte den „Containerterminal 2000" damals sehr anschaulich so beschrieben: „Auf ihm sind schon vor Eintreffen des Containers die für Umschlag und Verschiffung erforderlichen Daten aus dem DV-System des Spediteurs in das Terminalsystem elektronisch übertragen worden. Bei Eintreffen des Containers am Terminal wird die Containernummer automatisch registriert. Auf dem Terminal selbst werden das für die Bewegung des Containers benötigte Personal und die Geräte durch Prozessrechner disponiert.

Auch die Position des Containers auf dem Terminal wird über moderne Ortungsverfahren und Datenfunk laufend automatisch erfasst und an den Prozessrechner gemeldet. Zukünftig wird über eine Verknüpfung mit der Planung an Land ein optimales Löschen und Beladen der Schiffe möglich sein. Auch die Containerbrücke wird weitgehend automatisiert sein. Der Stellplatz des Containers im Schiff wird elektronisch an die Brücke übermittelt, die aktuelle Lage dieses Stellplatzes in Abhängigkeit vom Beladungszustand des Schiffes über Sensoren erfasst."

Kern betonte, dieses Szenario beschreibe nur eines von mehreren denkbaren Terminalkonzepten, es zeige aber die grundsätzliche technische Zukunftsperspektive in diesem wichtigen Bereich moderner Stückguthäfen auf. Tatsächlich haben neue Technologien Einzug in den Hafen gehalten und zu einer ständigen Verbesserung des Verkehrsknotenpunktes Hafen beigetragen. Aber sie haben nicht die Richtung verändert, die damals skizziert worden war.

Der Container Terminal Altenwerder steht heute als eine Projektion der Visionen von einst! Und er arbeitet zuverlässiger, als es sogar optimistische Fachleute damals zu hoffen gewagt hätten.

EIN STAMMKUNDE AN DEN CONTAINER-UMSCHLAGANLAGEN IST DIE IN HONGKONG BEHEIMATETE OOCL SHENZEN.

„CTA" – Kürzel für Hamburgs Hafenzukunft

Es hatte Proteste und lautstarken Widerstand gegeben. Schließlich aber hatten sich die zukunftsorientierten Kräfte durchgesetzt: Seit 1961 war Altenwerder als Hafenerweiterungsgebiet ausgewiesen. Der Abschied von der Dorfidylle war für die rund 2.000 Menschen, die dort ihren angestammten Wohnsitz hatten, ein schmerzhafter Prozess. Auf der anderen Seite war Wirtschaftssenator Helmuth Kern, der 1972 mit seiner Behörde die Räumung durchzuführen hatte, durchaus klar, dass dieses zwischen Hansaport, den Hamburger Stahlwerken, den Aluminiumwerken und dem Kraftwerk eingeklemmte Gelände als Wohngebiet keine Zukunft mehr hatte. Aber es lag am tiefen Wasser des Köhlbrand, was es als Gelände für die Industrie und den Hafenumschlag prädestinierte. Dass die Räumung eines geschlossenen Wohn- und Landwirtschaftsgebietes für die Einwohner bitter war, wusste auch der Senat. Nirgendwo sonst in Hamburg wurde deshalb planungsbetroffenen Bürgern so umfangreich geholfen und nirgendwo sonst wurden die Menschen großzügiger entschädigt.

Die Umsiedlung, die bis Mitte der achtziger Jahre weitgehend vollzogen war, hatte immer wieder zu Protestak-

WO NOCH VOR 40 JAHREN EINE DÖRFLICHE IDYLLE DIE FOTOGRAFEN ANLOCKTE, STEHT HEUTE DER MODERNSTE HIGH-TECH-TERMINAL DER WELT.

tionen geführt. Schließlich aber mussten auch die Unentwegten einsehen, die bis zuletzt auf ihrer Scholle blieben, dass es keinen Sinn machte, sich gegen die Zukunftssicherung des Hafens zu stellen.
Die Zukunft begann 1982, als der Senat das Hafenerweiterungsgesetz verabschiedete. Elf Jahre gingen ins Land, bis das von der Hafenwirtschaft immer wieder angemahnte Planfeststellungsverfahren endlich eingeleitet wurde. Gegner des Container Terminals Altenwerder (CTA) setzten einen gerichtlichen Baustopp durch, der allerdings 1996 letztinstanzlich aufgehoben wurde.
1997 begann der Strom- und Hafenbau mit der Aufspülung des Geländes. Erst im Jahr darauf wurden die letzten Häuser geräumt.
Begonnen hatten die Arbeiten mit dem Abräumen der Vegetation, der Sicherung des Oberbodens und dem Einbau mineralischer Dichtungsschichten. Wichtig war es, die etwa 4,2 Kilometer lange Hochwasserschutzlinie hinter das Terminalgelände zurückzuverlegen. Allein in der ersten Stufe mussten mehrere Teilflächen mit zwei Millionen Kubikmetern Sand aus der Außenelbe aufgespült werden.
Dann rückten Baukolonnen mit schwerem Gerät an: Etwa 50 Männer mit Raupen, Baggern, Kippwagen und mit Laser-Messgeräten, die das schichtweise Legen des Mischbodens überwachten. Auch das scheinbare Chaos auf der Baustelle zu ordnen, den Überblick zu behalten und sicherzustellen, dass alle Arbeitsgänge sinnvoll ineinander griffen und die Infrastruktur planungsgemäß angelegt wurde, ist die Hochtechnologie hilfreich. Außer dem Laser- und Infrarot-Entfernungsmesser leistete ein Satellitenpeilgerät Präzisionsarbeit. „Unsere Satellitenpeilung", so der Leiter des in Altenwerder eingesetzten Vermessungsbüros, „arbeitet auf einen halben Zentimeter genau, und die Infrarotgeräte können auf eine Distanz von bis zu fünf Kilometern exakte Werte ermitteln."
Die enge Wasserstraße Süderelbe verlangte den Wasserbau-Ingenieuren ein hohes Maß an Fantasie ab, um ihre schwierige Aufgabe unkonventionell angehen zu können. Üblicherweise werden die Hamburger Kaimauern immer ins Wasser gesetzt. In Altenwerder aber war das nicht möglich. Das Fahrwasser der Süderelbe musste breit genug gehalten werden für die Manöver der großen Containerschiffe. Dafür war es erforderlich, die 1,4 Kilometer lange, 21 Meter breite und vom Kaikopf bis zum Fußpunkt der tiefsten Träger ungefähr 37 Meter hohe Kaimauer landeinwärts zu errichten. Danach musste das Erdreich zwischen Mauer und Strom ausgebaggert werden. Das Problem, das die Ingenieure zu lösen hatten, war die Frage, wie eine so hohe Mauer in die Erde getrieben werden könne.
Der Wasserbau-Ingenieur Hubert Antfang, Projektleiter für Altenwerder beim Strom- und Hafenbau, hatte dafür die Lösung gefunden: „Wir machen uns die besonderen Eigenschaften so genannter tixotropher Flüssigkeiten zunutze. Diese Flüssigkeit verhält sich ähnlich wie ein Gel. Sie gibt zwar auf Druck nach, verfügt aber über genügend Konsistenz, um zugleich stabilisierend zu wirken. Während wir mit Bohr- und Baggergeräten einen 1,2 Meter breiten und 25 Meter tiefen Graben ziehen, füllen Pumpen die tixotrophe Flüssigkeit hinein. Sie verhindert, dass die Seitenwände einstürzen. Aber sie ist nachgiebig genug, um die Spundwände der Kaimauer problemlos in den Graben zu treiben."
Die 1.300 bis zu 30 Meter tief in den Boden gerammten Pfähle tragen nicht nur den Kaikopf, sondern verleihen dem Bauwerk auch Stabilität.
Vom ersten Rammschlag für die Kaimauer im Jahr 1999 und dem Beginn der Tiefbauarbeiten im Juli des darauffolgenden Jahres bis zur ersten probeweisen Schiffsabfertigung im Frühjahr 2002 war es eine unvorstellbar kurze Zeit.
77 Millionen Euro sind in diesem Zeitraum verbaut worden, aber das war nur ein geringer Teil der Gesamtkosten. Für die Umschlag- und Informationssyteme, für übergeordnete Planungs- und Projektkosten sowie als Ausgaben der Betriebsgesellschaft kamen noch einmal etwas mehr als 164 Millionen Euro hinzu.
Schon zweieinhalb Jahre vor der ersten Schiffsabfertigung hatte der Senat zur Kenntnis nehmen müssen, dass er sich von der Bürgerschaft rund 30 Millionen Mark mehr bewilligen lassen musste, als er sich ursprünglich vorgenommen hatte. Für diese Notwendigkeit gab es zwei Gründe: Die Beschaffenheit des Bodens war anders, als nach den Voruntersuchungen zu erwarten gewesen war. Im Bereich der neuen Liegeplätze musste deshalb eine aufwändigere Baggertechnik praktiziert werden. Hinzu kam, dass die Verdachtsmomente auf Blindgänger aus dem Zweiten Weltkrieg unerwartet hoch waren, was die Kosten in die Höhe trieb. Die erforderlichen Mehrausgaben wurden aus versteckten Haushaltsreserven im Titel „Hafeninvestitionen" gedeckt. Die Opposition sprach von einem unzulänglichen Finanzierungskonzept, über dessen Details der Wirtschaftsausschuss belogen worden sei.
Als sich die Gemüter beruhigt hatten, wussten in Hamburg auch diejenigen, die ihre Vorbehalte gegen den CTA gehabt hatten, dass der Elbehafen einen „Quantensprung in die Zukunft" getan hatte.
Die jüngste Entwicklung bestätigt diese Einschätzung!

Viel High Tech – wenig „Handarbeit"

Der Streit um den Standort des neuen Super-Terminals zog sich bis in die achtziger Jahre hinein. „Altenwerder starb umsonst", hatte eine Umweltschutzgruppe „Rettet die Elbe" noch 1985 lautstark verkündet, weil die Einleitung eines Planfeststellungsverfahrens auf sich warten ließ und der Senat konkrete Zeitangaben hinsichtlich seiner weiteren Planungsabsichten einstweilen vermied. Die politischen Gegner des Projekts glaubten sogar Rückzugsgefechte des Senats ausmachen zu können.

Heute wissen auch die Aktivisten von einst, dass Altenwerder keineswegs umsonst gestorben ist: Im Jahr 2002 ist der erste Container-Riese dort an die Pier gegangen. Mit Verspätung zwar – die Premiere war für den Herbst 2001 geplant –, aber im Ablauf so präzise, wie es sich die Planer vorgestellt hatten.

Die Medien hatten die Baufortschritte in Altenwerder seit 1999 mit Aufmerksamkeit zur Kenntnis genommen und immer wieder staunend kommentiert.

Es gab zu diesem Zeitpunkt außer dem entstehenden „CTA" drei große Baustellen, auf denen das dafür zuständige Amt Strom- und Hafenbau die Infrastrukturmaßnahmen für Containeranlagen durchführen ließ: das waren die Containerumschlagplätze Eurokai-Terminal, der Burchardkai und der Terminal Tollerort. Der Strom- und Hafenbau verlängerte dort die Kaimauern, baggerte die Liegeplätze aus und richtete die erforderlichen Freiflächen her, bevor die Betreiber Eurokai und HHLA mit der technischen Ausrüstung die Suprastruktur setzten. Am Container Terminal Altenwerder liefen einstweilen

DER CONTAINER TERMINAL ALTENWERDER – EIN »QUANTENSPRUNG IN DIE ZUKUNFT« – STEHT AUF 1.300 BIS ZU 30 METER IN DEN BODEN GERAMMTEN PFÄHLEN. AUCH WIRTSCHAFTLICH STEHT DER CTA AUF EINEM SICHEREN FUNDAMENT.

noch die Vorbereitungen für den Endausbau: Lärmend trieben die Rammen 30 Meter lange stahlarmierte, mit Beton ausgefüllte Rohre schräg in den Boden. Auf diese Weise wurden die Pfähle gesetzt, die das Fundament für die Kranspuren und die Kaifläche zu tragen haben. Die Kaimauern am Nordende des ersten Bauabschnitts gaben schon einen optischen Eindruck von dem Bild, das hier in etwas mehr als zwölf Monaten zu bewundern sein würde. Noch allerdings lagen die halbfertigen Fundamente mit rostiger Armierung in zehn Metern Abstand zum Wasser im Sand. Eiserne Doppelpoller warteten auf ihre Einbetonierung. Aber immer noch ragten im spitzen Winkel in den Boden getriebene Rammpfähle, die einmal die 24 Meter hohe Spundwand stützen werden. Diese Wand wird verhindern, dass die Uferkante einstürzt. Unterhalb der an dieser Stelle 16,7 Meter tiefen Hafensohle ragt die Spundwand weitere 13 Meter in das Erdreich. Gleichzeitig war eine Flotte von Baggerschiffen immer noch damit beschäftigt, das Hafenbecken auf die erforderliche Tiefe zu bringen. Der Sand und der Schlick, den die Bagger vom Grund der Süderelbe saugten, wurden zu einem Wall am Südrand der Baustellen aufgeschüttet.

Selbst mit der blühendsten Fantasie ließ sich in diesem geordneten Chaos kaum ausmalen, was hier in Altenwerder im Entsehen begriffen war: der modernste Container-Terminal Europas, eine technologisch bis ins kleinste Detail durchdachte und ausgefeilte Umschlagsanlage für die großen Kisten, welche die Hafenzukunft beherrschen werden.

Was die Planungstechniker versprachen, erregte Aufsehen. Das Umschlagsystem, so verkündeten sie, werde sich durch einen hohen Automatisierungsgrad auszeichnen. Während das Löschen und Laden der Container am Schiff halbautomatisch gesteuert werden solle, würden fahrerlose Fahrzeuge, so genannte „AGVs" – das Kürzel steht für „automated guided vehicles" –, den Transport der Großbehälter zum ebenfalls vollautomatischen Containerlager übernehmen, und das mit der erstaunlichen Geschwindigkeit von sechs Metern in der Sekunde. Gesteuert werden die „Geisterfahrzeuge" mit Hilfe eines Netzes im Boden verlegter elektronischer Marken, die im Vorüberfahren gelesen werden können.

Jeweils zwei unabhängig voneinander arbeitende Portalkrane besorgen die zügige Ein- und Auslagerung. Die Lkw sollen auf der Landseite des Lagers über eine Videoüberwachungsanlage aus dem Betriebsgebäude ferngesteuert werden. Über High-Tech-Kupplungsmechanismen mit ihren Anhängern verbundene Zugmaschinen sichern die Verbindung zwischen Bahnhof und Lager.

Lange war um die Realisierung des aufwändigen Super-Terminals gestritten worden. Von denen, die zweifelten, war auch immer wieder die Frage gestellt worden, ob für eine solche Anlage in naher Zukunft überhaupt Bedarf bestehen würde.

Diejenigen, die in Hamburg politische und wirtschaftliche Verantwortung trugen, ließen sich nicht beirren. In ihrer Argumentation hatten sie die aktuellen Zuwachsraten im Hamburger Containerverkehr und vor allem die Wachstumsprognosen auf ihrer Seite: Mit annähernd 13 Prozent Steigerung durchbrach Hamburgs Containerumschlag 2001 – bezogen auf die in TEU berechneten Standardcontainer – die Vier-Millionen-Marke. Innerhalb von zehn Jahren hatten sich die Umschlagmengen am Burchardkai verdoppelt. Und er war ja nur einer der leistungsfähigen Terminals. Ähnlich beeindruckende Steigerungsmengen, die nach immer neuen Erweiterungsinvestitionen verlangten, meldeten Eurokai, der Tollerort-Terminal und Unikai.

Hamburg sagt ab: Nervenkrieg um den Tiefwasserhafen

Das Thema hatte Hamburg schon vor einem knappen halben Jahrhundert beschäftigt. Jetzt stand zum zweiten Mal ein Tiefwasserhafen an der Nordseeküste auf dem Programm der Hafenplaner. Nachdem Hamburg Mitte der sechziger Jahre nach kostspieligen Vorarbeiten seine Absicht aufgegeben hatte, im Wattgebiet von Neuwerk einen gigantischen Tiefwasserhafen zu bauen, weil die wirtschaftliche Notwendigkeit für ein solches Projekt noch nicht gegeben war, sah man das Problem in den letzten 20 Jahren des 20. Jahrhunderts differenzierter. Große Containerfrachter, so die Schlussfolgerung aus den zunehmend größer konzipierten Schiffen, müssen in Tiefwasserhäfen abgefertigt werden, um sich lange Revierfahrten auf möglicherweise nicht ausreichend ausgebaggerten Zufahrten zu ersparen. Die Fertigstellung des neuen Hafens war für das Jahr 2010 „angedacht". Bis dahin, so hatten die Gutachter der Planco Consulting in Essen prognostiziert, sei mit 400 Meter langen, für 12.000 Standardcontainer ausgelegten Schiffen zu rechnen, deren Tiefgang bis zu 15,5 Metern betragen werde. Keiner der deutschen Seehäfen könne solche Schiffe aufnehmen, und diese würden dann zwangsläufig nach Rotterdam abwandern. Darüber waren sich die Beteiligten grundsätzlich einig. Als kontrovers diskutierte Standorte des künftigen Containerhafens waren Wilhelmshaven und Cuxhaven im Gespräch. Niedersachsen und Bremen plädierten im Oktober 2000 für Wilhelmshaven, Hamburg sprach sich für Cuxhaven aus.

Der Streit war damit vorprogrammiert. Niedersachsens Ministerpräsident befürwortete eine gemeinsame Planungskommission, in die er die Regierungschefs Hamburgs und Bremens einlud. Hamburg ließ wissen, es werde die Gutachten sorgfältig prüfen. Die HHLA und Rhenus Midgard hielten an ihrem Votum zu Gunsten Cuxhavens fest, dem sich auch Schleswig-Holsteins Wirtschaftsminister anschloss. Die Kontrahenten versprachen sich gegenseitig einen „seriösen Entscheidungsprozess". Hamburgs Handelskammerpräses Nikolaus W. Schues warnte davor, „im schifffahrtsmäßigen Niemandsland ein Milliardengrab zu schaufeln". Der Nachteil des Standortes an der Elbemündung: In Cuxhaven könnten einer Berger-Studie zufolge maximal zwölf Liegeplätze gebaut werden. Damit würde der Hafen – dynamisches Frachtwachstum vorausgesetzt –

Noch »jungfräulich«, bald aber schon Realität: Das für den Jade Weser Port vorgesehene Gelände in Wilhelmshaven.

nach 15 bis 20 Jahren an seine Kapazitätsgrenzen stoßen. Zudem, so wurde vom niedersächsischen Ministerpräsidenten argumentiert, habe Wilhelmshaven die bessere Infrastruktur und niedrigere Löhne. Dies wiege auch den Nachteil auf, dass die erste Ausbaustufe in Wilhelmshaven mit knapp 1,4 Milliarden Mark deutlich teurer sei als Cuxhaven mit nur 1,26 Milliarden Mark. Die HHLA und die Rhenus Midgard AG widersprachen den von Niedersachsen vorgelegten Zahlen und veröffentlichten eine gemeinsame Erklärung, nach der die Kosten für die Infrastruktur in Cuxhaven weit unter den veranschlagten Kalkulationen lägen, und zudem sei Cuxhavens Verkehrsanbindung an das Hinterland besser und billiger.

Der niedersächsische Ministerpräsident Sigmar Gabriel hatte sich zu diesem Zeitpunkt entgegen aller Versprechungen gegenüber Hamburg und Bremen festgelegt. Hamburgs Wirtschaftsbehörde hielt sich mit Erklärungen einstweilen zurück. Aber sie schien auf ihrer Position zu Gunsten Cuxhavens beharren zu wollen.

Die Fronten waren festgefahren. Hamburg und Bremen beteuerten, eine Kooperation anzustreben und setzten eine „gemeinsame Lenkungsgruppe" ein. Daneben existierte eine von den drei beteiligten Ländern gebildete Projektgruppe. „Hamburg und Bremen zwischen Partnerschaft und Rivalität" hieß es in Schlagzeilen auch seriöser Zeitungen wie der FAZ.

Hamburgs Wirtschaftssenator Thomas Mirow konstatierte in einem Interview im November 2000: „Allen Verantwortlichen in Hannover, Bremen und Hamburg ist klar, dass ein solcher Tiefwasserhafen nur als gemeinsames Projekt geplant, gebaut und betrieben werden kann. Wann und wo ein solcher Hafen realisiert werden sollte, wird von Hamburg, Bremen und Niedersachsen gegenwärtig geprüft."

Das „Wo" wurde zur Sollbruchstelle des Projekts. In den folgenden Monaten wurde zunehmend deutlich, dass Niedersachsen zusammen mit Bremen unter allen Umständen den Standort Wilhelmshaven durchsetzen wollte. An der „Jade-Weser-Front" kämpfte auch Eurogate, zu der sich die Hamburger Eurokai-Gruppe unter Thomas Eckelmann mit der Bremer Lagerhaus-Gesellschaft zusammengeschlossen hatte. Als im März 2001 ein gemeinsamer Beschluss zu Gunsten Wilhelmshavens verkündet wurde, hatte Hamburgs Erster Bürgermeister Schwierigkeiten, seinen Mangel an Euphorie für diese Entscheidung zu verbergen. Aus Hamburger Sicht, gab Ortwin Runde zu Protokoll, habe es weiter gute Gründe für Cuxhaven gegeben, doch seien seine Kollegen in ihrer „Hartnäckigkeit" für die Jade nicht zu bremsen gewesen. So sei er denn „mit anderen Zusagen eingefangen" worden. Die Einigung enthielt unter anderem auch Absichtserklärungen zu der für Hamburg so überaus wichtigen Fahrwasservertiefung

STRAHLENDE GESICHTER ALS DAS PROJEKT »JADE WESER PORT« BESCHLOSSEN WAR: (V.L.N.R.) HELMUT WERNER (JADE WESER PORT-ENTWICKLUNGSGESELLSCHAFT), FRANK HELLENBRECHT, KLAUS FRERICHS (WSD NORD WEST), CLAUS WÜLFERS (REALISIERUNGSGESELLSCHAFT JADE WESER PORT).

der Elbe. Wenn die ökologischen und ökonomischen Voraussetzungen und die Fragen zur Deichsicherheit geklärt seien, so Runde, werde man zügig an die Umsetzung der Arbeiten gehen, bei denen sich Niedersachsen zur Kooperation verpflichtet habe.

Man beschloss die Einrichtung eines „ständigen Hafenrats", der die Interessen beider Standorte gegenüber dem Bund und der Europäischen Union vertreten, aber auch gemeinsame Werbestrategien erarbeiten sollte.

Eine Fusion der Hamburger Hafen- und Lagerhaus-Aktiengesellschaft mit der Bremer Eurogate, die von den Bürgermeistern beider Hansestädte als „Beginn einer neuen Ära" angekündigt worden war, kam nicht zustande. HHLA-Chef Peter Dietrich erläuterte den Rückzug beider Seiten: „Eine Fusion im Containergeschäft wäre nur unter Bedingungen möglich, die für einen der beiden Partner nicht akzeptabel wären." Darüber hinaus wäre eine Fusion der beiden Unternehmen kartellrechtlich bedenklich gewesen und der Zusammenschluss einzelner Geschäftsbereiche von HHLA und Eurogate „nicht sehr sinnvoll".

Die von den beiden sozialdemokratischen Bürgermeistern Hamburgs und Bremens beschworene „neue Ära" in der Kooperation der Konkurrenten an Elbe und Weser war nach wenigen Wochen zu Ende. Dennoch ließen die beiden Landesregierungen wissen, die weiterhin geführten Gespräche im gemeinsamen Hafenrat fänden „in konstruktiver Atmosphäre" statt.

Auch über den Tiefwasserhafen blieben beide Seiten weiterhin im Gespräch. An der „Jade Weser Port-Entwicklungsgesellschaft mbH" hatten sich Niedersachsen, das Land Bremen mit einer neu gegründeten Bremen PORTS Management + Service GmbH & Co. KG sowie die Kommune Wilhelmshaven beteiligt. Die Freie und Hansestadt Hamburg sollte später Anteile an der Gesellschaft erwerben können. Niedersachsen übernahm als Einlage 71 Prozent, Bremen beteiligte sich mit 20 Prozent und Wilhelmshaven zeichnete neun Prozent.

Im Herbst 2002 kam es in Hamburg zu einem Regierungswechsel: Mit Ole von Beust stellte die CDU nach vielen Jahren der Opposition wieder den Ersten Bürgermeister. Die neue Mehrheitspartei kündigte – unter dem Beifall ihres Koalitionspartners – an, Hamburg werde aus den Planungen für den Tiefwasserhafen aussteigen. Die Hafenwirtschaft in der Elbe-Hansestadt war zunächst irritiert; denn an Hamburgs Zustimmung zu Wilhelmshaven hing ja das Versprechen Niedersachsens, die weitere Elbvertiefung wohlwollend zu prüfen. Ein gutes halbes Jahr später war der Ausstieg Hamburgs aus dem norddeutschen Tiefwasserhafenprojekt vollzogen. Wirtschaftssenator Gunnar Uldall teilte in diesem Zusammenhang auch mit, dass die HHLA für eine Betreibergesellschaft nicht zur Verfügung stehe. Der Senator begründete die Entscheidung mit der Absicht, sich auf den Ausbau und die Weiterentwicklung des Hamburger Hafens konzentrieren zu wollen. Außerdem hatte er zu bemängeln, dass die Absprache nicht eingehalten werde, nach der mindestens die Hälfte der Infrastruktur für den Tiefwasserhafen aus privaten Mitteln finanziert werden solle. Hamburgs Beteiligung, so der Wirtschaftssenator, würde die Stadt rund 80 Millionen Euro und die stadteigene HHLA 200 Millionen Euro kosten. Durch ein solches Engagement wären für viele Jahre keine Investitionsmittel für Erweiterungen des Hamburger Hafens verfügbar.

Es gab noch einen anderen von Senator Uldall angesprochenen Grund, der Hamburg zu seiner Entscheidung veranlasst hatte: Wilhelmshaven werde inzwischen – anders als vereinbart – nicht als Ergänzungshafen, sondern als Konkurrenz zu den bestehenden Containerhäfen geplant, denn der neue Hafen sei deutlich erkennbar nur dann wirtschaftlich zu betreiben, wenn entsprechende Umschlagmengen in erster Linie vom Hamburger Hafen abgezogen würden. Dass es gelingen könne, dem 250 Seemeilen entfernten Rotterdam Ladung abzunehmen, so der Hamburger Senator, sei angesichts Rotterdams günstigen Lage zum Ruhrgebiet kaum anzunehmen.

Wer wollte es Hamburg verdenken, dass es nicht daran interessiert war, sich seine eigene Konkurrenz zu schaffen und diese auch noch zu finanzieren. „Die Vorstellung, dass die Hansestadt für ein solches Vorhaben mit hohen Beträgen antreten und damit auch noch die Investitionen für den eigenen Hafen zurückfahren soll", schrieb der Journalist Uwe Bahnsen, „ist nicht mehr weit von den Sachverhalten entfernt, die man normalerweise als Zumutung bezeichnet! Das Projekt Wilhelmshaven liegt nur im niedersächsischen, nicht im norddeutschen und schon gar nicht im hamburgischen Interesse."

Im hamburgischen Interesse hingegen liegt die weitere Elbvertiefung, damit in Zukunft Schiffe mit einem Tiefgang von 14,5 Metern die Hamburger Containerterminals anlaufen können. Zur Zeit liegt die Grenze noch bei 13,5 Metern.

Die gelegentlich geäußerte Befürchtung, Niedersachsen werde sich wegen des Hamburger Verzichts auf eine Beteiligung als wenig entgegenkommend bei der Elbvertiefung erweisen, konterte Gunnar Uldall zuversichtlich: „Niedersachsen wird sich aus eigenen wirtschaftlichen Interessen dem Hamburger Anliegen nicht entziehen. Etwa ein Drittel der Beschäftigten des Hamburger Hafens wohnen in Niedersachsen."

Ob allerdings rationale Erwägungen bei einem emotionsgeladenen Thema greifen, bleibt abzuwarten.

Hanse-Partnerschaft neu belebt: „Relaisterminal" in Lübeck

In den neunziger Jahren des vergangenen Jahrhunderts änderte sich die politische Landkarte Europas grundlegend. Der Zusammenbruch des Sowjetsystems und mit ihm das Ende des Ostblocks hatte dem Hamburger Hafen neue Perspektiven eröffnet. Ein halbes Jahrhundert lang hatte der Elbehafen den Verlust seines Hinterlandes im Osten verkraften müssen. Dann gab die Weltpolitik über Nacht Hamburg wieder alle Trümpfe in die Hand. Die wirtschaftlichen Erfolgskarten der Weltgeschichte wurden neu gemischt, und die alte Hansestadt Hamburg besann sich darauf, dass sie schon einmal – zu Zeiten der Hanse – eine überragende Rolle im Ostseehandel gespielt und schließlich sogar Lübeck als der „Königin der Hanse" die Krone vom Kopf gestoßen hatte: Als sich die Hauptverkehrsströme nach der Entdeckung Amerikas in Richtung Nordsee verlagerten, schlug Hamburgs große Stunde als „Nordseehafen Lübecks".

Mit der Neugestaltung der politischen Europakarte nach 1989 konnte der Elbehafen die Achse Hamburg–Lübeck neu beleben; denn der Ostseeraum wurde wieder zu einem zukunftsträchtigen Partner. Im Jahr 2001 nahm der Containerverkehr Hamburgs mit den Anrainern des „mare balticum" um 18,7 Prozent zu und erreichte einen Umschlag von 959.000 TEU. Zuwachs-Spitzenreiter mit einer Steigerungsrate von knapp 80 Prozent ist Hamburgs Partnerstadt St. Petersburg. Die Russische Föderation ist durch diesen Schub auf den siebten Rang unter Hamburgs wichtigsten Handelspartnern aufgestiegen. Für Hamburg war die Messe Transrussia, die 2002 in Moskau stattfand, wieder eine gute Gelegenheit, Flagge zu zeigen. Auf einem Gemeinschaftsstand von HHM (Hafen Hamburg Marketing) präsentierte sich die Hamburger Hafen- und Lagerhaus-Aktiengesellschaft zusammen mit der Polzug GmbH, einem Zusammenschluss der Polnischen Staats-Bahnen, der DB Cargo Aktiengesellschaft. Nicht zuletzt die Leistungsangebote dieses Gemeinschaftsunternehmens haben dazu geführt,

ZUKUNFTSTRÄCHTIGER RELAISTERMINAL FÜR DEN OSTSEERAUM: DIE VERKEHRSACHSE HAMBURG–LÜBECK WURDE NEU BELEBT.

dass der seewärtige Containerverkehr mit den osteuropäischen Ostseestaaten um 45 Prozent zulegte. Auch das dichte Netz von Feederdiensten, die den schnellen Vor- und Nachlauf der Container auf dem Seeweg sicherstellen, hatte daran einen großen Anteil.

Für Hamburg zeichnete sich angesichts dieser Entwicklung die Notwendigkeit ab, sich auch strategisch auf die Öffnung des Ostens einzustellen. Ein Ergebnis dieser Neuausrichtung war das Engagement in dem so oft als „Schwesterhansestadt" apostrophierten Lübeck.

Die Hamburger Hafen- und Lagerhaus-Aktiengesellschaft hatte sich mit 74,9 Prozent an dem früheren Lübecker Familienunternehmen Combisped beteiligt; die Sperrminorität von 25,1 Prozent blieb bei der früheren Eigentümerfamilie Dreyer.

Mit diesem Partner wurde zu Beginn des neuen Jahrhunderts unter der Bezeichnung „Ostseebrücke Hamburg-Lübeck" auf einem Areal von 85.000 Quadratmetern ein Relais-Terminal aufgebaut. Durch diese Containerumschlaganlage werden sich die Transporte von und nach Skandinavien und den weiter östlich gelegenen Ostseeanrainern erheblich beschleunigen lassen.

Die HHLA ist durch ihren Trave-Terminal praktisch an zwei Meeren präsent und hat für diesen Standortvorteil rund 100 Millionen Mark investiert.

Die Anlage wurde am linken Traveufer auf einem ausbaufähigen Areal errichtet. Sie wird vom Lehmannkai I im Norden und vom Seeland-Terminal im Süden „eingerahmt", beides Anlagen, die für eine bemerkenswerte Entwicklungsdynamik stehen.

Die Entstehungsgeschichte des Lübecker Container-Terminals ist mit mancherlei Irritationen und kleinkariertem Streit verbunden. Schon als 1998 in Siems ein 50 Meter hoher Schornstein gesprengt worden war, um Platz für die Umschlaganlage zu schaffen, versuchte der damalige Lübecker Bürgermeister – zugleich Aufsichtsratsvorsitzender der Lübecker Hafengesellschaft – das Hamburger 100-Millionen-Mark-Projekt zu blockieren. Aus gutem Grund: Er fürchtete die Konkurrenz von der Elbe. Der damalige Wirtschaftsminister der Travestadt sah das anders und urteilte wie sein Hamburger Kollege Dr. Mirow, der geplante Containerhafen bedeute „eine strategisch bedeutsame Stärkung der Umschlagplätze Hamburg und Lübeck im Transitverkehr zwischen Übersee und Ostseeraum".

Bevor der Ausbau beginnen konnte, musste sich die HHLA zusammen mit ihrem lübschen Partner Combisped noch über mancherlei Schikanen hinwegsetzen, mit denen die Gegner des Projekts Hamburgs Einstieg an der Trave zu Fall zu bringen versuchten. Die Combisped-Anträge zum Erwerb weiteren Geländes ließ die Stadt mehr als zwölf Monate lang unbeantwortet, und sie versuchte, ungerechtfertigte Abgaben – beispielsweise Wasseranschlussgebühren – in Höhe von 800.000 Mark abzukassieren, obwohl bei dem geplanten Containerhafen kein Schmutzwasser anfällt. Und schließlich wurde erbittert und keineswegs immer sachgerecht über Gleisanschlüsse und Bahntrassen gestritten.

Am Ende aber siegte die wirtschaftliche Vernunft: Eine von der LHG abgesegnete Rahmenvereinbarung legte fest, dass beide Seiten künftig nicht mehr gegeneinander arbeiten wollten. Die HHLA erklärte, sie werde der LHG in deren Stammgeschäft keine Konkurrenz machen und darüber hinaus alles verhindern, was den Nachbarbetrieben der Firma Lehmann schaden könne.

Im März 2001 lieferte ein Binnenschiff aus Dortmund die ersten 1.200 Tonnen Stahlbohlen an, die zum Bau der 300 Meter langen Kaianlage des Container-Terminals benötigt wurden.

Anwohnerproteste gegen die Rammarbeiten – immerhin mussten die Bohlen annähernd zehn Meter tief durch eine drei Meter dicke, ungewöhnlich harte Erdschicht getrieben werden – begegnete der Bauherr mit der Zusicherung, man werde sich eines speziellen hydraulischen Rüttelverfahrens bedienen, das die Lärmbelästigung für die in der Nachbarschaft des künftigen Terminals wohnenden Menschen auf ein vertretbares Minimum reduziert. Auch hinsichtlich des Terminalbetriebs ließ sich Hamburg Zugeständnisse abhandeln: Nächtliche Umschlagsarbeiten, so wurde verbindlich zugesagt, würden nur in Ausnahmefällen durchgeführt werden. Allenfalls, wenn sich verspätete Schiffe wieder in ihren Fahrplan einfädeln müssten, werde man die Container auch außerhalb der regulären Arbeitszeiten anfassen. Allein aus betriebswirtschaftlichen Gründen sei ein durchgehender Nachtbetrieb wegen der fälligen Lohnzuschläge gar nicht vertretbar.

Zur Adventszeit 2001 trafen die Bauteile für die erste von zwei Containerbrücken in Lübeck ein: Konstruktionselemente für eine 133 Meter lange, 63 Meter hohe Brücke mit einer tragenden Spannweite von 80 Metern. Mit 55 Tonnen Tragfähigkeit gehören diese Containerbrücken zu den größten in Europa.

Lübeck – ein Relais-Terminal der Superlative! 350.000 Container sollen hier jährlich umgeschlagen werden. 120 Arbeitsplätze wurden geschaffen. Der Travehafen ist damit der einzige deutsche Ostseehafen, der über einen Lift-on-/Lift-off-Terminal verfügt, in dem Feederschiffe be- und entladen werden, von denen gleichzeitig drei an die Pier gehen können.

Lübeck, viereinhalb Jahrzehnte lang Grenzstadt zum Ostblock ohne jede Chance, seine „angeborene" Mittlerfunktion zum Baltikum nutzen zu können, ist wieder „im Geschäft", dank seinem Nordseepartner und Rivalen aus Hansezeiten.

Mit der „Port Authority" schneller nach Europa

In der zweiten Hälfte der sechziger Jahre wurde viel Energie darauf verwendet, neue Strukturen für die Verwaltung des Hafens zu schaffen. Das Experiment „Hafensenator", das ganz auf die Person des damaligen Amtsinhabers Ernst Plate zugeschnitten war, wurde nach einem kurzen Intermezzo und einer anschließenden langen Diskussion verworfen. Eine eigenständige Port Authority, so hieß es damals, werde es in Hamburg nicht geben. Vierzig Jahre später stand das Thema wieder auf der Agenda. Veränderte Rahmenbedingungen verlangten nach neuen Organisationsstrukturen. Hamburg hat deshalb seine Hafenverwaltung im Sommer 2004 in eine eigene Gesellschaft ausgegliedert, die ihre Arbeit im Januar 2005 aufnehmen soll.

Unter der Führung des Hafenbaudirektors Peter Dücker (Leiter Strom- und Hafenbau) und des Senatsdirektors Manfred Reuter (Leiter des Amtes Hafen, Dienstleistungen und Wirtschaftsinfrastruktur) werden rund 1.800 Mitarbeiter der beiden Ämter – ergänzt durch die für Hafenmietverträge zuständigen Fachleute der Finanzbehörde – in der neuen Port Authority zusammengefasst. In der Rechtsform einer im Besitz der Hansestadt befindlichen GmbH & Co. KG wird diese privatwirtschaftlich betriebene Port Authority künftig Aufgaben erfüllen, deren Ziele auf wenige Schlagworte reduziert so lauten: klare Ansprechpartner für die Wirtschaft, schnelle Entscheidungen auf kürzeren Wegen und auf wirtschaftlichen Ertrag ausgerichtetes Handeln. „Wir wollen", so die Absichtserklärung von Manfred Reuter, „die Beziehungen zu den Reedern ausbauen." Mit Blick auf die Strategie von Terminals wie Eurogate, die nicht nur in Hamburg, sondern wie Eurogate auch in Bremen und an südeuropäischen Standorten Umschlaganlagen betreiben, ergänzt der Senatsdirektor: „Die Interessen solcher überregional tätigen Firmen stimmen nicht mehr in jedem Fall mit denen des Standortes überein."

Im Zusammenhang mit dieser Bemerkung ist es interessant, wie man bei den beiden großen Umschlagunternehmen Eurokai und HHLA zwei grundverschiedene Unternehmenskonzepte verfolgt, die beide überaus erfolgreich sind. Immerhin fallen an den Anlagen nur dieser beiden Unternehmen fast der gesamte Containerverkehr und gut 90 Prozent allen Stückgutverkehrs im Hafen an. Kurt Eckelmann als Gründer von Eurokai und vermehrt sein Sohn Thomas Eckelmann setzten von Anfang an auf das Konzept, mit einer ganzen Reihe von Terminals rund um die europäischen Seegrenzen jeder Stelle Europas eine erreichbare Umschlaganlage anbieten zu können. So beteiligte sich Eurokai unter Kurt Eckelmann, sobald sich das Unternehmen in Hamburg stabilisiert hatte, an einem Terminal in Lissabon/Portugal und einem wesentlich größeren im oberitalienischen La Spezia. Sein Sohn ging sodann ein großes Engagement mit dem Container-Terminal Giorno Tauro auf Sizilien ein, der heute im Mittel-

DIE POL-ZUG ORGANISATION VERSTÄRKT DEN REGELMÄSSIGEN CONTAINER-VERKEHR IN DEN OSTEN EUROPAS.

meerraum eine außerordentlich bedeutsame Rolle spielt. Während die beiden Bürgermeister von Hamburg und Bremen, Ortwin Runde und Henning Scherf, bis dahin mit Hafenanlagen wenig beschäftigt, von einer Fusion der beiden staatseigenen Gesellschaften in Hamburg und Bremen öffentlich träumten, lieferte Thomas Eckelmann sein Meisterstück: Unter den Augen der beiden Stadtpolitiker fusionierte er den Containerbereich von Eurokai mit dem der Bremer Lagerhaus-Gesellschaft, was angesichts seiner Firmenphilosophie auch Sinn machte, nämlich rund um den europäischen Kontinent hafenunabhängig an möglichst vielen Stellen präsent zu sein. Er hatte dabei den Erfolg auf seiner Seite. Bei diesem Konzept kann es ihm prinzipiell völlig egal sein, ob seine Container in Hamburg, Bremerhaven, Portugal, Norditalien oder auf Sizilien umgeschlagen werden – Hauptsache an einem seiner Terminals.

Die HHLA dagegen verfolgte, da im Eigentum der Stadt und deshalb ausschließlich darauf konzentriert, möglichst viel Ladung über Hamburg zu ziehen, ein anderes Konzept. Dem Vorstand war nämlich seit langem klar, dass die alten Zeiten längst unwiderruflich vorbei waren, in denen die Umschlagunternehmer an der Pier standen und das Lied „Ein Schiff wird kommen" sangen. Der HHLA-Vorstand steckte seine ganze Energie und seine Investitionen – soweit nicht in Hamburg benötigt – in den Ausbau der Verkehrsachsen aus dem Osten, Südosten und Süden nach Hamburg. Der Errichtung der POL-Zug-Organisation mit regelmäßigem Verkehr in den Osten folgte ein Terminal bei Prag und eine Zugverbindung in den tschechischen Industrieraum.

Gleiche Verbindungen nach Österreich und Ungarn waren nicht weniger wichtig als die Gründung diverser Dienstleistungstöchter, die den Kunden der HHLA den Weg über Hamburg attraktiver machten.

Ein Container-Terminal in Lübeck soll den Schiffsverkehr auf der Ostsee via Hamburg fördern, über den an anderer Stelle dieses Buches schon berichtet wurde. So entstand – wie auch bei Eurokai – ein weit verzweigter Transport- und Dienstleistungskonzern bei der HHLA mit rund 40 Tochterfirmen und Beteiligungen; hier aber mit dem Ziel, Ladung auf Hamburg zu konzentrieren.

Da praktisch also der Hamburger Hafen neben mehreren kleinen Lager- und Umschlagfirmen von diesen beiden großen Unternehmen geprägt wird, ist es richtig, wenn sich auch die staatliche Verwaltung ein modernes, schnell handlungsfähiges System sucht.

Drei wichtige Mitbewerber des Hamburger Hafens, Rotterdam, Antwerpen und Bremen, waren schon vor Hamburgs Entscheidung für die Port Authority in ähnlicher Weise organisiert. Von ihren Erfahrungen hoffen die Elbhanseaten jetzt profitieren zu können.

Daß es die höchste Zeit ist, weiß auch Wirtschaftssenator Gunnar Uldall. Als er einen international erfahrenen Fachmann fragte, was er von dem Plan halte, erhielt er zur Antwort: „Die Frage ist nicht: Müssen wir das machen, sondern die Frage ist: Warum haben wir das nicht schon längst bei uns eingeführt, wie es in vielen Häfen der Fall ist?"

Die beiden designierten Geschäftsführer haben bereits im Winter 2004 einige ihrer vorrangigen Zielvorstellungen formuliert. Besonders schnell sollen die Forderungen von Reedereien beispielsweise nach Liegeplätzen oder nach größeren Wassertiefen erfüllt werden, ohne dass die Stadt dafür die Haushaltspläne und die mittelfristige Finanzplanung modifizieren muss. In Zukunft soll die von einem Aufsichtsrat kontrollierte neue Gesellschaft solche Entscheidungen selbst treffen und dabei auf Einkünfte aus Mieten und Pachten im Hafen wie auch auf die Nutzungsgebühren für den Hafen, das so genannte Hafengeld, zurückgreifen können. Beide Positionen bringen es zur Zeit jährlich auf einen Betrag von rund 70 Millionen Euro, Tendenz steigend. Künftige Überschüsse wird die Port Authority in eigener Entscheidungskompetenz für Hafeninvestitionen einsetzen. Weitergehende Aufgaben werden sich sicher auch aus der praktischen Arbeit ab 2005 ergeben.

Obwohl die neue Institution als private Gesellschaft agiert, soll sie auch hoheitliche Aufgaben erfüllen. Gemeint sind damit unter anderem die Zuweisung der Liegeplätze im Hafen sowie die Steuerung des Schiffsverkehrs und die Kontrolle von Wassernutzungsrechten. Um Missverständnissen vorzubeugen, wurde nachdrücklich klargestellt, dass die Wasserschutzpolizei und vergleichbare Dienststellen nicht in die neue Regelung einbezogen werden.

Die angestammten Tätigkeiten vom Strom- und Hafenbau werden in das Aufgabenspektrum der neuen Port Authority einfließen. Unter anderem gehört dazu neben den Planungen und Bauvorbereitungen im Hafenbereich auch die Verantwortung für den Schleusenbetrieb.

Ein wesentliches Argument für die Umgestaltung der Hafen-Verwaltungsstruktur war auch die zunehmende Ausrichtung der europäischen Staaten auf Brüssel. Hamburg will sein Gewicht als zweitgrößter Hafen des Kontinents bei den europäischen Gremien künftig schneller und zuverlässiger in den Entscheidungsprozessen geltend machen. Die neu geschaffene Port Authority wird Hamburgs Anliegen schlagkräftiger und effizienter vertreten können und damit die Position des Elbehafens im Konzert der Antwerpen-Hamburg-Range neu zu definieren helfen. Spätestens am Ende des ersten Jahrzehnts im neuen Jahrtausend wird sich erweisen, ob der Hansestadt der große Wurf gelungen ist!

Prognosen erfüllt: Hamburg weiterhin auf Erfolgskurs

Eine Planungsgesellschaft hatte 1997 eine Prognose des Hamburger Güterumschlags für das Jahr 2015 erstellt, die von vielen Insidern als optimistisch empfunden wurde. Als Hamburgs Wirtschaftssenator Gunnar Uldall eine Bilanz für 2003 zog, konnte er verkünden, dass die prognostizierte Marke schon nach der Hälfte des angenommenen Zeitrahmens erreicht war: 106,3 Millionen Tonnen meldeten die Umschlagstatistiker und präsentierten damit das beste Ergebnis in der 814-jährigen Geschichte des Hamburger Hafens. Das Wachstum von 8,9 Prozent lag weit über dem Durchschnitt vergleichbarer Häfen. Im Containerumschlag wurden sogar über einen Zeitraum von vier Jahren zweistellige Steigerungsraten erreicht, und alle Anzeichen sprechen dafür, dass dieser Trend auch in den kommenden Jahren anhalten wird. Die Prognose wurde deshalb nach oben korrigiert: Für das Jahr 2015 wird jetzt mit einem Umschlagvolumen in einer Größenordnung von zehn bis zwölf Millionen Standardcontainern gerechnet. Der Präsident des Unternehmensverbandes Hafen Hamburg, Heinz Papenhagen, kommentierte die ungewöhnlich positive Entwicklung mit dem zuversichtlichen Satz: „Hamburg wird seine Marktanteile

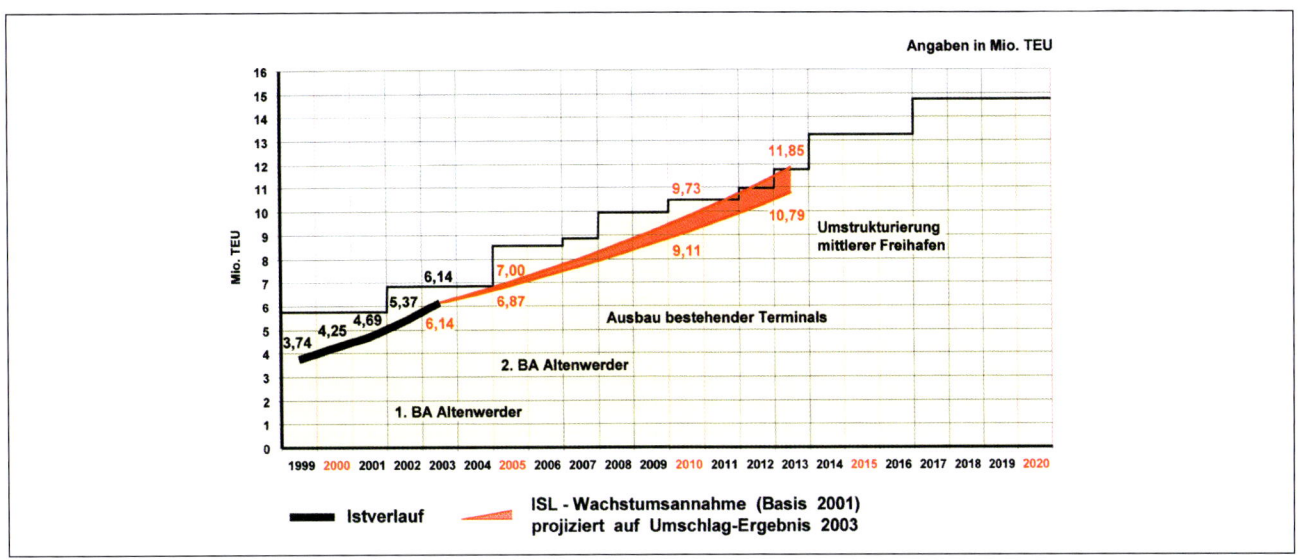

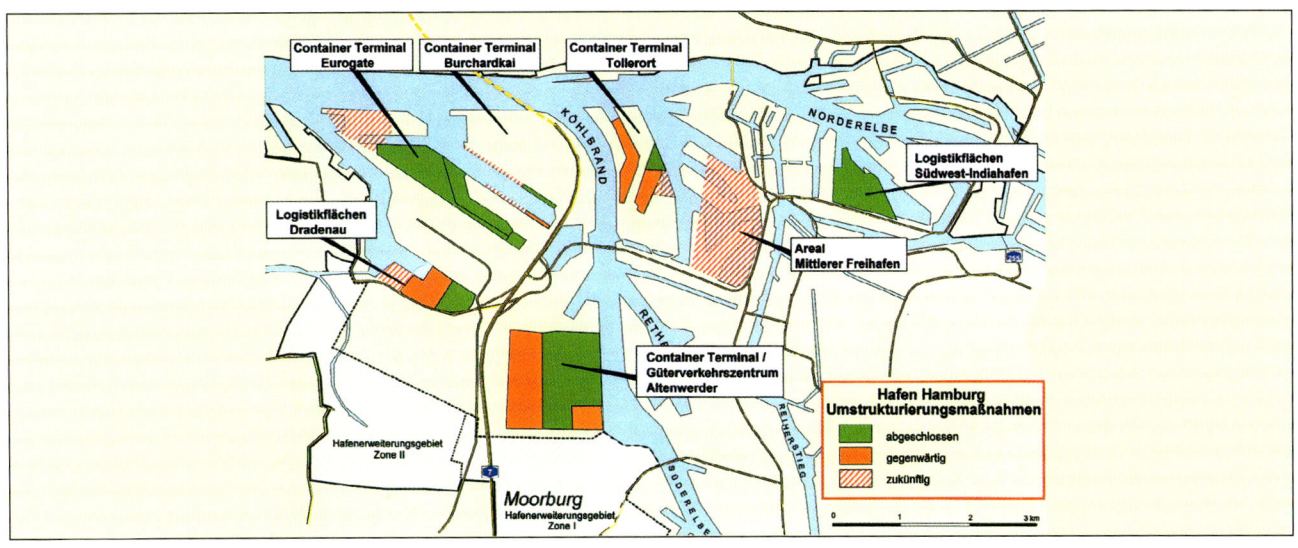

weiter steigern und stellt im Containerverkehr sogar die führende Rolle Rotterdams zunehmend in Frage."

Der Hamburger Senat hat daraus die einzig denkbare Konsequenz gezogen und kurzfristig ein Sonderprogramm über 190 Millionen Euro aufgelegt, um den Hafen weiter auszubauen. Schwerpunkte dieser Investition werden neben der Erweiterung der Umschlagkapazitäten der Ausbau der Wasser-, Straßen- und Schieneninfrastruktur (einschließlich der Hafenquerspange zwischen den Autobahnen A 1 und A 7) und die Erschließung von Ansiedlungsflächen für Logistikunternehmen sein.

Welche Prioritäten zu setzen sind, wird sich in einer breiten Palette von Argumenten und Gegenargumenten herauskristallisieren. Das Bild, das der Unternehmensverband zeichnet, lässt kaum zeitlichen Spielraum: „Die Verkehrssituation im Hafen hat bereits heute katastrophale Züge angenommen."

Ein besonderes und besonders wichtiges, aber auch besonders schwieriges Kapitel ist die Vertiefung der Elbfahrrinne um einen Meter auf 14,5 Meter. Beantragt wurde das beim Bundesministerium für Verkehr schon im Februar 2002.

Ausbaggerungen von natürlichen Schifffahrtsstraßen sind ein langwieriges Geschäft. Die vorangegangene Vertiefung der Elbe hat alles in allem zehn Jahre gedauert. Dieses Mal ist nur die Hälfte dieser Zeit angesetzt. Im Klartext: Wenn die Bagger – wie vorgesehen – 2006 mit ihrer Arbeit beginnen, könnten sie ihren Auftrag bis 2011 erfüllt haben.

Angesichts der zunehmenden Schiffsgrößen, insbesondere bei den Containerfrachtern, ist die Elbevertiefung aus Hamburger Sicht unausweichlich. Nach Ansicht von Professor Jens Froese, Leiter des Forschungs- und Entwicklungsbereichs Seetransport und Schiffsführung an der Hamburger Hochschule für Angewandte Wissenschaften, ist bis 2012 mit Frachtern für bis zu 14.000 Standardcontainern zu rechnen. Schon heute haben die Spezialschiffe mehr als 8.000 Stellplätze. Kürzlich ist mit der OOCL SHENZHEN ein solches Riesenschiff am Containerterminal Altenwerder abgefertigt worden: ein Frachter, viermal so lang wie eine Boeing 747 und mit einer Stellplatzkapazität, dass alle auf ihm zu transportierenden Großbehälter aneinandergereiht eine Kette von Hamburg nach Lübeck ergäben. Aber schon im Jahr 2006 wird von der Samsung Werft der erste Frachter mit 9.500 Stellplätzen an die kanadische Seaspan-Reederei abgeliefert werden. Fünf weitere Schiffe dieser Größe sollten folgen.

Diese Containerriesen können Hamburg gerade noch anlaufen, vorausgesetzt, die Elbe wird für Tiefgänge bis 14,8 Meter ausgebaggert werden. Für Hamburg stellt sich deshalb hier eine Überlebensfrage, wenn es denn den Anschluss an die Zukunft des Containerverkehrs nicht verlieren will.

Bundesverkehrsminister Manfred Stolpe hatte bereits im Herbst 2003 signalisiert, er stehe den Elbe-Vertiefungsplänen „aufgeschlossen" gegenüber. Man könne das Bauvorhaben auch früher in Angriff nehmen, als dies im Bundesverkehrswegepan vorgesehen ist. Aber er relativierte diese Aussage sogleich mit der Bemerkung, „sofern die Wirtschaftlichkeit des Vorhabens nachgewiesen" sei.

Für Hamburg besteht an der Wirtschaftlichkeit kein Zweifel, und die Hansestadt vertraute von Anfang an darauf, dass die direkt betroffenen Nachbarn ins Boot zu ziehen sein würden.

Mit dem nördlichen Elbanrainer Schleswig-Holstein war eine entsprechende Vereinbarung schon Anfang 2004 unter Dach und Fach.

Mit Niedersachsen war Hamburg zu diesem Zeitpunkt noch in „intensiven Verhandlungen", wie Wirtschaftssenator Uldall wissen ließ. Er zeigte sich zuversichtlich, dass Hamburgs südliches Nachbarland den Plänen zustimmen würde; denn etwa jeder dritte der insgesamt 140.000 Arbeitsplätze, die direkt oder indirekt vom Hamburger Hafen abhängen, werden von Pendlern aus Niedersachsen besetzt. Nach dem Volkswagenwerk ist Hamburg damit der zweitgrößte Arbeitgeber für Niedersachsen. Viele neutrale Beobachter neigen zu der Ansicht, die vom niedersächsischen Ministerpräsidenten Christian Wulff ins Spiel gebrachten ökologischen Bedenken – „die Auswirkungen der letzten Vertiefung müssen genau ausgewertet werden", begründet er seine Zurückhaltung – seien eher politisch motiviert, um nicht den zusammen mit Bremen laufenden Planungen für einen Tiefwasserhafen in Wilhelmshaven das Wasser abzugraben. Die kategorische Ablehnung des Projekts seitens der Umweltschützer scheint in ihrem Kerngehalt längst entkräftet. Erste Daten über die Auswirkungen der letzten Elbevertiefung beweisen, dass das ökologische Gleichgewicht des Flusses kaum gestört wurde. Eine Studie der Wasser- und Schifffahrtsverwaltung des Bundes stellt fest, dass sich die Veränderungen des Tide-Hochwassers im einstelligen Zentimeterbereich bewegen. Die Strömung der Elbe wie auch ihr Salzgehalt haben sich nicht verändert. Auch der Bundesverkehrsminister will die Einwände der Naturschützer nicht gelten lassen und gibt ihnen auf den Weg: Schiffe sind die umweltfreundlichsten Verkehrsmittel im Gütertransport. Und dann sagt er etwas, das den Hamburgern aus der Seele gesprochen ist: „Die Steigerungen im Güterverkehr, die in den nächsten Jahren zu erwarten sind, können wir nur mit leistungsfähigen Seehäfen bewältigen!"

Einsichten und Aussichten: Ein Blick auf morgen

Die Nachkriegsgeschichte des Hamburger Hafens ist eine Summe aus kleinen Schritten und großen Fortschritten, aus mutigen Entscheidungen, zukunftsorientierten Ideen, zufälligen Fügungen und sorgfältig geplanten Weichenstellungen, aus gewagten Visionen und manchmal zaghaften Versuchen. Und nicht zuletzt ist die Nachkriegsgeschichte des Hafens das Ergebnis harter Arbeit.

Manches, das heute zum selbstverständlichen Erscheinungsbild des Hafens gehört, hätten auch versierte Visionäre vor einem halben Jahrhundert nicht zu denken gewagt. Und manches von dem, was anderen Fantasiebegabten vorschwebte, blieb im Nebel des Spekulativen und erwies sich schließlich als nicht realisierbar.

Aber allein es gedacht zu haben, ist durchaus als wichtiger Beitrag zur Weiterentwicklung des bedeutendsten Hamburger Wirtschaftsfaktors zu werten.

Auch heute ist es unumgänglich, dass sich weitsichtige Fachleute aller Disziplinen Gedanken über die Zukunft des Hafens machen und die richtigen Fragen stellen, um aus den daraus folgenden Antworten eine Zukunftsperspektive für den Hafen zu formulieren.

Ob sich aus den Fehlern und Versäumnissen der Vergangenheit etwas lernen lässt und ob sich aus ihnen Konzepte für die Zukunft entwickeln lassen, ist sicher umstritten. Aber es ist lohnenswert, es zu versuchen! „Manchmal sind wir zu kurz gesprungen", hat Helmuth Kern im Rückblick auf seine Senatorenzeit einmal selbstkritisch angemerkt und damit unausgesprochen mehr Mut bei der Bewältigung von Problemen angemahnt. Klaus von Dohnanyi, einer der scharfsinnigsten Analytiker unter Hamburgs Bürgermeistern, der auch lange nach seinem Ausscheiden aus der aktuellen Politik immer wieder versucht, aus historischen Fehlern Erkenntnisse für die Zukunft zu gewinnen, hat kritisiert: „Hätten wir zwanzig Jahre früher das Horster Dreieck zum Flughafen ausgebaut und mit Bremen, Hannover und Hamburg einen Großflughafen gegründet – das wäre gut gewesen. Das haben wir damals nicht gemacht, weil natürlich in Hamburg immer alles innerhalb der Stadtgrenzen bleiben muss." Und er fügte hinzu, Hamburg habe damals „kleinkariert" entschieden.

Das war ein mit einer Aufforderung verbundener deutlicher Hinweis darauf, künftig über die engen Grenzen stadtstaatlichen Denkens hinaus zu agieren. Es scheint, als würden die traditionsbedingten Widerstände gegen das Konzept eines „Nordstaates" – der ja so nicht heißen müsste – nach und nach besseren Einsichten geopfert werden.

Von Dohnanyi war es auch, der als erster die von Hamburg gestrickte und immer wieder beschworene Feststellung zurechtrückte, die Stadt sei durch die Öffnung Europas nach Osten in eine zentrale, ihre wirtschaftlichen Chancen deutlich verbessernde Lage gerückt. Er wies nachdrücklich darauf hin, dass die Elbe-Hanse-

DIE WIRTSCHAFTSKAPITÄNE, DENEN DER HAMBURGER HAFEN VIEL VERDANKT:
KLAUS VON DOHNANYI, HELMUTH KERN, GUNNAR ULDALL, PETER DIETRICH.

stadt bezogen auf die Bevölkerungsstärke ihrer Region eher eine Randlage habe und dadurch Hamburgs zentrale Hafen- und Verteilungsfunktion bedroht werden könnte.

Darüber hinaus, so Klaus von Dohnanyi, habe Hamburg eine verletzbare Wirtschaftsstruktur, deren Versäumnisse in den fünfziger und frühen sechziger Jahren liegen: Es mangele der Stadt deutlich an Industrie. Das sind Mängel, die sich nicht von heute auf morgen beseitigen lassen, die aber in die Zukunftsplanung der Stadt einfließen müssen. Zur Bewältigung der Zukunft bedarf es auch der Auflösung mentaler Blockaden, die möglicherweise heute den Blick auf das verstellen, was morgen nötig sein wird. Von Dohnanyi bemängelt, dass seine Hamburger Landsleute auffällig zu Selbsttäuschung und Selbstzufriedenheit neigen.

Die Frage, die Helmut Schmidt schon in den sechziger Jahren – damals in einem anonymen Aufsatz – aufgeworfen hat, war keineswegs nur eine rhetorische: „Warum schläfst du, meine Schöne?" hatte der spätere Bundeskanzler geschrieben und damit den Aspekt hanseatischer Selbsttäuschung und Selbstzufriedenheit ins Spiel gebracht.

Seitdem sind vierzig Jahre vergangen. Ihre Schläfrigkeit hat sich Hammonia offenbar aus den Augen gerieben: Die Stadt hat sich mit Energie an die Gestaltung ihrer Zukunft gemacht, und sie hat dabei jenes Maß an Fantasie entwickelt, das nicht nur ihre wirtschaftliche Existenz auf ein sichereres Fundament stellt, sondern vor allem auch dem Schulterschluss zwischen Wirtschaft und Kultur eine Chance gibt.

Die „HafenCity als Kulturlandschaft" hat Bürgermeister Ole von Beust die in der Planung schon weit fortgeschrittene Umgestaltung der alten Freihafen-Speicherstadt genannt. Das noch vor einer Generation Undenkbare nimmt Gestalt an, auch wenn das letzte Wort noch nicht gesprochen ist. Wer hätte sich vor 20 Jahren vorstellen können, dass Hamburg an der Schwelle zum neuen Jahrhundert darüber diskutieren würde, ob auf dem Dach des alten Kaispeichers A – einst der einzige Hamburger Speicher am seeschifftiefen Wasser – einmal eine Konzerthalle das Musikleben der Stadt bereichern soll?

Heute ist ein solcher Konzertsaal an der Stelle des Kaiserhöfts, an der bis in die erste Hälfte der sechziger Jahre der alte Zeitballturm ein weithin sichtbares Wahrzeichen des Hafens markierte, nach der festen Überzeugung des Projektentwicklers Alexander Gérard in greifbare Nähe gerückt.

Zusammen mit anderen „angedachten" Attraktionen auf der breiten Palette zwischen einem „maritimen Kultur- und Erlebnisbereich" mit Aquarium und einem Science Center zum Thema „Meere – der sechste Kontinent" einerseits und einem Fünf-Sterne-Hotel und Luxuswohnungen auf der anderen Seite könnte hier ein einzigartiges kulturelles Zentrum realisiert werden.

Gleichzeitig ist auch die Revitalisierung der Bereiche zwischen der HafenCity und den Harburger Häfen im Gespräch.

Was immer im Einzelnen am Ende aus der Fülle von Vorschlägen umgesetzt werden kann – vernünftig ist sicher der Vorschlag, ganz bewusst Lücken zu lassen, um nachwachsenden Ideen beim Erschließen der Areale eine Chance zu geben.

Ole von Beusts Vorstellung von einer „wachsenden Stadt" findet hier ihren Prüfstein.

MS DELPHIN RENAISSANCE BEIM AUSLAUFEN AUS DEM HAMBURGER HAFEN.